Miriam Schmidt-Wetzel

Kollaboratives Handeln im Kunstunterricht

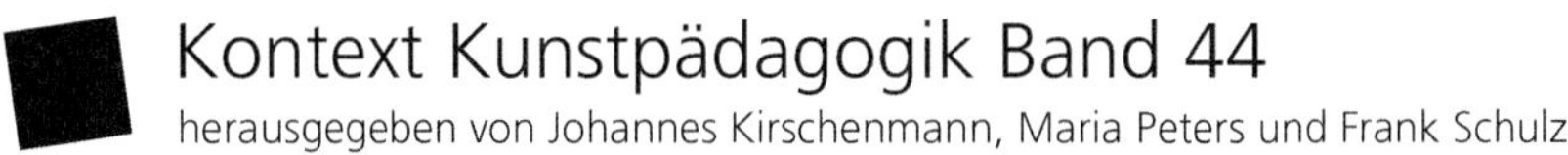
Kontext Kunstpädagogik Band 44
herausgegeben von Johannes Kirschenmann, Maria Peters und Frank Schulz

Miriam Schmidt-Wetzel

Kollaboratives Handeln im Kunstunterricht

Eine qualitativ-empirische Untersuchung
mit Praxisbeispielen

kopaed (muenchen)
www.kopaed.de

Bibliografische Information Der Deutschen Nationalbibliothek
Die Deutsche Nationalbibliothek verzeichnet diese Publikation in der Deutschen Nationalbibliografie; detaillierte bibliografische Daten sind im Internet über http://dnb.ddb.de abrufbar

Gedruckt mit Unterstützung
der Wilhelm Hahn und Erben-Stiftung in Bad Homburg

ISBN 978-3-86736-144-6

Druck: docupoint, Barleben

Arnulfstraße 205, 80634 München
Fon: 089. 688 900 98 Fax: 089. 689 19 12
e-mail: info@kopaed.de Internet: www.kopaed.de

Inhaltsverzeichnis

Danksagung

Ich danke den beteiligten Schülerinnen und Schülern für ihre Offenheit und ihren wertvollen Beitrag zu einer erweiterten Sicht auf Kunstunterricht.

Mein großer Dank gilt außerdem all jenen, die zur Entstehung dieses Buches beigetragen haben: Jan-Ulrich Schmidt, der als sichernde Basis das Kollaborieren an dieser Arbeit möglich gemacht und so lange geduldig mitgetragen hat, Ylva Brehler-Wires, Dr. Daniela Colic-Bender und Eva Orth für ihre nicht nur organisatorische Unterstützung bei der Datenerhebung, den Teilnehmerinnen und Teilnehmern der Forschungswerkstatt in Mörfelden und des »Höchste Kreises« für anregenden Austausch und notwendige Ergänzung sowie – ganz besonders – meinem Betreuer Prof. Dr. Georg Peez für seine absolute Verlässlichkeit und die durch ihn vermittelte inspirierende Freiheit im Denken und Handeln.

1 Einleitung

1.1 Subjektive Annäherung an den Forschungsgegenstand

Die vorliegende Arbeit beschäftigt sich mit den Wechselwirkungen zwischen sozialen und bildnerischen Prozessen und untersucht die Frage, welche Bedeutung der Schüler-Schüler-Interaktion im Kunstunterricht zukommt.

Diese Forschungsfrage und die damit verbundene Zielstellung entwickelten sich aus meiner persönlichen Erfahrung als Kunstlehrerin in den Sekundarstufen I und II. Ich stellte fest, dass ich für Gestaltungsaufgaben im Kunstunterricht häufig als Sozialform die Kleingruppe mit drei bis sechs Schülerinnen und Schülern wählte, innerhalb derer sich die Lernenden mit den praktischen Aufgabenstellungen auseinandersetzten. Dies bot sich aus meiner Sicht häufig nicht zuletzt aus pragmatischen Gründen an: Die Organisation komplexer Unterrichtsabläufe erschien mir mit mehreren Kleingruppen überschaubarer als bei teilweise bis zu 32 individuell zu betreuenden Kindern oder Jugendlichen. Viele Aufgaben, vor allem offene und projektartige Aufgabenstellungen aus dem Bereich der Neuen Medien, Fotografie oder Video, waren technisch und logistisch nur von mehreren Lernenden gemeinsam zu bewältigen. Zudem erhoffte ich mir durch die Zusammenarbeit mehrerer Schülerinnen und Schüler ein größeres Spektrum an Ideen und breiter gefächerte Vorkenntnisse, die sich insgesamt positiv auf die Unterrichtsprozesse und Unterrichtsprodukte auswirken sollten. Meine Annahmen zur Effektivität von Kleingruppenarbeit schienen sich in der von mir – im Vergleich zu Einzelarbeiten – als außergewöhnlich gut wahrgenommenen Qualität der Unterrichtsergebnisse zu bestätigen. Im fachlichen Austausch mit Kolleginnen und Kollegen, die in ihrem Kunstunterricht ebenfalls Partner- und Gruppenarbeiten durchführten, zeigte sich, dass diese meine Wahrnehmung weitgehend teilten.

Um zu überprüfen, inwiefern sich die individuellen Beobachtungen und Überlegungen über die persönlichen Erfahrungen einzelner Kunstlehrenden hinaus intersubjektiv auf Kunstunterricht allgemein übertragen ließen, sichtete ich zunächst Praxisberichte in Fachzeitschriften und Fachliteratur der Kunstdidaktik mit der Fragestellung, ob das im eigenen Unterricht beobachtete Phänomen sich dort wiederfinden ließe. Dabei stellte ich fest, dass tatsächlich bei einer größeren Zahl der dargestellten Unterrichtsreihen die Aufgabenstellung von den Schülerinnen und Schülern in Partnerarbeit oder Kleingruppen bearbeitet wird (vgl. u. a. Prieß 2004, Wilkens 2009, Söller 2010). Die Wahl der Sozialform wird jedoch in den Praxisberichten nur selten thematisiert (vgl. u. a. Glas 2006, Daub 2008, Limper 2008, Bloß 2008) und dabei häufig mit praktischen Überlegungen begründet. Nur in Einzelfällen steht der Aspekt der Zusammenarbeit im Zentrum der Darstellung, wobei die Förderung der Sozialkompetenz besonders hervorgehoben wird (vgl. Wichelhaus et al. 1998, darin u. a.

Hoppenrath 1998, Wichelhaus 1998a; Wichelhaus 1998b). Anhand von Stichproben und einer Auswertung der Jahresregister der Fachzeitschrift »KUNST+UNTERRICHT« der letzten zwei Jahrzehnte wurde außerdem erkennbar, dass Partner- und Gruppenarbeiten tendenziell häufig bei komplexen oder technisch und organisatorisch bzw. logistisch anspruchsvollen, oftmals projektartigen Aufgabenstellungen in den Bereichen Fotografie, Video und Darstellendes Spiel durchgeführt werden. Aufgaben, die sich thematisch mit Selbstdarstellung und Selbstinszenierung befassen, sind dagegen fast ausschließlich für eine individuelle Bearbeitung durch die Lernenden konzipiert. Auffällig dabei ist jedoch, dass selbst bei den Unterrichtsbeispielen des letztgenannten Typs auf den begleitenden Fotografien, die den Unterrichtsprozess dokumentieren sowie die Texte illustrieren sollen, vielfach die Kinder und Jugendlichen in solchen Situationen, Konstellationen und Haltungen abgebildet werden, dass von den Fotos auf eine enge Zusammenarbeit oder zumindest ein gemeinschaftliches Agieren geschlossen werden kann (vgl. u. a. Bonert 2008, S. 20).

Bereits an dieser Stelle des Forschungsprozesses zeichnete sich damit eine Diskrepanz ab, die im Verlauf dieser Untersuchung immer deutlicher zu Tage tritt: Zwar finden im Kunstunterricht ganz offensichtlich vielfältige Schüler-Schüler-Interaktionen statt, die maßgeblich die bildnerischen Prozesse beeinflussen. Jedoch werden diese in der unterrichtspraktischen und wissenschaftlichen Fachliteratur kaum thematisiert und reflektiert, sodass es sich hierbei um einen weiteren ›blinden Fleck‹ der Kunstpädagogik handeln könnte (vgl. Peez [4]2012, S. 23f.).

1.2 Schüler-Schüler-Interaktion: ein blinder Fleck der Kunstpädagogik?

Wenn bislang soziale Prozesse im kunstpädagogischen Kontext überhaupt thematisiert wurden, so geschah dies zumeist mit einem deutlichen Fokus auf der Entwicklung der Sozialkompetenz. Zwar deutet sich diesbezüglich ein Umdenken an, denn unter dem Stichwort der Relationalität findet verstärkt eine Auseinandersetzung mit der Bedeutung sozialer Prozesse für das bildnerische Lernen im Kunstunterricht statt (vgl. Krautz 2013, Lenk/Wetzel 2016). Jedoch konzentrieren sich diese Betrachtungen auf die Beziehung zwischen Lehrperson und Lernenden, sodass die Interaktionen der Schülerinnen und Schüler untereinander auch dort nur geringe Berücksichtigung finden (siehe auch Kap. 2.3.5).

Der Einfluss der Schüler-Schüler-Interaktion auf die Gestaltungs- und Rezeptionsprozesse bleibt somit in der fachdidaktischen Diskussion bis heute weitgehend unberücksichtigt oder wird als wenig relevant dargestellt. So bezeichnet etwa Dreyer soziale Kompetenz und Selbstkompetenz zwar als »zentrale Aspekte des Bildungsauftrags auch im Fach Bildende Kunst«(Dreyer 2005, S. 53), sieht darin jedoch keine fachspezifisch geförderten Basiskompetenzen, sondern intendierte Erziehungsziele einer jeden Unterrichtssituation. Sozialkompetenz und Selbstkompetenz seien deshalb als vom Fachzusammenhang unabhängige Kategorien nur begrenzt geeignet, das Fach Bildende Kunst im Schulkanon zu legitimieren (vgl. ebd.).

Weder der faktischen Bedeutung von Schüler-Schüler-Interaktion für den Kunstunterricht noch ihrer überfachlichen Relevanz werden Einschätzungen wie diese gerecht. Vielmehr deutet sich darin ein bedenkliches Missverhältnis an zwischen dem Potential, über das die Kunstpädagogik bzw. Kunstdidaktik in Bezug auf die produktive Berücksichtigung der Schüler-Schüler-Interaktion verfügt, und der Reduktion sozialer Prozesse auf ihre die Sozialkompetenz fördernden und kompensatorischen Gesichtspunkte bzw. einer auf die Beziehungen zwischen Lehrenden und Lernenden eingegrenzten Betrachtung.

Mögliche Ursachen der kunstpädagogischen Geringschätzung sozialer Prozesse

In historischen und auch in aktuellen Konzeptionen der Kunstpädagogik bzw. Kunstdidaktik fehlt das Moment der sozialen Interaktion, ob als Schüler-Schüler- oder Lehrer-Schüler-Interaktion fast gänzlich. Bis auf die wenigen, oben bereits genannten Ausnahmen liegt der Fokus stets auf den individuellen ästhetischen oder künstlerischen Erfahrungen und der Ausbildung individueller Gestaltungs- und Wahrnehmungs- bzw. Genussfähigkeit. So blendet etwa Ronge, neben Pfennig ein bedeutender Vertreter der Ästhetischen Erziehung, wie viele weitere Theoretiker den Aspekt der Gruppe in seinen kunstdidaktischen Ausführungen völlig aus. Er sieht kreative und künstlerische Prozesse allein begründet im »Dialog zwischen dem Künstler und dem Material«(Ronge 1966 zit. nach: Bering/Bering 1999, S. 85) mit dem Ziel einer »maximalen Freisetzung der Subjektivität«(a.a.O., S. 86).

Eine erste, über die Bildende Kunst als Unterrichtsfach hinausgehende allgemeine Begründung für diese sich bis heute fortsetzende geringe Beachtung könnte sein, dass »Kunst – vor allem Hochkunst, wie sie sich in unserer Gesellschaft und Kultur herausgebildet hat, [...] (immer noch) durch ein Verständnis von Genialität geprägt [ist], die an einzelne Menschen gebunden ist« (Peez [4]2012, S. 153). Als zweite mögliche Erklärung kann angeführt werden, dass nicht nur professionelles künstlerisches Schaffen, sondern auch das amateurhafte bildnerische Tun, zumeist assoziiert mit klassischen bildnerischen Ausdrucksformen wie Malerei und Zeichnung, weit verbreitet verstanden wird als eine sehr persönliche, individuelle Tätigkeit, die in sich gekehrt und kontemplativ, ganz ohne den Einfluss anderer, vollzogen wird. So kann der Erziehungswissenschaftler Mollenhauer im Rahmen seiner theoretischen und empirischen Untersuchungen zur ästhetischen Erfahrung anhand der Selbstaussagen von Kindern nachweisen, dass – ganz im Unterschied zum Bereich des Musikalischen, bei dem »Zusammenspiel« mit anderen als wesentliches Merkmal genannt wird (vgl. Mollenhauer 1996, S. 55), – Malen als etwas wahrgenommen wird, das aus allen sozialen Kontexten enthoben stattfindet. Es erfordere »Alleinsein mit sich, relative Abgeschiedenheit, Unabgelenktheit, gelegentlich sogar Gleichgültigkeit gegen andere« (a.a.O., S. 49), um sich frei zu machen für ein ganz auf sich bezogenes »Sich-Selbst-Entdecken« (ebd.). Zwar bestehe durchaus das Bedürfnis, entstandene Bilder zu zeigen, also mit anderen zu teilen, aber das Bild habe aus Sicht der Befragten die Bedeutung einer »Mitteilung an sich selbst, die andere Mitteilungen zwar berühren darf, aber in Respekt vor der Zerbrechlichkeit der ästhetischen Erfahrung« (ebd.).

Weitere Ursachen für die mangelnde Auseinandersetzung mit den sozialen Prozessen im Kunstunterricht können gewissermaßen als ›Nebenwirkungen‹ einer notwendigen Profilierung des Faches angesichts von Kritik sowohl aus den eigenen Reihen als auch von außen beschrieben werden. Denn im Rahmen der seit dem Aufkommen der Postmoderne kontrovers geführten Diskussion, ob neben den Werken der Kunstgeschichte auch zeitgenössische Kunst und Alltagsbilder zum Gegenstand des Unterrichts gemacht werden sollten, sowie in Abgrenzung zum Konzept der Musischen Erziehung sieht etwa Otto in seinen Arbeiten der 1960er und 1970er Jahre »die inhaltliche Seite des Unterrichts als die problemhaltigste« (Otto 1964 zit. nach: Bering/Bering 1999, S. 94) und widmet ihr im Rahmen der Ästhetischen Erziehung deutlich mehr Aufmerksamkeit als den Fragen der konkreten Unterrichtsgestaltung und -durchführung. Diese Schwerpunktsetzung ist nachvollziehbar und im historischen Kontext Ottos legitim und notwendig.[1] In der Folge seiner bis heute andauernden intensiven Rezeption hält jedoch die durch Otto mitbegründete Fokussierung auf den Unterrichtsgegenstand weiter an und trägt zu einem spezifischen Selbstverständnis der Kunstpädagogik bzw. Kunstdidaktik bei: Sie stellt sich bis heute vielfach dar als eine konsequent an ihrem fachlichen Gegenstand orientierte Wissenschaft, seien dies die bildende Kunst, Kunstwerke oder Bilder im Allgemeinen (vgl. Peez ^{4}2012, S. 73ff. sowie kritisch Legler 2009, S. 17f.). Angesichts der zunehmenden Visualisierung der Gesellschaft und des *Iconic Turn* sehen Vertreter der Bildorientierung sich hierin vielfach bestätigt und erkennen in diesem Zusammenhang eine neue Relevanz und Legitimation des Faches im Fächerkanon (vgl. u. a. Bering/Niehoff 2009 und 2014).

Anders jedoch als dies ursprünglich von Otto intendiert gewesen sein kann, der bei aller inhaltlichen Fokussierung »eine auch *allgemein*didaktisch begründete und damit im weitesten Sinne *erziehungswissenschaftlich* orientierte Fachdidaktik« (Legler 2002, S. 8; Herv.i.O.) vertreten hat, geht mit der Orientierung am Fachgegenstand allerdings die Vernachlässigung allgemeindidaktischer oder erziehungswissenschaftlicher Aspekte einher.[2] Denn »die ausschließliche Bearbeitung der ›inhaltlichen Variablen‹ durch die Fachdidaktik schließt zwar außerfachliche Kriterien für didaktische Entscheidungen nicht prinzipiell aus, sichert aber ein ›strukturelles‹ Übergewicht ›fachimmanenter‹ gegenüber fachübergreifenden Zielperspektiven« (Legler 2009, S. 18).

Einen Gegenpol zur Bildorientierung bildet im aktuellen »Kontext eines pluralen Fachverständnisses« (Peez ^{4}2012, S. 81) auf der einen Seite die künstlerische Bildung, deren kunstdidaktische Konzeption ganz an den Strategien und Eigenschaften der Bildenden Kunst orientiert ist. Sie wurde zunächst von Selle entwickelt und wird heute vornehmlich von Buschkühle (vgl. z. B. 2003, 2007, 2012) und Kettel (vgl. z. B. 1998 und 2004) vertreten. Auf der anderen Seite stellt die Subjekt- bzw. Biografieorientierung, die u. a. für das Konzept der Ästhetischen Forschung

1 Otto selbst hat seine Position in der Folge verändert, was vom kunstdidaktischen Diskurs nicht im selben Maße nachvollzogen wurde: Während in den 1950er und 1960er Jahren nach Selbsteinschätzung Ottos der Einsatz für die »Etablierung des Kunstunterrichts als legitimierbares Fach« (Otto 1998, S. 9) im Zentrum steht, verlagert sich sein Arbeitsinteresse im Rahmen der Ästhetikdiskussion Ende der 1980er Jahre in Richtung der Fragestellung, wie die »Erfahrungs- und Handlungsformen des Ästhetischen« Einzug in das theoretisierte Schulsystem halten können (vgl. ebd.).

2 Vgl. entsprechende Anmerkungen Ottos in der mit Selle in der Fachzeitschrift KUNST+UNTERRICHT Mitte der 1990er Jahre ausgetragenen Debatte (vgl. Otto 1995, S. 18f.).

(vgl. Kämpf-Jansen 2001) charakteristisch ist, einen weiteren Gegenpol zur Bildorientierung dar. Sowohl im Konzept der künstlerischen Bildung als auch im Rahmen subjekt- bzw. biografieorientierter Konzepte werden über das Fach hinausreichende Lernprozesse und Handlungen sowie die Kommunikations- und Sozialformen im Kunstunterricht im Vergleich zu bildorientierten Konzeptionen tendenziell stärker thematisiert. Auch die damit einhergehenden vielfach projektartigen Unterrichtsarrangements lassen eine stärkere Berücksichtigung der unterrichtspraktischen Relevanz des Forschungsgegenstandes und eine theoretische Auseinandersetzung mit den Wechselbeziehungen zwischen sozialen und bildnerischen Prozessen im Kontext dieser Konzeptionen sinnvoll erscheinen. Dies wird mitunter von den entsprechenden Vertretern selbst angedeutet, etwa wenn Buschkühle bezogen auf das künstlerische Projekt sagt, es öffne »mit seinen unterschiedlichen Interaktionsformen, seinen Möglichkeiten der Selbstorganisation von Gruppen, Zielen und Vorgehensweisen [den] Unterricht hinsichtlich inhaltlicher, methodischer und sozialer Differenzierung« (Buschkühle 2007, S. 172). Darüber hinaus wird den sozialen Prozessen jedoch in der Begründung auch dieser fachdidaktischen Konzepte kaum Bedeutung beigemessen. Die künstlerischen bzw. ästhetischen Bildungsprozesse werden vielmehr nahezu durchgängig für ein individuelles Subjekt, isoliert und abstrahiert von seiner sozialen Bedingtheit, dargestellt. Bei diesem Ausblenden sozialer Aspekte von Gestaltungs- und Rezeptionsprozessen bzw. ihrer Darstellung als Randerscheinungen handelt es sich möglicherweise um eine Reaktion auf die Befürchtung, dass im gemeinsamen Gestalten mit anderen die individuelle künstlerische bzw. ästhetische Erfahrung zugunsten der Gemeinschaftserfahrung in den Hintergrund treten könne bzw. müsse (vgl. Peez [4]2012, S. 153).

Fachdidaktische Aussagen zu den Potentialen von Austausch und Zusammenarbeit zwischen Lernenden

Bislang liegt nach Wissen der Autorin keine Arbeit vor, die sich aus kunstpädagogischer oder kunstdidaktischer Perspektive schwerpunktmäßig, umfassend und tiefgehend damit auseinandersetzt, welchen Einfluss die Interaktion zwischen Schülerinnen und Schülern auf die gestalterische und ästhetische Praxis im Kunstunterricht ausübt. Doch trotz der geringen Beachtung sozialer Prozesse im Kontext von Kunstpädagogik können aus verschiedenen theoretischen Veröffentlichungen Aussagen und Argumente herausgefiltert werden, die für eine stärkere Berücksichtigung der Schüler-Schüler-Interaktion im Kunstunterricht sprechen. Sie werden im Folgenden hinsichtlich ihrer Bedeutung für die vorliegende Forschung referiert.

Kooperatives Arbeiten unterstützt kompensatorische und sozialpädagogische Intentionen.

Wichelhaus legt in ihrem Basisartikel für das Themenheft »Gemeinsam Bilder herstellen« der Fachzeitschrift KUNST+UNTERRICHT (K+U) den Schwerpunkt auf »sozialpädagogische Zielsetzungen« (Wichelhaus 1998a, S. 4), die durch gemeinschaftliches Handeln im Kunstunterricht erreicht werden könnten. So sollen Gruppenarbeiten dazu dienen, zunächst eine bessere

Lernausgangslage zu schaffen, und z. B. in extrem schwierigen Klassen eine »stabilisierende Funktion« übernehmen, um erst im Anschluss und darauf aufbauend Fachinhalte vermitteln zu können (a.a.O., S. 5). Kooperativen Arbeitsformen wird damit eine kompensatorische, den Fachinhalten zeitlich vorgelagerte und tendenziell untergeordnete Funktion zugesprochen, um die Grundlagen für eine fachliche Auseinandersetzung mit bildender Kunst oder bildnerischen Gestaltungsprozessen zu schaffen. Wichelhaus benennt aber auch weitere, darüber hinausgehende Merkmale und Potentiale der Zusammenarbeit im Kunstunterricht: Gruppenprozesse »intendieren spezifische Erfahrungen 1. mit dem oder den anderen, 2. mit der eigenen Person und 3. mit der Sache, mit der sich die Gruppe auseinandersetzt« (a.a.O., S. 7). Außerdem findet sie in den Praxisbeispielen des K+U-Themenheftes Belege, »wie das gemeinsame Herstellen von Bildern als Kommunikationsform die Entfaltung von Erfahrungspotentialen in ästhetischen Prozessen auf ganz spezifische Weise zu steigern vermag« (a.a.O., S. 3). Einschränkend räumt Wichelhaus jedoch ein:

> *»Wenngleich aus sozialpädagogischer Sicht gemeinschaftliches Handeln besonders zu befürworten ist, strebt es nicht jeder Kunstpädagoge in seinem Unterricht an – und zwar in der Befürchtung, dass andere Intentionen, vor allem die Ingangsetzung individueller ästhetischer Prozesse, zu kurz kommen.« (ebd.)*

Diese Beurteilung bekräftigend wird in keinem der Heftbeiträge ein möglicher positiver Einfluss der sozialen Interaktion auf die bildnerische Qualität ästhetischer Prozesse und Produkte schwerpunktmäßig thematisiert.[3]

Kunst- und kunstunterrichtspezifische Handlungen sind soziale Aktivitäten.

> *»Für Kunstpädagogik ist die Gruppe stets konstitutiv [...]. Kunstpädagogisches Arbeiten findet fast immer in Gruppen statt. Wenn auch keine bildnerischen Gemeinschaftsarbeiten entstehen, so kann doch das Zusammensein in der Gruppe sehr prägend wirken für die Fortentwicklung individueller bildnerische Prozesse.« (Peez [4]2012, S. 153)*

Ähnlich wie Peez bezeichnet auch Eucker kunst- und kunstunterrichtspezifische Handlungen, im Detail »das Sammeln, Ordnen, Ausstellen und Kommentieren von Bildmaterial« (Eucker 1980 zit. nach: Bering/Bering 1999, S. 101), ausdrücklich als soziale Aktivitäten, die durch

3 Das Themenheft »Gemeinsam Bilder herstellen« war lange Zeit die einzige deutschsprachige Zeitschriftenveröffentlichung mit einem ausdrücklichen Fokus auf dem Aspekt der Kooperation im Kunstunterricht und damit eine wichtige Referenz für die Durchführung von Partner- und Gruppenarbeiten im Kunstunterricht (vgl. Peez 42012, S. 152). Alle darin vorgestellten Unterrichtsbeispiele beziehen sich auf die gemeinschaftliche Bildherstellung im engeren Sinne, welche entweder arbeitsteilig oder arbeitsgleich erfolgt und am Ende stets in einem zweidimensionalen, klar begrenzten Gestaltungsprodukt mündet. Erst 2015 folgte mit »Wir« in der Zeitschriftenreihe Kunst 5-10 die nächste Ausgabe einer kunstpädagogischen Fachzeitschrift, die sich im thematischen Schwerpunkt mit (Lern-)Gruppen und den sozialen Prozessen im Kunstunterricht befasst (Friedrich-Verlag et al. 2015). Das nächste K+U-Themenheft, das explizit der Schüler-Schüler-Interaktion im Kunstunterricht gewidmet ist, erschien 2016 betreut von der Autorin dieser Untersuchung unter dem Titel »Miteinander« (K+U-Heft 407/408/2016).

die Lehrkraft entgegen den »isolierenden Mechanismen von Schule« (ebd.) durch bewusste Planung initiiert werden könnten und sollten. Er befürchtet jedoch, dass durch eine zu starke Betonung des »Beziehungsaspekts gegenüber dem Sachaspekt« (ebd.) im Vergleich mit anderen, sach- und leistungsorientierteren Fächern das Fach Bildende Kunst in der Wahrnehmung durch die Schülerinnen und Schüler an Geltung verlieren könne (vgl. ebd., S. 101f.).

Die Wahrnehmung von Bildern und ihren Bedeutungen ist ein kollektiver Prozess.

In Berings Anwendung systemtheoretischer Ansätze für die Klärung kunstwissenschaftlicher Zusammenhänge und Fragen der Kunstvermittlung finden sich Argumente für eine stärkere Beachtung der Interaktion im Kunstunterricht. Bering versteht Kunstunterricht als ein dynamisches System, das durch die »Relation zwischen Werk, Künstler, Betrachter und Umwelt« (Bering 1999, S. 158) konstituiert ist. Immer ausgehend vom Werk bestimmt er dieses System näher durch die Oppositionen zwischen Werk und Künstler/in sowie zwischen Werk und Betrachter/in. Seine zentrale Aussage ist, dass die Bedeutungen eines Bildes durch kollektive Festlegung entstünden. Sie könnten daher nicht eindeutig sein und müssten deshalb immer wieder neu gefunden, diskutiert und verändert werden (vgl. a.a.O., S. 158f.). Jedoch finden die in diesem Kontext ebenso bedeutsamen interpersonellen und systemischen Zusammenhänge in Berings Ansatz nicht die entsprechende Berücksichtigung, etwa durch das Aufstellen weiterer Oppositionen, z. B. zwischen verschiedenen Betrachtenden oder zwischen Künstler/in und Betrachter/in. Interaktion ist in diesem Konzept daher *nicht* zu verstehen als soziale Interaktion, sondern als die wechselseitige Beeinflussung zwischen den objektiven, äußeren Bedingungen des Kunstwerks auf der einen Seite und den inneren, subjektiven Bedingungen auf Seiten der Kunstschaffenden *oder* der Kunstrezipienten. Eine Erweiterung des von Bering vorgelegten Ansatzes zur Beschreibung von Kunstunterricht um eine soziale Achse, auf der die intersubjektiven Wechselwirkungen – zwischen verschiedenen Rezipienten, zwischen verschiedenen Kunstschaffenden oder zwischen Betrachtenden und Bildproduzierenden – bei der Wahrnehmung von Kunst oder Bildern verortet sind, wäre daher sinnvoll. Denn im Kunstunterricht spielen diese wechselseitigen Beeinflussungen eine zentrale Rolle; sowohl in Form von Lehrer-Schüler-Interaktion, etwa wenn ein Kommentar einer Lehrerin das weitere bildnerische Handeln eines Schülers beeinflusst, als auch als Schüler-Schüler Interaktion, z. B. wenn sich Lernende zum einen als Bildproduzierende, zum anderen als Bildrezipierende begegnen und ihr Wahrnehmen und Handeln dabei gegenseitig beeinflussen.

Die Interaktion mit anderen begünstigt kreative Prozesse.

Der Einfluss von Austausch und Zusammenarbeit auf das mit Buschkühle »wesentliche Bildungsziel«, die »Ausbildung der individuellen Kreativität« (Buschkühle 2007, S. 182), wird nicht nur in kunstpädagogischen (vgl. u. a. Schulz 2009, Kirchner/Peez 2009), sondern auch in psychologischen Darstellungen thematisiert (vgl. Preiser/Buchholz [2]2004, Burow 1999, 2000). Eine Gruppe, in der das Verhältnis und die Interaktionen untereinander von Toleranz,

Akzeptanz und gegenseitigem Vertrauen geprägt sind, gibt den einzelnen Teilnehmerinnen und Teilnehmern den nötigen Raum und die Sicherheit, kreative Prozesse zu entfalten. In kreativ arbeitenden Berufsfeldern werden der Austausch und die Zusammenarbeit in einem Team – konträr zum fachdidaktischen Konsens – sogar als unabdingbar für kreatives und innovatives Denken und Handeln erachtet. So sieht etwa der Automobildesigner Achim D. Badstübner den Einzelnen als unbedingt abhängig von der Interaktion mit anderen, wobei er vor allem und gerade den Kontakt und die Konfrontation mit anders denkenden Teammitgliedern als »beflügelnd« bezeichnet (Kirschenmann/Marcuse 2009, S. 67). Doch nicht nur output-orientierte kreative Prozesse in der Wirtschaft, auch die häufig stark auf das Individuum bezogenen Erfahrungs- und Gestaltungsprozesse im Kunstunterricht benötigen die Wahrnehmung und das Feedback durch eine Gruppe (die Klasse, die Kleingruppe, den Partner), um überhaupt erst als kreativ oder nicht kreativ bewertet und wertgeschätzt zu werden (vgl. Kirchner/Peez 2009, S. 17).

Beim gemeinsamen Sprechen über und durch Bilder im Kunstunterricht wird die Kommunikationskompetenz in besonderem Maße gefördert.

Das gemeinsame bildnerische Gestalten eröffnet nach der Auffassung Peez' auch in Bezug auf die Kommunikationsfähigkeit besondere Lernchancen, da die Kinder und Jugendlichen dabei u. a. ihre Dialogfähigkeit im Austausch mit anderen schulen, ohne dafür stets auf die Verbalsprache zurückgreifen zu müssen (vgl. Peez [4]2012, S. 153). Nach Buschkühle besteht beim und durch das Kommunizieren während der bildnerischen Zusammenarbeit darüber hinaus die »Notwendigkeit und die Möglichkeit, die eigenen Vorstellungen und Imaginationen in Bewegung zu halten, sie stets aufs Neue in Frage zu stellen und weiterzuentwickeln« (Buschkühle 2007, S. 290). In den Lernprozessen im Kunstunterricht, die sich – im Einzelgespräch, in Gruppenarbeit oder im Klassenrahmen – dialogisch mit anderen entfalten, könne deshalb nicht nur die komplexe und kreative Kommunikation mit der Sache, dem Werk, sondern auch eine komplexe und konstruktive soziale Kommunikation geschult werden (a.a.O., S. 192).

1.3 Fragestellung und Ziele der Forschung

Forschungsfrage

Die grundlegende Bedeutung der sozialen Prozesse für den Kunstunterricht, welche diesen deutlich von der konventionellen Vorstellung künstlerischen Schaffens im Atelier unterscheidet, wird weder in der unterrichtspraktischen Reflexion der Lehrenden noch in der kunstdidaktischen Theorie in angemessenem Maße berücksichtigt. Es ergibt sich daraus der dringende Bedarf, den Einfluss der Schüler-Schüler-Interaktion auf die Gestaltungsprozesse im Kunstunterricht zu untersuchen.

Aufgrund der vielfältigen Anzeichen in kunstpädagogischen Praxisberichten und auf den begleitenden Dokumentationsfotografien wird der vorliegenden Untersuchung die folgende Annahme zugrunde gelegt: Allein bedingt durch die Organisationsform Kunstunterricht findet stets Interaktion zwischen den beteiligten Schülerinnen und Schülern statt, wobei es zu einflussreichen

Wechselbeziehungen zwischen sozialen und bildnerischen Prozessen kommt. Die vorliegende Forschungsarbeit widmet sich daher nicht alleine Partner- und Gruppenarbeiten. Vielmehr sind ausdrücklich auch als Einzelarbeit geplante Gestaltungen Gegenstand der Untersuchung. Die übergeordnete Fragestellung der vorliegenden Untersuchung lautet daher: *Welche Wechselbeziehungen zwischen sozialen und bildnerischen Prozessen sind prägend für Kunstunterricht?*

Ziele der Untersuchung

Entsprechend dem Forschungsinteresse, das sich ausgehend von den persönlichen Unterrichtserfahrungen der Autorin entwickelt hat, soll die Untersuchung nicht nur einen Beitrag zur Klärung der fachdidaktisch noch wenig beachteten Wechselbeziehungen zwischen sozialen und bildnerischen Prozessen leisten, sondern durch die Rückführung der Forschung in die Unterrichtspraxis zu einer konkreten, empirisch begründeten Veränderung des Unterrichtshandelns der Lehrerin-Forscherin[4] beitragen. Die Untersuchung verfolgt also im Sinne einer Praxisforschung (siehe Kap. 5.1.4) eine zweifache Zielsetzung:

- Der erste Forschungsschwerpunkt liegt auf der wissenschaftlichen *Reflexion der eigenen Unterrichtspraxis*, um den spezifischen Einfluss der Schüler-Schüler-Interaktion auf bestimmte Unterrichtsprozesse bewusst zu machen und bei der Planung und Durchführung von Kunstunterricht zu berücksichtigen. In dieser Hinsicht fokussiert die Untersuchung auf die *empirisch fundierte Reflexion zur Weiterentwicklung der Unterrichtspraxis der Forscherin.*
- Darüber hinaus zielt die qualitativ-empirische Untersuchung ab auf die *Rekonstruktion der Wechselbeziehungen von sozialen und bildnerischen Prozessen im Kunstunterricht.* Neben die Veränderung der persönlichen Unterrichtspraxis tritt damit als weitere Zielstellung die *Formulierung von über den konkreten Unterrichtskontext hinausgehenden, grundlegenden Aussagen über kunstdidaktisches Handeln*, das die sozialen Prozesse zwischen den Lernenden in angemessener Weise berücksichtigt.

Aus der Verbindung beider Perspektiven – der wissenschaftlichen und der praxisorientierten Betrachtung von Kunstunterricht – werden konkrete Vorschläge entwickelt, wie der Austausch und die Zusammenarbeit zwischen den Lernenden didaktisch-methodisch initiiert und realisiert werden können. Hierfür wird der Begriff des kollaborativen Handelns in den kunstpädagogischen Diskurs eingeführt. Er wird im Folgenden, neben weiteren für den Forschungsgegenstand relevanten Termini, näher bestimmt und begründet.

4 Im Folgenden wird immer dann die aus dem Forschungsdesign resultierende Doppelrolle der Forscherin durch die Verwendung der Begriffe Forscherin-Lehrerin bzw. Lehrerin-Forscherin ausgedrückt, wenn diese Auswirkungen entweder auf den Forschungsprozess oder auf die Unterrichtstätigkeit hat. Durch die Wahl des einen oder anderen Begriffs wird die in dem jeweiligen Kontext schwerpunktmäßig eingenommene Rolle deutlich gemacht: Bei der Bezeichnung als Forscherin-Lehrerin überwiegt die Tätigkeit als Forscherin, bei der Bezeichnung als Lehrerin-Forscherin das Handeln als unterrichtende Lehrperson.

1.4 Begriffsklärungen

Betrachtet man die für den Forschungsgegenstand relevanten Termini aus einer dezidiert pädagogischen Perspektive, fällt zunächst ins Auge, dass für das Sprechen im und über Unterricht zahlreiche Begriffe existieren, die ausdrücklich auf Gruppe verweisen, z. B. Gruppenarbeit, Gruppenlernen, Gruppenunterricht, Gruppenpädagogik. Im alltäglichen schulischen Sprachgebrauch ist die Verwendung des Begriffes Gruppenarbeit sicherlich am häufigsten anzutreffen. Exemplarisch an diesem lässt sich allerdings eine terminologische Unschärfe festmachen, die in ähnlicher Weise auch auf die anderen Gruppen-Komposita zutreffend ist: Gruppenarbeit kann einerseits lediglich auf den Sachverhalt verweisen, dass etwas in einer bestimmten Sozialform, nämlich in einer (Klein-)Gruppe erarbeitet wird. Andererseits können an Gruppenarbeit auch weitere didaktische oder pädagogische Implikationen geknüpft sein, bspw. der Anspruch einer aktiven Beteiligung aller Gruppenmitglieder durch die Anwendung bestimmter Methoden oder die Erziehung zur Selbstverantwortung.

Im Vergleich dazu ist der Verweis auf Interaktion oder soziale Interaktion in der pädagogischen Fachliteratur selten bzw. in der Praxis kaum anzutreffen. Mit Ausnahme der (Interaktionistisch-)Konstruktivistischen Didaktik (vgl. Reich 2002, [6]2010) und dem Ansatz der spielerischen Interaktionserziehung (vgl. Gudjons 1992a) gibt es keine didaktischen Konzeptionen, die sich explizit auf Interaktion beziehen. Dessen ungeachtet handelt es sich bei Interaktion um einen pädagogischen Grundbegriff (vgl. D. Lenzen [6]2001a) und einen wichtigen pädagogischen Forschungsgegenstand, der häufig eine zentrale Untersuchungskategorie im Rahmen empirischer Untersuchungen darstellt (vgl. bspw. Minsel/Roth 1978, Mollenhauer 1996, Nolda 2000, Peez 2000).

Sehr häufig wiederum werden dagegen in der pädagogischen Theorie- und Praxisliteratur der Begriff der Kooperation sowie Bezeichnungen wie Kooperatives Lernen, kooperative Methoden, kooperative Ansätze verwendet (vgl. z. B. Johnson/Johnson 2002, A.A. Huber 2004, Brüning/Saum [5]2009, Borsch 2010, Traub 2010). Von Kollaboration oder kollaborativen Ansätzen ist wesentlich seltener und dabei des Öfteren in Verbindung mit netzbasiertem Lernen die Rede (vgl. A.A. Huber 2008, Fischer/Neber 2011, Koenig 2011).

Im Bereich der Bildenden Kunst und der Kunstwissenschaft wird anders als in der pädagogischen Literatur auf eine begriffliche Klärung verzichtet, was unter kooperativen, kollaborativen oder kollektiven Formen zu verstehen sei. Die Begriffe werden zum Teil synonym, fast willkürlich verwendet. Im Unterschied zu den Konventionen in pädagogischen Kontexten besteht kaum Scheu, Künstlergruppen als Kollektive zu bezeichnen (vgl. Seijdel 2011); mitunter geht damit sogar eine Art Qualitätsausweis einher (vgl. Nollert 2005 und What, How & for Whom 2005). Aktuelle, umfangreichere kunstwissenschaftliche Arbeiten, die sich explizit mit Austausch und Zusammenarbeit zwischen Kunstschaffenden beschäftigen, liegen bislang fast nur in englischer Sprache vor. Sie sprechen z. B. von »Collaboration« (Green 2001) »Collaborative Practice« (Billing/Lind 2007) und »Collaborative Art« (Kester 2011).

1.4.1 Interaktion

Interaktion wird vielfach als die Grundeinheit alles Sozialen verstanden, da sich alle mehr oder weniger komplexen Formen menschlichen Zusammenlebens – Beziehungen, Gesellschaften, Organisationen – als das Ergebnis einzelner Interaktionen beschreiben lassen (vgl. Minsel/Roth 1978, S. 16). Sie ist daher ein wichtiger Gegenstand aller humanwissenschaftlichen Disziplinen, bildet einen »Angelpunkt soziologischer Analyse« (Oswald [6]2001, S. 757) hat den Stellenwert eines Grundbegriffs für die Pädagogik (vgl. D. Lenzen [6]2001a). Nach dem Sozialpsychologen Forgas liegt jedoch noch keine Theorie vor, die alle Interaktionsphänomene im Sinne eines universalen Modells umfassend erklären könnte (vgl. Forgas [3]1995, S. 18).[5]

In dieser Untersuchung bezieht sich der Terminus der Interaktion auf *soziale* Interaktion als »die elementare Einheit des sozialen Geschehens, in der Menschen ihr Verhalten aneinander orientieren, gleich ob sie Erwartungen folgen oder sich widersetzen« (Lenz [2]2002, S. 250). Zur weiteren terminologischen Klärung kann zunächst auf eine Umschreibung zurückgegriffen werden, die sowohl im alltäglichen Sprachgebrauch etabliert als auch in den meisten wissenschaftlichen Definitionen grundsätzlich enthalten ist. Demnach bedeutet soziale Interaktion, dass »aufeinander bezogene Handlungen zwischen Subjekten stattfinden, die ein gemeinsames Verständigungssystem besitzen – also zwischen Menschen oder Tieren einer Art« (Minsel/Roth 1978, S. 15). Auch wissenschaftliche Begriffsbestimmungen heben stets die wechselseitige Referenzialität hervor, bspw. in der Beschreibung von Interaktion als »wechselseitige Beeinflussung des Handelns mindestens zweier Personen« (Sarges/Fricke zit. in: Nolda 2000, S. 9) oder in der Definition als »die elementare Einheit des sozialen Geschehens, in der Menschen ihr Verhalten aneinander orientieren, gleich ob sie Erwartungen folgen oder sich widersetzen« (Lenz [2]2002, S. 250). Nur vereinzelt werden eine deutlich erkennbare Intentionalität und eine bestimmte Intensität dieser Wechselseitigkeit als weitere Merkmale gesehen, z. B.:

> *»Eine Interaktion liegt vor, wenn ein Handelnder (Individuum, Gruppe, Organisation) sich nicht nur am zufälligen Verhalten eines anderen Handlungspartners, sondern auch und in erster Linie an dessen Erwartungen, positiven und negativen Einstellungen sowie Einschätzung und Bewertung der gemeinsamen Situation orientiert.« (Hillmann [5]2007, S. 387)*

Von diesen Definitionen abweichend vertritt der Sozialpsychologe Argyle eine andere Auffassung: Er bezeichnet soziale Interaktion nicht als ein wechselseitiges Verhältnis, welches das Resultat eines Handelns zwischen Interaktionspartnern darstellt, sondern als eine Fertigkeit. Diese könne – wie andere Fertigkeiten – aktiv erworben und verbessert werden, wofür verbale und nonverbale Verhaltenselemente gelernt werden müssten (vgl. Argyle zit.

5 Vgl. für eine Theorieübersicht aus psychologischer Perspektive C. Weber 1980 sowie für einen Überblick über die philosophische bzw. kommunikationstheoretische Auseinandersetzung mit dem Begriff der sozialen Interaktion Edelstein/Habermas 1984.

in: Minsel/Roth 1978, S. 21). Der vorliegenden Untersuchung wird jedoch der eingangs vorgestellte offenere, auch weiter verbreitete Interaktionsbegriff zugrunde gelegt, wonach die Art und Intensität der gegenseitigen Bezugnahme und der wechselseitigen Beeinflussung nicht normativ gefasst sind.

Die oftmals verwendete Bezeichnung als soziale Interaktion grenzt diese von einer Interaktion ab, die nicht nur zwischen einzelnen oder mehreren Akteuren, sondern auch zwischen größeren Systemen stattfindet, z. B. in und zwischen menschlichen Gesellschaften und Organisationen und ihren Subsystemen, aber auch im Bereich der Biologie oder Physik. Da im vorliegenden Forschungszusammenhang eine solche Abgrenzung nicht getroffen werden muss, weil ausschließlich die soziale Interaktion zwischen Einzelpersonen oder innerhalb einer Gruppe untersucht wird, kann im Folgenden der in der Soziologie und Erziehungswissenschaft gebräuchliche verkürzte Terminus der Interaktion verwendet werden.[6]

1.4.2 Gruppe

Definitionsversuche und klassifikatorische Ansätze

Es finden sich zahlreiche Bemühungen, den »soziologische[n] Grundbegriff« (Hillmann [5]2007, S. 318) der Gruppe inhaltlich zu klären. Die oftmals als eindeutige Definitionen formulierten Begriffsbestimmungen (vgl. Sader [7]2000, S. 38) widersprechen sich jedoch häufig, bspw. hinsichtlich des Kriteriums der Anzahl beteiligter Personen und der Festlegung, ob Dyaden (Zweierbeziehungen) bereits als Gruppe zu werten seien, und tragen daher nicht wesentlich zur Beantwortung der Frage bei, was unter einer Gruppe zu verstehen sei (vgl. z. B. Arnold 1977, S. 30, Winkel 1977a, S. 50). Die Widersprüchlichkeit der unterschiedlichen Definitionen untereinander sowie deren unzureichender Charakter in sich werden an verschiedenen Stellen thematisiert und kritisiert (vgl. bspw. Knapp 1977, S. 24, Sader [7]2000, S. 38).

Eine andere Möglichkeit des Umgangs mit der anspruchsvollen Aufgabe, das komplexe Phänomen der Gruppe begrifflich zufassen, besteht in dem Versuch, Gruppenformen nach bestimmten Kriterien zu klassifizieren. So verzichtet bspw. Knapp darauf, das soziale Gefüge Gruppe klar und eindeutig zu bestimmen, sondern führt stattdessen eine Reihe an Unterscheidungskriterien auf, welche häufig auch für mögliche Klassifikationen herangezogen werden (vgl. Knapp 1977, S. 24f.):

- Ziel der Gruppe (z. B. Lernen, Produktion, Verwaltung, Therapie)
- Persönlichkeits- und soziale Merkmale der Mitglieder (dadurch Entstehung von – bspw. bezogen auf Alter, Leistung und Interesse – homogenen oder heterogenen Gruppen)

6 Eine begriffliche Schärfung zur Unterscheidung von interaktiven sozialen Handlungen und interaktiven Formen der Medienkunst könnte im Kontext kunstpädagogischer Forschung zwar relevant sein, ist für die vorliegende Untersuchung jedoch nicht angezeigt, da der Fokus ausschließlich auf zwischenmenschliche Interaktion gelegt wird. Bei der Darstellung der Bildenden Kunst als eines der zentralen Bezugsfelder der vorliegenden Forschung in Kapitel 2.2 werden entsprechend keine interaktiven Medienkunstwerke behandelt, sondern verschiedene Formen des Austauschs und der Zusammenarbeit zwischen künstlerisch Tätigen aufgezeigt.

- Art und Intensität der Beziehungen unter den Mitgliedern (z. B. direkter oder indirekter Kontakt, hierarchisch oder gleichberechtigt)
- Art und Intensität des Zusammenhalts der Gruppenmitglieder (bedingt u. a. durch die Art der Orientierung am gemeinsamen Ziel, den informellen oder formellen Charakter der Gruppe sowie die Freiwilligkeit oder Unfreiwilligkeit der Teilnahme)
- Art der Gruppenleitung (z. B. Position und Funktion der Leitung innerhalb der Gruppe, Führungsstil)

Die Gruppe als wertender Begriff

Der Sozialpsychologe Sader zeigt sich auch hinsichtlich solcher klassifikatorischen Ansätze kritisch (vgl. Sader [7]2000, S. 39ff.) und weist in diesem Zusammenhang auf einen bedeutsamen Sachverhalt hin, der bei der Auseinandersetzung mit den Klärungsversuchen zum Gruppenbegriff der verschiedenen Wissenschaftlerinnen und Wissenschaftler, bspw. auch bei den Definitionsversuchen der oben zitierten Autoren, deutlich vor Augen tritt:

> *»Eine weitere Schwierigkeit bei der Benutzung des Gruppenbegriffs liegt darin, daß der Begriff nicht nur rein beschreibend für eine Anzahl von Menschen benutzt wird, sondern auch wertend. So schwingt in der Umgangssprache im Begriff der Gruppe oft mehr oder anderes mit, als durch sozialpsychologische Definition festgelegt ist: Wenn Teilnehmer von Selbsterfahrungsgruppen nach einigen Tagen fragen, ob sie denn nun eine ›wirkliche‹ Gruppe seien, wenn Assoziationen von grenzenloser Offenheit und Aufrichtigkeit anklingen, rückhaltlose Zuverlässigkeit und selbstlose Hilfsbereitschaft untereinander implizit als erforderlich für eine ›echte Gruppe‹ unterstellt wird [sic], dann ist offenbar von mehr und von anderem die Rede, als von einer Konfiguration einzelner Personen mit Ansätzen zu Rollenspezifizierungen und gemeinsamen Normen. Vielmehr gibt es hier offensichtlich so etwas wie ideologisch überhöhte Konzepte dessen, was eine wirkliche Gruppe sein sollte.« (Sader [7]2000, S. 41)*

Sader vermutet einen Zusammenhang zwischen den unrealistischen Idealvorstellungen einer ›wirklichen‹ oder ›echten‹ Gruppe mit der Beobachtung, dass »die Sehnsucht der Menschen aller Zeiten nach Geborgenheit und Wärme in einem überschaubaren Rahmen heute besonders deutlich hervortritt, und daß diese Bewegung stark durch emotional-affektive und irrationale Züge geprägt wird« (a.a.O., S. 42). Er warnt davor, dass eben solche impliziten, überhöhten Erwartungshaltungen eine Überforderung der Beteiligten und eine ernst zu nehmende Gefahr für das Gelingen von Gruppenprozessen darstellen können (vgl. ebd.).

Im Hinblick auf die vorliegende Untersuchung ist dieser Hinweis in mehrfacher Hinsicht für den rezeptiven Umgang mit dem Gruppenbegriff bzw. mit den verschiedenen Gruppenbegriffen relevant: Er betrifft sowohl die Erwartungen der Lehrerin-Forscherin an kollaborative Arbeitsformen als auch ihre impliziten Vorannahmen und ist daher im Rahmen der Reflexion des praxisforschenden Vorgehens offenzulegen (siehe Kap. 7.1). Darüber hinaus ist insbesondere die Verwendung des Gruppenbegriffs durch die Probandinnen und Probanden in den Interviews und in der Gruppendiskussion auf entsprechende Sinngehalte hin zu überprüfen (siehe Kap. 5.2 und 5.4).

Merkmale einer »guten« Gruppe

Ein Beispiel für eine Zusammenstellung der Eigenschaften einer Gruppe, die nicht rein deskriptiv, sondern, wie von Sader herausgearbeitet, implizit wertend ist, findet sich in Prior (vgl. Prior [6]2001, S. 694f.). Er benennt als »wichtigste« Merkmale einer Gruppe (vgl. ebd.):

- Affektivität (Emotionalität)
- Wahrnehmung
- Kommunikation
- Rollendifferenzierung
- Kohäsion (Kohärenz) und Normen
- Produktivität

Wendet man diese Merkmale auf die Gruppen an, die in der vorliegenden Forschungsarbeit untersucht werden, stellen sich verschiedene nicht lösbare Fragen: Ist eine Kursgruppe nur dann eine Gruppe, wenn sich alle Mitglieder im Kurs wohlfühlen und sich untereinander solidarisch verhalten (Kohäsion)? Sind nur jene Arbeitsgruppen Gruppen, denen es gelingt, eine Aufgabe zu lösen (Produktivität)? Auf welche Weise können die Merkmale der Affektivität, Wahrnehmung, Kommunikation und Rollendifferenzierung präziser gefasst werden, um nicht entweder lediglich Trivialitäten zu benennen (es findet auf jeden Fall Kommunikation statt, auch keine Kommunikation ist Kommunikation) oder implizit Erwartungen an Gruppenmitglieder zu enthalten, die von diesen (noch) nicht erfüllt werden können, bspw. wenn Schülerinnen und Schüler möglicherweise erst in einer Gruppe mit anderen lernen, sich selbst oder andere wahrzunehmen?

Situationsspezifische Bestimmungen

Angesichts dieser terminologischen Schwierigkeiten kommt Sader zu dem Schluss, Gruppe grundsätzlich als »Konstruktbegriff« (Sader [7]2000, S. 38) zu betrachten und schlägt vor, angesichts der Vielschichtigkeit der sozialen Gefüge, die als Gruppe aufgefasst werden, »je nach Arbeitsbereich, je nach Forschungsinteresse und je nach der Methode unterschiedliche Definitionen zu setzen« (ebd.). Als Grundlage für solche situationsspezifischen Bestimmungen stellt er eine Reihe von Bedingungen zusammen, die auch in aktuelleren Darstellungen immer wieder aufgegriffen werden:

»Die Mitglieder [einer Gruppe]
- *erleben sich als zusammengehörig*
- *verfolgen gemeinsame Ziele*
- *teilen Normen und Verhaltensvorschriften für einen bestimmten Verhaltensbereich*

- *entwickeln Ansätze von Aufgabenteilung und Rollendifferenzierung*
- *haben mehr Interaktionen untereinander als nach außen*
- *identifizieren sich mit einer gemeinsamen Bezugsperson oder einem gemeinsamen Sachverhalt oder einer Aufgabe*
- *sind räumlich und/oder zeitlich von anderen Individuen der weiteren Umgebung abgehoben.« (a.a.O., S. 39)*

Saders Bedingungskatalog gilt allgemein als ein Instrumentarium, mit dessen Hilfe sich das Phänomen der Gruppe in seiner Komplexität gut erfassen lässt, und wird von vielen Autorinnen und Autoren ihren eigenen Überlegungen über Gruppen zugrunde gelegt.[7] Bemerkenswert ist jedoch, dass Sader selbst, obwohl er dies bei anderen Autorinnen und Autoren kritisch anmerkt, in gleicher Weise mit wertenden Formulierungen arbeitet (z. B. »erleben sich als zusammengehörig«, »verfolgen gemeinsame Ziele«). Dennoch wird Saders Bedingungskatalog auch für die vorliegende Untersuchung als tragfähig erachtet, da dieser ausdrücklich nur als Grundlage für eigene situationsspezifische Beschreibungen von konkreten Gruppenformen aufzufassen ist. Im Unterschied zu anderen Definitionsansätzen ist es möglich, damit nicht nur eine gesamte Lerngruppe als Großgruppe zu fassen (im konkreten Fall: die Gesamtheit der Teilnehmenden an einem Kunst-Leistungskurs, siehe Kap. 5.1.2), sondern auch ein ›Randphänomen‹ der Gruppenforschung: die Kleinstgruppe von zwei Personen, die als Dyade oftmals von Gruppen unterschieden wird (vgl. bspw. Arnold 1977, S. 33, Hillmann [5]2007, S. 318), der aber in der vorliegenden Untersuchung eine wichtige Bedeutung zukommt (siehe insbesondere Kap. 5.2.2 und 5.3). Darüber hinaus können sowohl Zufallsgruppen, frei und spontan durch die Lernenden gebildete Gruppen als auch gezielt von der Lehrkraft zusammengestellte Gruppen durch diesen Merkmalskatalog grundsätzlich erfasst werden. Des Weiteren wählt Sader seine Bestimmungskriterien in einer für die Untersuchung passenden Weise, denn er thematisiert etwa die Erfahrungen der Gruppenmitglieder (»erleben sich als zusammengehörig«), berücksichtigt, dass innerhalb einer Gruppe Entwicklungen stattfinden, und betont dadurch die Prozesshaftigkeit von Gruppen.

Unterscheidung: Gruppe oder Kollektiv

Der Begriff des Kollektivs erfährt in der Zeit des Kalten Kriegs auf beiden Fronten eine Ideologisierung, die seinen neutralen Gebrauch bis heute unmöglich macht. Während das Kollektiv auf der einen Seite des Eisernen Vorhangs zur »bestentwickelten Form der Gruppe, bestehend aus sozialistischen Persönlichkeiten« (Clauß et al. zit. in: Winkel 1977b, S. 51) erklärt wird, werden damit auf der anderen Seite unmittelbar die totalitären Systeme Osteuropas und der Sowjetunion assoziiert (vgl. Winkel 1977b, S. 51).

Vor diesem Hintergrund verdient der Versuch des (westdeutschen) Pädagogen Winkel, einen von der sozialistischen Weltanschauung losgelösten Kollektivbegriff zu formulieren, besondere Beachtung. Winkel versteht unter einem Kollektiv ein soziales Gefüge, auf das

7 Vgl. bspw. Schattenhofer 2009a.

die weiter oben bereits aufgeführten für Gruppen charakteristischen Merkmale grundsätzlich zutreffen, deren Mitglieder darüber hinaus jedoch *a priori* über eine einheitliche, nicht in Frage zu stellende Zielsetzung bzw. eine gemeinsame Weltanschauung verfügen:

> *»Das Kollektiv ist eine Gruppe von Menschen, die eine räumlich-zeitliche Nähe, persönliche Beziehungen, Rollenverteilungen und eine einheitliche Zielsetzung bzw. eine gemeinsame Weltanschauung eint, deren Legitimation nicht mehr zur Debatte stehen bzw. deren Verwirklichung ad hoc angestrebt wird.«* (ebd.)

Winkel vertritt nun die Ansicht, dass die Assoziation von Kollektiven mit Gruppierungen rein sozialistischer Prägung eine unzulässige, politisch motivierte Eingrenzung auf eine bestimmte Art von Ideologie darstelle. Diese Argumentation ist insofern schlüssig, als die oben aufgeführte Definition gleichermaßen auch auf bestimmte nichtpolitische Gruppierungen angewandt werden kann, bspw. auf religiöse Gemeinschaften, Künstlergruppen (siehe Kap. 2.2) oder auch auf sportliche Vereine oder Fangemeinschaften. Allerdings bleibt offen, welche Intentionen Winkel mit seiner vermeintlich neutralen Definition verfolgt. Seine Überlegungen sind zwar interessant als ein unkonventioneller Denkansatz, doch lässt sich auch durch ihn das Grundproblem nicht auflösen, dass die Begriffe Gruppe und Kollektiv nicht dekontextualisiert und befreit von gesellschaftlicher Bedeutung verstanden und gebraucht werden können.[8] Ihre Verwendung oder Nicht-Verwendung ist und bleibt auch im pädagogischen Kontext unmittelbar mit politischen Implikationen verbunden.[9]

Ein Gruppenmodell: Integration und Differenzierung

Sowohl nach Sader (vgl. [7]2000, S. 48f.) als auch Schattenhofer gibt es »keine geschlossene Theorie der Gruppe, davon sind alle theoretischen Formulierungsversuche weit entfernt« (Schattenhofer 2009a, S. 46). Trotz ihrer Unzulänglichkeiten helfen Modelle jedoch, viele entscheidende Merkmale von Gruppen und Gruppenprozessen in einem Gesamtzusammenhang zu verstehen.

Der Gruppendynamiker Schattenhofer beschreibt im Rückgriff auf die Feldtheorie des Sozialpsychologen Lewin in seinem Modell der Integration und Differenzierung »Gruppenprozesse als ein Pendeln zwischen unterschiedlichen Polen« (Schattenhofer 2009, S. 36) und unterscheidet bei den Vorgängen in Gruppen zwischen zentripetalen und zentrifugalen Kräf-

8 Zum Umgang mit dieser sich seit dem Zusammenbruch der DDR massiv äußernden Schwierigkeit stellt Hesse fest, dass der Kollektiv-Begriffs nach der Wende entweder tabuisiert oder aber unreflektiert durch die Begriffe Gruppe oder Team ersetzt worden sei (vgl. Hesse 1992, S. 30).

9 Dementsprechend bemüht sich auch Winkel, angesichts seiner im Vergleich zu dem in den 1970er Jahren in der Bundesrepublik vorherrschenden Diskurs doch als äußerst ›kollektivfreundlich‹ zu bezeichnenden Darstellung am Ende seines Artikels politisch korrekt klarzustellen: »In einer demokratisch-pluralistischen Gesellschaft kann es nur solche Kollektive geben, die zwar nach innen eine einheitliche Weltanschauung beanspruchen, nach außen jedoch Toleranz, Offenheit und Relativität praktizieren.« (Winkel 1977b, S. 52)

ten.[10] Zentripetale Kräfte wirken demnach in Richtung des Pols der Integration und tragen als »Gemeinsamkeiten, Ähnlichkeiten, gleiche Erlebnisse, gleiche Sichtweisen« (ebd.) zu einem hohen Zusammenhalt innerhalb der Gruppe bei. Auf der anderen Seite wirken zentrifugale Kräfte in Richtung des Pols der Differenzierung, die sich z. B. in Form von gegensätzlichen Meinungen und unterschiedlichen Rollen ausdrückt (vgl. ebd.). Beachtenswert bei diesem Modell ist nun, dass davon ausgegangen wird, dass Gruppen eben nicht in Richtung völliger Integration streben sollen, sondern

> *»dass Gruppen aller Art sich dann weiterentwickeln, wenn größere Ausschläge in beide Richtungen, also mehr Integration und [Herv. i. O.] Differenzierung gleichermaßen möglich werden. Das zeigt sich zum Beispiel daran, dass die Handlungsoptionen für die Einzelnen und die Gruppe vielfältiger werden und der Spielraum größer, ohne dass dadurch der Zusammenhalt infrage gestellt wird«* (a.a.O., S. 37).

Schattenhofers Modell kann als ein sinnvolles Korrektiv bei der Auseinandersetzung mit Gruppen dienen. Es bildet eine passende Folie für die kritische Reflexion von Idealvorstellungen oder Tendenzen, die Gruppe als harmonische Einheit zu idealisieren und dabei die eigentlichen, differenzierenden oder integrierenden Vorgänge innerhalb von Gruppen aus den Augen zu verlieren.

Darüber hinaus ist dieses Modell auch geeignet, Prozesse und Erscheinungen einzuordnen, die von Antons als »die dunkle Seite von Gruppen« (Antons 2009) bezeichnet werden: Ein zu starkes oder zu einseitiges Einwirken zentripetaler, d. h. integrierender Kräfte äußert sich demnach bspw. in einer zu hohen »Kohäsion mit den Tendenzen zur Harmoniesucht, Konformität, Konfliktvermeidung und Gleichmacherei« (a.a.O., S. 334). Ein Übergewicht zentrifugaler Kräfte, d. h. die Tendenz der Gruppe zur Differenzierung kann sich u. a. als »*social loafing*« (a.a.O., S. 335), d. h. soziales Faulenzen, zeigen. Weitere Anzeichen sind »Interessenskonflikte unter den Mitgliedern; mangelnde Informationsnutzung und Koordinierungsschwierigkeiten; Aufrechterhaltung von Fehlentscheidungen, um den bisher geleisteten Aufwand zu rechtfertigen« (a.a.O., S. 336). Werden die zentrifugalen Kräfte zu stark, kann dies hingegen zum Zerfall der Gruppe oder der inneren Spaltung in mehrere Untergruppen oder Parteien führen (a.a.O., S. 347).

1.4.3 Kooperation oder Kollaboration?

Unterschiedliche Verwendungen im allgemeinen und pädagogischen Sprachgebrauch

Im Bereich der pädagogischen Psychologie können die Begriffe Kooperation (bzw. kooperatives Lernen) und Kollaboration (bzw. kollaboratives Lernen) synonym verwendet werden (vgl. Huber 2008, S. 313). Im Allgemeinen und insbesondere im alltäglichen, außerwissenschaft-

10 Für eine Bestimmung des Begriffs und eine Erläuterung des Konzepts der Feldtheorie vgl. Luft °1986, S. 12. Vgl. auch Battegay 1991: Unter Verwendung einer etwas anderen Terminologie weisen seine Ausführungen zur Entwicklung von Autonomie in Gruppenprozessen Parallelen zu Schattenhofers Erklärungsmodell auf.

lichen Sprachgebrauch wird jedoch Kooperation für die Bezeichnung von Formen der Zusammenarbeit in der Regel deutlich bevorzugt, da die Verwendung des Wortes Kollaboration vor dem Hintergrund des Zweiten Weltkriegs immer noch häufig zuerst und unmittelbar unerwünschte politisch-historische Assoziationen hervorruft. Im Englischen dagegen sind *cooperation* und *collaboration* Synonyme; der Terminus *collaboration* findet dort in pädagogischen Kontexten sogar öfter Verwendung als *cooperation.* Im deutschsprachigen Raum wird Kollaboration bzw. kollaboratives Lernen in jüngerer Zeit häufiger als Bezeichnung für computergestütztes und/oder netzbasiertes Lernen in Gruppen oder im Austausch mit anderen angewandt (vgl. z. B. Carrel 2006 und Koenig 2011).

Begründete terminologische Festlegungen für die vorliegende Untersuchung

Grundsätzlich ist demnach für das Sprechen über Zusammenarbeit im Kunstunterricht die Verwendung beider Termini, Kooperation oder Kollaboration, möglich. Dementsprechend werden auch in dieser Untersuchung beide Begriffe verwendet. Wenn, insbesondere in den Kapiteln 1.2, 2.3 und 3, allgemeinpädagogische und fachdidaktische Konzepte behandelt werden, die Interaktion und Zusammenarbeit thematisieren, wird die von den Autorinnen und Autoren selbst verwendete Begrifflichkeit beibehalten. Diese sprechen nahezu ausschließlich von Kooperation und kooperativen Lernformen, Begriffe aus der Wortfamilie Kollaboration werden kaum angewandt.

Außerhalb der genannten Kapitel und immer dann, wenn Austausch und Zusammenarbeit im Untersuchungs- und (kunst-)pädagogischen Zusammenhang der vorliegenden Arbeit thematisiert werden, so werden hierfür die Begriffe kollaborativ bzw. Kollaboration oder aber die deutschen Begriffe Austausch und Zusammenarbeit verwendet.

Bei dieser terminologischen Festlegung handelt es sich um eine Setzung, durch die eine Positionierung in verschiedene Richtungen deutlich gemacht werden soll: Zusammenarbeit im Kunstunterricht erfordert andere Zugänge als die Zusammenarbeit in anderen Fächern. Das Prozesshafte und die Ergebnisoffenheit, die dem Begriff der Kollaboration innewohnen, sollen daher durch die Wahl eines treffenden Begriffs als ein immanentes Merkmal von Austausch und Zusammenarbeit im Kunstunterricht betont werden. Bildhaft gesprochen: Die ergebnisoffene, experimentierende Versuchsarbeit in einem Labor, die durch den Begriff des Kollaborierens assoziiert ist, entspricht weit mehr einem zeitgemäßen kunstpädagogischen Denken und Handeln als die Vorstellung konzentrierter, möglichst perfekter Abläufe in einem sterilen Operationssaal, die im Begriff der Kooperation impliziert ist (vgl. Schmidt-Wetzel 2016b, S. 5).

Darüber hinaus wird durch die Verwendung des Terminus der Kollaboration, der zur Benennung verschiedener Formen der Zusammenarbeit in künstlerischen Kontexten sowohl von den Handelnden selbst als auch im kunstwissenschaftlichen Diskurs und in der Kunstrezeption gegenüber dem Begriff der Kooperation eindeutig präferiert wird, die bildende Kunst als ein zentrales Bezugsfeld der Untersuchung auch begrifflich repräsentiert. Die Vermeidung des Begriffes der Kooperation dient außerdem der klaren Distanzierung vom Konzept des Kooperativen Lernens (siehe Kap. 2.3.2): Es soll deutlich zum Ausdruck gebracht werden, dass der Grad der Strukturiertheit und das hohe Maß an Effizienzorientierung, die für diese allgemeindidaktische Konzeption charakteristisch sind, nur sehr bedingt als Merkmale auf die Zusammenarbeit im Kunstunterricht übertragen werden können.

Das im Zentrum der vorliegenden Untersuchung stehende kollaborative Handeln im Kunstunterricht ist somit keinesfalls gleichzusetzen mit dem Einsatz kooperativer Sozialformen und erschöpft sich nicht in der Durchführung von Gruppenarbeiten. Vielmehr sollen mit dem Terminus der Kollaboration noch relativ neue, außerhalb von Schule und Kunstunterricht jedoch äußerst bedeutsame Phänomene, die soziale Prozesse grundsätzlich betonen, in den kunstpädagogischen Fokus gerückt und für die Gestaltung von Kunstunterricht zugänglich gemacht werden (vgl. Ziemer 2013, Terkessidis 2015, Schmidt-Wetzel 2016b, S. 5-10; siehe Kap. 2.1 und 2.2).

1.5 Aufbau der Untersuchung

In *Kapitel 1* wurde aufgezeigt, wie sich das Forschungsinteresse aus der persönlichen Unterrichtserfahrung der Autorin heraus entwickelt hat. Verschiedene Annäherungsschritte – u. a. die Recherche in Fachzeitschriften und die Auseinandersetzung mit theoretischen kunstpädagogischen Aussagen zum Forschungsgegenstand – mündeten in die Formulierung der übergeordneten Forschungsfrage und der Zielstellungen der Untersuchung. Das Kapitel abschließend wurden die für die Untersuchung zentralen Begriffe Interaktion, Gruppe und Kollaboration geklärt und ihre Verwendung in der vorliegenden Arbeit in Abgrenzung zu alternativen Termini definiert und begründet. Der Begriff der Kollaboration wurde dabei klar vom Begriff der Kooperation abgegrenzt und in dem Zusammenhang die terminologische Festlegung für die vorliegende Untersuchung begründet, Formen des Austauschs und der Zusammenarbeit im Kunstunterricht als kollaboratives Handeln zu bezeichnen.

Kapitel 2 beleuchtet vier Aspekte des Kollaborativen, die als wichtige Bezugsfelder und Hintergründe der qualitativen Fallstudien zu lesen und mit denen die Untersuchungsergebnisse abschließend in Beziehung zu setzen sind: Teilen und Austauschen als Leitmotive einer neuen ›Kultur des Teilens‹, kollaborative Strategien in der Bildenden Kunst, Interaktion und Gruppe im Zentrum didaktisch-pädagogischer Konzeptionen sowie Kompetenzorientierung, Heterogenität und Inklusion als weitere Argumente für eine stärkere Berücksichtigung kollaborativen Handelns in Schule und Unterricht.

In *Kapitel 3* folgt die Darstellung des empirischen Forschungsstandes, auf den diese Arbeit aufbaut. Erläutert werden ausgewählte, relevante Untersuchungsschwerpunkte und Befunde vorrangig aus der qualitativen sozialwissenschaftlichen, allgemeinpädagogischen und kunstpädagogischen Forschung. Um wichtige Entwicklungslinien in der Erforschung von Interaktion und Gruppen im Unterricht aufzuzeigen, ist es darüber hinaus erforderlich, auch einige ausgewählte quantitative Studien, zumeist aus dem Bereich der Sozialpsychologie, hinzuzuziehen.

In *Kapitel 4* wird die fachdidaktische Konzeption des von der Lehrerin-Forscherin geleiteten Kunst-Leistungskurses erklärt, in dem fünf der sechs untersuchten Fälle erhoben wurden. Nach der überblicksartigen Darstellung der Gesamtplanung sowie der Sozialformen und Formen der Gruppenbildungen als Rahmenbedingungen der drei im untersuchten Kurshalbjahr zentralen Aufgabenstellungen werden diese im Detail beschrieben, didaktisch begründet und reflektiert.

In *Kapitel 5* werden mit der Begründung und Beschreibung des Forschungsdesigns zunächst die Grundlagen zum Nachvollzug der qualitativen Fallstudien gelegt: Die übergeordnete Forschungsfrage wird noch einmal konkretisiert und der Untersuchungsrahmen wird geklärt. Die Felder- und Fallbestimmungen werden in diesem Zusammenhang ebenso transparent gemacht wie die organisatorischen Rahmenbedingungen der Erhebung in zwei unterschiedlichen Kunstkursen. Darüber hinaus begründen ausführliche methodologische Erklärungen die Anlage der Forschung als phänomenologisch orientierte, triangulative kunstpädagogische Praxisforschung. Darauf folgt im selben Kapitel der Kern der Forschung: die qualitative Auswertung von sechs Fallstudien in drei Teilstudien aus zwei Untersuchungsfeldern. Voneinander unabhängig werden zunächst anhand von Einzelinterviews Aussagen über die Bedingungen und Potentiale eines kollaborativen Handelns im Kunstunterricht aus Sicht von vier interviewten Schülerinnen und Schülern, die gemeinsam von der Lehrerin-Forscherin in einem Kunst-Leistungskurs unterrichtet werden, gewonnen (Teilstudie 1). Darauf folgt die Auswertung der Videobeobachtung zweier Schülerinnen desselben Kurses bei der gemeinsamen Arbeit an einer fotografischen Selbstinszenierung, aus der Strukturmerkmale eines kollaborativen Gestaltungsprozesses rekonstruiert werden (Teilstudie 2). Die Ergebnisse aus den genannten Analysen werden mit der Untersuchung eines weiteren Falls aus einem zweiten Feld trianguliert, für den ein gesamter Kunst-Leistungskurs im Medium der Fotografie und in einer Gruppendiskussion über sich selbst als Gruppe und über ihren Kunstunterricht kommuniziert (Teilstudie 3). Der Darstellung der drei Teilstudien anhand ausgewählter Auszüge ist jeweils die Erklärung der jeweiligen Methoden und der konkreten methodischen Umsetzung vorangestellt.

In *Kapitel 6* werden nach einem Überblick über die Schwerpunkte der einzelnen empirischen Teiluntersuchungen zusammenfassende Kernaussagen der Gesamtuntersuchung formuliert und die einzelnen Untersuchungsergebnisse zu den theoretischen Grundlagen, Bezugsfeldern und Hintergründen der Untersuchung sowie zum Forschungsstand in Beziehung gesetzt. Aus den einzelnen Aussagen zum Forschungsgegenstand werden allgemeine und fachspezifische didaktisch-pädagogische Schlussfolgerungen abgeleitet sowie konkrete Anregungen für ein kollaboratives Handeln im Kunstunterricht gegeben.

Kapitel 7 beschließt die Untersuchung mit der Reflexion des praxisforschenden Vorgehens. Diese umfasst sowohl die Beurteilung des eigenen kunstpädagogischen Unterrichtshandelns als auch die rückwirkende Überprüfung der gewählten Forschungsmethodik und der inhaltlichen Schwerpunktsetzung, woraus forschungsmethodische und -methodologische Desiderata sowie der weiterführende Forschungsbedarf abgeleitet werden.

2 Bezugsfelder und Hintergründe der Untersuchung

2.1 Teilen und Austauschen als jugendkulturelle, mediale und gesellschaftliche Leitmotive

2.1.1 Das jugendliche Selbst im Spiegel sozialer Netzwerke

Heute nehmen netzbasierte Interaktionsformen, also Handlungen, die medial vermittelt über das Internet und insbesondere die sozialen Netzwerke stattfinden, im Alltag von Kindern, Jugendlichen und Erwachsenen einen zentralen Stellenwert ein. Davon ausgehend hat sich eine ›Kultur des Teilens‹ entwickelt, in der Teilen und Austauschen digitale und analoge Leitmotive sind. D. h., verschiedenste netzbasierte Handlungsformen zielen ab auf ein Mit-Teilen individueller Erfahrungen, Meinungen, Erlebnissen usw. mit anderen bzw. werden erst dadurch konstituiert. Dies hat u. a. zur Folge, dass auch die individuelle Persönlichkeitsentwicklung maßgeblich im Spiegel der Wahrnehmungen der medialen Selbstdarstellung durch andere verläuft:

> *»Wesentlicher Bestandteil der digitalen Jugendkultur ist die körperbetonte, sinnliche Selbstdarstellung auf den ›jungen‹ Plattformen Youtube und Flickr mit ihren game- und musikkulturorientierten Clips und Fotos. Jugendliche Selbstdarstellung schlägt sich im Anschluss an die eigene Bild-Sozialisation in einem Medien-Ego nieder. Mediale Posen sind für die junge Generation selbstverständlich und alltäglich. Ihr Verhalten vor der Kamera ist zu einem großen Teil professionell und antrainiert. Youtube und Flickr zeigen am deutlichsten, wie Bilder als fluider Kommunikationsstoff funktionieren können und dass hierbei Kunst entstehen kann. Diese visuell neuartigen Clipformen dienen einmal dem Ziel, sich anderen mitzuteilen und mit ihnen zu kommunizieren. Es kann aber auch eine negative Kommunikation werden, wenn die Bilder asozial [Herv. i. O.] werden, wenn sie als Material für Mobbing und ›Cyberbullying‹ dienen.« (Richard 2010, S. 245)*

Nach der Wahrnehmung der Medientheoretikerin und -pädagogin Richard spielt sich die jugendliche Selbstdarstellung auf zwei verschiedenen Ebenen ab: Auf der »Ebene des Gesehen-Werdens und Sich-Zeigens« (a.a.O., S. 242) funktioniere das Web 2.0[11] wie »die virtuelle Straßenecke, die die Sichtbarkeit als Teil und Nicht-Teil von Gruppen gewährleistet« (ebd.). Fotos und Videos seien dort aufzufassen »als (teilweise spektakuläre) Inszenierungen

11 Anstelle des 2010 von Richard verwendeten Begriffs des »Web 2.0« ist heute das Sprechen von Sozialen Netzwerken gebräuchlicher.

der eigenen Person auf ein nicht näher bestimmtes Publikum hin« (ebd.). Auf einer zweiten Ebene dienten Videos und Fotos der Selbstbespiegelung, denn sie ermöglichten es den Bildproduzenten, »selbst Zuschauer der eigenen Darstellung zu werden und diese, durch die medial erwirkte Distanz, zu beurteilen. Entscheidend und neu daran ist der Prozess: der Produzent oder die Produzentin will sich auch selbst sehen!« (ebd.)

In den Interpretationen Richards deutet sich an, dass die Interaktion mit anderen auch für den kunstpädagogischen Kernbereich der Bildproduktion von größter Relevanz ist, denn sie beeinflusst zum einen die Art der Bildinszenierung, die im Rahmen aktueller Netzpraxen immer stärker auf ein nicht näher bestimmtes Publikum ausgerichtet ist. Zum anderen eröffnet sie neue Räume und Wege der Selbstwahrnehmung und Selbstbeurteilung, da die Art der Selbstdarstellung im Internet die Selbstwahrnehmung aus einer Außenperspektive gewissermaßen aus der Sicht eines virtuellen Publikums erleichtert. Damit kommen den rezeptiven und produktiven Bildhandlungen im Internet wesentliche Funktionen im Hinblick auf die individuelle Persönlichkeitsentwicklung zu, die es kunstpädagogisch zu berücksichtigen gilt.[12]

2.1.2 Kennzeichen und Konsequenzen einer ›Kultur des Teilens‹

Browsing. Sharing. Collecting. Producing.

Der Kunstpädagoge Busse benennt vier wesentliche Merkmale einer »Screen-Culture« (Busse 2011, S. 237): Als *Browsing* bezeichnet er »alle hypertextuellen Aktivitäten einer Person vor einem Bildschirm: das Verfolgen von Verknüpfungen, die das Internet bereit hält« (a.a.O., S. 237f.). *Sharing* besteht für ihn in der »Kommunikation über das digitale Netz in Form von Chats, LAN-Parties oder unter Ausnutzung von Web 2.0, das die Rückmeldung und Gestaltung von Websites (Wiki-Websites, Social-Networking-Sites, Weblogs, Foto-Communities), Videocommunities und Podcasts ermöglicht« (ebd.). Das dritte Merkmal der Screen-Kultur stellt *Collecting* dar, die »digitale Form des Speicherns und Sammelns von Daten« (ebd.), und als letztes Merkmal nennt Busse mit *Producing* die »Herstellung digitaler Texte und Bilder« (ebd.). Mit dieser Kategorisierung verdeutlicht Busse die Vielfalt netzbasierter Handlungen, die für Kinder und Jugendliche außerhalb des (Kunst-)Unterrichts bedeutsam sind und macht sie damit einer kunstpädagogischen Betrachtung und Behandlung zugänglich.

Busses Bestimmungen der Netzkultur im Jahre 2011 sind jedoch auch ein Beispiel für das kurze Verfallsdatum von Aussagen über die Entwicklungen im Bereich der immer wieder neuen Medien: Zwar sind die von ihm genannten vier Aspekte auch heute noch praktizierte Formen der Internetnutzung. Ihre Bedeutung hat sich jedoch hin zum Sozialen verschoben. Die aus demselben Jahr wie Busses Überlegungen stammende Situationsbeschreibung der Kunsttheoretikerin Seijdel nimmt heute offensichtlich gewordene Entwicklungen vorweg und kann daher als Ausgangspunkt für eine differenzierte Betrachtung aktueller, online und offline praktizierter Interaktions- und Kommunikationsformen dienen:

12 Vgl. vertiefend Jazo/Richard 2015.

»Der Web 2.0-Kultur wird eine Unzahl progressiver Qualitäten zugeschrieben: Es soll sich dabei um eine demokratisierende und emanzipierende Partizipationskultur handeln, oder sogar um eine alternative Geschenkkultur, bei der das Teilen und Austauschen von unterschiedlichem Content und Wissen eines der Leitmotive ist und die für Prozesse der kollaborativen und kollektiven Intelligenz für neue Diskurse und kulturelle Ergebnisse sorgen. Die sozialen Netzwerke sollen selbstorganisierend sein, den sozialen Aspekt durch ›Bottom-up‹ statt ›Top-Down‹ auf eine neue Weise gestalten und eine kreativere kulturelle Produktion fördern. Dieser Euphorie stehen die zögerlichen Kritiker gegenüber, die aufgrund der Tyrannei von Web 2.0 und des Aufkommens der Massen, die sich davon faszinieren lassen, Angst vor dem Untergang der westlichen Expertenkulturen bekommen, und die in den Massen nur die pöbelnden Plebejer oder die konformistischen Konsumenten sehen.« (Seijdel 2011, o.S.)

Tatsächlich hat sich ausgehend von den Interaktionspraxen des Internets eine »Kultur des Teilens« (Terkessidis 2015, S.8) entwickelt, in der Teilen und Austauschen wie bereits von Seijdel als Leitmotive bezeichnet werden können. Deutlich wird dies nicht nur an kollaborativen Enzyklopädien wie Wikipedia, die auf dem Prinzip kollektiver Intelligenz basieren, oder dem Teilen von Bildern und Videos (und damit auch von Wissen, Meinungen, Erfahrungen usw.) auf Plattformen wie z. B. Instagram und Youtube. Auch außerhalb des Internets finden sich, gefasst unter Schlagworten wie *Share Economy, Collaborative Consumption* und *Collaborative Economy*, zahlreiche Indizien dafür, dass Teilen und Austauschen als jugendkulturelle, mediale, gesellschaftliche, aber auch wirtschaftliche Strategien immer wichtiger werden (vgl. Schmidt-Wetzel 2016a, 2016b, S. 6-7). Auch Zusammenarbeit als ein Teilen von Energie und Ressourcen wird immer mehr als Wert an sich propagiert, was etwa an der Selbstdarstellung der deutschen Fußballnationalmannschaft im Rahmen der Weltmeisterschaft 2014 beobachtet werden konnte.

Dimensionen von Sharing aus heutiger kunstpädagogischer Perspektive: Following. Participating. Commenting. Collaborating.

Angesichts dieser ›Kultur des Teilens‹ umfasst *Sharing* heute weit mehr Dimensionen, als dies noch 2011 von Busse beschrieben werden konnte. Es ergibt sich daraus der Bedarf, die von ihm vorgeschlagenen Begriffe neu zu bestimmen, um die aktuell praktizierten Formen des Teilens und Austauschens zunächst einer genaueren Betrachtung und darauf aufbauend einer differenzierteren Berücksichtigung im Kontext von Kunstpädagogik zugänglich zu machen. Die im Folgenden vorgeschlagenen, kurz umrissenen neuen Begrifflichkeiten sollen helfen, sich die Vielschichtigkeit der von Jugendlichen außerhalb des (Kunst-)Unterrichts praktizierten Interaktionsformen als eine Grundlage für die weitergehende Auseinandersetzung mit dem Forschungsgegenstand bewusst zu machen (vgl. Schmidt-Wetzel 2016b, S. 7):

- *Sharing* stellt eine den anderen interaktiven Handlungsformen übergeordnete Kategorie dar, da sie Kennzeichen verschiedenster digitaler und analoger Bereiche ist. Sie umfasst das materielle Teilen von Dingen und die gemeinsame Nutzung von Konsumgütern ebenso wie das Teilen und den Austausch von Erfahrungen, Erlebnissen und Meinungen. *Sharing* wird auch in der Wirtschaft, z. B. als Werbestrategie, aufgegriffen, was dessen Bedeutung wiederum in der jugendlichen Wahrnehmung wechselwirkend verstärkt.

- Ein wesentliches Ziel vieler Netzaktivitäten, sowohl von Privatpersonen als auch von Unternehmen, kommerziellen und nicht kommerziellen Organisationen, besteht heute darin, möglichst viele ›Follower‹ zu gewinnen. Erreicht werden kann dies dadurch, dass die eigenen Bewegungen im Internet für alle anderen nachvollziehbar gemacht, also geteilt werden. Die unter dem Oberbegriff des *Sharing* gewissermaßen basale Grundtechnik besteht daher im *Following*, d. h. dem Verfolgen von Wegen und Pfaden, die von anderen Netznutzerinnen und -nutzern in Form von Links, Hashtags oder mit den ›Like‹- und ›Share‹-Funktionen vorgeschlagen werden.
- *Participating* besteht in der Teilnahme und Teilhabe an unterschiedlichsten Gruppen und Gruppierungen, z. B. in digitalen *Communities* und sozialen Netzwerken. Das Mitmachen beschränkt sich jedoch nicht allein auf das passive Mit-Verfolgen im digitalen Raum, sondern kann verbunden sein mit der aktiven Teilnahme an nicht allein virtuellen Aktionen, z. B. an Flashmobs, Protestaktionen und Demonstrationen wie etwa im Rahmen des ›Arabischen Frühlings‹ oder auch der netzbasiert organisierten ehrenamtlichen Flüchtlingshilfe.
- Ein wesentliches Instrument für dieses Teilen und Teilnehmen besteht im Kommentieren (*Commenting*) von Aktionen und Inhalten anderer Netznutzerinnen und -nutzer. Jedes soziale Netzwerk stellt dafür die entsprechenden Tools zur Verfügung. Beispiele dafür sind etwa der ›Like‹-Button bei Facebook und die Smiley-Nutzung bei WhatsApp oder anderen Chat-Diensten. Aber auch das Kommentieren eigener alltäglicher Handlungen, z. B. per Snapchat, die kollektive Meinungsbildung zu gesellschaftlichen und politischen Ereignissen, z. B. auf Twitter, und das immer größere Vertrauen in die Bewertungen kommerzieller Angebote, z. B. in der Reisebranche, sind Kennzeichen dieser neuen Feedback-Kultur.
- Für den Bereich der Kunstpädagogik besonders relevant ist *Co-Producing*. Es bezeichnet die Nutzung digitaler Möglichkeiten der Datenspeicherung und/oder Datenproduktion auf kollektiven und kollaborativen Plattformen, um individuelle Handlungen und ihre Ergebnisse unmittelbar zu veröffentlichen oder aber sofort gemeinsam mit anderen zu realisieren (vgl. Peez/Camuka 2016, S. 37ff.)
- *Collaborating* als gemeinsames kreatives Agieren (online und/oder offline), zielt schließlich auf Ergebnisse ab, die – anders als beim *Co-producing* – über den individuellen Nutzen hinaus bedeutsam sind. Z. B. beim Erstellen von Online-Nachschlagewerken, Tutorials oder bei der Organisation von Flüchtlingshilfen, erfordert es eine andere Intensität und Wechselseitigkeit des Austauschs als das Mit-Teilen und stellt daher eine Sonderform der Interaktionspraxen von Kindern, Jugendlichen und Erwachsenen dar.

Unwägbarkeiten, Herausforderungen, Bedeutungsverschiebungen

Ob mit dem – zumindest an der Oberfläche – hierarchiefreien und basisdemokratischen Wesen von Plattformen wie Wikipedia, Facebook oder Instagram, aber auch mit zunehmend genutzten Angeboten wie *Car-Sharing*, *Crowdsourcing*, *Crowd-Design* oder Gemeinschaftsbüros tatsächlich die vielfach erhofften, verschiedensten emanzipatorischen und demokratisierenden Wirkungen einhergehen, kann nicht eindeutig beurteilt werden. Mit Sicherheit enthalten die genannten Phänomene auch Risiken für etablierte Wissens-, Kommunikations- und Produktionsformen. So erweisen sich bspw. die sozialen Netzwerke als zunehmend anfällig gegenüber manipulativen Eingriffen, die bspw. bei der US-Wahl 2016 die Wählerschaft zugunsten des republikanischen Kandidaten Donald Trumps maßgeblich beeinflusst haben sollen. Die sich als quasi nonkommerzielle Alternativen stilisierenden Unterkunfts- bzw. Taxivermittler Airbnb und Uber gefährden bestehende Arbeitstrukturen. Eine Auseinandersetzung mit dieser komplexen Fragestellung würde jedoch den kunstpädagogischen Fokus der Untersuchung aus den Augen verlieren, weshalb an dieser Stelle lediglich auf weiterführende, auch fiktionale Literatur verwiesen (vgl. z. B. Ziemer 2013, Eggers 2014, Terkessidis 2015) und zur kritischen Beobachtung der weiteren Entwicklungen der »Kultur des Teilens« aufgerufen sei.

Klar ist hingegen: In den sozialen Netzwerken erleben viele Begriffe, die Beziehungen und damit verbundene Gefühle bezeichnen, eine massive Bedeutungsverschiebung. Die Eigenschaften von Facebook-Freunden überschneiden sich etwa nur zum Teil mit ›echten‹ Freunden außerhalb des Internets. Ein Klick auf den Like-Button drückt nicht zwangsläufig Gefallen an dem so Kommentierten aus, sondern kann auch weit simpler ein Resonanzzeichen sein in dem Sinne von ›Ich habe gesehen, was du gepostet hast‹ sowie der Aufruf, im Gegenzug ebenfalls Gefallen auszudrücken. Beliebtheit und Bedeutung messen sich in der Anzahl von ›Followern‹ und ›Likes‹, der soziale Status in der Zugehörigkeit zu Gruppen (vgl. Schmidt-Wetzel 2016b, 6-7). Vieles deutet darauf hin, dass auch diese aktuell zunehmend von Kindern, Jugendlichen und Erwachsenen praktizierten Formen des Teilens und Austauschens (noch) relativ oberflächliche und undifferenzierte Interaktionsformen darstellen, die einer intensiven Bearbeitung im Bereich der Bildung und Pädagogik bedürfen.

2.2 Kollaborative Strategien in der Bildenden Kunst

In Orchestern, Bands, Theaterensembles, Filmcrews, *scientific communities* in der Wissenschaft oder Projektgruppen im Design stellt das Zusammenarbeiten in Gruppen eine wesentliche ästhetische bzw. kreative Strategie dar. In der Bildenden Kunst dagegen wird dies, ähnlich wie in der Kunstpädagogik, häufig diskursiv als therapeutisches Experiment degradiert (vgl. Rötzer/Rogenhofer 1991, o.S.). Die traditionell besondere Bedeutung der Künstlerpersönlichkeit für die bildende Kunst könnte dazu in nicht unerheblichem Maße beitragen. Denn der Wert eines Kunstwerks wird bis heute nicht zuletzt auch in materieller Hinsicht mitbestimmt durch den Wert der Künstlers: »Der Künstler selbst ist ein

Gesamtkunstwerk, und die Werke sind nur ein Teil des Ganzen.« (ebd.) Je autonomer und einzigartiger also die – immer noch eher männliche als weibliche – Künstlerpersönlichkeit, desto wertvoller das Kunstwerk als Repräsentation des außergewöhnlichen Künstlersubjekts.

Im Folgenden soll bewusst gemacht werden, dass trotz der im Vergleich zu anderen künstlerischen Disziplinen größeren Vorbehalte gegenüber kollaborativen Strategien im Bereich der bildenden Kunst Künstlergruppen bereits seit Jahrhunderten eine wichtige Rolle in der bildenden Kunst spielen und dass die Bedeutung künstlerischer Kollaboration als produktive künstlerische Strategie immer weiter zugenommen hat.[13] Zwei Dinge sind hierbei jedoch zu beachten: Zum einen können die Nennung von Beispielen für die jeweiligen Interaktions-, Kooperations- und Kollaborationsformen lediglich Ansatzpunkte für eine weiterführende Auseinandersetzung mit den unterschiedlichen künstlerischen Positionen und einen eigenen Nachvollzug der hier getroffenen Einordnungen darstellen, denn kunstwissenschaftliche Werkanalysen sind ausdrücklich nicht das Ziel dieser Darstellung. Zum anderen sind auch die in diesem Kapitel vorgenommenen Kategorisierungen in Form von Tendenzen künstlerischer Zusammenarbeit lediglich als Vorschläge zu verstehen, die über eine analytisch konstruierte Ordnung eine geeignete Übersicht zum Einstieg in ein komplexes, vielschichtiges Feld bieten können.

2.2.1 Historische Entwicklung programmatischer Künstlergruppen

Auch wenn sie lange Zeit kaum Beachtung findet, existiert eine lange Tradition künstlerischer Zusammenarbeit. Die frühen Formen kunsthandwerklicher Kooperation in Werkstätten, Zünften, Gilden, Bauhütten, Malerschulen usw. haben jedoch wenig gemein mit der Arbeit in modernen Künstlergruppen. Der Beitritt in eine Zunft oder Gilde erfolgt nicht aus freien Stücken, sondern ist zwingende Voraussetzung für die Berufsausübung.[14] Sie schränkt die individuelle Freiheit auf der einen Seite stark ein, bringt ihren Mitgliedern im Gegenzug aber vielfältige »genossenschaftliche Leistungen« (Thurn 1991, o.S.) wie etwa die Vermittlung von Aufträgen oder den gemeinsamen Einkauf von Materialien. Erst mit der Auflösung des mittelalterlichen Zunftsystems über die Spätrenaissance bis hin zur beginnenden Aufklärung entwickelt sich das über lange Zeit dominante (Selbst-)Bild des freischaffenden, individualistischen Künstlers:

> *»Der bildende Künstler wird individuell Schaffender und Lebender, er will selbstwertiger Einzelgänger, Solitär, sein. Seine Existenzform ist diejenige eines innengeleiteten, die Kunst über alles stellenden und um ihretwillen nahezu jede Mißhelligkeit in Kauf nehmenden Solitarismus.« (ebd.)*

13 Vgl. Bianchi 1990a und 1990b, Rötzer/Rogenhofer 1991, Bianchi 2000, Green 2001, Kunsthalle Fridericianum 2005, Kester, 2011, Huber 2013.

14 Die Ausführungen in diesem Abschnitt sowie im folgenden Kapitel 2.2.2 basieren zu weiten Teilen auf der kenntnisreichen Darstellung einer »Geschichte der künstlerischen Sozialität«, die Thurn anhand zahlreicher Beispiele von »Künstler-Gemeinschaften mit mehr oder weniger deutlichem ›Gruppen‹-Charakter« rekonstruiert (vgl. Thurn 1991 sowie für einen prägnanten Überblick Schmidt-Wetzel 2016b, S. 9).

Die neue Selbstständigkeit des Künstlers bedeutet jedoch nicht nur größere künstlerische Freiheit, sondern geht auch einher mit »einem Schwund an Außenhalten, mit einem Zuwachs an innerer Labilität und mit Verschärfung der Konkurrenzverhältnisse« (ebd.). Die Künstler gehen auf unterschiedliche Weise mit dem aus diesem neuen Professionsverständnis erwachsenden »Grundkonflikt der modernen künstlerischen Existenz« (ebd.) um: Die Betonung des solitären Charakters führt mit der Zeit einerseits zu dem Künstlertypus des Maler-Fürsten. Z. B. Franz von Lenbach und Franz von Stuck erheben sich als geniale Künstler über die Gesellschaft und begründen ihre Überlegenheit durch ihre außerordentliche »Individualität, Originalität, Virtuosität, Universalität« (ebd.). In eine etwas andere Richtung wenden sich Künstler wie bspw. Paul Gauguin: Sie positionieren sich als Außenseiter nicht höhergestellt, sondern bewusst abseits oder am Rande der Gesellschaft und zeigen offensiv ihre dieser und allen Konventionen gegenüber kritische Haltung (ebd.).

Die Formierung der Nazarener, die allgemein als erste Künstlergruppe angesehen werden, kann vor diesen Hintergründen zum einen als eine frühe Suche nach Alternativen zu dem skizzierten Idealtypus eines solitären und solipsistischen künstlerischen Selbstbilds gewertet werden. Noch als Kunststudenten streben die sechs Gründungsmitglieder (Friedrich Overbeck, Franz Pforr, Johann Holtinger, Joseph Wintergerst, Ludwig Vogel und Joseph Suttner) bereits Anfang des 19. Jahrhunderts aus der Erfahrung der »erstarrten Ausbildungsriten« (ebd.) an der Wiener Kunstakademie heraus eine grundsätzliche »Erneuerung der deutschen Kunst aus italienischem Geiste« (ebd.) an.

2.2.2 Merkmale programmatischer Künstlergruppen

»Gruppen sind der Humus, aus denen durch wechselseitige Anregung und Kritik Neues wächst. Sie bilden eine Art Gegenöffentlichkeit und ermöglichen es, eine andere Produktion, einen neuen Stil oder überhaupt alternative Ideen in einer Enklave gewissermaßen rekursiv auszubilden und sie dann in der Öffentlichkeit durchzusetzen.« (Rötzer/Rogenhofer 1991, o.S.)

Die Nazarener als erste Künstlergruppe kennzeichnen bereits im Wesentlichen dieselben Merkmale wie die große Zahl von Künstlergruppen, die ab Mitte des 19. Jahrhunderts folgen. Es handelt sich um einen Zusammenschluss junger Künstler am Übergang von der akademischen Ausbildung zur individuellen künstlerischen Arbeit, deren Gemeinschaft auf einem Selbstverständnis als Gegenmodell zur Tradition und als Avantgarde gründet.[15] Sie verbinden die Ablehnung und Abgrenzung von künstlerischen und gesellschaftlichen Traditionen ebenso wie das gemeinsame Streben nach Innovation: »Gruppen sind gezeichnet vom Bewußtsein der Minorität, aber auch vom Anspruch, es anders und auf der Höhe der Zeit zu machen.« (Rötzer/Rogenhofer 1991, o.S.)

Ein weiteres Kennzeichen haben die Nazarener mit anderen vor dem Zweiten Weltkrieg gegründeten Künstlergruppen und Künstlerkolonien (die Brücke, der Blaue Reiter, die Futu-

15 Vgl. für diese und die folgenden Ausführungen in diesem Unterkapitel erneut Thurn 1991.

risten, die Surrealisten, die Dadaisten u. v. a.) gemein, so dass diese hier trotz der zeitlichen Distanz unter dem Sammelbegriff programmatischer Künstlergruppen gefasst werden: Bei all diesen Gruppierungen beschränken sich der Austausch und die Zusammenarbeit in der Regel auf organisatorische, soziale und insbesondere programmatische Aspekte. Die individuelle künstlerische Arbeit wird weiterverfolgt; kollaborative Arbeit an einem Gemeinschaftswerk wird dagegen nur in Ausnahmefällen praktiziert. Die Künstlergruppen bilden ein Forum, auf dem die individuelle Arbeit intern diskutiert und weiterentwickelt sowie durch die Organisation von Ausstellungen, die Formulierung von Manifesten usw. nach außen hin kommuniziert und veröffentlicht wird. Der mehr oder weniger intensive Austausch mit den anderen Mitgliedern trägt zur Weiterentwicklung der eigenen künstlerischen Position bei und sorgt gleichzeitig dafür, dass diese im Einklang mit dem gemeinsamen Gruppeninteresse und dem künstlerischen oder politischen Programm der Gruppe bleibt. Als Künstlergemeinschaft gelangen die Beteiligten vielfach tatsächlich zu vergleichsweise radikalen Positionen und können ihren selbst formulierten Innovationsanspruch damit häufig auch einlösen. So deutet sich bspw. in den Aussagen der Surrealisten, Futuristen und Dadaisten ein erweiterter, über die Ismen der Moderne hinausweisender Werkbegriff an: Die Haltung und Weltsicht der Gruppe, kommuniziert über Manifeste, wird selbst zum Kunstwerk, der Prozess der künstlerischen Arbeit gewinnt gegenüber der Produktion materieller Kunstwerke an Bedeutung.

Neben diesen unmittelbar mit der künstlerischen Profession zusammenhängenden Gruppenleistungen kommt der sozialen Dimension der Künstlergruppen großes Gewicht zu. Besonders gut nachvollziehbar ist dies an den zahlreichen Künstlerkolonien (z. B. Barbizon, Auvers-sur-Oise, Worpswede, Darmstadt), für die zumeist das Streben nach einem soziokulturellen Gesamtkunstwerk und die untrennbare Verschränkung von Kunst und Leben, privaten und professionellen Beziehungen, Kultur und Natur kennzeichnend sind.

2.2.3 Gruppendynamische Prozesse in programmatischen Künstlergruppen

Im Hinblick auf die vorliegende Untersuchung lohnt die Betrachtung der charakteristischen Merkmale und Abläufe in programmatischen Künstlergruppen, die von Thurn aus einem kunsthistorischen und kunstwissenschaftlichen Blickwinkel beschrieben werden (vgl. Thurn 1991, o.S.), aus einer sozialpsychologischen und gruppendynamischen Perspektive (siehe Kap. 1.4.2 und 3.1). Dabei fällt ins Auge, dass Kohäsion, d. h.der Zusammenhalt zwischen den Gruppenmitgliedern, vor allem durch eine deutliche Abgrenzung nach außen (gegen künstlerische und gesellschaftliche Konventionen und Traditionen, gegen die ältere Generation) bewirkt wird. Darüber hinaus trägt auch die Intra-Gruppen-Kommunikation in Form von intensiven Gesprächen, Briefwechseln (insbesondere mit Künstlerpostkarten), aber auch »Treuegelöbnisse[n]« (ebd.) zur Ausprägung eines starken Gemeinschaftsgefühls bei. Findet die Gruppe ein ausgewogenes Maß an Integration (im Sinne einer konzeptuellen und formalen Anpassung an die Gruppenziele, das ästhetische Programm usw.) und Differenzierung (im Sinne einer Fortsetzung der individuellen künstlerischen Arbeit und Weiterentwicklung der eigenen künstlerischen Position), stimuliert das positive Gruppenklima die Kreativität und der »Ausstoß an Werken« (ebd.) nimmt zu. Da der daraus resultierende Erfolg der Gesamtgruppe oder Einzelner jedoch das Gleichgewicht in der Gruppe destabilisieren kann, stellt er neben weiteren Faktoren auch eine stets präsente, latente Bedrohung der Gruppe dar: Nimmt die Gruppengröße oder die Bedeutung einzelner Gruppenmitglieder in der Gruppen oder in der öffentlichen Wahrnehmung zu stark zu, beansprucht ein Mitglied z. B. zu sehr seine Führungsrolle, so nimmt die Konzentration auf die gemeinsamen Ziele, das gemeinsame Programm ab und es kommt zu internen Abspaltungen oder sogar zur Auflösung der Gruppe (vgl. ebd.).

2.2.4 Entwicklung und Rezeption zeitgenössischer Tendenzen künstlerischer Kollaboration

Nach dem Zweiten Weltkrieg bilden sich, zunächst weiterhin »unter dem Begriff der Avantgarde und mit dem Ziel, über die Kritik an der Kunst und Kultur ein Gegenmodell zu entwickeln« (Strunk 2000, S. 10), neue bedeutende programmatische Künstlergruppen wie COBRA oder ZERO.[16] Gegen Ende des 20. Jahrhunderts nimmt die Zahl an Künstlergruppen, -paaren oder -kollektiven langsam, aber kontinuierlich zu (vgl. Nollert 2005, S. 20); Anfang der 1990er Jahre erwacht schließlich auch in der Kunstrezeption ein zunehmendes Interesse an kollaborativen Kunstformen. Es manifestiert sich erstmals deutlich in der zeitlich geballten Veröffentlichung von drei Ausgaben der Zeitschrift Kunstforum, die sich intensiv mit dem »Phänomen der partnerschaftlichen Zusammenarbeit an einem Kunstwerk« (Bianchi 1990a), spezifischen Künstlerpaaren (Männer-, Frauen- und Zwillingspaaren sowie Künstlerfamilien) (vgl. Bianchi 1990b) sowie Künstlergruppen und der »Utopie einer Kollektiven Kunst« (Rötzer/Rogenhofer 1991) auseinandersetzen. Dennoch kann keinesfalls von einer euphorisch gefeierten ›kollaborativen Wende‹ der bildenden Kunst oder Ähnlichem die Rede sein, wenngleich sich in einem eng verwandten Feld, dem Kuratieren von Ausstellungen, die Bildung projektbezogener Kuratorenkollektive als häufig praktizierte Variante bereits seit einiger Zeit durchgesetzt hat (vgl. Nollert 2005, S. 23). Die Auseinandersetzung mit Künstlergruppen, -paaren und -kollektiven bleibt weiter ein Randphänomen, dessen Relevanz kontrovers diskutiert wird; kritische Einschätzungen gehen dabei meist einher mit einem konservativen Kunstverständnis.[17] Hoffmann-Axthelm hält zum Stand kooperativer Formen in der bildenden Kunst zu Beginn der 1990er Jahre fest:

> *»Es gibt also kooperative künstlerische Arbeit, aber nur als weißen Raben. Das ist kein befriedigendes Ergebnis. Offenbar fehlt eine wichtige Voraussetzung dafür, daß Kooperation normal wäre. Der Zerlegungsprozess der künstlerischen Arbeit ist, anders gesagt, noch nicht weit genug gegangen. Noch einmal anders gesagt, gibt*

16 Für eine Einsicht in die Motive, Mitglieder und Handlungsfelder der genannten Gruppen vgl. Thurn 1991.

17 Vgl. etwa Janeckes eklektizistisch anmutende Sammlung von Argumenten aus gut einem halben Jahrtausend für die »Singularität des Kunstschaffens«, die er unter der Überschrift »Viele Köche verderben den Brei. Antwort auf die Frage, warum Kunstwerke einen und nicht mehrere Schöpfer haben« zusammenstellt (vgl. Janecke 1991).

es keine Kontinuität zwischen den veränderten Arbeitsweisen – Teamwork, Verselbstständigung der Materialien, Kooperation der Künstler und Objekte – einerseits, und andererseits dem Eintritt von Sozialität in die Form der künstlerischen Arbeit selbst, in die Leistungseinheit. Hier steht noch ein gewichtiger Bruch aus – oder die Überwindung einer systematischen Schwelle.« (Hoffmann-Axthelm 1991, Abs. 4)

Das aufkeimende Interesse an künstlerischen Kooperations- bzw. Kollaborationsformen Anfang der 1990er Jahre mutet auf den ersten Blick anachronistisch an, wird doch der unmittelbar vorausgehende Zusammenbruch der sozialistischen Systeme häufig als Beweis dafür angeführt, dass jeglicher Versuch, »gesellschaftlich andere, von Gleichheit, Freiheit und Selbstverantwortung bestimmte Produktionsverhältnisse zu etablieren« (Rötzer/Rogenhofer 1991, o.S.), grundsätzlich und damit auch in der bildenden Kunst zum Scheitern verurteilt sei. Bei näherer Betrachtung kann in der damaligen Rückbesinnung auf die Potentiale von Gruppen jedoch auch ein Muster wiedererkannt werden, nach dem künstlerische Gruppierungen immer dann an Bedeutung gewinnen, wenn in Phasen des gesellschaftlichen oder künstlerischen Umbruchs ein großer Bedarf an Neuorientierung oder ein besonderer Innovationsdrang besteht.

Kollaborative Künstlergruppen (z. B. Art & Language, General Idea)

Ein neuer Typus von Künstlergruppe verschiebt seit etwa den 1970er Jahren den Schwerpunkt der Zusammenarbeit erstmals auf die kollaborative Arbeit an einem Gemeinschaftswerk.[18] Dabei wird entweder auf jegliche Aussagen zur Urheberschaft bewusst verzichtet oder der individuelle künstlerische Autor wird zugunsten einer »kollektiven Autorschaft« und eines »Kollektivsubjekt[s]« (Strunk 2000, o.S.) aufgegeben.[19] Darüber hinaus verändern sich sowohl die Arbeitsweise als auch die Bedeutung des Werks als Produkt eines kollaborativen künstlerischen Prozesses:

»Das Kunstwerk als große, individuelle Einzelleistung tritt hinter ein funktionierendes Ensemble zurück, in dem sich die Einzelnen ›synergetisch‹ aufeinander beziehen und spezialisiert auf bestimmte Fragestellungen ihre Positionen einbringen [...].« (ebd.)

Wie bereits bei den früheren programmatischen Künstlergruppen geschieht dies weiterhin als Alternative zu tradierten Kunstformen und ist eng mit der »Idee einer revolutionären Umgestaltung alltäglicher Lebensformen« (Rötzer/Rogenhofer 1991, o.S.) verbunden.

18 Vgl. ergänzend die Auflistung von Künstlergruppen in Bd. 116 von Kunstforum International (Rötzer/Rogenhofer 1991).

19 Nollert spricht für den Bereich der Bildenden Kunst von einem Autorenkollektiv, worin sie eine Steigerung des literarischen Konzepts der kollektiven Autorschaft sieht (vgl. Nollert 2005, S. 19).

Künstlerkollektive (z. B. Guerilla Girls, Kleines Postfordistisches Drama)

Nach Nollert sind Künstlerkollektive[20] »Produktionsgemeinschaften«, in denen idealerweise »individuelle Kräfte gebündelt [werden], um gemeinsame Interessen durchzusetzen oder ein gemeinsames Resultat zu erzielen« (Nollert 2005, S. 19). Als solche sind Künstlerkollektive durchweg positiv konnotiert, da bei ihnen davon ausgegangen wird, dass die Mitglieder sich freiwillig zur Arbeit an einer gemeinsamen künstlerischen Idee zusammenschließen – anders als bei den kommunistischen Arbeits- und Produktionsgemeinschaften, die außerhalb des Kunstbereichs immer noch häufig zuerst mit dem Begriff des Kollektivs assoziiert werden (siehe Kap. 1.4.2).

Symbiosen: Künstlerpaare (z. B. Marina Abramovic und Ulay, Gilbert und George, Fischli und Weiss)

Künstlerpaare[21] nehmen in mehrfacher Hinsicht eine besondere Stellung innerhalb der zeitgenössischen Tendenzen künstlerischer Interaktion, Kooperation und Kollaboration ein, so finden sich zum einen zahlenmäßig weit mehr Beispiele für Künstlerpaare als für Künstlergruppen. Zum anderen weisen sie häufig eine besondere Beziehungsqualität auf: Die Kollaborierenden gehen langfristige Verbindungen ein oder sind bereits durch familiäre Bande aneinander gebunden. Die Beziehung geht meist weit über das Arbeitsverhältnis hinaus und hat häufig den Charakter einer intensiven Freundschaft oder Liebesbeziehung. Anders als in Künstlergruppen treten die beiden Partner für die Dauer der Kollaboration üblicherweise nicht mit individuellen künstlerischen Werken und Aktionen in Erscheinung.[22]

Pragmatische Kollaborationen (z. B. inges idee[23])

Etwa seit der Jahrtausendwende verschieben sich die Intentionen und Motive kollaborativer Künstlergruppen soweit, dass von einem »Paradigmenwechsel« (Strunk 2000, o.S.) im Bereich der künstlerischen Kollaboration gesprochen werden kann. Die Entscheidung, kollaborativ zu arbeiten, ist anders als bei den früheren – programmatischen und kollaborativen Künstlergruppen – kaum mehr programmatisch oder politisch motiviert. Künstlerinnen und Künstler sehen in Kollaborationen mit anderen angesichts der heutigen pluralistischen Gesellschaften anders als die früheren Künstlergruppen nicht mehr die eine »Alternative zur ›bestehenden Ordnung‹, sie sind eine ›Versuchsanordnung‹, ein weites Feld des Probehandelns« (ebd.).

20 Für weitere Beispiele von Künstlerkollektiven vgl. Kunsthalle Fridericianum 2005 sowie aktueller Krebber 2016.

21 Vgl. ergänzend die große Sammlung an Kurzvorstellungen bzw. z.T. monographischen Darstellungen von Künstlerpaaren in Kunstforum International Bd. 106 und 107 (Bianchi 1990a, 1990b).

22 Vgl. vertiefend Green 2001, der u. a. am Beispiel von Marina Abramovic und Ulay sowie Gilbert und George in äußert detaillierten Einzelfallanalysen die spezifischen Merkmale und Phasen der Kollaboration in Künstlerpaaren herausarbeitet.

23 Vgl. die Auseinandersetzung mit den kollaborativen Strategien von inges idee aus einer kunstpädagogischen Perspektive (Krebber/T. Meyer 2012; siehe Kap. 3.2.7).

Einen wesentlichen Anteil an der zunehmenden pragmatischen Neuorientierung künstlerischer Kollaboration tragen mediale Entwicklungen, denn in den zeitgenössischen Medien und Technologien ist Interaktion strukturell angelegt: In den sozialen Netzwerken und bei der Verwendung kollektiver digitaler Plattformen und Enzyklopädien (z. B. Instagram, Wikipedia) liegt es nahe bzw. ist es sogar häufig unabdingbar, zu kooperieren bzw. zu kollaborieren. Die *digital natives* erfahren sich daher im Internet selbstverständlich als »pragmatisch Handelnde, [die] soziales Handeln als Flexibilität und selbstbestimmte Aktivität auf der Basis von sozialer Interaktion verstehen« (ebd). Nach Einschätzung der Kunstpädagogen Krebber/T. Meyer sind auch künstlerische Aktivitäten insgesamt immer stärker von diesen »wachsenden, medialen Kollaborationsformen« (Krebber/T. Meyer 2012, o.S.) beeinflusst, denn im Mediengebrauch erworbene Einstellungen und praktizierte Verhaltensweisen hielten immer mehr Einzug in künstlerische Strategien – unabhängig davon, ob dies künstlerisch bewusst thematisiert wird oder unreflektiert geschieht. Die »klassische Dichotomie« von Kollektiv und Einzelkünstler sei daher aktuell nicht mehr haltbar (vgl. ebd.).

Kollaborative künstlerische Projekte (z. B. M+M: »Der Stachel des Skorpions«)

Zeitgenössische kollaborative Künstlergruppen zeigen zudem häufig eine deutliche Projektorientierung, d. h., sie entwickeln gemeinsame Arbeiten bezogen auf ganz konkrete Kontexte, etwa für eine bestimmte Ausstellung, einen spezifischen Ort oder Wettbewerb. Nicht selten sind dabei temporäre Kollaborationen, bei denen Künstlerinnen und Künstler gemeinsam an einem zeitlich begrenzten Projekt arbeiten und anschließend wieder eigene Wege gehen.[24] In den Worten Nollerts:

> *»Es bilden sich Kollektive, wenn dies sinnvoll erscheint, um bestimmte Themen aufzugreifen. Gruppen formieren sich dann schnell und flexibel in unterschiedlichen Zusammensetzungen, abhängig von Projekten und Inhalten. Das Kollektiv hat sich vom Stil zu einer Strategie gewandelt.« (Nollert 2005, S. 23)*

Ein weiteres Merkmal zeitgenössischer künstlerischer Kollaboration ist Interdisziplinarität (vgl. Strunk 2000, o.S.): Künstlerinnen und Künstler suchen bewusst den Austausch mit anderen Disziplinen und arbeiten bei der Entwicklung und Realisierung ihre Projekte mit Musikerinnen, Informatikern, Handwerkern u.ä. zusammen.[25]

24 Vgl. bspw. die temporäre, projektbezogene Zusammenarbeit zwischen Rosemarie Trockel und Carsten Höller für das »Haus für Schweine und Menschen« bei der Documenta 10 (1997).

25 Vgl. z. B. Ranfts Untersuchung zur Künstlertheorie Martin Kippenbergers. Er weist nach, dass auch Kippenberger als Einzelkünstler immer wieder den Austausch mit anderen Künstlern, aber auch Ausstellungsmachern und Handwerkern sucht. Er beschreibt die unterschiedlichen Interaktionsformen und Arbeitsweisen anschaulich als »Involvieren, Kollaborieren und Delegieren« und stellt Überlegungen an, wie diese Arbeitsweisen in die kunstpädagogische Praxis übertragen werden können (vgl. Ranft 2014, S. 134-170).

Partizipation und relationale Ästhetik: Kollaboration mit dem ›Publikum‹ (z. B. Thomas Hirschhorn, Rirkrit Tiravanija[26])

Abschließend soll mit der künstlerischen Strategie der Partizipation, auch diskutiert unter dem Konzept der relationalen Ästhetik (vgl. Bourriaud et al. 2002, T. H. Huber 2013), eine weitere zeitgenössische künstlerische Tendenz aufgezeigt werden. Sie steht zwar nur mittelbar im Zusammenhang mit der vorliegenden Forschung, da es sich hierbei nicht um die Zusammenarbeit zwischen verschiedenen Künstlerinnen und Künstlern, sondern um die Kollaboration von Kunstschaffenden mit dem ›Publikum‹ handelt. Da partizipative künstlerische Projekte jedoch ein kollaboratives Phänomen darstellen, das aktuell stark an Bedeutung gewinnt[27], ist seine knappe Thematisierung geeignet und notwendig, um die Bedeutsamkeit des Forschungsgegenstandes aus dieser etwas anderen Perspektive heraus noch einmal zu belegen.

Partizipative Ansätze, wie sie etwa von den Künstlern Thomas Hirschhorn und Rirkrit Tiravanija verfolgt werden, bilden »eine Umgebung, ein konkretes Setting« (Strunk 2000, o.S.), worin alle Beteiligten im wechselseitigen Bezug »die gewöhnliche, passivische und hierarchische Kommunikationsstruktur« (ebd.) überschreiten. Künstlerische Partizipation überträgt dem ›Publikum‹ »einen wesentlichen Anteil entweder schon an der Konzeption oder am weiteren Verlauf der Arbeit« (ebd.) und trägt damit, ähnlich wie auch die anderen kollaborativen künstlerischen Strategien, zu einem veränderten Verständnis von Kunst und der Künstlerrolle bei.

2.2.5 Zusammenfassende Betrachtung der Kennzeichen künstlerischer Interaktion, Kooperation und Kollaboration in Bezug auf ihre Relevanz für den Forschungsgegenstand

Die Ziele und Schwerpunkte künstlerischer Interaktion, Kooperation und Kollaboration sind vielfältig: Sie reichen von der Stärkung des künstlerischen Individuums in einer Gemeinschaft, dem Wunsch nach der Verwirklichung alternativer, kollektiver Gesellschaftsformen über programmatische Motive bis hin zu pragmatischen Beweggründen. Die Vielfalt der Möglichkeiten künstlerischer Zusammenarbeit spiegelt sich in der nachfolgenden Zusammenstellung von Fragen zur analytischen Betrachtung von Künstlergruppen wider (siehe Abb.1). Sie kann als »Rüstzeug« (Nollert 2005, S. 21) für eine tiefergehende, über die vorliegende Untersuchung hinausgehende Auseinandersetzung mit den verschiedenen Formen »kollektive[r] Arbeitsstrukturen« (ebd.) in der bildenden Kunst dienen.
Aus der Pluralität kollaborativer Strategien in der bildenden Kunst kann die im Verlauf der vorliegenden Untersuchung zu überprüfende Vermutung abgeleitet werden, dass auch die Zusammenarbeit zwischen Lernenden im Kunstunterricht ganz unterschiedlich motiviert

26 Für weitere, aktuelle Beispiele vgl. Krebber 2016.
27 So spricht die Kunsttheoretikerin und Kuratorin Milevska angesichts eines von ihr in jüngster Zeit beobachteten »Paradigmenwechsel in der Kunst von einer Beziehung zwischen Objekten zu einer zwischen Subjekten« gar von einem »participatory turn« (Milevska 2006, o.S.).

Fragen zur analytischen Betrachtung von Künstlergruppen

- Wie *groß* ist die Gruppe?
- Woraus generiert sich *Kohäsion*? Wie stark ist der Zusammenhalt?
- Wie formiert sich die *Gruppenidentität*? Gibt es einen Gruppennamen? Sind die Mitglieder namentlich bekannt oder bleiben sie anonym?
- Verfolgt die Gruppe vorrangig professionell-pragmatische, politische, soziale oder ästhetisch-programmatische *Motive*?
- Entstehen *individuelle Werke oder Gemeinschaftswerke*? Worin besteht die konkrete Zusammenarbeit? Wie wird sie realisiert?
- Welchen *Werkbegriff* vertritt die Gruppe? Strebt die Gruppe nach einem *Werk* oder steht der gemeinsame künstlerische *Prozess* im Vordergrund?
- Besteht *Interaktion* nur zwischen den Gruppenmitgliedern oder auch mit Außenstehenden? Verfolgt die Gruppe dabei *interdisziplinäre oder partizipative Ansätze*?
- Werden von den Gruppenmitgliedern im Sinne von *Arbeitsteilung* entsprechend ihrer individuellen Fähigkeiten und Interessen unterschiedliche Aufgaben übernommen?
- Gibt es in der Gruppe bestimmte *Rollenzuschreibungen*? Welcher *Führungsstil* wird verfolgt? Sind die Gruppenmitglieder gleichberechtigt?
- Welche Bedeutung kommt der Mitgliedschaft in einer Gruppe im Hinblick auf die *individuelle künstlerische Biografie* zu? Besteht sie parallel zur individuellen künstlerischen Arbeit oder ist sie dieser z. B. in der eigenen Biografie vor- bzw. nachgelagert?

(vgl. Nollert 2005, S.21, durch die Autorin überarbeitet/ergänzt)

Abb. 1: Fragen zur analytischen Betrachtung von Künstlergruppen

sein kann; eine Einschränkung z. B. auf soziale Ziele oder die Verknüpfung mit bestimmten verbindlichen Merkmalen, etwa der Arbeit an einem Gemeinschaftswerk, würde das Potential einer bildnerischen Zusammenarbeit nicht ausschöpfen.

Durch die intensive konzeptuelle und programmatische Auseinandersetzung zwischen den Mitgliedern haben Künstlergruppen oftmals einen innovativen Charakter, der sich in zweierlei Hinsicht auswirken kann: In der Kommunikation nach außen, z. B. durch die Verbreitung künstlerischer Manifeste, geben Künstlergruppen im Verlauf der Kunstgeschichte mehrfach wichtige Impulse zur Erneuerung und Reformierung künstlerischen Denkens und Handelns. Die gruppeninterne Kommunikation wiederum ermöglicht es den einzelnen Mitgliedern, ihre individuelle Position im Austausch mit anderen zu reflektieren und weiterzuentwickeln. In dieser Hinsicht stellen Künstlergruppen einen wichtigen Erprobungsraum dar, der – meist in einer frühen Phase der individuellen künstlerischen Entwicklung – zu der Ausprägung einer spezifischen Künstlerpersönlichkeit beiträgt. Übertragen auf das kollaborative Handeln im Kunstunterricht bedeutet dies, dass die Arbeit in Gruppen einerseits möglicherweise das konzeptuelle Denken in bildnerischen Prozessen unterstützen kann. Andererseits könnte eine zeitweilige Zusammenarbeit mit anderen dazu beitragen, dass die einzelnen Lernenden sich im Austausch untereinander über ihre individuellen Interessen und Fähigkeiten bewusst werden und eine eigene Haltung gegenüber Kunst und Gestaltungsprozessen entwickeln. Auch diese Annahmen können nach Abschluss der qualitativen Fallstudien aufgegriffen werden.

Auffällig sind darüber hinaus die Häufigkeit und auch der Erfolg, mit denen Künstlerinnen und Künstler speziell in Künstlerpaaren zusammenarbeiten. Auf dieser Beobachtung aufbauend kann gefragt werden, ob Partnerarbeit auch für den Kunstunterricht möglicherweise eine besonders geeignete Sozialform darstellt, die in ihrer Bedeutung gestärkt werden sollte.

Insgesamt wird deutlich, dass vor allem in jüngerer Zeit die Zusammenarbeit zwischen Künstlerinnen und Künstlern weniger als die einzig mögliche Handlungsform verabsolutiert, sondern häufig im Rahmen temporärer Projekte und bezogen auf ganz bestimmte Kontexte genutzt wird. Insbesondere im interdisziplinären Austausch mit anderen wird dabei gezielt versucht, unterschiedliche Kompetenzen der einzelnen Interagierenden so zu verbinden, dass die Möglichkeiten einer Einzelperson übertroffen werden können – eine Strategie, die ebenfalls als Anhaltspunkt für die Gestaltung kollaborativer Lernsituationen im Kunstunterricht dienen kann.

2.3 Kollaboration als Gegenstand der Pädagogik: Interaktion und Gruppe im Zentrum didaktisch-pädagogischer Konzeptionen

Interaktion und Gruppe sind Kategorien, die nahezu jede pädagogische Situation bestimmen: Interaktion zwischen Schülerinnen und Schülern ist ein alltägliches Phänomen im Unterricht; Gruppen bilden den Rahmen, innerhalb dessen schulisches Lernen stattfindet. Wie der Erziehungswissenschaftler Terhart ausführt, entfalten Interaktion und das Lernen in Gruppen *immer* eine sozialisierende Wirkung, unabhängig davon, ob diese sich zufällig ereignen, ob sie von den Lernenden selbst oder von den Lehrenden initiiert und wodurch diese motiviert sind (z. B. durch pragmatische Überlegungen, pädagogische Intentionen, soziale Bedürfnisse usw.):

> *»Die Teilnahme an Unterrichtsprozessen hat – ob man will oder nicht – in jedem Fall über die Inhaltsseite hinausgehende breitere, die ganze Persönlichkeit prägende Wirkungen auf die Schüler. Moderner ausgedrückt: Unterricht sozialisiert.« (Terhart 1994, S. 149)*

Interaktion und Gruppe sind jedoch nicht nur Rahmenbedingungen des Lernens, die »als dem ›eigentlichen‹ Unterrichtszweck äußerliche und unkontrolliert mitlaufende Wirkungen von Unterricht betrachtet werden können, sondern sind in die bewusste Gestaltung des Unterrichts mit aufzunehmen.« (ebd.) Eine Reihe didaktisch-pädagogischer Theorien und Konzepte stellt Interaktion und/oder Gruppenaspekte dementsprechend ins Zentrum ihrer Argumentation und Konzeption. Für die vorliegende Untersuchung sind die spezifischen Intentionen und Ziele, die damit jeweils verbunden werden, von großem Interesse. Erkenntnis verspricht daher die Analyse ausgewählter didaktisch-pädagogischer Konzeptionen (reformpädagogisch orientierte Ansätze von Gruppenunterricht, Kooperatives Lernen, sozial-konstruktivistische Ansätze, siehe Kap. 2.3.1-2.3.3), die mit dem Lernen in Gruppen oder allgemeiner mit Interaktion, z. B. in kooperativen Sozialformen[28], explizit bestimmte Ziele und Erwartungen verbinden. Die folgenden Fragen bestimmen diese theoretische Auseinandersetzung: Welchen Stellenwert haben Gruppe und Interaktion in dem jeweiligen Konzept? Welche Erwartungen werden damit vor dem Hintergrund bestimmter theoretischer Bezüge und gesellschaftlicher oder historischer Zusammenhänge verknüpft? Welche Erkenntnisse sind im Hinblick auf eine aktuelle Kunstpädagogik relevant, in der Austausch und Zusammenarbeit eine Rolle spielen sollen? Was ist an den aktuellen und historischen Positionen, insbesondere aus einer kunstpädagogischen Perspektive heraus, zu kritisieren?

Die Klärung von Gemeinsamkeiten und Unterschieden der ausgewählten Konzepte soll auch Licht in einen regelrechten Begriffs- und Konzeptdschungel bringen, in dem theoretisch und praktisch verschiedene Ansätze unreflektiert verwendet, miteinander vermischt oder ausgetauscht werden, ohne die damit verwobenen Sinngehalte und Ansprüche der zugrunde liegenden Konzeptionen systematisch zu reflektieren. Die anschließende kritische Betrachtung aus einer kunstpädagogischen Perspektive heraus dient der Klärung der Frage, welche Relevanz die einzelnen Konzeptionen für das Feld der Kunstpädagogik und die vorliegende Untersuchung besitzen (siehe Kap. 2.3.4).

Um alternative Sichtweisen zur Bedeutung von Austausch und Zusammenarbeit in Lernprozessen aufzuzeigen, werden den etablierten pädagogischen Positionen abschließend zwei neuere pädagogische Tendenzen gegenüber gestellt, die auch für die Auseinandersetzung mit Aspekten des Kollaborativen aus kunstpädagogischer Perspektive fruchtbar werden können (siehe Kap. 2.3.5). Mit dem Konzept des Kunstpädagogen Krautz (2013) wird dabei auch eine dezidiert fachdidaktische Perspektive auf den Forschungsgegenstand vorgestellt.

2.3.1 Reformpädagogisch orientierte Ansätze von Gruppenunterricht

Grundlegung des Gruppenunterrichts (E. Meyer): Demokratisierung und Freiheit durch ein Wechselspiel aus Arrangement und Improvisation

Unter Gruppenunterricht ist allgemein »jeder Unterricht zu verstehen, der den Lernenden die Möglichkeit gibt, bei geeigneten Aufgaben [...] miteinander und voneinander zu lernen« (E. Meyer 1977b, S. 43).[29] Erste Ansätze von Gruppenunterricht finden sich bereits bei verschiedenen Vertretern der pädagogischen Reformbewegung Ende des 19. und Anfang des 20. Jahrhunderts. Schon damals implizierte Gruppenunterricht nicht nur die Bevorzugung kooperativer Sozialformen, sondern insbesondere auch eine emanzipatorische Dimension und einen Perspektivwechsel: weg vom lehrerzentrierten Frontalunterricht hin zu einer schülerorientierteren Unterrichtsorganisation (vgl. ebd.).

28 Zur Begründung der Verwendung der Begriffe Kooperation, kooperative Sozialformen usw. als Alternative zu Kollaboration, kollaborativen Prozessen usw. in diesem Kapitel siehe Kap. 1.4.3.

29 Für einen Überblick über die Theorieentwicklung, die terminologischen Orientierungen und die Einflüsse aus verschiedenen Disziplinen auf die Praxis und Forschung zu Gruppenunterricht bis etwa Ende der 1970er Jahre vgl. Hörmann 1979.

Der Pädagoge E. Meyer legt 1954 mit der Erstauflage seines Werks »Gruppenunterricht. Grundlegung und Beispiel« ([7]1975) einen wichtigen theoretischen Grundstein für die Wiederaufnahme und Weiterentwicklung dieser reformpädagogischen Überlegungen zu Gruppenunterricht nach dem Zweiten Weltkrieg. Er verbindet mit Gruppenunterricht hohe Ziele und formuliert einen emanzipatorisch-aufklärerischen, gesellschafts- und schulverändernden Anspruch, der individuelle sowie Entwicklungen von Gruppen als sozialen Einheiten gleichermaßen anstrebt. Vor allem unter dem Einfluss der gruppenpädagogischen Arbeit mit Erwachsenen im Haus Schwalbach[30] betont E. Meyer die politische Dimension von Gruppenunterricht und seine Potentiale im Hinblick auf die »Herstellung und Erhaltung des Friedens in der Welt« (a.a.O., S. 10). Durch die Auseinandersetzung mit dem Konzept der Kollektiverziehung in der DDR erfährt E. Meyers Konzeption von Gruppenunterricht zu Beginn der 1990er Jahre eine weitere Neufokussierung, die mit einer Schärfung des Freiheitsgedankens einhergeht.[31]

E. Meyer verwendet zur Veranschaulichung der Grundzüge seines Konzepts in einleuchtender Weise das Bild einer Jazzband, für deren gelingendes Zusammenspiel Arrangement und Improvisation gleichermaßen notwendig sind. Bezogen auf den Gruppenunterricht heißt dies, dass sich dieser in einem Spannungsverhältnis von Planung, Vorgaben, Verbindlichkeiten und Rahmenbedingungen (Arrangement) auf der einen Seite sowie Offenheit, Flexibilität und freien, spontanen Entfaltungsmöglichkeiten (Improvisation) auf der anderen Seite bewegen müsse (vgl. E. Meyer [7]1975, S. 15ff.). Das Unterrichtsarrangement wird dabei größtenteils von der Lehrperson verantwortet, doch wird von ihr gleichermaßen eine Improvisationsbereitschaft und -fähigkeit gefordert, die u. a. auch eine Beteiligung der Lernenden an der Unterrichtsplanung ermöglicht

›Klassischer Gruppenunterricht‹ (Gudjons): Schulreform durch Emanzipation, Offenheit und Flexibilität

Die grundlegenden Ziele und Merkmale von Gruppenunterricht werden bis heute in einer ganzen Reihe von Variationen mit unterschiedlichen Schwerpunktsetzungen aufgegriffen, weiterentwickelt oder modifiziert. Der Erziehungswissenschaftler Gudjons, ein Hauptvertreter und -verfechter des Gruppenunterrichts im deutschsprachigen Raum, bezeichnet als die »›klassische‹ Form des Gruppenunterrichts« (Gudjons [2]2003b, S. 37) die zeitweilige Auflösung des Klassenverbands in Kleingruppen zur Bearbeitung von »Aufgabenstellungen, die in einem unterrichtlichen Zusammenhang stehen und Entwicklung von Kooperationsfähigkeit, problemlösendem und entdeckendem Lernen ebenso anstreben wie Stoff erarbeiten, Trainieren, Üben und Wiederholen« (a.a.O., S. 12). Die Kleingruppe von drei bis sechs Lernenden ist für Gudjons *die* Sozialform des Gruppenunterrichts. Partnerarbeit wird in seinem Konzept nicht thematisiert.[32]

30 Für einen Überblick über die Arbeit des Hauses Schwalbach unter der Leitung der Gruppenpädagogin Magda Kelber vgl. Schrapper 2009, S.197-201.

31 Vgl. E. Meyer/Winkel 1991.

32 Damit fasst Gudjons Gruppenunterricht deutlich enger als andere Vertreter, bspw. Klafki, der mit seinem Konzept »Lernen in Gruppen« ganz ähnliche Motive verfolgt, dieses jedoch als »Partner- und Kleingruppenarbeit« paraphrasiert (vgl. Klafki 1992).

Wie E. Meyer versteht auch Gudjons Gruppenunterricht als einen Gegenentwurf und eine Reaktion auf ein »verengtes individualistisches, ergebnisorientiertes, kognitives Verständnis von ›Schulleistung‹« (a.a.O., S. 36). Er nennt, u. a. im Anschluss an die Emanzipationsbewegung der 68er-Generation und die kritisch-kommunikative Didaktik, Mündigkeit, Kritikfähigkeit und solidarisches Handeln als die zentralen Lernziele des Gruppenunterrichts (vgl. Gudjons [2]2003b, S. 17). Das Soziale Lernen, das Aspekte wie das Erlernen von Beziehungs- und Kommunikationsfähigkeit und den konstruktiven Umgang mit Kritik in einer erlebbaren »Demokratie im Kleinen« umfasst, bildet einen wesentlichen methodischen Zugang und zugleich Lerninhalt des Gruppenunterrichts (vgl. a.a.O., S. 35f.). Dennoch wendet sich Gudjons gegen eine »Verabsolutierung des Konzeptes Gruppenunterricht« (a.a.O., S. 38) und grenzt sich explizit von überzogenen Erwartungen an das selbsterzieherische Potential der Gruppe ab, die in der Nachkriegszeit als sozialerzieherische Ziele der Gruppenpädagogik formuliert wurden. Er betont stattdessen immer wieder die Bedeutung des Frontalunterrichts als »wesentlicher Dreh- und Angelpunkt« (ebd.) jedes Gruppenunterrichts und von Unterricht insgesamt.

Notwendig für das Gelingen von Gruppenunterricht sei insgesamt der Verzicht auf ein »perfekt geordnetes und streng einzuhaltendes Regelwerk der Kleingruppenkommunikation« (a.a.O., S. 17) und eine zu strenge Arbeitsteilung in der Gruppe (vgl. a.a.O., S. 30). Gudjons plädiert stattdessen für ein Verständnis der Erfahrung von »Unsicherheiten, Versuch und Irrtum, Fehlern« (a.a.O., S. 17) als Lernchance. Eine geeignete Aufgabenstellung dürfe daher den Lösungsweg nicht vorgeben, sondern müsse eine ergebnisoffene, »multivalente Situation« herstellen, die Gruppen dazu anrege, gemeinsam Entscheidungen bezüglich der Arbeitsorganisation und Arbeitsteilung zu treffen und in der Lösungen nur interaktiv erarbeitet werden können (vgl. a.a.O., S. 28f.). Das Lehrerhandeln solle nicht mehr nur direkt-instruierend, sondern eher initiierend, informierend, regulierend, bewertend und stimulierend ausgerichtet sein (vgl. a.a.O., S. 33). Erforderlich sei außerdem eine klare und überschaubare Aufgabenformulierung, durch die den Lernenden Aspekte wie bspw. Umfang, Zeitrahmen und Formen der Ergebnispräsentation transparent gemacht werden und die dadurch die Grundlage für selbstständiges und selbstverantwortliches Arbeiten in den Gruppen schaffen (vgl. a.a.O., S. 29).

2.3.2 Kooperatives Lernen: individuelle Lernoptimierung und Effizienzsteigerung durch kooperative Unterrichtsstrukturen

Die verschiedenen Ansätze Kooperativen Lernens, in Abgrenzung zu traditionellem Gruppenunterricht mitunter noch präziser gefasst als Neue Formen des Kooperativen Lernens (vgl. Dann/Diegritz/Rosenbusch 1999, S. 5), sind grundsätzlich dadurch gekennzeichnet, dass sie Kooperation im Sinne eines gemeinsamen Handelns oder Zusammenarbeitens als didaktischen Kern auffassen, auf den bezogen die zwischen den Lernenden stattfindende Interaktion nach spezifischen Prinzipien und unter Anwendung bestimmter Methoden reguliert werden soll (vgl. A. A. Huber 2008, S. 313). Mit dem Bild des »Kooperativen Klassenzimmers« (Brüning/Saum [5]2009, S. 9, Baloche 1998) wird verdeutlicht, dass – mit Ausnahme von Einzelarbeit – *alle* Unterrichts- und

Sozialformen in das Konzept des Kooperativen Lernens integriert sind. Kooperatives Lernen findet also nicht nur in Partner- oder Gruppenarbeit statt, vielmehr soll jede Unterrichtsaktivität, z. B. auch Schüler- oder Lehrervorträge, Präsentationen oder Klassengespräche, kooperativ angelegt sein.

In Deutschland wird das Konzept des Kooperativen Lernens u. a.vertreten von Brüning/Saum (vgl. z. B. 2008a, 2008b, [5]2009).[33] Die beiden Pädagogen berufen sich u. a. auf Erkenntnisse der Gehirnforschung und Neurobiologie und grenzen sich ausdrücklich gegen die traditionellen bzw. ›klassischen‹ Formen von Gruppenunterricht ab (a.a.O., S. 9). Die Zielsetzungen des Kooperativen Lernens unterscheiden sich dementsprechend deutlich von jenen eines reformpädagogisch orientierten Gruppenunterrichts: Zwar streben beide Richtungen die Aktivierung aller Schülerinnen und Schüler an, doch beim Kooperativen Lernen sind damit nur mittelbar auch gesellschaftliche Intentionen (z. B. Emanzipation) verbunden. In erster Linie geht es um eine effektivere Gestaltung des Lernens für alle Beteiligten, Lernende wie Lehrende (vgl. ebd.).

Ganz anders als Gruppenunterricht ist Kooperatives Lernen durch einen hohen Grad an Struktuiertheit und Effizienzorientierung gekennzeichnet. Ein Beispiel hierfür ist die kooperative Methode: Denken (*think*: Konstruktion) – Austauschen (*pair*; Ko-Konstruktion) – Vorstellen (*share*; Konstruktion/Ko-Konstruktion) (vgl. a.a.O., S. 17ff.). Sie stellt einen verbindlichen Dreischritt dar, der in den unterschiedlichen Teilmethoden und je nach Aufgabe zwar graduell variiert werden kann; die Grundstruktur und die zentralen Merkmale der Einzelschritte sind jedoch im Hinblick auf ein effizientes Vorgehen unbedingt einzuhalten. Der bei Gruppenunterricht und Gruppenpädagogik so wichtige Aspekt der Selbststeuerung erhält in dem Konzept von Brüning/Saum keinen Raum.[34] Die Mitbestimmungsmöglichkeiten und Entscheidungsfreiheiten der Lernenden sind zugunsten möglichst optimaler Lernbedingungen und einer effizienten Auseinandersetzung mit Inhalten stark eingeschränkt. Brüning/Saum lehnen dementsprechend von den Lernenden selbst gebildete Sympathiegruppen entschieden ab. Sie empfehlen stattdessen die Bildung von Zufallsgruppen mit häufig wechselnder Zusammensetzung, da auf diese Weise die Bereitschaft und Fähigkeit mit unterschiedlichen Menschen, nicht nur mit befreundeten, zusammenzuarbeiten erlernt werden soll (vgl. a.a.O., S. 19ff.).

2.3.3 Sozial-konstruktivistische Ansätze: Lernen als Ko-Konstruktion und Betonung der Beziehungsebene

»Jede Erkenntnis ist das Konstrukt eines aktiven Subjekts.« (Müller 1996, S. 62) Diese sowohl für die Philosophie als auch die Lernpsychologie des Konstruktivismus charakteristische Grundaussage findet auch in der Allgemeinen Didaktik sowie vereinzelt in der kunstpädago-

33 Vgl. ergänzend die Beiträge verschiedener Autorinnen und Autoren im Friedrich-Jahresheft »Individuell lernen – kooperativ arbeiten« (Friedrich-Verlag et al. 2008) sowie Konrad 2008 und Konrad/Traub 2010. Ein umfassender aktueller Überblick über die verschiedenen Strömungen Kooperativen Lernens findet sich in Konrad 2014.

34 Vgl. dagegen jedoch den Vorschlag Konrads, der dieses Defizit Kooperativen Lernens durch die Verbindung mit Selbstgesteuertem Lernen aufzuheben versucht (vgl. Konrad 2014).

gischen Fachdidaktik große Beachtung.[35] Der Rekurs auf einen radikal-konstruktivistischen Ansatz *für* die Bearbeitung pädagogischer Fragestellungen wird jedoch, auch aus den Reihen der Vertreter einer Konstruktivistischen Didaktik, immer wieder scharf kritisiert (vgl. z. B. Siebert 2002, S. 229) Allgemein hat sich deshalb für didaktische Zusammenhänge die Orientierung an einer gemäßigten Form des Konstruktivismus durchgesetzt.

Konstruktivistische Didaktik (Reich)

Die Konstruktivistische Didaktik Reichs bezieht sich auf eine relationale Variante des Konstruktivismus als philosophische Denkrichtung, den interaktionistischen Konstruktivismus.[36] In der Auffassung dieser gemäßigten Form des Konstruktivismus ist ›Wirklichkeit‹ nicht rein subjektiv, sondern ausdrücklich intersubjektiv konstruiert, in Interaktion mit und in Beziehung zu anderen.

Ausgehend von einer Bestandsaufnahme allgemeiner didaktischer Defizite aus interaktionistisch-konstruktivistischer Perspektive, u. a. der »Vernachlässigung der Beziehungsseite des Lehrens und Lernens« (a.a.O., S. 18), wird in der Konstruktivistischen Didaktik besonders Wert darauf gelegt, den Doppelcharakter der Beziehungen im pädagogischen System zu beachten. Neben den zwischenmenschlichen Beziehungen der Beteiligten untereinander zählen hierzu zusätzlich die Beziehungen, die jedes einzelne Individuum zum Inhalt aufbaut. Beide Arten von Beziehung seien maßgeblich für den Lernprozess, denn Inhalte können nach interaktionistisch-konstruktivistischer Überzeugung nur in Beziehung zu anderen vermittelt werden (vgl. Reich [5]2005, S. 276).

Aus den theoretischen Annahmen der Konstruktivistischen Didaktik ergibt sich der Anspruch einer pragmatischen, konstruktiven und systemischen Unterrichtsgestaltung. Diese strebt nicht nach didaktischen Innovationen, vielmehr geht es um eine Sammlung von Methoden, die Schüleraktivität, Erfahrungslernen und situiertes Lernen ermöglichen. Handlungsorientierte Methoden werden grundsätzlich bevorzugt. Gruppenunterricht hat im Rahmen der Konstruktivistischen Didaktik den Stellenwert einer von zahlreichen aktivierenden Methoden (vgl. a.a.O., S. 23ff.).

Beziehungsdidaktik (Miller)

Auch Miller bezieht sich auf interaktionistisch-konstruktivistische Denkweisen und führt diese mit systemischen und kommunikationswissenschaftlichen Aspekten zu einem komplexen Erklärungs- und Handlungsmodell für den gesamten schulischen Bereich zusammen. Die Beziehungsdidaktik unterscheidet sich insofern von den bisher vorgestellten Konzepten, da sie keine Aussagen zu Lerninhalten liefert. Vielmehr liegt der Fokus auf der Gestaltung

35 Im Bereich der Kunstpädagogik wird der konstruktivistische Ansatz u. a.von Bering und Buschkühle aufgegriffen (vgl. Bering 1993, Bering et al. [2]2006, S. 56-60, und Buschkühle 2007). Während Bering dabei vor allem die Verbindung zur Systemtheorie sucht, bezieht sich Buschkühle explizit auf die radikal-konstruktivistischen Konzepte der Neurobiologen und Philosophen Maturana und Varela, nach denen der Mensch »sich und sein Verhältnis zur Welt in der ›sprachlichen Kopplung‹ mit anderen« (a.a.O., S. 184) bildet.

36 Die Konstruktivistische Didaktik wird daher mitunter, auch vom Autor selbst, als konstruktivistisch-interaktionistische Didaktik bezeichnet (vgl. z. B. Reich [6]2010, S. 282).

eines Sozialen Lernens, das sich für die Beteiligung der Lehrenden stark macht und das als grundsätzliche Perspektive auf Unterricht angelegt wird (vgl. Miller [5]2011, S. 54f.). Innerhalb der Beziehungsdidaktik wird die Gruppe zum »Herzstück« (a.a.O., S. 51) und Ort allen didaktischen und pädagogischen Handelns, in dem die zentralen Inhalte eines Beziehungslernens mit den Lernenden »spontan-situativ oder geplant-systematisch« (Miller [3]1999, S. 109) verhandelt und erfahren werden können. Selbstbetrachtung, Beziehungsklärung und die Auseinandersetzung mit Grundphänomenen menschlicher Beziehungen stellen die zentralen Lernbereiche dieses sozialen Lernens dar (vgl. a.a.O., S. 73).

2.3.4 Gegenüberstellung und Beurteilung der didaktisch-pädagogischen Konzeptionen aus kunstpädagogischer Perspektive

Reformpädagogisch orientierte Ansätze von Gruppenunterricht

Die didaktischen Hinweise, die von den Vertretern einer reformpädagogisch orientierten Gruppenpädagogik bzw. des Gruppenunterrichts varianten- und wortreich formuliert werden, bieten nur bedingt Ansatzpunkte für eine konzentrierte Untersuchung des Phänomens der Schüler-Schüler-Interaktion im Kunstunterricht: Zu häufig handelt es sich dabei um allein auf subjektiven Theorien der Autoren basierende Ratschläge oder verallgemeinernde Rezepte (vgl. bspw. Fuhr 1992), zu offensichtlich ist das bildungspolitische und emanzipatorische Bestreben, Gruppenarbeit als Alternative zu einem lehrerdominierten Frontalunterricht zu propagieren (vgl. bspw. E. Meyer 1991, Gudjons [2]2003b). Obwohl eine Festlegung auf Kleingruppenarbeit als didaktisch-methodisches Universalmittel von ihm selbst abgelehnt wird, kommt es bei Gudjons außerdem zu einer Verabsolutierung des Gruppenunterrichts in der spezifischen Sozialform einer Kleingruppe von etwa drei bis fünf Mitgliedern, was die Reichweite der didaktischen Vorschläge eingrenzt und die Betrachtung u. a. von Partnerarbeit ausschließt.

Inhaltlich finden sich in den reformpädagogisch orientierten Ansätzen von Gruppenunterricht dennoch einige Anhaltspunkte, die eine Verbindung von Gruppenunterricht und Kunstpädagogik nahelegen. Zu nennen ist hier zunächst das große Vertrauen in die Selbststeuerungskräfte von Gruppen, welches eine wichtige Grundlage für die Bearbeitung offener Aufgabenstellungen darstellen kann. Auch die starke Betonung der Alltagserfahrungen der Lernenden entspricht kunstpädagogischen Prinzipien, die die individuelle Auseinandersetzung mit Welt als zentrales Lernfeld betrachten. Schließlich lassen sich die von Gudjons auf einer eher abstrakten Ebene vorgeschlagenen Aufgabentypen für Gruppenunterricht sinnvoll mit Inhalten des Kunstunterrichts füllen. Sein Plädoyer für offene, dabei aber durch die Bekanntgabe verbindlicher Kriterien dennoch gerahmte Lernsituationen, in denen kein »perfekt geordnetes und streng einzuhaltendes Regelwerk der Kleingruppenkommunikation« (Gudjons [2]2003b, S. 17) gelten muss, sondern »Unsicherheiten, Versuch und Irrtum, Fehler[.]« (ebd.) als Lernchance gelten, kann sich in geeigneter Weise mit den Ansprüchen eines zeitgemäßen Kunstunterrichts verbinden.

Kooperatives Lernen

Insgesamt ist das Konzept des Kooperativen Lernens dadurch gekennzeichnet, dass die Orientierung an den Interessen der Lernenden und die Erziehung zur Selbstständigkeit zugunsten der Verwirklichung eines effizienten, möglichst reibungslos ablaufenden Unterrichts, an dem eine möglichst große Schülerzahl aktiv beteiligt ist, vernachlässigt werden. Bezogen auf Kunstunterricht ist außerdem kritisch zu sehen, dass keinerlei Beispiele geliefert werden, wie dieses didaktische Konzept im Rahmen kreativitätsfördernder, ästhetischer oder handlungsorientierter Aufgabenstellungen zu realisieren sei. Auch sind mehrere Merkmale des Ansatzes für Kunstunterricht weniger geeignet, z. B. die strikten, meist seht knapp kalkulierten Zeitvorgaben für unterschiedliche Arbeitsphasen. Darüber hinaus muss – sowohl aus fachdidaktischer als auch allgemeinpädagogischer Perspektive – die deutliche Schwerpunktsetzung auf die Vermittlung kognitiver Wissensinhalte kritisch gesehen werden. Es handelt sich somit um einen Ansatz, der als grundlegende Orientierung für kunstpädagogische Zusammenhänge nur bedingt fruchtbar erscheint.

Sozial-konstruktivistische Ansätze

Als besonders positiv ist zunächst hervorzuheben, dass in den verschiedenen sozial-konstruktivistischen Ansätzen für die Bedeutung der Beziehungen zwischen den Beteiligten und zu den Unterrichtsgegenständen sensibilisiert wird und dass diese überhaupt didaktisch-pädagogisch bearbeitet werden. Wie an den verschiedenen Bezugnahmen kunstpädagogischer Theoretiker (siehe Kap. 1.2) ablesbar ist, sind (interaktionistisch-)konstruktivistische Ansätze zudem grundsätzlich als theoretische Folien für das Nachdenken über die Inhalte und Methoden des Kunstunterrichts geeignet, bspw. wenn es darum geht, über die unterschiedlichen subjektiven Wahrnehmungen von Bildern und Kunstwerken zu reflektieren und dabei nicht nur tradierte Bedeutungen zu übernehmen, sondern eigene Interpretationen zu konstruieren.

Doch zwei Aspekte machen auch die sozial-konstruktivistischen Ansätze nur mit Einschränkungen zu geeigneten Orientierungspunkten für die Konzeption von Kunstunterricht. Dies ist zum einen die starke Fokussierung auf die Lehrperson, die notwendige Veränderung ihrer Rolle und ihres Selbstverständnisses, und auf deren Beziehungen zu den Lernenden. Die Beziehungen und Interaktionen zwischen den Lernenden werden im Verhältnis dazu didaktisch zu wenig bearbeitet. Zum anderen formuliert bspw. Reich in seiner konstruktivistischen Didaktik eine insgesamt doch als utopisch und dogmatisch zu bezeichnende Vision einer konstruktivistischen Methode, was mit dem abschließenden Zitat verdeutlicht werden soll:

> *»Schüler und Lehrer (re)konstruieren die für sie wesentlichen Inhalte, indem sie möglichst umfangreich ihr eigenes Arbeitsmaterial über diese Wirklichkeit erstellen und auf äußere Bezugssysteme (z. B. Schulbücher oder andere von außen gefertigte Materialien) nur dann und insoweit zurückgreifen, wie sie es unabdingbar zur eigenen (re)konstruktiven Bewältigung benötigen. Diese Idee ist eine Kernidee einer konstruktivistischen Didaktik, um nicht bloß die Symbolvorräte der Moderne in sich aufzusaugen, sondern konstrukti-*

vistisch abzuarbeiten und dabei das wichtigste in einem solchen Lernprozess überhaupt erfahren zu können: Sich selbst als maßgeblichen Konstrukteur von Wirklichkeit zu erleben und zu bemerken, dass auch die anderen Konstruktionen – so groß und so absolut sie je erscheinen mögen – vom Menschen gemachte sind.« (Reich [6]2010, S. 276f.)

2.3.5 Neuere Tendenzen: Kritik an pädagogischer Subjektorientierung und Betonung der Relationalität in Lernprozessen

Persönlichkeit und Beziehung in der Kunstdidaktik (Krautz)

Vor dem Hintergrund einer »relationalen Anthropologie« (Krautz 2013, S. 144) bezeichnet der Kunstpädagoge Krautz Persönlichkeit und Beziehungen als »fundamentale Dimensionen der Pädagogik« (a.a.O., S. 143). Er wendet sich damit allgemeinpädagogisch gegen eine Wahrnehmung der Lernenden als isolierte Subjekte und kritisiert bezogen auf das Fach Kunst die vorrangige »Orientierung an der Kunst oder der gesellschaftlichen Bedingung von Kultur und Bildern oder von subjektiver ästhetischer Erfahrung« (a.a.O., S. 166). Als Gegenkonzept beschreibt er eine relationale, personale (Kunst-)Pädagogik, wobei er sich auf die durch Erkenntnisse aus anderen Fachdisziplinen fundierte Grundannahme stützt, dass bei Kindern eine natürliche Tendenz bestehe, in und durch Beziehungen zu lernen (vgl. a.a.O., S. 145). Denn Bildung ereigne sich »nicht als autonome Selbstformung, sondern in Beziehung zu Menschen und Sachen, also im Bereich des ›Inter‹« (a.a.O., S. 148). Bezogen auf den Kunstunterricht konkretisiert er diese Beziehung(en) einerseits in Form der »direkten, interpersonalen Begegnung zwischen (Kunst-)Lehrer und Schüler« (a.a.O., S. 149) sowie andererseits als Beziehungen der Lernenden zu den Unterrichtsgegenständen, denn die Auseinandersetzung mit Bildern und Kunst ist für ihn der »Ausdruck einer Relationalität der Person, als sichtbare Form des Bezugs vom Ich, zum Du und Wir und zur Welt« (a.a.O., S. 144).

Davon ausgehend entwickelt er u. a. diese fachdidaktischen Fragestellungen: Ob und wie spielen Persönlichkeit und Beziehung im konkreten interpersonalen Bezug im Unterricht für Kunstlehrende eine spezifische Rolle (vgl. a.a.O., S. 144)? Wie können didaktische Settings relationalitätsfördernd angelegt werden (vgl. a.a.O., S. 149)? »Wie lassen sich mit und über Fachgegenstände Beziehungen zu Ich, Wir und Welt herstellen und wie wirken diese persönlichkeitsbildend?« (a.a.O., S. 152)

Die aufgeworfenen Fragen stellen in erster Linie offene Impulse dar, die zu eigenen Überlegungen und zur Formulierung eigener Antworten anregen können. Darüber hinaus münden sie in »didaktische Akzentsetzungen für die Planung und Durchführung von Kunstunterricht« (a.a.O., S. 156), wobei jedoch »keine vollständig neue Didaktik gefordert, sondern eher eine Aufmerksamkeitsverschiebung in der kunstpädagogischen Theorie und Praxis angeregt wird, also eine Sorgfalt in der Planung und Realisation von Unterricht, um soziale Lernprozesse, die faktisch immer auch schon stattfinden, in diesem Sinne dezidierter anzuregen« (a.a.O., S. 158).

Zusammengefasst argumentiert Krautz mit Bezug auf eine anthropologische Philosophie, aber auch gestützt durch Erkenntnisse u. a. aus der Neurobiologie (vgl. a.a.O., S. 145f.) überzeugend gegen die Überbetonung der Subjektivität und für eine stärkere Beachtung der Relationalität des Lernens und Handelns im Kunstunterricht. Jedoch konkretisiert er diese allgemeine Forderung lediglich für die personalen Beziehungen zwischen Lernenden und Lehrenden sowie die Beziehungen der Lernenden zu den Gegenständen und Inhalten des Kunstunterrichts. Die Beziehungen und Begegnungen zwischen den Lernenden untereinander bezieht auch er nicht in seine Überlegungen mit ein.

Lernen in Beziehung (Künkler)

Auch der Pädagoge und Soziologe Künkler (2011) stellt den Begriff des Relationalen ins Zentrum seiner Studien. Diese zielen ab auf die Entwicklung einer dezidiert pädagogischen Theorie des Lernens und gehen aus von der Analyse der Bedeutung des Subjekts in gängigen Lernparadigmen (Behaviorismus, Kognitivismus, Konstruktivismus, neurowissenschaftlich orientierte Lerntheorien sowie subjektwissenschaftliche Lerntheorien). Künkler arbeitet heraus, dass die genannten Lernparadigmen zwar durch zum Teil sehr unterschiedliche Subjektverständnisse konstituiert, jedoch trotz dieser Unterschiede insgesamt von einem dualistischen (u. a. Subjekt vs. Objekt, Geist vs. Materie, Psyche vs. Körper) und individualtheoretisch orientierten Denken gekennzeichnet sind. In diesem erkennt Künkler eine Reihe von »Einseitigkeiten, Problemen und Widersprüchen« (a.a.O., S. 291) in der jeweiligen Sicht auf Lernen.[37] Die wesentliche Schwäche der gängigen Lernparadigmen, die auch in Bezug auf die vorliegende Studie große Relevanz besitzt, bestehe dabei darin, dass die »individualtheoretische Bahnung [...] die (konstitutive) Bedeutung der Anderen und des zwischenmenschlichen Geschehens für das Lernen marginalisiert oder gar ausblendet« (a.a.O., S. 285).

Ausgehend von der Analyse der gängigen Lernparadigmen sucht Künkler nach philosophischen, soziologischen und lerntheoretischen Anhaltspunkten für ein alternatives »dezentriertes Subjektverständnis« (a.a.O., S. 353ff.) und zieht die Aussagen verschiedener »[g]enerative[r] Diskurse der Relationalität« (a.a.O., S. 407)[38] hinzu, um in einer »heuristischen Skizze eines relationalen Verständnisses des Lernens« (ebd., S. 293) Vorschläge zur Überwindung der in den gängigen Lernparadigmen ermittelten Defizite zu präzisieren und zu systematisieren.

Künklers relationaler Theorie des Lernens[39] liegen vier theoretische Annahmen zugrunde(vgl. a.a.O., S. 526ff.):

- Das *Denken-in-Relationen* als »Gegenentwurf oder Alternative zu einem Denken-in-Substanzen bzw. einem verdinglichten bzw. substantialistischen Denken« (a.a.O., S. 527) zielt ab auf die Überwindung des an den gängigen Lernparadigmen kritisierten dualistischen Denkens. Lernen ist stattdessen als

37 Diese sollen an dieser Stelle nicht ausgeführt werden, vgl. stattdessen vertiefend a.a.O., S. 37-280 sowie insbesondere Künklers Fazit aus der Analyse der verschiedenen Lernparadigmen (a.a.O., S. 281ff.)

38 Künkler bezieht sich u. a. auf Butler, Elias und Buber (vgl. a.a.O., S. 407ff.)

39 Vgl. zum Inhalt dieser Lerntheorie die »Ausdifferenzierungen einer relationalen Lernkonzeption« (a.a.O., S. 542-555).

ganzheitlicher Prozess aufzufassen, der z. B. niemals nur auf kognitive Inhalte reduziert werden kann, sondern bei dem stets auch emotionale und soziale Faktoren zu berücksichtigen sind.

- Die Verortung der Lerntheorie vor dem Hintergrund eines allgemeinen *differenztheoretischen Denkens* charakterisiert das Lernen weiter als ein Phänomen, das sich »einem reflexiven und systematisierenden Zugriff immer wieder entzieht und auch als Phänomen von Brüchen, Rissen und Widersprüchen durchzogen ist« (a.a.O., S. 528). Es betont »gegenüber der Einheitlichkeit die Gespaltenheit, gegenüber der Identität die Differenz, gegenüber der Fundierung die Kontingenz, gegenüber der Universalität die Relativität sowie gegenüber Vernunft und Transparenz die Alterität und Alienität« (ebd.).
- *Radikales Prozessdenken* stellt eine weitere Grundlage für eine alternative Sicht auf Lernen dar, denn »[a]nstatt von ruhenden und statischen Entitäten auszugehen, wird dabei versucht, von der Bewegung her den Prozess und die Dynamik zu denken, kurz gesagt: dem Prozess das Primat vor der (ruhenden) Substanz zu geben« (a.a.O., S. 529).
- Der Rekurs auf *systemisches Denken* als weiteren theoretischen Hintergrund verweist schließlich darauf, »dass jeder ›Handlungsvollzug‹ eine – wenn auch noch so minimale, langfristig aber höchst bedeutsame – (Rück-)Wirkung auf die relationale Subjektivität selbst zeitigt, sich relationale Subjektivität also schon allein daher in ständiger Veränderung und somit einem ständigen Lernprozess befindet« (ebd.).

Aus der Gesamtheit dieser theoretischen Annahmen folgen u. a. zwei Bestimmungen bzw. Prinzipien relationaler Subjektivität, die, wie in Kap. 7.2 weiter ausgeführt wird, auch für die in dieser Untersuchung bearbeitete kunstpädagogische Forschungsfrage von großer Bedeutung sind: Zum einen werden die »Selbst-, Welt- und Anderenbezüge als leibliche Vollzüge betrachtet« (a.a.O., S. 530), zum anderen ist Subjektivität nach diesem Verständnis »schon immer Intersubjektivität, Individualität ist schon immer eingetaucht in und hervorgebracht durch Sozialität« (a.a.O., S. 531).

2.4 Aktuelle bildungspolitische Argumente für kollaboratives Handeln und damit verbundene pädagogische Herausforderungen: Kompetenzorientierung, Heterogenität und Inklusion

Austausch und Zusammenarbeit gewinnen im Konzept der Kompetenzorientierung an Bedeutung

Eine der bildungstheoretischen Grundüberzeugungen, die sich ausgehend von John Dewey vor dem Hintergrund einer konstruktivistischen Weltsicht entwickelt hat, lautet, dass gesellschaftliche Veränderungen sich in den räumlichen, zeitlichen und inneren Gegebenheiten der Schule widerspiegeln müssten, gesellschaftliche Konstruktionen also in schulischen Konstruktionen zu berücksichtigen seien (vgl. Reich [5]2005, S. 209). Aktuell sind diese gesellschaftlichen Veränderungen enorm: Durch Medialisierung und Globalisierung nehmen die Herausforderungen für den Einzelnen und die Gesellschaft kontinuierlich zu und wirken sich auch auf den Bereich der Bildung aus. Ein umfassendes und gesichertes Wissen scheint vor diesem Hintergrund nicht mehr vermittelbar zu sein, denn von dem einen ›richtigen‹ Weltbild, aus dem sich die Inhalte von Lern-Lehr-Prozessen ableiten ließen, kann kaum noch ausgegangen werden. Auch das traditionell asymmetrische Verhältnis zwischen Lehrenden und Lernenden erfährt in diesem Zusammenhang eine tiefe Erschütterung, denn die Lehrenden mögen zwar aufgrund ihrer vergleichsweise größeren Erfahrung noch als Mehr-Wisser bezeichnet werden können, ihre Rolle als Besser- oder Alles-Wisser können sie unter dieser Perspektive allerdings nicht mehr beanspruchen (vgl. ebd.). Mit dieser Entwicklung geht jedoch aus konstruktivistisch-didaktischer Sicht keineswegs eine Abwertung der Lehrenden einher. Vielmehr erhalten sie eine neue, veränderte Bedeutung in ihrer Funktion als »ein Fachmann/eine Fachfrau für Kommunikation, Beziehung und Inhalte, wobei die Gleichwertigkeit dieser drei Bereiche von Wichtigkeit ist« (Miller [3]1999, S. 55).

Auf bildungstheoretischer und bildungspolitischer Ebene wurde die Kompetenzorientierung[40] in den vergangenen Jahren vor dem Hintergrund neuer didaktischer und pädagogischer Ansätze, lernpsychologischer Erkenntnisse und unter Berücksichtigung des oben umrissenen konstruktivistischen Lernverständnisses, z.T. aber auch gegen massive inhaltliche Bedenken und Widerstände, als didaktisches Leitbild größtenteils durchgesetzt.[41]

Exemplarisch anhand des Berliner Rahmenlehrplans Bildende Kunst für die Gymnasiale Oberstufe (Senatsverwaltung für Bildung, Jugend und Sport Berlin 2006) lässt sich nachvollziehen, dass das theoretische Konzept der Kompetenzorientierung auch deutliche Auswirkungen auf die Formulierung der Schulcurricula hat. Denn anstelle der kanonischen Vorgabe von Unterrichtsinhalten, die den Schülerinnen und Schülern vermittelt werden sollen, tritt ein »dynamisches Modell des Kompetenzerwerbs, das auf lebenslanges Lernen und die Bewältigung vielfältiger Herausforderungen im Alltags- und Berufsleben ausgerichtet ist« (a.a.O., S. 9). Statt

40 Zur Definition des Kompetenzbegriffs vgl. Weinert 22002, S. 27f. In der kunstpädagogischen Fachwissenschaft finden sich sehr unterschiedliche Positionierungen zur Kompetenzorientierung. Sie spiegeln sich wider in der Formulierung verschiedener fachspezifischer Kompetenzmodelle für das Fach – bspw. das »Kompetenz-Strukturmodell Kunst« (Wagner 2012) oder die Formulierung von »Bildkompetenzen« (Bering / Niehoff 2009, 2014, Niehoff 2012) –, von denen sich jedoch noch keines als allgemein akzeptiert durchgesetzt hat. Als Zwischenstand zur Kompetenzorientierung im Kunstunterricht kann mit Aden / Peters deshalb lediglich festgehalten werden, dass die Formulierung kompetenzorientierter kunstunterrichtsspezifischer Standards, »die zum einen verallgemeinerbare Tatsachen repräsentieren, die aber auch die unvorhersehbare Dynamik der schöpferischen Momente künstlerisch-ästhetischen Lernhandelns und -verstehens mitdenken« (Aden / Peters 2012, S. 6), eine enorme Herausforderung darstellen, welcher noch von keinem der vorliegenden Modelle in überzeugender Weise begegnet worden ist.

41 Die Umsetzung der Kompetenzorientierung in der Praxis wird durch verschiedene – auch über nationale Grenzen hinwegreichende – bildungspolitische Bestrebungen und Initiativen sowie durch die zunehmende Berücksichtigung bei der Formulierung der Rahmenlehrpläne in den einzelnen Bundesländern sowohl fachübergreifend als auch fachspezifisch weiter vorangetrieben. Als Beispiele zu nennen sind auf nationaler bzw. europäischer Ebene der »Deutsche Qualifikationsrahmen für lebenslanges Lernen« (www.dqr.de) und der Europäische Qualifikationsrahmen (www.kmk.org/themen/internationales/eqr-dqr.html). Fachbezogene Standards für Bildende Kunst sind z. B. in den Bildungsstandards für den Mittleren Schulabschluss des Bundes Deutscher Kunsterzieher (vgl. BDK 2008) formuliert.

um das Erreichen verbindlicher Lernziele geht es um den Erwerb verschiedener Fähigkeiten und Kompetenzen, die die Schülerinnen und Schüler in die Lage versetzen sollen, über den Unterrichtszusammenhang hinausgehend erfolgreich agieren zu können. Eine dekontextualisierte Reproduktion von Wissen und Können sei hierfür jedoch nicht ausreichend. Vielmehr müssen die im Unterricht erworbenen Fähigkeiten und Kompetenzen »situationsangemessen, zielorientiert und adressatengerecht« (ebd.), also immer in einer konkreten Situation, im Hinblick auf ein spezifisches Ziel oder im Verhältnis zu einem bestimmten Gegenüber angewendet werden.

Mit diesem kompetenzorientierten Ansatz einher geht auch die Forderung nach mehr Schüleraktivität und Interaktion der Beteiligten untereinander mit sich bringt. So verlangt der Berliner Rahmenlehrplan, sowohl individuelle als auch kooperative Lernprozesse zu initiieren, dabei durch die Gestaltung der Lernumgebungen das selbstgesteuerte Lernen der Schülerinnen und Schüler zu fördern, ihnen Verantwortung für den Lernprozess und den Lernerfolg zu übertragen und sie aktiv an der Unterrichtsgestaltung zu beteiligen (vgl. a.a.O., S. 10).

All dies trägt dazu bei, dass den sozialen Interaktionen innerhalb der Kompetenzorientierung eine weitaus größere Relevanz zukommt als im traditionellen Verständnis von Lernen: Sie bilden eine entscheidende Folie, vor der das Lernen und der Kompetenzerwerb ihre Bedeutung erhalten. Denn die Interaktion mit anderen, ob im Unterricht oder in außerschulischen Kontexten, stellt einen praktischen Erprobungsraum dar, in dem die erworbenen Kompetenzen angewendet werden, sich bewähren und ggf. weiter bearbeitet werden müssen. Die Bereitstellung vielfältiger und echter Interaktionsräume ist daher m.E .eine Grundvoraussetzung für erfolgreiches kompetenzorientiertes Lernen und eine Möglichkeit, produktiv mit dessen Herausforderungen, z.T. auch Widrigkeiten umzugehen. Sie *können* zum einen geschaffen werden durch die Öffnung der Schule nach außen, z. B. in der Zusammenarbeit mit außerschulischen Lernpartnern wie Museen oder Kulturinstitutionen, zum anderen im regulären Unterricht vor allem durch ein möglichst hohes Maß an Schüleraktivität und die Interaktion der Lernenden untereinander.[42]

Wenn diese mit der Kompetenzorientierung verbundenen Forderungen ernst genommen und in die Tat umgesetzt werden sollen, kommen sowohl den Lehrenden als auch den Lernenden veränderte Rollen und Aufgaben im Unterricht zu. Die Lehrenden arrangieren Lernsettings und moderieren Lernsituationen, in denen die Schülerinnen und Schüler in einem hohen Maße selbst aktiv werden können und sollen. Mit zunehmender Schüleraktivität und mehr Einflussnahme der Lernenden auf den Unterrichtsprozess erhalten die sozialen Prozesse im Unterricht eine neue Qualität und Relevanz.

Neue Herausforderungen: Heterogenität und Inklusion

Die nicht zuletzt durch die UN-Menschenrechtskonvention[43] geforderte gleichberechtigte Teilhabe aller Menschen an allen Bereichen des gesellschaftlichen Lebens stellt im Kontext Schule gleichermaßen eine Herausforderung und eine Bereicherung dar. Die je nach Bundesland in unterschiedlicher Intensität und Geschwindigkeit unternommenen Inklusionsbe-

42 Vgl. ergänzend die Erläuterungen Konrads zu den Potentialen Kooperativen Lernens in Bezug aus das »Lernen lernen« (Konrad 2014, S. 57ff.).

43 Vgl. z. B. https://www.aktion-mensch.de/themen-informieren-und-diskutieren/was-ist-inklusion.html.

strebungen sind in diesem Zusammenhang nur ein Element, das in Verbindung mit weiteren zu einer zunehmenden Heterogenität in der Schule beiträgt. Der aktuell geführte Heterogenitätsdiskurs wird von Trautmann/Wischer gleichzeitig als pädagogischer Reformdiskurs interpretiert (vgl. Trautmann/Wischer 2011, S. 17ff.). Aspekte dieser Reformbewegungen, die auf die neuen Anforderungen einer heterogenen Schülergemeinschaft zu reagieren suchen, sind u. a. die Abkehr von Homogenisierung und Selektion zugunsten individueller Förderung und Inklusion (vgl. a.a.O., S. 19ff.), damit einhergehend die stärkere Betonung der Diagnosekompetenzen und spezifischer didaktisch-methodischer Kompetenzen der Lehrkräfte (vgl. a.a.O., S. 105ff.) sowie eine stärkere Ausdifferenzierung der Schulformen (vgl. a.a.O., S. 69ff.).

Unmittelbar und langfristig tragen diese Veränderungen zu anderen Beziehungen der Lernenden untereinander und zu einem anderen Verhältnis zwischen den Lernenden und den Lehrkräften bei. Klar ist: Die individualisierte Betreuung jedes einzelnen Lernenden ist von einer einzelnen Lehrperson nicht zu leisten. Stattdessen müssen durch aufgabenorientierte Lernsettings differenzierte und individualisierte Möglichkeiten der Auseinandersetzung mit den Lerngegenständen gegeben werden. Diese binnendifferenzierten Lernformen eröffnen und erfordern, wie auch die Kompetenzorientierung, neue Interaktionsräume, wenn sich bspw. Lernende auf ähnlichen Leistungsniveaus gezielt zusammenfinden und austauschen, oder wenn schwächere Schülerinnen von leistungsstärkeren unterstützt werden. Gleichzeitig entsteht dadurch ein Bedarf, die im Zuge von Differenzierung und Individualisierung zunehmenden Unterrichtsphasen, in denen die Lernenden untereinander interagieren, auf der Ebene der Unterrichtsplanung stärker bzw. gezielter zu gestalten. Es gilt also auch hier, ebenso wie bei der Kompetenzorientierung, bildungspolitische Forderungen und gesellschaftliche Einflüsse didaktisch und pädagogisch zu bearbeiten.

3 Forschungsstand

3.1 Anfänge empirischer Gruppenforschung, sozialpsychologische Kleingruppenforschung, experimentelle Gruppendynamik und pädagogische Gruppen- bzw. Interaktionsforschung

Anfänge empirischer Gruppenforschung

Frühe Beispiele empirischer Gruppenforschung mit Bezug zu dem vorliegenden Forschungsgegenstand sind seit dem Übergang ins 20. Jahrhundert dokumentiert.[44] So wird bereits 1903 verglichen, ob Kinder besser alleine oder in gemeinschaftlichen Arbeitssituationen rechnen oder auswendig lernen können (vgl. Karsten 1977, S. 87).

Erste systematische Untersuchungen finden allerdings erst in den 1930er Jahren statt. Die Feldexperimente des in die USA emigrierten deutschen Sozialpsychologen Lewin gemeinsam mit den amerikanischen Wissenschaftlern Lippitt und White zu den Wirkungen unterschiedlicher Führungsstile (autoritär, demokratisch oder laissez-faire) auf Gruppenprozesse aus dem Jahr 1938 sind nicht nur als Ausgangspunkt sozialpsychologischer Forschung hervorzuheben, sondern auch, weil die Experimente eingebettet in ein mehrwöchiges Zeltlager für Jugendliche und damit in einer relativ authentischen Untersuchungssituation durchgeführt wurden (vgl. Sader [7]2000, S. 272ff.)

Bereits an dieser frühen Untersuchung kann die sich in den folgenden Forschungen fortsetzende, weiter unten näher ausgeführte Tendenz festgestellt werden, auch bei Untersuchungen von Gruppen häufig das Augenmerk auf die Leitungspersonen (z. B. den Gruppenführer oder die Lehrkraft) und deren Einfluss auf die Gruppenprozesse zu legen. Sader hält es daher für »naheliegend, daß das Verhalten derjenigen, die führen, zumeist das größere menschliche und auch wissenschaftliche Interesse gefunden hat« und konkretisiert, dass »das Interesse für die Rolle der Geführten [...] dabei nicht nur quantitativ geringer, sondern zumeist auch durch einengende Denkansätze begrenzt und spezifisch strukturiert« (Sader [7]2000, S. 279) war.

Sozialpsychologische Kleingruppenforschung

Im Bereich der Sozialpsychologie wurden und werden zahlreiche empirische Studien zu Kleingruppen durchgeführt, die jedoch durch ein grundsätzliches methodisches bzw. forschungskonzeptuelles Manko gekennzeichnet sind: Die Untersuchungen sind zu sehr großen

44 Einen Überblick über die Entwicklung der Gruppenforschung bieten sowohl Edding 2009 als auch in Form eines historischen Exkurses Amann 2009; letzterer zeichnet für die vorliegende Arbeit beachtenswerte Bezüge zwischen Gruppenforschung und Aktionsforschung in anschaulicher Weise nach.

Teilen als experimentelle Studien mit Laborgruppen angelegt.[45] Bei diesen handelt es sich häufig um sogenannte ›Pseudogruppen‹. D.h, sie werden ausschließlich für den spezifischen Forschungskontext kurzfristig, z. B. aus einer Reihe ›freiwillig‹ teilnehmender Studierender, gebildet, wobei diese jedoch durch die Anforderungen des Psychologiestudiums zur Teilnahme an einer gewissen Anzahl solcher Studien verpflichtet sind. Die Studienteilnehmerinnen und -teilnehmer werden als Gruppe mit in der Regel durch kognitive Operationen *ad hoc* lösbaren Aufgaben konfrontiert. Dadurch bieten die Studien zwar bspw. Erkenntnisse darüber, nach welchen Gesetzmäßigkeiten eine neu gebildete Gruppe von Studierenden, die sich oftmals nicht oder kaum kennen, mit bestimmten Anforderungen umgeht, z. B. gemeinsam Wasser zu transportieren oder eine Mathematikaufgabe zu lösen. Relevante Aussagen über die Wechselwirkungen zwischen einer gemeinsamen Auseinandersetzung mit komplexeren Gestaltungsaufgaben und den dabei ablaufenden sozialen Prozessen zwischen den beteiligten Personen, bspw. bei der gemeinsamen Arbeit an einem bildnerischen Vorhaben im Kunstunterricht, kann die sozialpsychologische Kleingruppenforschung daher jedoch nicht liefern (vgl. Sader [7]2000, S. 134; ergänzend auch Edding 2009, S. 47 und Luft [6]1986, S. 75). Auf weitere Ausführungen zum sozialpsychologischen Forschungsstand wird aus diesem Grunde verzichtet; stattdessen bildet der folgende Exkurs zur Forschungsrichtung der Gruppendynamik gewissermaßen die Brücke zur Darstellung wesentlicher Entwicklungen und Ergebnisse der pädagogischen Gruppen- und Interaktionsforschung, die in die Auswertung des spezifisch kunstpädagogischen Forschungsstands mündet.

Experimentelle Gruppendynamik

Zunächst eine Vorbemerkung: Der Begriff der Gruppendynamik wird häufig unscharf verwendet, denn tatsächlich ist präzise zu unterscheiden zwischen Gruppendynamik als einem Forschungskonzept für Gruppenphänomene auf der einen Seite – diese Richtung wird auch als experimentelle Gruppendynamik bezeichnet – und der angewandten Gruppendynamik als einem Trainingskonzept zur Beobachtung und Beeinflussung von Gruppen und ihren Mitgliedern auf der anderen Seite (vgl. Prior [6]2001, S. 692). Zwischen beiden Bereichen bestehen enge Verbindungen, Bezüge und Wechselwirkungen, die eine Erklärung für die unscharfe begriffliche Bestimmung sowohl im allgemeinen als auch im wissenschaftlichen Sprachgebrauch sein können. Im Folgenden werden die Grundlagen experimenteller Gruppendynamik geklärt und es wird auf Quellen für eine vertiefende Auseinandersetzung mit den für die vorliegende Untersuchung bedeutsamen Erkenntnissen dieser Forschungsrichtung verwiesen. Relevante pädagogische Aussagen der Gruppendynamik als anwendungsbezogener Konzeption werden darüber hinaus im Kontext des Konzepts des reformpädagogisch orientierten Gruppenunterrichts aufgegriffen (siehe Kap. 2.3.1).

45 Vgl. für einen umfassenden Überblick über die verschiedenen Forschungsansätze mit sinnvoll wertenden, häufig die Gültigkeit kritisch relativierenden Einordnungen der Forschungsergebnisse Sader [7]2000. Eine skizzenhafte, thematisch gegliederte Darstellung der »Grundfragen der Gruppenprozesse«, mit denen sich die sozialpsychologische Kleingruppenforschung befasst, bietet Luft [6]1986, S. 32ff.

Bei der experimentellen Gruppendynamik handelt es sich um eine Forschungsrichtung, die sich »aus verstreuten Ansätzen in verschiedenen Wissenschaften« (Arnold 1977, S. 30), u. a. aus der Psychoanalyse und der Gestaltpsychologie zu einer eigenen Theorie zur Bearbeitung sozialer Prozesse in Gruppen entwickelt hat. Der Begriff der Gruppendynamik kann entsprechend aufgefasst werden als ein

> *»Sammelbegriff für die Erforschung des Verhaltens und der Verhaltensänderung von Gruppen. Die Gruppe wird als kollektives psychisches Kraftfeld aufgefaßt [sic], worin die Gruppenmitglieder unmittelbar auf eine Gruppensituation reagieren und Gruppenfunktionen ausüben. Die Individualität des Menschen wird aus seiner Mitgliedschaft, der Art seiner Zugehörigkeit zu bestimmten Gruppen und der Aktualisierung früherer Mitgliedschafts-Erfahrungen verstanden.« (A.a.O., S. 29f.)*

Zwei zentrale Annahmen, die gruppendynamischer Forschung jeglicher Ausrichtung auch heute noch zugrunde liegen, sind nach Priors Auffassung bereits in frühen Äußerungen Lewins enthalten. So sei 1. Erziehung »im Wesentlichen ein Ergebnis der soziologischen Eigenschaften der Gruppe«, 2. gäbe es »Gesetze [Ausl.i.O.], die die Geschehnisse innerhalb dieser sozialen Gruppe in Wirklichkeit bestimmen« (Lewin zit. in: Prior [6]2001, S. 692). Einen Einblick in die frühen inhaltlichen und methodischen Orientierungen gruppendynamischer Forschung bietet Luft [6]1986. Auch Pallasch 1992 fasst wichtige Forschungsergebnisse der Gruppendynamik zusammen und benennt dabei die Möglichkeiten einer Übertragung gruppendynamischer Methoden auf Kleingruppenarbeit im schulischen Unterricht.

Pädagogische Gruppenforschung der 1950er bis 1970er Jahre

Ab den 1950er Jahren und insbesondere in den sechziger und siebziger Jahren des 20. Jahrhunderts erfährt die Gruppe als pädagogisches Betätigungsfeld und zugleich Instrument nicht nur im Kontext von Schule und Unterricht sehr große Beachtung.[46] Diese Entwicklung wird von damaligen Fachvertretern mit dem »sozioökonomische[n] Funktionsverlust der Familie« einerseits und der zunehmenden Beachtung der »postfamiliäre[n] (»sekundäre[n]«) Gruppen heute in der Arbeitswelt und in Projekten sozialer Entwicklung überhaupt« (Arnold 1977, S. 30) begründet. Die Bedeutung von Gruppenpädagogik und auch Gruppendynamik schlägt sich in diesem Zeitraum nieder in der Gründung zahlreicher thematisch daraufhin ausgerichteter Institutionen. Sie dienen der theoretischen und praktischen Weiterentwicklung gruppenpädagogischer Konzepte und tragen maßgeblich zu ihrer weiteren Bedeutungszunahme und Verbreitung bei.

46 Angesichts der äußert umfangreichen, aus heutiger Sicht zu großen Teilen allerdings als nicht mehr zeitgemäß zu bewertenden Literatur wird für die Darstellung des Forschungsstands aus diesem Zeitraum schwerpunktmäßig auf resümierende Überblickstexte zurückgegriffen. Im hier besprochenen Zeitraum werden auch in der damaligen DDR intensive pädagogische Forschungen zu den Themen Interaktion, Kooperation und Kommunikation betrieben. Sie bleiben bei der Darstellung des Forschungsstandes jedoch unberücksichtigt, da Wert und Praxisrelevanz dieser staatlich angeordneten empirischen Forschung und Theorieentwicklung stark begrenzt sind (vgl. Hemme / Rausch 1991, S. 51, 55). Zur pädagogischen Forschung in der DDR und ihrer Ergebnisse vgl. darüber hinaus auch Hoppe 1992.

Ein Beispiel für eine solche Institution ist die *International Society for Group Acitivity in Education*, für die E. Meyer als Präsident eine Reihe von Schriften und Sammelbänden herausgibt. Auf dem Höhepunkt der Gruppendynamik und Gruppenpädagogik erscheint das »Handbuch Gruppenpädagogik-Gruppendynamik« (E. Meyer 1977a), aus dem in der vorliegenden Arbeit nicht nur bei der Darstellung des Forschungsstandes, sondern auch zur Erläuterung der Konzeption von Gruppenpädagogik immer wieder zitiert wird (siehe Kap. 2.3.1). Die *International Society for Group Acitivity in Education* sucht gezielt die Verbindung zwischen den unterschiedlichen, teilweise nebeneinander, teilweise gegeneinander arbeitenden nationalen Konzepten. Das Bestreben der Gesellschaft, gruppenpädagogische Begriffe einheitlich zu bestimmen, stellt einen »bedeutsamen Schritt zur Überwindung der verhärteten Fronten dar« (E. Meyer 1992, S. 5).

Auf dem Gebiet der empirischen Forschung werden in diesem Zeitraum in zahlreichen pädagogischen Studien die »Wirkungen, Beziehungen und Bedingungen des Gruppenunterrichts in der Schule« (E. Meyer 1977b, S 42) empirisch untersucht. Im Fokus steht dabei die Suche »nach neuen effizienten Möglichkeiten des gemeinsamen Lernens, unter der Fragestellung, inwieweit die durch den Gruppenunterricht ermöglichten sozialen und emotionalen Bindungen und Strebungen den Lernprozeß erleichtern, stören oder hindern« (ebd.).

Ungeachtet der methodischen und konzeptuellen Schwächen, welche die häufig sehr spezifischen Detailfragen gewidmeten Untersuchungen zum Teil aufweisen, sind zahlreiche Ergebnisse[47] aus dieser Zeit gewissermaßen in das ›pädagogische Allgemeinwissen‹ übergegangen, das – m.E. häufig unreflektiert – von Lehrergeneration zu Lehrergeneration weitergetragen wird. Vor dem Hintergrund dieser Einschätzung soll im Folgenden lediglich eine begrenzte Auswahl von Untersuchungen schlaglichtartig hervorgehoben werden, die entweder auf Grund ihrer Ergebnisse oder ihres forschungsmethodischen Vorgehens in engem Zusammenhang zu der vorliegenden Untersuchung stehen oder die trotz ihrer einleuchtenden Ergebnisse dennoch nicht in das pädagogische Allgemeingut aufgenommen worden sind.

Soziologische Kriterien der Gruppenbildung

Der Soziologe Moreno ermittelt bereits 1954 in soziometrischen Tests eine Reihe von »Regulativen« für »korrigierende pädagogische Einwirkungen« (Moreno zit. in: E. Meyer 1977b, S. 95) bei der Gruppenbildung: So sollen einerseits gemeinsame Gruppierungswünsche möglichst erfüllt, andererseits aber »nie mehr als ein unbeliebtes oder abgelehntes Kind« (ebd.) in eine Gruppe eingeführt werden. Svajcer kommt zu der Erkenntnis, dass entsprechend der spontanen, ungelenkten Gruppierungstendenzen der Schülerinnen und Schüler von diesen selbst gebildete Gruppen zwar grundsätzlich am besten funktionieren. Doch er teilt mit Moreno die Auffassung, dass ein Eingreifen der Lehrkraft bei der Gruppenbildung »vom Standpunkt der zwischenmenschlichen Beziehungen wie auch vom arbeitstechnischen Gesichtspunkte notwendig« (Svajcer 1976, S. 28) werden könne. Er empfiehlt, dabei jeweils situativ über die Bildung homogener oder heterogener Gruppen zu entscheiden und die passende Gruppengröße zu bestimmen (vgl. a.a.O., S. 28f.).

47 Einen ausführlichen Überblick über bedeutsame Forschungsergebnisse dieses Zeitraums zu den Aspekten Gruppenentstehung, Gruppenprozess, Gruppenergebnisse und Anwendung (am Beispiel von Schul- und Hochschulunterricht) bietet E. Meyer 1977c.

Einflüsse von Interaktionsarten und Aufgabentypen auf kognitive Leistungen

E. Meyer stellt »in zahlreichen Interaktionsanalysen in Labor- und Realsituationen mit Hilfe von Tonband- und Videoaufzeichnungen in Verbindung mit Kategoriensystemen« (E. Meyer 1977b, S. 96) fest, dass es »bei der Entwicklung des Gruppenprozesses auf den Schwierigkeitsgrad des jeweiligen Problems und vor allem auf den Aufgabentypus ankommt« (ebd.). Analytische, konstruierende bzw. gestalterische Aufgaben und Übungsaufgaben zur Bearbeitung von Lerndefiziten sind demnach für Kleingruppenarbeit besonders geeignet. Darüber hinaus ermittelt er vier Typen von Interaktionsgefällen, die regelmäßig in Kleingruppen zu beobachten sind, und untersucht deren Auswirkung und den Einfluss der in der Gruppe praktizierten Interaktionsarten auf die gemeinsame kognitive Leistung von Gruppen. Das schwächste Ergebnis erzielen nach seiner Untersuchung »Gruppen mit starkem Ranggefälle und einem Wortführer« (ebd.), am besten schneiden gemischtgeschlechtliche Gruppen mit »flachem Ranggefälle und zwei Wortführern« (ebd.) ab. Zusätzliche positive Auswirkungen auf die Gruppenleistung hat ein zustimmendes, d. h. sich untereinander häufig bestätigendes Interaktionsverhalten der Gruppenmitglieder. Als »entscheidende Variable bei der Erklärung dieser Zusammenhänge« (ebd.) erachtet E. Meyer die Kohäsion innerhalb der Gruppe: Je mehr und je intensivere positive Einstellungen der Gruppenmitglieder zueinander nachgewiesen werden können, desto mehr Interaktion findet statt und desto mehr sind die Mitglieder bereit, »mit einer dominanten Gruppenmeinung übereinzustimmen« (ebd.).

Ursachen und Ziele spontaner Kommunikation in Gruppen

Andere Untersuchungen konzentrieren sich auf die Kommunikation innerhalb von Kleingruppen. Festinger ermittelt bereits 1950 vier Ursachen bzw. Ziele spontaner Kommunikation in Gruppen: 1. Bedürfnis nach Absicherung eigener Meinungen und Einstellungen durch die Zustimmung der anderen Gruppenmitglieder. 2. Herstellen von Konformität innerhalb der Gruppe. 3. Bedürfnis nach Status- oder Rollenänderung(en) in der Gruppe, 4. Austausch über emotionale Zustände (vgl. a.a.O., S. 100f.).

Gruppenleistungen im Vergleich zu Einzelleistungen

Einen sehr großen Forschungsbereich bilden Untersuchungen, die Gruppenleistungen mit Einzelleistungen bzw. Gruppenproduktivität mit individueller Produktivität vergleichen (vgl. Luft [6]1986, S. 37f.). Mehrfach wird belegt, dass – wider Erwarten oder sogar Hoffen der überzeugten Gruppenpädagoginnen und -pädagogen – Gruppenarbeit *nicht* automatisch Einzelarbeit überlegen ist, sondern dass »die Problemlösung und Produktivität der Gruppe [...] im Vergleich zu den individuellen Formen deutliche Vorteile und Nachteile hat« (Luft [6]1986, S. 39). Bei körperlich herausfordernden Aufgaben kommt es bspw. nicht zu einer linearen Addition von Einzelkräften, vielmehr führt die Anforderung der Kraftkoordination zu Kraftverlusten. Bei der Bewältigung von Aufgaben vom »Typ des Suchens und Findens« (a.a.O., S. 101) können in der Gruppe zwar Fehler ausgeglichen werden, jedoch können »sich auch alle Mitglieder einer Gruppe mehr oder weniger in der selben [sic] Richtung irren« (ebd.). Bei Aufgaben vom »Typ des Bestimmens« (ebd.) zeigt sich zudem, dass Gruppen im Allgemeinen zu riskanteren Entscheidungen und u.U. falschen Entscheidungen neigen, weil durch das »›Risky-Shift‹-Phänomen« (ebd.) die Verantwortung für die Entscheidung untereinander abgeschoben oder verteilt wird – dieser Aspekt kann im Kontext der vorliegenden Untersuchung, d. h. im Hinblick auf eine gemeinsame Bearbeitung bildnerischer Aufgabenstellungen, jedoch durchaus als vorteilhaft betrachtet werden.

Auswirkungen gruppenpädagogischer Erfahrungen auf das Individuum

Während Annahmen über eine grundsätzliche Überlegenheit von Gruppen gegenüber Einzelpersonen bezogen auf die Leistung und Effizienz schon sehr früh widerlegt werden, kann überzeugend nachgewiesen werden, dass gruppenpädagogische und gruppendynamische Erfahrungen sich deutlich positiv auf das Individuum auswirken können. So zeigt etwa Fengler, dass mittels gruppendynamischer Techniken u. a. die Selbstreflexion, das Empathievermögen, die Bereitschaft zur Initiativübernahme, die Kommunikationsfähigkeit sowie die Beurteilung und Leitung von Gruppenentscheidungen verbessert werden können (vgl. Fengler 1975, S. 101f.).

Neuere pädagogische Interaktionsforschung

Auch wenn das Interesse an der Untersuchung von Gruppen verglichen mit den oben behandelten, heute als historisch zu bezeichnenden Phasen und Forschungsrichtungen insgesamt deutlich nachgelassen hat, sind die verschiedenen Formen sozialer Interaktion im schulischen Bereich auch aktuell Gegenstand einer großen Zahl empirischer Untersuchungen. Diese pädagogische Interaktionsforschung konzentriert sich stark auf die Untersuchung von Lehr-Lern-Situationen, d. h., sie versucht das wechselseitige Verhalten von Lehrenden und Lernenden in verschiedenen pädagogischen Institutionen empirisch zu klären.[48] Ein Interessensschwerpunkt liegt dabei

> *»auf den Prozessen, in denen das entsteht, was das Institutionelle ausmacht: die geregelte Kooperation, die Dauerhaftigkeit und die Beschränkungen, denen Handlungsspielräume unterliegen. Nachzuzeichnen ist, wie die Akteure Zwecke hervorbringen, wie sie ihre Rollenverteilung organisieren und markieren und wie sie ihre Interaktionen von anderen, institutionellen und nicht-institutionellen, Interaktionen abgrenzen« (Nolda 2000, S. 75).*

48 Für eine Übersicht über pädagogische Interaktionsforschung vgl. Nolda 2000, S. 26.

Einen weiteren thematischen Schwerpunkt bildet der Vergleich von Gruppenarbeit mit traditionellem Frontalunterricht, welcher für die praktischen und produktiven Phasen des Kunstunterrichts, die im Zentrum der vorliegenden Untersuchung stehen, allerdings weniger bedeutsam ist. Der Untersuchung von Schüler-Schüler-Interaktionen, wie sie im hier behandelten Zusammenhang von Interesse sind, widmen sich vergleichsweise wenige Arbeiten; die konkreten Prozesse innerhalb der Gruppen und die Verhältnisse der Gruppen untereinander werden nur selten untersucht (vgl. Breidenstein 2006, S. 139, S. 156). Auch in der neueren pädagogischen Interaktionsforschung wird der Lehrer-Schüler-Interaktion insgesamt weit größere Bedeutung beigemessen als der Schüler-Schüler-Interaktion, wobei der Untersuchungsfokus zumeist auf »Strategien des Lehrerhandelns im Gruppenunterricht« sowie dem »Zusammenhang von ›kooperativem Lernen‹ und ›Leistung‹«(a.a.O., S 139) liegt.[49]

Über diese Kernthemen neuerer pädagogischer Interaktionsforschung hinaus werden differenzierte Studien zu verschiedensten Einzelaspekten durchgeführt. Jedoch stellen auch diese zumeist entweder die Lehrperson ins Zentrum der Untersuchung oder sie untersuchen schwerpunktmäßig im Sinne einer »Effektforschung [...] lediglich Organisationsform, Eingabe und (Lern)Resultat einzelner Sozialformen, besonders im Vergleich zu anderen Sozialformen« (Dann et al. 1999, S. 25).

Diese bis heute fortbestehende Gewichtung ist noch auf die zum Höhepunkt der Gruppenpädagogik (siehe Kap. 2.3.1) und der Lehrer-Schüler-Interaktionsforschung in den 1970er Jahren vorherrschenden ›Unterrichtsrealitäten‹ zurückzuführen: Die Mehrheit der als didaktisch relevant erachteten Interaktionen findet im Rahmen von Frontalunterricht und im Klassengespräch zwischen Lehrperson und Lernenden – im damaligen Sprachgebrauch: zwischen Lehrer und Schüler – statt. Ein Merkmal von Schüler-Schüler-Interaktion wird daher vor allem in der ›Publikumsfunktion‹ der Mitschülerinnen und Mitschüler gesehen (vgl. Minsel/Roth 1978, S. 111ff.). Für länger andauernde Phasen des Austauschs zwischen Schülerinnen und Schülern und das Ausleben von außerhalb oder innerhalb des Unterrichts aufgebauten Beziehungen ist im Unterricht (offiziell) wenig Raum. Wenn Aspekte der Schüler-Schüler-Interaktion in Forschungsarbeiten aus diesem Zeitraum untersucht werden, liegt der Fokus auf Themen wie z. B. der Gruppenbildung innerhalb der gesamten Klasse oder der gegenseitigen Sozialisierung durch die Klassenmitglieder (auch in Opposition zur Lehrperson), sodass diese Arbeiten nur wenige für den vorliegenden Forschungsgegenstand bedeutsame Erkenntnisse liefern.

Ein weiteres Problem, das die Forschungsergebnisse nur sehr bedingt relevant für die vorliegende Untersuchung macht, ist weiter oben bereits bezüglich sozialpsychologischer Kleingruppenforschung thematisiert worden: Auch bei der (älteren und neueren) pädagogischen Interaktionsforschung wird »häufig bezweifelt, daß die in Laboruntersuchungen nachgewiesene höhere Lerneffizienz isoliert arbeitender Kleingruppen auch im großen Klassenverband mit den oft nicht übersehbaren schwierigen Randbedingungen ebenfalls erzielt werden können« (E. Meyer 1977c, S. 102).

Erkenntnisse der neuen pädagogischen Interaktionsforschung über die Interaktionen zwischen Lehrenden und Lernenden können aufgrund ihrer grundsätzlich asymmetrischen

49 Vgl. ergänzend Schweer 2008.

Strukturiertheit kaum auf Schüler-Schüler-Interaktionen übertragen werden. Auch Aussagen über die Effizienz unterschiedlicher Sozialformen haben angesichts ihrer spezifischen Perspektive auf den Forschungsgegenstand für die vorliegenden Untersuchung nur wenig Relevanz.

Einige, im Folgenden vorgestellte Untersuchungen sind dennoch aus der breiten Masse pädagogischer Interaktionsforschungen herauszuheben, weil die oben thematisierten methodischen Mängel auf sie nicht zutreffen und/oder weil sie aufgrund ihrer spezifischen inhaltlichen Schwerpunktsetzung in Bezug auf die vorliegende Untersuchung von besonderem Interesse sind.

Effektivität »Neuer Formen Kooperativen Lernens«

Seit einiger Zeit wird die Schüler-Schüler-Interaktion insbesondere im Rahmen von Vergleichen zwischen »Neuen Formen des Kooperativen Lernens« (Dann et al. 1999, S. 5) und traditionellen Lernformen, z. B. Frontalunterricht, untersucht. Einen groben, aber dennoch kritischen und differenzierten Überblick über die größtenteils quantitativ-empirischen Studien eröffnen Hänze (2008) und Borsch (2010). Umfangreiche Metaanalysen sind von Slavin (1995) und Johnson/Johnson (1989) vorgelegt worden. Während Slavin ein differenziertes Bild von der Wirksamkeit oder Unwirksamkeit kooperativer Lernformen im Vergleich zu anderen Lernformen zeichnet, wollen Johnson/Johnson die überragende Effektivität Kooperativen Lernens (bezogen auf Leistung, positive soziale Beziehungen und psychische Gesundheit der Lernenden; vgl. Johnson/Johnson 2008, S. 17) nachweisen – ein Befund, der angesichts der eindeutigen Positionierung der Autoren als absolute Verfechter der Methode des Kooperativen Lernens jedoch äußerst vorsichtig zu behandeln ist (siehe Kap. 2.3.2). Insgesamt liegt der Schwerpunkt der Untersuchungen eindeutig auf dem Nachweis der jeweiligen Effektivität. Diese ist dabei

> *»auf das gemessene und möglichst nachhaltige Lernergebnis als kognitives Lernziel bezogen, darüber hinaus aber auch auf das Lernerleben und auf weitere affektive Lernziele, wie etwa Interesse am Inhalt, Motivation und Einstellung zum Inhalt und zum Lernen überhaupt, Kompetenzen zum selbstständigen Lernen und die Fähigkeit, das gelernte Wissen bei unterschiedlichen Problemstellungen anwenden zu können« (Hänze 2008, S. 25).*

Zusammengefasst lässt sich nach der Sichtung entsprechender Forschungsberichte festhalten, dass bezogen auf die Effektivität »kooperative Lernformen bei kognitiven wie affektiven Lernzielen große Vorteile haben können« (ebd.) – oder auch nicht. Da die spezifischen kooperativen Methoden das Unterrichtsgeschehen darüber hinaus stark vorstrukturieren und die Untersuchungen mehrheitlich den Fokus auf die Verbesserung der individuellen Lernleistung durch kooperative Verfahren legen, sind auch die Ergebnisse dieses Forschungsfeldes für die vorliegende Untersuchung von eher geringer Bedeutung.[50]

50 Dennoch stellt Kooperatives Lernen als didaktische Konzeption einen wichtigen Bezugspunkt dieser Untersuchung dar und wird in Kap. 2.3 im Vergleich mit anderen Konzepten ausführlich diskutiert.

Interaktion im Offenen Unterricht

Eine qualitative Studie, die sich mit der Schüler-Schüler-Interaktion innerhalb offenerer Unterrichtsstrukturen beschäftigt und deshalb für das geplante Forschungsvorhaben bedeutsame Befunde liefert, legt Lauterbach (1995) vor. Er erhebt in Teilnehmender Beobachtung und Leitfaden-Interviews mit Schülerinnen und Schülern Materialien in zwei Grundschulklassen, die er auf der theoretischen Grundlage des Symbolischen Interaktionismus mittels einer qualitativen Inhaltsanalyse nach Mayring hinsichtlich der Fragestellung auswertet, welche Bedeutung der sozialen Interaktion im Offenen Unterricht bei der individuellen Konstruktion eines Selbst zukommt. Ein wesentlicher Befund seiner Untersuchung ist, dass die privaten Freundschaftsbeziehungen auch in den Unterrichtsinteraktionen eine zentrale Rolle spielen und sich positiv auf die individuellen Lernleistungen auswirken. Demnach können Schülerinnen und Schüler in offenen Unterrichtsformen, in denen sie selbst ihre Interaktionspartner wählen können, engere Freundschaftsbeziehungen aufnehmen und diese im alltäglichen gemeinsamen Handeln und Lernen pflegen, bestätigen und stabil halten. Die Stabilität dieser Beziehungen unterstützt dabei die »wechselseitige Kultivierung von Sachwissen und Freundschaft« (a.a.O., S. 148) und mündet in ein »positives Wechselverhältnis in sozialen Beziehungen und im Umgang mit Sachen« (ebd.). Die Mitlernenden bzw. Freundinnen und Freunde geben nach Lauterbachs Analyse als Gesprächs- und Kooperationspartnerinnen und -partner in vertrauten Beziehungen die notwendige Anerkennung und Bestätigung und tragen dadurch zu individueller Motivation und Engagement bei. Deutlich charakterisiert Lauterbach das individuelle Lernen als Ergebnis eines gemeinsamen Lernprozesses:

> *»Wo die Kinder aktiv in gemeinsamer Interaktion Wissen verbessern oder neues Wissen schaffen, stellen sie in der Konfrontation ihrer Sichtweisen ko-konstruiertes, gemeinsames Wissen her, wobei sie gleichzeitig daran arbeiten müssen, ihren eigenen Standpunkt verständlich zu machen.« (ebd.)*

Ein bedeutendes, auf die Praxis bezogenes Ergebnis seiner Untersuchung lautet dementsprechend, dass eine wichtige Voraussetzung für gemeinsame Lernprozesse in der Herstellung und Bewahrung einer »Caring community« (a.a.O., S. 152) durch die Lehrkraft besteht, welche charakterisiert sein soll durch eine angstfreie und tolerante Atmosphäre, in der alle Mitglieder als konstruktive Partner sich gegenseitig unterstützen und die Vielfalt an Meinungen, Handlungen und Wissen wertschätzen.

Schülerzentrierte Sicht auf Intragruppenkommunikation und Führungsstile

Dann et al. (1999) untersuchen sowohl subjektive Theorien von Lehrerinnen und Lehrern zum Gruppenunterricht als auch die Intragruppenkommunikation in Schülergruppen und setzen beide Untersuchungsaspekte zueinander in Beziehung. Umfassende bereits vorhandene Forschungsergebnisse aus anderen Untersuchungen mit einbeziehend erzielen sie dabei durch die Analyse von »möglichst natürlichen Situationen« (Dann et al. 2002, S. 91) mit Hilfe eines komplexen, insgesamt allerdings deutlich quantitativ angelegten Methodenmix' eigene Aussagen zu Gruppenstrukturen. Zwar kann sich die Untersuchung angesichts ihres Forschungsdesigns »leider nicht auf die Ebene des Nachvollzugs der tatsächlichen Abläufe innerhalb der Gruppenarbeit« (Breidenstein 2006, S. 139) begeben. Jedoch sind einige ihrer Ergebnisse aufgrund der im Gegensatz zu anderen Studien deutlich schülerzentrierten Forschungsperspektive, bei der »Unterricht als Prozeß [sic], also das Gesamt wechselseitiger verbaler und nonverbaler dynamischer Wechselbeziehungen und ihrer Wirkungen« (Dann et al. 1999, S. 26) im Zentrum steht, für die vorliegende Untersuchung von besonderer Bedeutung. Dann et al. beschreiben u. a. eine »Triade der Grundfunktionen unterrichtlicher Kommunikation« (a.a.O., S. 373), nach der jede Intragruppenkommunikation gleichermaßen auf die inhaltliche Progression der Gruppenaufgabe, die Beziehungsentwicklung zwischen den Gruppenmitgliedern und die Prozessregelung im Sinne einer Koordinierung der Kommunikation untereinander ausgerichtet ist (vgl. ebd.). Hinsichtlich des Auftretens von Statusdifferenzierungen erkennen Dann et al. ein Statusgefälle in allen Gruppen, das mehr oder weniger ausgeprägt sein kann und im Zusammenhang mit unterschiedlichen Führungsstrukturen (autoritär, freundlich-bestimmend oder sozioemotional) steht (vgl. a.a.O., S. 104). Ein sozioemotionaler Führungsstil wirkt sich demnach besonders positiv, der autoritäre Führungsstil dagegen am problematischsten auf die Aufgabenorientierung und die Arbeitsergebnisse der Gruppe aus (vgl. a.a.O., S. 103). Dann et al. betonen, dass die Qualität der Intragruppenkommunikation nicht statisch an bestimmte Gruppenzusammensetzungen, Führungsstile und Gruppenstrukturen gebunden ist, sondern sich innerhalb einer Gruppenarbeit durch den Einfluss verschiedener Faktoren dynamisch verändern kann. Bspw. kann ihren Untersuchungen nach ein ungefragtes (invasives) Einwirken der Lehrperson zu einem »Absturz« oder »Einbruch« des Arbeitsprozesses innerhalb der Gruppe führen (vgl. a.a.O., S. 104). Eine wesentliche Voraussetzung für eine funktionierende Gruppenarbeit sehen Dann et al. in einem intakten Beziehungsgefüge der Gruppenmitglieder; die bewusste Etablierung von Phasen der Reflexion der Gruppenarbeit auf der Metaebene durch die Lehrkraft könne zur Stärkung dieses Beziehungsgefüges und dadurch auch zur Vermeidung oder Klärung von Konflikten beitragen (vgl. a.a.O., S. 344).

Interaktion und Kooperation als Teil des »Schülerjobs«

Eine von der verbreiteten Konzentration auf Lehr-Lern-Situationen abweichende Perspektive nimmt Breidenstein 2006 mit seiner ganz auf die Schülerinnen und Schüler konzentrierten Untersuchung ein. Gegenstand seiner ethnographischen Studien in zwei Mittelstufenklassen (an einem Gymnasium und an einer Gesamtschule) ist der »Schülerjob«. Der Autor bezeichnet mit dieser Metapher »die Schülertätigkeit als solche und zugleich die Haltung von Schülerinnen und Schülern gegenüber ihrem alltäglichen Tun« (Breidenstein 2006, S. 11). Unter der theoretischen Perspektive sozialer Praktiken (vgl. a.a.O., S. 16ff.) verschiebt er seinen ethnographischen Beobachtungsfokus konsequent hin zu dem, was tatsächlich bei den Schülerinnen und Schülern im Unterricht beobachtbar ist. Alles, was von institutioneller oder Lehrerinnenseite als das Lernen normierende Erwartungen und Impulse in Form von Aufgaben und Aufträgen an sie herangetragen wird, wird demgegenüber ausgeblendet. Breidenstein kann auf diese Weise zeigen, dass »[d]ie wechselseitige Beobachtung, die (nahezu) permanente Kommentierung des Unterrichtsgeschehens und die Erfordernisse von Konjunktion und Distinktion innerhalb der Schulklasse« (a.a.O., S. 260) die Praxis des Schülerjobs prägen.

Im Hinblick auf die vorliegende Untersuchung bietet die Studie aufschlussreiche Erkenntnisse darüber, welche spezifischen Interaktionsformen von den Schülerinnen und Schülern im Unterricht praktiziert werden und wie sie diesen in den unterschiedlichen Sozialformen (Frontalunterricht, Gruppenarbeit, Partnerarbeit und Einzelarbeit) beeinflussen.

Bezogen auf die Sozialform Gruppenarbeit wird deutlich, dass die Arbeitsorganisation und Arbeitsteilung in einer Kleingruppe maßgeblich bestimmt werden von den sozialen Beziehungen sowie den Charakter- und Leistungsmerkmalen der Beteiligten, die auch außerhalb der konkreten Situation wirksam und stabil sind.[51] Die Schülerinnen und Schüler verfügen dafür über ein genaues Wissen z. B. über die Stärken und Schwächen jedes einzelnen Klassenmitglieds. Es wird erworben durch die oben zitierte permanente Beobachtung sowie durch »[d]ie gemeinsame Geschichte der Klasse und permanentes klassen-öffentliches Bewertet-Werden« (Breidenstein 2006, S. 152). Dieses Wissen nutzend wird innerhalb der Gruppen ein ausgeprägtes Spezialistentum praktiziert: Jeder und jedem sind bestimmte Rollen und Kompetenzen zugeschrieben, die eine implizite und effiziente Arbeitsteilung und Arbeitsorganisation ermöglichen. Wie gut diese gelingt, hängt Breidensteins Untersuchung zufolge auch davon ab, ob Sympathie-, Zufalls- oder von der Lehrkraft zusammengestellte Gruppen gebildet werden: Teilt die Lehrperson bspw. die Gruppen ein und weist diesen auch noch Aufgaben zu, konstituiert sich die Gruppe besonders deutlich durch die gemeinsame Ablehnung der erteilten Aufgabe. Unabhängig von der Art der Gruppenbildung stellen Distinktion und Konjunktion eine wesentliche Grundlage für die pragmatische Bearbeitung der an die Gruppe gestellten Aufgabe dar, denn durch die betonte Abgrenzung (Distinktion) von den anderen Gruppen wird der Gruppenzusammenhalt (Konjunktion) befördert. Als eine besondere, häufig und wirksam praktizierte Organisationsform innerhalb der Gruppe erweist sich schließlich nach Breidensteins Interpretationen die Bildung eines Arbeitspaars, d. h., zwei Personen stellen als ›arbeitendes Paar‹ innerhalb der Kleingruppe »den produktiven und produktorientierten Kern vieler Gruppenarbeitsprozesse« (ebd.) dar.

Da mehrere der bildnerischen Aufgaben, die der vorliegenden Untersuchung zugrunde liegen, zu zweit bearbeitet wurden (siehe Kap. 4.3 und 4.4), sind Breidensteins Befunde zu Partnerarbeit, auch aufgrund der dürftigen Literaturlage zu dieser Sozialform, von besonderem Interesse. Er beobachtet, dass bei der Paarbildung im Unterschied zur Gruppenbildung zwei Varianten realisiert werden: die spontane, in der Regel pragmatische und routinierte Bildung von Sympathiepaaren (aus zumeist ohnehin nebeneinander sitzenden) sowie die häufig problematische und prekäre Bildung von Paaren aus übrig gebliebenen Schülerinnen

51 Breidenstein bestätigt damit ein von Diegritz et al. formuliertes Ergebnis (vgl. Diegritz et al. 1999, S. 102).

oder Schülern (vgl. a.a.O., S. 159ff.), bei der die Lehrerin oder andere Mitschülerinnen oder Mitschüler mitunter regulierend einwirken. Pädagogisch motivierte Paarbildungen nach bestimmten Kriterien, z. B. die bewusste Zusammenführung leistungsstarker und -schwacher Schüler, wurden nicht beobachtet. Zwischen Paaren ist weit weniger Distinktionsverhalten in Form von Konkurrenz und Wettbewerb mit anderen Paaren als bei Gruppenarbeit zu verzeichnen, was Breidenstein mit der üblichen Arbeitsgleichheit bei der Partnerarbeit erklärt (vgl. a.a.O., S. 163ff.).

Der Erziehungswissenschaftler hebt ausdrücklich hervor, dass auch in Einzelarbeit Interaktion stattfindet. Seiner Erkenntnis nach ist in dieser Sozialform im Hinblick auf Interaktionen, die in direktem Bezug zum Unterrichtsinhalt stehen, zu differenzieren zwischen asymmetrischem Helfen und gegenseitiger Unterstützung. Während letztere als im Unterrichtsalltag geläufig und unproblematisch bewertet wird, ist Helfen – sofern es nicht im Kontext von Freundschaftsbeziehungen stattfindet – als Kooperationsform »weitaus komplizierter als die ›Unterstützung‹, sie erscheint viel prekärer« (a.a.O., S. 196). Breidenstein kann außerdem nachweisen, dass beim Helfen ein »Kompetenzgefälle zwischen Hilfegeberin und Hilfenehmer« (a.a.O., S. 201) besteht, das Schülerinnen und Schüler zu bearbeiten versuchen, indem sie auf Merkmale von Lehrer-Schüler-Beziehungen zurückgreifen, diese zitieren oder spielerisch übernehmen (vgl. ebd.).

3.2 Kunstpädagogische empirische Forschung

3.2.1 Interaktion als eine Grundfrage ästhetischer Bildung

Während in der Fachtheorie keine Konzeptionen vorliegen, die Interaktion ins Zentrum ihrer Argumentation stellen, sind im Bereich der qualitativ-empirischen kunstpädagogischen Unterrichtsforschung einige Arbeiten zu verzeichnen, die sich intensiver oder sogar explizit mit Interaktion und/oder sozialen Prozessen beschäftigen. Die vorliegenden Arbeiten haben zum Teil eher skizzenhaften Charakter (vgl. z. B. Hoppenrath 1992) oder sind aufgrund der gewählten Untersuchungsgruppe kaum mit der vorliegenden Untersuchung in Beziehung zu setzen (vgl. z. B. Reith 2010). Die Forschungslage ist daher insgesamt als dürftig zu bezeichnen.

Bei der in diesem Abschnitt zunächst beschriebenen Studie des Erziehungswissenschaftlers Mollenhauer handelt es sich daher auch nicht um kunstpädagogische Forschung im engeren Sinne, denn er bezieht seine »Grundfragen ästhetischer Bildung« (Mollenhauer 1996) gleichermaßen auf bildnerische wie auf musikalische Erfahrungen von Kindern. Die grundlegende Struktur seiner Interpretationsarbeit wird bestimmt von sieben Zugängen: »Mimesis, Interaktion, Stil, Gestalt, Ausdruck, Kritzel, Figur« (a.a.O., S. 32). Die die vorliegende Forschung in besonderem Maße betreffende Kategorie der Interaktion wendet er allerdings ausschließlich für den Bereich der Musik an, weil seiner Ansicht nach »[d]ie Vermutung, daß ästhetische Erfahrungen auch etwas mit *Interaktion* [Herv. i.O.] zu tun haben könnten, [...] sich leichter an musikalischen als an bildnerischen Beispielen erörtern« (ebd.) lässt.

Mollenhauers Begründung dieser forschungsmethodischen Entscheidung ist m.E. nicht stichhaltig, denn bildnerische Interaktion könnte (und sollte) z. B. in einer Untersuchung, die eine Teilnehmende, audiovisuell gestützte Beobachtung mit der Analyse des entstandenen Gemeinschaftsbildes kombiniert, sehr gut untersucht werden.[52] Sie entspricht allerdings den unterschiedlichen Schwerpunktsetzungen der Fachdisziplinen, nach denen Interaktion in der kunstpädagogischen Forschung wenig beachtet wird, in der Musikpädagogik dagegen einen wesentlichen Forschungsgegenstand bildet, der auch unter Rückgriff auf Interaktions- und Kommunikationstheorien intensiv bearbeitet wird (vgl. a.a.O., S. 101).

Auch Mollenhauer knüpft dementsprechend an eine Interaktionstheorie an: Er verwendet das Vokabular und die drei zentralen Theoreme des Symbolischen Interaktionismus (signifikante Gesten, *working consensus/ bargaining*, Übernahme der Perspektive) für die Analyse von Musikstücken, die Kinder im Zusammenspiel mit anderen Kindern oder Erwachsenen erfunden haben (vgl. a.a.O., S. 103f.). Auf diese Weise kann er fünf verschiedene Formen differenzieren, wie Kinder musikalische Interaktionen inszenieren: offensives, paralleles, dialogisches, resonantes und kooperatives Spiel (vgl. a.a.O., S. 106ff.). Dabei kommt er außerdem zu dem Ergebnis, dass mit Zunahme der Interaktionsdichte (von wenig Interaktion bei offensivem bis hin zu viel Interaktion bei kooperativem Spiel) auch die musikalischen Gestaltungen gelungener werden (vgl. a.a.O., S. 108).

3.2.2 Einfluss persönlicher Kontakte auf eine produktive und kreative Arbeitsatmosphäre

Peez (2000) nennt im Titel seines Grundlagenwerks zur qualitativen empirischen Forschung in der Kunstpädagogik die soziale Interaktion neben ästhetischen Prozessen und biografischen Aspekten als einen seiner zentralen Untersuchungsaspekte. Jedoch ist bei keiner der in Form einer metaanalytischen Teilstudie analysierten Untersuchungen anderer Forscherinnen und Forscher die soziale Interaktion im Kunstunterricht der ausdrückliche Untersuchungsschwerpunkt, sodass Peez keine Erkenntnisse diesbezüglich liefern kann.

Im Rahmen einer eigenen »phänomenologischen Feldforschung« zu »Formen und Entstehensbedingungen von ›Offenheit‹ im Kunstunterricht der Sekundarstufe I« (a.a.O., S. 155) untersucht der Kunstpädagoge jedoch den Einfluss des sozialen Beziehungsgefüges und der Arbeit in Kleingruppen auf den Grad und die Art von Offenheit in dem beobachteten Kunstunterricht. Für die vorliegende Untersuchung relevante Ergebnisse daraus sind, »dass sich die Kleingruppen ihre eigene Arbeitsatmosphäre, ihren eigenen ›autodidaktischen pädagogischen Raum‹ schaffen« (a.a.O., S. 201) und dass sich in dem beobachteten Unterricht viele Anzeichen finden,

> *»dass für eine produktive und kreative Arbeitsatmosphäre im Kunstunterricht persönliche Kontakte eine wichtige Voraussetzung sind, weil sich die Jugendlichen nicht nur in ihren ›Rollen‹ als Schülerinnen und Schüler, sondern zusätzlich als ›ganze‹ Menschen angenommen und akzeptiert fühlen« (a.a.O., S. 194).*

52 Siehe dazu auch den entsprechenden Ausblick auf einen weiterführenden Forschungsbedarf in Kap. 7.2.

3.2.3 Kunstpädagogische Relevanz kooperativer künstlerischer Strategien im Netz

Nach Sichtung der kunstpädagogischen Forschungsliteratur gibt es kaum Vertreterinnen oder Vertreter, die sich wiederholt mit Formen der Kooperation auseinandersetzen. Eine Ausnahme in dieser Hinsicht bilden die Arbeiten von Burkhardt, die wiederholt Bezüge zwischen künstlerischen Strategien im Netz und kunstpädagogischem Handeln herzustellen sucht (Burkhardt 2007, 2009). So findet und ordnet sie u. a.im Rahmen einer Recherche zu künstlerischen Strategien im Netz eine lange Reihe kooperativer künstlerischer Projekte (vgl. Burkhardt 2007, S. 132ff.) und überprüft die Möglichkeiten eines Anschlusses an kunstpädagogisches Arbeiten, die sie durch die Beschreibung eines eigenen Unterrichtsbeispiels illustriert. Dieses Praxisbeispiel ist auf verschiedenen Ebenen von einem kooperativen Prinzip gekennzeichnet, denn es handelt sich um ein Projekt, das analog und digital in Zweier- bzw. Kleingruppen durchgeführt wird. Darüber hinaus findet dieses im Rahmen einer institutions- und länderübergreifenden Kooperation zwischen Schülerinnen und Schülern eines Kunst-Leistungskurses an einem Hamburger Gymnasium und Studierenden der Kunstpädagogik in Frankfurt am Main statt. Eine strukturierte Evaluation oder Erforschung des skizzierten Unterrichts erfolgt jedoch nicht.

An zwei Beispielen für Online-Plattformen[53] macht Burkhardt darüber hinaus fest, dass im Netz »Praktiken der Teilnahme und Gemeinschaftsbildung« (Burkhardt 2009) vollzogen werden. Ohne dies empirisch zu belegen, beschreibt sie, dass die größtenteils jugendlichen Nutzerinnen und Nutzer durch die auf den genannten Plattformen angebotenen Handlungsmöglichkeiten kunstpädagogisch relevante Kompetenzen entwickeln bzw. weiterentwickeln können: So wird ihrer Erkenntnis nach eine (allerdings nicht näher definierte) »Elaborationsfähigkeit« durch die Selbstständigkeit im Aneignen von Sachverhalten und in der Anwendung neuer Werkzeuge und Techniken sowie durch die Selbstorganisation in Gemeinschaften gefördert. Auch die »Assoziationsfähigkeit« wird nach Burkhardts Analyse durch den unabgeschlossenen Charakter der Plattformen geschult; die Unfertigkeit der dort sich immer weiter entwickelnden Projekte fordere dazu auf, eigene Ideen zur Fortsetzung einzubringen (vgl. ebd.).

3.2.4 Bildbetrachtung in der Gruppe: Kommunikation in einer Rezeptionsgemeinschaft

Ausgangspunkt der kunstpädagogischen Fallstudien Grütjens zum Sprechen über zeitgenössische Kunst in Kunstkursen der Oberstufe ist sein Forschungsinteresse an den »bewusst oder unbewusst inszenierten (›performativ‹) [...] sich ereignenden Prozesse[n] beim (kommunikativen) Umgang von Schülern mit Bildern und Kunstwerken [...] unter alltäglichen Unterrichtsbedingungen« (Grütjen 2013, S. 14). Er richtet den Blick somit in einer für die

53 www.screenkids.tv und www.bankofcommons.org (2017 nicht mehr aktiv).

kunstpädagogische Forschung ungewöhnlichen Weise auf die soziale Gefasstheit kunstpädagogischen Handelns und findet in seiner phänomenologisch orientierten, rekonstruktiven Auswertung von Fotosequenzen, Schülerinterviews und Unterrichtsgesprächsprotokollen Indizien, dass aus der Perspektive der Schülerinnen und Schüler den sozialen Aspekten im Bereich der Bild- und Kunstrezeption eine besondere Bedeutung zukommt.

Grütjen kann in seiner Forschung nachweisen, dass die Orientierung an der Gruppe für viele Lernende wichtiger ist als die individuelle Auseinandersetzung mit dem Bild oder Kunstwerk: Sie positionieren sich deutlich als Teil der Gruppe (anstatt ihre individuelle Einstellung zu dem Gesehenen hervorzuheben) und richten während der Bildbetrachtung ihre Aufmerksamkeit mehr auf die währenddessen ablaufenden sozialen Vorgänge in der Gruppe als auf den Inhalt selbst (vgl. a.a.O., S.276ff.). Der Kunstpädagoge kommt zu dem Schluss, dass sich durch die Bildbetrachtung in der Gruppe eine Rezeptionsgemeinschaft formt, in der sich Interpretationen und Deutungen kommunikativ entwickeln, teilweise angleichen und synchronisieren. Er leitet daraus u. a. die Frage ab, ob »ein verstärktes Lernen im Sinne von kooperativen Unterrichtsformen (also etwa häufigen Kleingruppenphasen) eine Perspektive für die Kunstrezeption eröffnen« (a.a.O., S. 382) kann.

Grütjens auf die Kunstrezeption bezogenen Erkenntnisse regen dazu an, seine Untersuchungen auch auf das Feld der bildnerischen Produktion auszudehnen. Im Rahmen der vorliegenden Untersuchung erhalten seine Ergebnisse den Stellenwert empirisch begründeter Argumente dafür, dass die häufig artikulierte starke Subjektbezogenheit der Kunstpädagogik in Frage zu stellen ist, da dadurch ein wesentlicher Kern von Kunstunterricht, nämlich seine soziale Gefasstheit, vollkommen ignoriert wird.[54]

3.2.5 Subjekterfahrungen durch Interaktion und Kommunikation in kunstpädagogischen Ermöglichungsräumen

Stutz ermittelt in ihrer an den Verfahren der Rekonstruktiven Sozialforschung und der Dokumentarischen Methode orientierten Untersuchung im Rahmen des Berliner Bildungsforschungsprojekts »Kunst und Lernen im Prozess« (KLiP), in dem das mediale und intermediale, kommunikative und performative Arbeiten im Mittelpunkt steht, zahlreiche Hinweise, dass die an dem Projekt beteiligten Schülerinnen und Schüler der Mittelstufe in ihrer Wahrnehmung und Reflexion von Lernprozessen den sozialen Beziehungen in der Klasse eine besonders wichtige Bedeutung beimessen (Stutz 2008). Infolgedessen sieht sie Interaktion und Gruppenarbeit neben weiteren Aspekten wie etwa der Präsentation, dem Einbeziehen von Dritten und dem Perspektivwechsel als wesentliche Merkmale »kunstpä-

54 Vgl. exemplarisch für die im Bereich der Kunstpädagogik dominierende Subjektorientierung Adens/Peters 2012, Abs. 2. Ergänzend als weitere qualitative Untersuchung zur Kunstrezeption als Gruppenprozess vgl. Hofmanns Studie zu Bildgesprächen in Gruppen. Der Kunstpädagoge untersucht Rezeptionssituationen in zwei Schulklassen und einer Kita-Gruppe in Kunstausstellungen. Er legt dabei seinen Forschungsfokus jedoch deutlich auf das Kommunikationsverhalten der Museumspädagoginnen und -pädagogen und nicht auf die Interaktionen zwischen den an den Bildgesprächen beteiligten Kindern und Jugendlichen (vgl. Hofmann 2014).

dagogischer Ermöglichungsräume«, in denen die Beteiligten Selbst- und Fremderfahrungen »innerhalb von dynamischen, ereignishaften Prozessen« machen könnten (vgl. a.a.O., S. 99).

Stutz‘ wichtigstes Argument für eine stärkere Beachtung von Interaktion und Kommunikation im Kunstunterricht liegt zusammengefasst in der besonderen Qualität der dabei möglichen Subjekterfahrungen, in denen die oder der Lernende sich als Subjekt »in seiner Verwiesenheit auf Welt als in sich Differentes« (a.a.O., S. 105) erleben könne. Denn die Interaktion mit anderen erlaubt es ihrer Erkenntnis nach nicht nur, Anderes und Andere im Sinne von Fremdem oder Fremden kennenzulernen, sondern macht die Präsenz der eigenen Person besonders intensiv erlebbar. Darüber hinaus erhält das Eigene in Form des individuellen Gestaltens, im Hinblick auf eine folgende Präsentation vor und für andere eine zusätzliche, nämlich kommunikative Bedeutung (vgl. ebd.).

3.2.6 Geschlechtsspezifisches Interaktionsverhalten im Rahmen ästhetisch-experimenteller Gruppenaktionen

Michl untersucht die Merkmale und Wechselbeziehungen von Experiment und ästhetischer Erfahrung unter anderem anhand einer an Verfahren der Aktionskunst und Land Art angelehnten Gruppenarbeit, die er mit einem von ihm als Kunstlehrer geleiteten Leistungskurs an einem Projekttag in einem Waldstück nahe der Schule durchführt (Michl 2010). In der phänomenologischen Textinterpretation der Protokolle seiner Teilnehmenden Beobachtung sowie der anschließenden Interviews mit Schülerinnen und Schülern und in einer phänomenologischen Fotoanalyse finden sich zahlreiche Aussagen zur Bedeutung der Gruppe für die experimentelle Arbeit und die ästhetische Erfahrung während der Aktionen im Wald.

Wesentliche Befunde entwickelt Michl aus der Interpretation von Datenmaterial, das sich auf die Landschaftsaktionen einer homogen mit männlichen Schülern zusammengesetzten Gruppe bezieht. In der Analyse seiner Teilnehmenden Beobachtung deuten sich Anzeichen für geschlechtsspezifisch unterschiedliches Gruppenverhalten an: Die Mitglieder einer Schülerinnengruppe zeigen demnach mehr Nähe untereinander und weniger physisch wahrnehmbare Aktivität, wohingegen die untersuchte Jungengruppe durch einen deutlich größeren Aktionsraum der einzelnen Gruppenmitglieder sowie sichtbar verschiedene Aktivitäten innerhalb der Gruppe gekennzeichnet ist (vgl. a.a.O., S. 83ff.). Ein weiteres Merkmal der ausschließlich aus männlichen Mitgliedern bestehenden Schülergruppe ist eine relativ klare, hierarchische innere Organisation, in welcher die Schüler entweder die Rolle eines »Anführers« bzw. »Wortführers« oder von »Mitläufern« einnehmen. Die Akzeptanz bzw. Ablehnung von Vorschlägen steht dabei in unmittelbarem Zusammenhang mit der Stellung des Einzelnen innerhalb der Gruppe; von den anderen akzeptierte Handlungsinitiativen gehen fast ausschließlich vom »Anführer« aus, während die »Rangniedrigeren« über deutlich geringere Möglichkeiten verfügen, ihre Interessen einzubringen (vgl. a.a.O., S. 84).

Michl rekonstruiert des Weiteren Parallelen zwischen dem Verlauf des experimentellen Gestaltungsprozesses und der Gruppenentwicklung, wobei unter der Anleitung des »Wortführers« die Kooperation aller Gruppenmitglieder beim Bau einer Holzhütte immer weiter zunimmt, denn »[e]rst mit Fortschreiten der Bauaktivitäten verschmilzt die Gruppe zu einem einheitlichen Ganzen« (a.a.O., S. 87).

Auch in dem weiteren untersuchten Fall eines Siebtklässlers im regulären Kunstunterricht findet Michl seines Erachtens eher männlich konnotierte »soziale Einwirkungsfaktoren« (a.a.O., S. 138). So besteht z. B. bei der Herstellung eines selbst erfundenen Malwerkzeugs eine entscheidende Motivation des Schülers im Konkurrenzkampf mit den Mitschülern. Dies äußert sich Michl zufolge darin, dass Ideen der Mitschüler als Anlass für eigene Gestaltungen aufgegriffen werden mit dem Wunsch, diese noch zu überbieten (vgl. a.a.O., S. 138f.). Die Gegenüberstellung mit einer weiblichen Untersuchungsperson bleibt jedoch ebenso aus wie die Untersuchung der Interaktionen innerhalb einer gemischtgeschlechtlichen Gruppe, sodass hinsichtlich der Frage nach den geschlechtsspezifischen Verhaltensmustern und Einflussfaktoren im Zusammenhang mit kollaborativem bildnerischen Handeln im Kunstunterricht noch Klärungsbedarf besteht – sofern eine Kategorisierung in typisch männliches bzw. typisch weibliches Verhalten überhaupt noch als sinnvoll und notwendig im Hinblick auf kunstpädagogisch relevante Prozesse erachtet werden kann.

3.2.7 Übertragbarkeit aktueller Strategien künstlerischer Kollaboration auf kunstbezogene Bildungsprozesse

Ausgehend von der im Bereich der Kunstwissenschaft mehrfach geäußerten Ansicht, dass in letzter Zeit das Interesse an Kollaboration und vernetztem Arbeiten in der Bildenden Kunst stark gestiegen sei (vgl. u. a. Milevska 2006, Billing/Lind 2007, Kester 2011), untersucht Krebber kollaborative Strukturen in der zeitgenössischen Kunst mit dem Ziel, die künstlerischen Strategien der Zusammenarbeit auf kunstpädagogische Kontexte zu übertragen. Sie schließt Künstlerpaare ausdrücklich aus ihrer Betrachtung aus und begründet ihre Schwerpunktsetzung auf »Multiplen, Gruppen, Kollektiven, Teams« (Krebber/T. Meyer 2012, o.S.) mit entsprechenden Entwicklungen in der Jugendkultur. U. a. sucht Krebber anhand von Experteninterviews mit kollaborativ arbeitenden Künstlerinnen und Künstlern Erkenntnisse über »ganz konkrete alltägliche Abläufe und das Selbstmanagement« und die »spezifischen Formen, Sprachen und Probleme« (ebd.) künstlerischer Kollaboration. Im Zusammenhang ihrer Forschung führt Krebber gemeinsam mit dem Kunstpädagogen T. Meyer ein Interview mit Thomas A. Schmidt, einem von vier Mitgliedern der Künstlergruppe inges idee. Die Aussagen, die dieser im Interview mit den beiden Kunstpädagogen trifft, werden im Folgenden unter dem Fokus der vorliegenden Untersuchung ausführlich dargestellt, da sie wichtige Impulse für die Betrachtung von Schüler-Schüler-Interaktion im Rahmen bildnerischer Prozesse liefern.

Inges idee, eine Gruppe, die seit vielen Jahren äußerst erfolgreich im Sinne einer pragmatischen Kollaboration (siehe Kap. 2.2.4) ausschließlich im Kunst am Bau-Bereich agiert, während die einzelnen Mitglieder (Hans Hemmert, Axel Lieber, Thomas A. Schmidt und Georg Zey) parallel zur Zusammenarbeit in der Künstlergruppe weiter ihrer individuellen künstlerischen Arbeit in unterschiedlichen Medien nachgehen, durchläuft wie jede Gruppe einen Gruppenprozess: Vor der Arbeit in einer Künstlergruppe ist Thomas A. Schmidts Erfahrung nach eine Phase der intensiven, ganz auf sich selbst geworfenen Einzelarbeit unabdingbar, um im Rahmen eines künstlerischen Individualisationsprozesses eine »sehr starke Selbstsicherheit« (ebd.) zu entwickeln. Die durch diese vorangegangene individuelle Arbeit jeweils gewachsene Erfahrung, die Gewissheit über ein spezifisches künstlerisches Können und eine eigene Position als Einzelkünstler bilden die Grundlage der künstlerischen Kollaboration. Die Gruppenbildung folgt strategischen und pragmatischen Motiven, denn die Mitglieder erwarten von dem Zusammenschluss mit anderen Künstlern Ergänzung und Bereicherung in mehrfacher Hinsicht: Gemeinsam erschließen sie sich eine wichtige künstlerische Einnahmequelle durch die Teilnahme an dotierten Kunst am Bau-Wettbewerben, erlangen dadurch größere finanzielle Freiheit für ihre individuelle künstlerische Arbeit und profitieren zudem – ideell und pragmatisch – von den Erfahrungen und dem Können der anderen. Schmidt bringt dies im Interview mit folgenden Worten auf den Punkt: »Die Teile müssen sich aber ergänzen, sonst funktioniert es nicht. Wenn zwei Leute dasselbe können, dann kann man es auch alleine machen.« (ebd.) Die ersten gemeinsamen Schritte in der Gruppe dienen Schmidts Erfahrung nach einerseits der Herstellung einer »Infrastruktur« (ebd.) und gemeinsamen Absprachen über die Arbeitsorganisation, andererseits der Kommunikation und Fixierung der Gruppenidentität nach außen, was im Falle von inges idee in Form der Bildung einer GbR (Gesellschaft bürgerlichen Rechts) sogar mit einer gewissen Bürokratisierung und Institutionalisierung einhergeht.

Sind die Rahmenbedingungen geschaffen, müssen Modi für die eigentliche künstlerische Zusammenarbeit gefunden werden. Nach Schmidt liegt es nahe, die Sprache zunächst als »dominantes Werkzeug« (ebd.), d. h. als wichtigstes Kommunikationsmittel im kollaborativen Entwurfsprozess zu betrachten, doch trägt der mit der Zeit zunehmende Einsatz von nonverbalem Anschauungsmaterial (Zeichnungen, Modelle, Bilddatenbanken u.ä.) zu einer besseren Verständigung untereinander und in der Folge zu einer Verbesserung der Entwürfe bei:

> *»Wir dachten anfangs, wir können nur über Sprache kommunizieren. Das war in den ersten Jahren auch tatsächlich der Fall. Wir haben uns zusammengesetzt und haben ganz viel geredet. Einfach aus der Vorstellung heraus, dass jeder Künstler für sich zwar ein Werk haptisch realisieren kann, dass man aber zu viert zu keiner gemeinsamen plastischen Form findet.« (ebd.)*

Der Künstler erkennt weiter eine besondere Bedeutung von Metakommunikation und der individuellen und gemeinsamen Reflexion über die Entstehung kollaborativer Ideen, die er als »Selbstanalyse der Gruppenideen« (ebd.) bezeichnet. Auch diese findet, wie der Entwurfsprozess, in Form eines Bildarchivs zunehmend medial gestützt statt.

Durch die Reflexion der Gruppenprozesse gelangt die Gruppe mit der Zeit zu bestimmten Verfahrensregeln für die gemeinsame Arbeit. So soll jede kollaborative Arbeit mit einem rigoros zensurfreien Brainstorming beginnen, die Ausarbeitung von Ideen erfolgt daraufhin in strenger, auch räumlich getrennter Einzelarbeit. Die Reaktionen der anderen Gruppenmitglieder auf die Einzelentwürfe entscheiden schließlich darüber, welcher Entwurf als Gemeinschaftsidee realisiert wird. Dabei stellen sich im Falle von inges idee keine Fragen der Autorschaft: Selbst wenn im Entstehungsprozess einzelne Mitglieder in unterschiedlichem Maße beteiligt waren, werden alle Projekte als Gruppenprojekte verstanden und kommuniziert.

Erst nach mehreren gemeinsam realisierten Projekten wird die Arbeit in der Gruppe auch als Möglichkeit wahrgenommen, sich subjektiv von dem Druck zu entlasten, der in vielfacher Hinsicht auf Einzelkünstlern liegt: Als Einzelkünstler sei man »schutzloser«, in der Gruppe erlebte Misserfolge seien dagegen nach Schmidts Einschätzung besser zu ertragen (vgl. ebd.). Weiteren subjektiven Gewinn durch die künstlerische Kollaboration zieht Schmidt darüber hinaus durch die Möglichkeit, »einen gemeinsamen kreativen Prozess zu erleben, was man als einzelner Künstler im Atelier so nicht kann« (ebd.); die gemeinsame Arbeit bringt für ihn nicht nur »kommunikative[n] Spaß« und »Inspiration« (ebd.) mit sich, sondern ein entscheidendes, jedoch nicht genauer greifbares »Surplus« (ebd.) im Vergleich zur individuellen künstlerischen Arbeit.

Insgesamt zeigt sich an den Äußerungen Schmidts im Interview mit Krebber/T. Meyer zur konkreten Zusammenarbeit in einer Künstlergruppe, dass die Künstler zunächst aus der Unerfahrenheit mit der neuen Arbeitsform unreflektiert und unstrukturiert auf mutmaßlich geeignete, nicht spezifisch künstlerische Mittel zurückgreifen: die Bildung einer GbR, das Diskutieren von Ideen. Erst durch die mit der Zeit gewachsene Erfahrung und durch die Reflexion der Gruppenprozesse und der entstandenen Ideen findet die Gruppe für den künstlerischen Austausch besser geeignete Formen. Sie gibt sich darüber hinaus bestimmte Regeln, in Schmidts Worten: »eine Art von Choreographie, eine Vereinbarung, die jeder dann irgendwann so stark verinnerlicht hat, dass er sie auch nicht bricht« (ebd.). Sie strukturieren den Entwurfsprozess.

3.3 Forschungskonzeptuelle Konsequenzen aus der zusammenfassenden Bewertung des Forschungsstandes

Bereits in den *Anfängen empirischer Gruppenforschung* bis hin zur neueren pädagogischen Interaktionsforschung wird der Untersuchungsfokus meist auf die Personen, die Gruppen leiten, und auf deren Einfluss auf Gruppenprozesse gelegt. Zu den Beziehungen und Prozessen zwischen den Gruppenmitgliedern, auf die sich das Forschungsinteresse der vorliegenden Untersuchung in erster Linie richtet, liegen daher nur wenige Befunde vor. Es ergibt sich daraus die Konsequenz, für die vorliegende Untersuchung im Vergleich zu der breiten Masse pädagogischer Interaktionsforschung einen deutlichen Perspektivwechsel vorzunehmen, sich also auf die tatsächlich in einer Gruppe Interagierenden und auf die Prozesse zu konzentrieren, die zwischen den Mitgliedern einer Gruppe ablaufen. Dies bedeutet, dass der Forschungsfokus dieser Untersuchung sich ganz auf die Schüler-Schüler-Interaktion richtet, und dass die Interaktion zwischen Lehrperson und Lernenden in der Konsequenz weitgehend unbeachtet bleibt (siehe Kap. 1.3 und Kap. 5.1.1).

Die Untersuchungen im Bereich der *sozialpsychologischen Kleingruppenforschung* sind aus qualitativ-empirischer Sicht von diversen methodischen und konzeptuellen Schwächen gekennzeichnet. So entspricht die Durchführung von Experimenten in wenig authentischen Laborsituationen mit *ad hoc* gebildeten Versuchsgruppen in vielerlei Hinsicht nicht den Gütekriterien qualitativer Forschung. Daher sind die Ergebnisse aus diesem Forschungsbereich kaum auf die intendierte Rekonstruktion der Wechselwirkungen zwischen sozialen und bildnerischen Prozessen im Kunstunterricht anwendbar. Sie stellen lediglich indirekt eine Aufforderung dar, beim Forschungsdesign für die vorliegende Untersuchung auf die Herstellung von Untersuchungssituationen zu achten, die einem authentischen Kunstunterricht entsprechen oder diesem möglichst nahe kommen (siehe Kap. 5.1).

Für die *pädagogische Gruppenforschung der 1950er bis 1970er Jahre* kann ein bis heute anhaltender Einfluss auf die allgemeine Lehrerbildung, z. B. bezüglich der Gruppenbildung und der Funktionen von Intragruppenkommunikation, festgehalten werden. Hier ist nach der Auswertung der eigenen qualitativ-empirischen Fallstudien zu prüfen, ob die bis heute rezipierten frühen Ergebnisse pädagogischer Gruppenforschung sich im aktuellen Kontext von Kunstunterricht bestätigen lassen oder aber revidiert bzw. erweitert werden müssen (siehe Kap. 6.2).

Die Erkenntnisse aus der *neueren* pädagogische*n Interaktionsforschung* sind aufgrund ihrer Schwerpunktsetzung auf die Erforschung der Effektivität kooperativer Methoden bei der Vermittlung kognitiver Lerninhalte größtenteils kaum auf die vorliegende Untersuchung übertragbar. Jedoch ist im Anschluss an die qualitative Auswertung zu überprüfen, inwiefern die von Lauterbach (1995) ermittelte besondere Bedeutsamkeit von Freundschaftsbeziehungen für kooperative Arbeitsformen im Offenen Unterricht auch in der vorliegenden Untersuchung rekonstruiert werden kann (siehe Kap. 6.2). Breidenstein (2006) bietet sowohl forschungsmethodisch als auch hinsichtlich seiner Aussagen zur Bedeutung von Kooperation in verschiedenen Sozialformen wichtige Anhaltspunkte für die vorliegende Untersuchung. Daher sind sowohl die konsequente Fokussierung auf die Schülersicht des Unterrichtsgeschehens in den Forschungsfragen und im Forschungsdesign aufzugreifen (siehe Kap. 1.3 und Kap. 5.1) als auch die Ergebnisse der eigenen Untersuchung abschließend mit Breidensteins Ergebnissen in Beziehung zu setzen (siehe Kap. 6.2).

Da aus dem für die vorliegende Forschung wichtigsten wissenschaftlichen Bezugsfeld, dem Bereich der *kunstpädagogischen empirischen Forschung*, nur auf wenige Erkenntnisse zum Forschungsgegenstand zurückgegriffen werden kann, ist grundsätzlich eine explorative, ergebnisoffene Haltung einzunehmen. Die verschiedenen kunstpädagogischen empirischen Forschungsarbeiten sind dennoch in zweierlei Hinsicht relevant: Zum einen werden die in Kap. 1.2 zusammengestellten, theoretisch entwickelten fachdidaktischen Aussagen zum Forschungsgegenstand durch die im Forschungsstand referierten empirischen Untersuchungen weitgehend bestätigt. Zum anderen lassen sich auch aus der kunstpädagogischen Empirie Aussagen zur Bedeutung von Austausch und Zusammenarbeit im Kontext von Kunstunterricht ableiten, die als ein weiterer Hintergrund der vorliegenden Untersuchung an dieser Stelle noch einmal zusammenfassend dargestellt und im Anschluss an die qualitative Auswertung aufgegriffen werden (siehe Kap. 6.2):

In Kleingruppen schaffen sich Schülerinnen und Schüler ihren eigenen autodidaktischen pädagogischen Raum; persönliche Kontakte stellen dabei eine wichtige Voraussetzung für eine produktive und kreative Arbeitsatmosphäre dar (Peez). Kooperative (künstlerische) Strategien und Praktiken der Teilhabe und Gemeinschaftsbildung im Netz können Orientierung bieten auch in Bezug auf die Gestaltung kunstpädagogischer kooperativer Settings, weil dabei vielfältige, auch kunstpädagogisch relevante Kompetenzen und Fertigkeiten zum Einsatz kommen bzw. gefördert werden (Burkhardt). Am Beispiel des gemeinsamen Sprechens über ein Kunstwerk zeigt sich, dass der Austausch mit den anderen Lernenden für die Schülerinnen und Schüler wichtiger sein kann als die individuelle Auseinandersetzung mit einem Bild oder Kunstwerk (Grütjen). In der Interaktion mit anderen werden Schülerinnen und Schülern besondere Subjekterfahrungen eröffnet, da in der Kommunikation über das künstlerisch-gestalterische Handeln mit und vor anderen die eigene Präsenz besonders intensiv wahrgenommen werden kann (Stutz). Gruppenbildungsprozesse verlaufen parallel zum Fortschreiten von Gestaltungsprozessen, wobei deutliche Unterschiede zwischen homogen weiblichen und männlichen Gruppen festzustellen sind; bei Einzelarbeit trägt die Interaktion mit anderen außerdem im Sinne eines Leistungsvergleichs zur individuellen Motivation bei (Michl). Die von Kunstschaffenden praktizierten Formen von Kollaboration können Impulse für die kunstpädagogische Praxis bieten. (Krebber).

4 Fachdidaktische Konzeption des untersuchten Unterrichts

4.1 Rahmenbedingungen

Bezüge zum Rahmenplan als konzeptuelle Grundlage der Unterrichtsgestaltung

Eine wesentliche Grundlage für die Konzeption der Aufgabenstellungen, die im erhobenen Unterricht in Feld 1 (siehe Kap. 5.1.2) bearbeitet werden, bilden die Vorgaben des Berliner Rahmenlehrplans (vgl. SenBildWiss Berlin 2006, S. 18ff.). Unter dem übergeordneten Kursthema »Kommunikation in künstlerischen und medialen Welten« (a.a.O., S. 22f.) sind die Aspekte »Mensch und Medium: Wirklichkeit – Abbild und Inszenierung«, »Künstlerische und mediale Gestaltungsvorgänge« sowie »Funktionen und Wirkungsweisen von Kunst und Medien« (ebd.) zu behandeln. Dafür sind aus einer vorgegebenen Auswahl künstlerischer Medien je nach den Kompetenzen und Bedürfnissen der Lehrkraft und der Lerngruppe ein eigener Schwerpunkt und ein Ergänzungsbereich für die Auseinandersetzung mit dem Thema festzulegen (vgl. ebd.). Für die untersuchte Kursgruppe wurde von der Lehrerin-Forscherin der Schwerpunkt Fotografie mit dem Ergänzungsbereich Printmedien am Beispiel von Plakatgestaltung kombiniert.

Auswirkungen der Forschungssituation auf die Unterrichtssituation in Feld 1

Darüber hinaus hat auch die Untersuchungsintention der Forscherin-Lehrerin Einfluss auf die Unterrichtskonzeption und die Halbjahresplanung, denn alle drei Aufgabenstellungen sind so angelegt, dass Austausch und Zusammenarbeit in unterschiedlichen Formen stattfinden und beobachtet werden können. Dabei sollen jedoch weder die Unterrichtsinhalte und -methoden auf den Forschungsschwerpunkt hin ausgerichtet noch durch ein gezieltes experimentelles Vorgehen versucht werden, bestimmte Ergebnisse herbeizuführen. Deshalb wird u. a. bewusst darauf verzichtet, theoretische Befunde und Erkenntnisse aus der Sichtung des Forschungsstandes bereits in die Unterrichtsplanung einzubringen, bspw. in Form einer bestimmten Systematik bei der Gruppenbildung. Vielmehr erfolgen Konzeption und Planung so weit als möglich unbeeinflusst vom Forschungsinteresse um eine möglichst authentische, wenig vorgeprägte Situation im Feld vorzufinden.

Unterrichtsverlauf in Feld 1

Bei den in Teilstudie 1 und 2 thematisierten Aufgabenstellungen »Wählt die NKG!« (siehe Abb. 2-4), »Image« (siehe Abb. 5-7) und »12« (siehe Abb. 8-10) handelt es sich um Aufgabenstellungen, die aufgrund ihrer inhaltlichen, gestalterischen und organisatorische Komplexität sowie ihrer zeitlichen Dauer hohe Anforderungen an die Schülerinnen und Schüler stellen. Deshalb sind der Arbeit an diesen offenen und projektartigen Aufgabenstellungen jeweils vorentlastende Einführungsblöcke vorgelagert. So setzen die Lernenden sich etwa zunächst rezeptiv mit aktuellen Wahlplakaten zur Wahl des Berliner Abgeordnetenhauses auseinander, bevor sie selbst für die Aufgabe »Wählt die NKG!« eigene Wahlplakate für fiktive Parteien gestalten. Am Beispiel authentischer Wahlplakate lernen sie auf diese Weise im Sinne einer Vermittlung wissenschaftspropädeutischer Inhalte zunächst Kriterien und die Vorgehensweise einer fachsprachlichen Plakatanalyse kennen. Die wesentlichen gestalterischen Grundlagen zum Erstellen eigener Wahlplakate werden in einer praktischen Übung zum Kennenlernen fotografischer Gestaltungsmittel gelegt. In einem Stationenlernen können wichtige Gestaltungsmittel (Perspektive, Format, Ausschnitt, Schärfentiefe und Beleuchtung) isoliert praktisch erprobt werden. Die experimentell-spielerische Annäherung an das Medium der Fotografie in frei gewählten Dreier-/Vierergruppen mündet in die Erstellung von Merkblättern, mit Hilfe derer die Erkenntnisse aus den einzelnen Gruppen gesichert und im Plenum geteilt und reflektiert werden.

Ein entsprechendes Vorgehen wird auch bei den beiden folgenden, schwerpunktmäßig fotografischen Aufgabenstellungen verfolgt: Nach einer rezeptiven Vermittlung der theoretischen Grundlagen von Fotografie, bei der insbesondere Dokumentation und Inszenierung als grundlegende fotografische Perspektiven thematisiert werden, erfolgt eine erste Annäherung an eigene fotografische Inszenierungen am Beispiel der »Zaubererfotos« von Ingeborg Lüscher (vgl. Fischer/Müller 2010). Das Nachempfinden und individuelle Neuinszenieren eines bestimmten fotografischen Konzepts einer Künstlerin sensibilisiert für die spezifischen Merkmale und Erfordernisse einer fotografischen Inszenierung und entlastet den folgenden Auftrag einer freien fotografischen Selbstdarstellung bei der Aufgabenstellung »Image«.

Alle in dem Halbjahr erworbenen Kenntnisse und Kompetenzen in den Bereichen Fotografie und Printmedien können schließlich bei der freien Gestaltung eines Fotokalenders im Rahmen der Aufgabe »12« angewendet werden. Der Schwerpunkt liegt dabei erneut auf Fotografie; Layout und Typografie können je nach individuellen Möglichkeiten zusätzlich als Gestaltungsmittel eingebracht werden. Die Aufgabe ersetzt die zweite schriftliche Klausur. Sie wird deshalb bereits relativ früh nach den Herbstferien gestellt und muss größtenteils außerhalb des Unterrichts in selbstständiger Partnerarbeit bearbeitet werden. Dadurch werden die beiden Aufgaben »Image« und »12« von den Schülerinnen und Schülern zum Teil parallel bearbeitet. Ein Zeitplan mit einem Termin zum verbindlichen Festlegen des individuellen Kalenderthemas mit der Lehrerin-Forscherin, mehreren Terminen für mögliche Zwischenbesprechungen im Plenum und dem genauen Abgabetermin soll im Verlaufe des weitgehend eigenständigen Gestaltungsprozesses für Orientierung und Verbindlichkeit sorgen.

Sozialformen und Gruppenbildung bei den einzelnen Aufgabenstellungen in Feld 1

Alle drei Aufgaben werden in Sympathiegruppen unterschiedlicher Stärke bearbeitet, d. h., die Schülerinnen und Schüler entscheiden selbst, mit wem sowie im Falle von »Image« zusätzlich ob sie mit jemandem zusammenarbeiten. Bei den Probandinnen Felicitas, Lena und Marie sowie dem Schüler Moritz (siehe Kap. 5.1.2) zeigt sich dabei die Tendenz, bei freier Wahl immer wieder mit denselben Partnerinnen oder Partnern zusammenzuarbeiten. Lediglich Anh-Duc weicht von diesem Verhalten ab, da er bei »Image« als einziger der Probandinnen und Probanden eine reine Einzelarbeit realisiert und für »12« mit einer gänzlich neuen Partnerin, Britta, zusammenarbeitet. Im Fall der fotografischen Selbstinszenierung (»Image«), bei der Wahlfreiheit zwischen Einzel- oder Partnerarbeit mit gegenseitiger Unterstützung besteht, entscheidet sich die Mehrheit des Kurses für Einzelarbeit oder eine lockere Zusammenarbeit.

4.2 »Wählt die NKG!« – Plakatgestaltung in Kleingruppen

Thema

Das Thema der ersten offenen Aufgabenstellung im ersten Halbjahr des neu zusammengestellten Leistungskurses wird bestimmt durch den aktuellen gesellschaftlich-politischen Hintergrund im unmittelbaren Lebensumfeld der Schülerinnen und Schüler: Zu Beginn des Schuljahres 2011/2012 steht die Wahl des Berliner Abgeordnetenhauses wenige Wochen bevor[55]. Der Wahlkampf ist bereits in vollem Gange: Plakate mit Renate Künast, Frank Henkel, den bis zu diesem Zeitpunkt noch gänzlich unbekannten Piraten, FDP-Parolen und der omnipräsente Klaus Wowereit prägen das Stadtbild. Das Aufgreifen dieser Wahlkampfplakate als Beispiele einer visuellen Gestaltung des öffentlichen Raumes fügt sich stimmig in die Rahmenplanvorgaben für das Halbjahr ein, denn die Auseinandersetzung mit medialen Gestaltungsvorgängen sowie die Untersuchung der Funktionen und Wirkungsweisen verschiedener visueller Medien, z. B. von Plakaten, sind unter dem Themenfeld »Kommunikation in künstlerischen und medialen Welten« ausdrücklich vorgesehen (vgl. SenBildWiss, S. 18). Des Weiteren versprechen seine Aktualität und seine Präsenz im Stadtbezirk, in der Presse und im täglichen Gespräch einen hohen Lebensweltbezug, der den Schülerinnen und Schülern die Bedeutung visueller Phänomene in ihrem Alltag, für das gesellschaftliche Leben und damit weit über das Fach Bildende Kunst hinaus eindrücklich erlebbar macht.

55 Den Ausführungen in diesem Unterkapitel liegt ein in den BDK-Mitteilungen erschienener Artikel über die Unterrichtsreihe zugrunde, der für die vorliegende Forschungsarbeit überarbeitet wurde (vgl. Schmidt-Wetzel 2013).

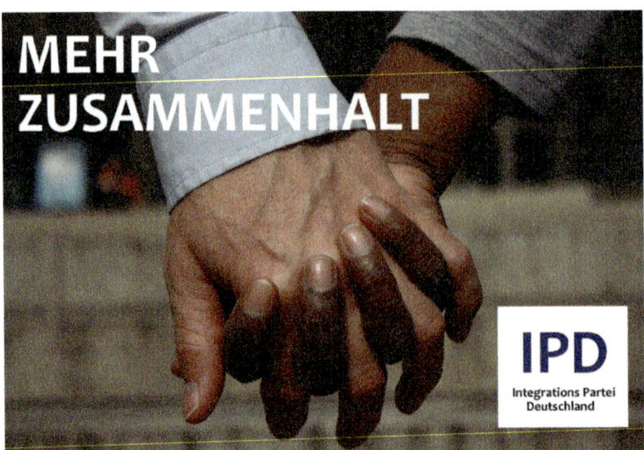

Abb. 2: Exemplarisches Unterrichtsergebnis zur Aufgabenstellung «Wählt die NKG»: Image-Plakat der fiktiven Partei der Gruppe des Probanden Anh-Duc

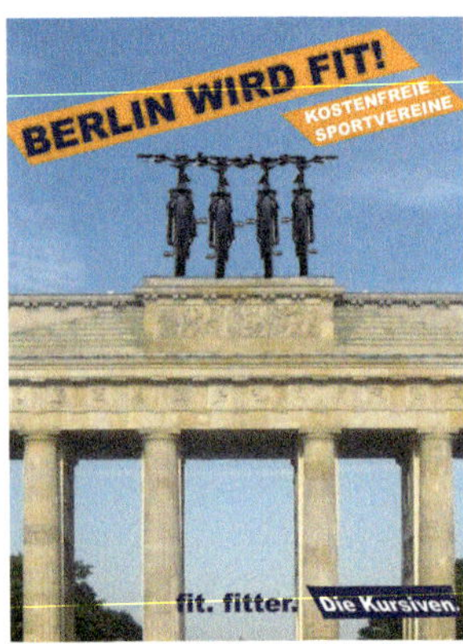

Abb. 3: Exemplarisches Unterrichtsergebnis zur Aufgabenstellung «Wählt die NKG»: Image-Plakat der fiktiven Partei der Gruppe der Probandin Felicitas

Sozialform und Gruppenbildung

Die rezeptive und produktive Auseinandersetzung mit Wahlplakaten unter dem Motto »Wählt die NKG!« (NKG steht als als Akronym für »Neue Kunst-Gruppe«) erfolgt in drei Vierergruppen und einer Dreiergruppe. Es handelt sich dabei um Sympathiegruppen, d. h., die Gruppen werden nach Bekanntgabe der Aufgabenstellung von den Schülerinnen und Schülern ohne weitere Vorgaben oder Bedingungen von Seiten der Lehrkraft selbstständig und spontan gebildet. Da die Lernenden zum Zeitpunkt der Aufgabenstellung relativ zu Beginn des Schuljahres nur zum Teil untereinander bekannt und vertraut sind, spielen Aspekte wie Zufall und Gewohnheit bei der spontanen Gruppenbildung eine weitere Rolle, da zum einen etwa zufällig nebeneinander sitzende Personen zusammenfinden und zum anderen Teams von Schülerinnen und Schülern gebildet werden, die in der Mittelstufe die selbe Klasse besuchten.

Aufgabenformat und Arbeitsformen

Die Aufgabenstellung (Abb. 4) ist in ein fiktives Szenario eingebettet: Die Arbeitsgruppen erhalten den Auftrag, gemeinsam eine neue Partei zu gründen, die bei der aktuellen Berliner Senatswahl antreten könnte. Dafür notwendig ist zunächst eine Recherche zu den real zur Wahl stehenden Parteien und deren visuellen Wahlkampfstrategien, die anhand ausgewählter aktueller Plakate analysiert werden. Darauf aufbauend ist in den Gruppen ein eigenes Parteiprofil zu entwickeln, in dem die politischen Positionen und Ziele der fiktiven Partei fixiert sind. Die eigentliche praktische Aufgabe besteht darin, passend zu dem jeweiligen Parteiprofil jeweils zwei eigene Wahlplakate zu gestalten: Ein Kandidatenplakat, das eine Person als Spitzenkandidat(in) der fiktiven Partei inszeniert, sowie ein Image-Plakat, das bei freier Motivwahl eindrucksvoll ein bestimmtes Bild der Partei kommunizieren soll. Die

«Wählt die NKG!» – Gestaltung eigener Wahlplakate

Aufgabenstellung

- Erfinden Sie Ihre eigene Partei, die sich bei der aktuell anstehenden Wahl zur Abstimmung stellt.
- Erstellen Sie ein schriftliches Kurzprofil Ihrer Partei, in dem Sie Ihre politische Grundhaltungen, Ihre politischen Ziele sowie die angestrebte Zielgruppe fixieren.
- Entwickeln Sie ausgehend von Ihrem Parteiprofil eine passende Plakatkampagne, die Sie in zwei Plakaten umsetzen:
  - 1. Kandidatenplakat
  - 2. Imageplakat
- Gestalterische Vorgaben: Text-Foto-Kombination, gestalterische Arbeit mit Fotografie, digitale/analoge Collage, Typografie, Layout...
- Halten Sie *alle* Skizzen, Ideen, Inspirationen, Zwischenschritte und Gedanken in ihrem Skizzenblock fest.
- Schreiben Sie zu den fertigen Plakaten einen Text, der Ihre Absichten klar verdeutlicht (Wahlkampagne insgesamt und ggf. Erklärungen zu den einzelnen Plakaten)
- Präsentieren Sie Ihre Wahlplakate im Kurs. Schlüpfen Sie dafür in die Rolle eines professionellen Plakatgestalterteams einer Werbeagentur, das sein Konzept an seinen Kunden – die Wahlkampfbeauftragten Ihrer Partei – «verkauft».

Beurteilungskriterien

- **Qualität** (Bildqualität im Sinne der stimmigen Gesamtkomposition, Beleuchtung, Farbqualität, Kontraste, angemessene Perspektive, ggf. emotionale Qualität durch Linienführung, Zusammenhang von Text und Bild, ggf. Zusammenhang von Bild und Bild)
- **Originalität** (interessante, fantasievolle, kreative Ideen, eventuell Verknüpfung vorhandener Ideen zu einer neuen Idee, Originalität der Bilder, ...)
- **Funktionalität** (Fernwirkung und Nachvollziehbarkeit der Bildaussage, sofern die Einschränkung der Funktionalität nicht durch die Konzeption des Plakates gerechtfertigt wird)
- **Schlüssiger Zusammenhang zwischen gestalterischen Mitteln und Plakatbotschaft**
- **Überzeugungskraft** des Gesamtplakates
- **Präsentation** (Schlüssigkeit, Überzeugungskraft, Fachsprache)
- **Vollständige pünktliche ABGABE** (Kandidatenplakat, Imageplakat, Text): _______

Abb. 4: Schriftlicher Arbeitsauftrag: «Wählt die NKG!»

kritisch-analytische Untersuchung der echten Wahlplakate bildet dabei die Grundlage für die eigene produktiv-gestalterische Weiterarbeit. Das Fotografieren der Plakatmotive selbst findet eigenständig in den Gruppen außerhalb des Unterrichts statt; die Weiterverarbeitung (digitale Bildbearbeitung und Texterstellung) wird im Laptop-Kabinett der Schule mit den

Freeware-Programmen Gimp und OpenOffice bzw. im Einzelfall auf privaten Computern mit professionellen Bildbearbeitungsprogrammen durchgeführt.

Die Veröffentlichung der selbst gestalteten Wahlplakate erfolgt entsprechend des fiktiven Szenarios in zwei verschiedenen Kontexten: Für die Präsentation im Kurs schlüpfen die Gruppen jeweils in die Rolle eines professionellen Plakatgestalterteams einer Werbeagentur, das die von ihm entwickelte Plakatkampagne seinen Kunden, den Wahlkampfbeauftragten der fiktiven Partei, vorstellen und vermitteln muss. Letztere werden in der Präsentationssituation von den übrigen Kursmitgliedern verkörpert. Zusätzlich werden alle entstandenen Plakate ohne weitere Kommentierung zwei Tage vor der Wahl im Schulgebäude und im Umfeld der Schule im öffentlichen Raum inszeniert und führen so zu einer irritationsästhetischen Sensibilisierung der Schulgemeinschaft für die unmittelbar bevorstehende Senatswahl.

Didaktisch-methodische Merkmale

Die Aufgabenstellung »Wählt die NKG!« zeigt deutlich Strukturmerkmale eines *projektorientierten Kunstunterrichts* (vgl. Otto 1994, S. 36): Die Schülerinnen und Schüler sind an der Planung des Arbeitsprozesses beteiligt bzw. führen die Arbeit in den Gruppen selbstständig durch. Das Projekt stellt durch die Beschäftigung mit Wahlplakaten den interdisziplinären Bezug zum Fach Politik her und greift darüber hinaus ein Thema mit aktuell-gesellschaftlichen Bezügen aus der Lebenswelt der Jugendlichen auf. Das Projekt ist durch verschiedene Phasen (Recherche – Planung – Erarbeitung – Präsentation – Auswertung) klar strukturiert und zielt auf kooperativ entwickelte Produkte ab.

Interdisziplinarität als weiteres didaktisches Merkmal zeigt sich einerseits auf inhaltlicher Ebene in Form der fachüberschreitenden Thematik mit starken Bezügen zum Politik-Unterricht. Darüber hinaus macht das fiktive Szenario, das z.T. äußerst komplexe Entscheidungsfindungsprozesse erfordert, auch auf organisatorischer Ebene das Erleben politischer Prozesse im Kleinen möglich.

Die durch die Rechercheaufgabe zu authentischen Wahlplakaten initiierte Heranführung der Schülerinnen und Schüler an eine selbstverantwortlich geplante und durchgeführte Auseinandersetzung mit ästhetischen Alltagsphänomenen orientiert sich an dem Konzept *Ästhetischer Forschung* (vgl. Kämpf-Jansen 2001). Die Beschäftigung mit Wahlplakaten im Kunstunterricht bleibt also nicht, anders als dies vielleicht im Politikunterricht der Fall sein könnte, bei der sachlichen Analyse existierender Plakate stehen, sondern erfordert im Rahmen eines künstlerischen Projekts nach Buschkühle die Transformation von »Wahrnehmungen und Wissen, es verbindet Kognition mit Imagination und emotionaler Beteiligung« (Buschkühle 2010, S. 139).

Kompetenzen

Über die genannten didaktisch-methodischen Merkmale hinaus charakteristisch für projektorientiertes Arbeiten ist das Merkmal, dass für die Bearbeitung der Aufgabenstellung *vielfältige Kompetenzen* erforderlich sind und dementsprechend gefördert werden können: *Planungs- und Kommunikationskompetenzen* sind für die eigenverantwortliche Bearbeitung der komplexen

Recherche- und Gestaltungsaufgabe im Team unbedingt notwendig und werden im gemeinsamen Arbeitsprozess kontinuierlich gefordert und gefördert. Die *Rezeptionskompetenz* wird geschult durch die selbstverantwortliche Auseinandersetzung mit existierenden Wahlplakaten. Im Austausch mit den Gruppenmitgliedern und in der Kommunikation der Ergebnisse vor und mit dem gesamten Kurs gelangen die Lernenden zu einer begründeten Beurteilung und Wertung eines visuellen Alltagsphänomens. Im Bereich der *bildnerischen bzw. Gestaltungskompetenzen* schließlich lernen die Schülerinnen und Schüler projektbezogen die spezifischen Bedingungen, Eigenarten und Möglichkeiten digitaler Fotografie und Bildbearbeitung sowie des digitalen Layouts kennen oder vertiefen vorhandene Kenntnisse. Sie nutzen diese Fertigkeiten, um im Medium eines fiktiven Wahlplakats über Bild-Text-Kombinationen eigene Aussagen zu ihren politischen Erwartungen und Wünschen zu formulieren und diese nach außen – vor dem gesamten Kurs, in der Schul- und Bezirksöffentlichkeit – zu kommunizieren.

Didaktische Reflexion

Vorbemerkung: Die didaktischen Reflexionen der drei Aufgabenstellungen in diesem Kapitel ersetzen keinesfalls die qualitativ-empirischen Analysen in Kap. 5. Vielmehr handelt es sich um die subjektiven Einschätzungen der Lehrerin-Forscherin zur Wirksamkeit der getroffenen didaktischen Entscheidungen. Das Aufzeigen von konzeptionellen und planerischen Alternativen dient dem Nachweis didaktischer Reflexionsfähigkeit und der fachlichen Transparenz, die für einen möglichen Nachvollzug der vorgestellten Aufgabenstellungen durch Leserinnen und Leser im eigenen Unterricht erforderlich ist.

Die Aufgabenstellung »Wählt die NKG!« erweist sich rückblickend als äußerst anspruchsvolle erste offene Aufgabenstellung zu Beginn der Oberstufe. Die Herausforderung liegt dabei weniger im bildnerischen Bereich, da hier nicht nur durch die intensive Auseinandersetzung mit realen Wahl- und anderen Plakaten auf umfassende Grundlagen zurückgegriffen werden kann. Zudem können für die Bewältigung der gestalterischen Anforderungen, bspw. bei der digitalen Bildbearbeitung, individuelle Kompetenzen eingebracht und verbunden werden. Vielmehr ergeben sich zum Teil große Schwierigkeiten bei der Themenfindung und bei der Arbeitsteilung. Die Arbeit in einer Vierergruppe erweist sich damit weniger als entlastend, sondern steigert vielmehr die Komplexität der Arbeitsorganisation, da die Bedürfnisse und Möglichkeiten von vier Personen, die in dieser Form in der Mehrzahl noch nicht zusammengearbeitet haben, zu koordinieren sind. Kritisch reflektiert werden muss daher als eine wahrscheinliche Ursache für entstandene Schwierigkeiten, dass in der Konzeption der Aufgabenstellung wesentliche Projektmerkmale (vgl. Wirth 2009, S. 116) nicht in dem erforderlichen Maße berücksichtigt wurden. Bspw. hätte eine gezieltere, angeleitete oder moderierte Gruppenbildung und eine längere, den Lernenden gegenüber transparent gemachte Phase des Teambuildings entstandenen Irritationen und Unsicherheiten entgegenwirken können. Auch die verbindliche, schriftlich formulierte und mit der Lehrerin abgestimmte Festlegung von Zielen, Aufgaben und Rollen innerhalb der Gruppen könnte in diesem Sinne eine geeignete Ergänzung der Aufgabenstellung darstellen.

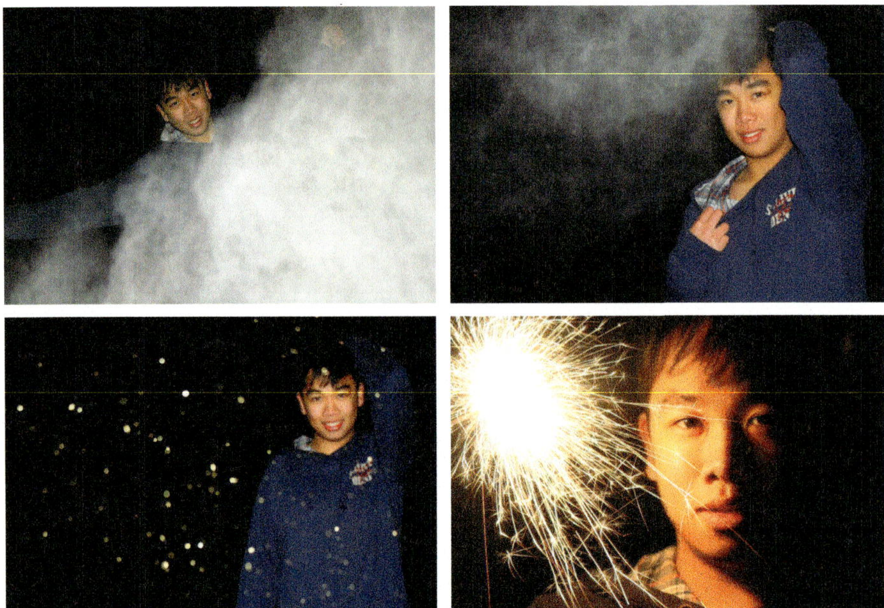

Abb. 5: Exemplarisches Unterrichtsergebnis zur Aufgabenstellung «Image»: in Einzelarbeit entstandene Fotoserie des Probanden Anh-Duc

4.3 »Image« – fotografische Selbstinszenierung in Einzel- oder Partnerarbeit

Thema

Der Titel der Aufgabe »Image« ist bewusst vielschichtig gewählt: Er verweist allgemein auf das visuelle Bild als Abbild, Darstellung oder auch Porträt. Noch stärker weckt der Anglizismus aber auch die Assoziation zu der im, durch oder für den gesellschaftlichen Kontext konstruierten Wahrnehmung und Wirkung einer Person. Im Einleitungstext zu der schriftlichen Aufgabenstellung wird darüber hinaus als weitere Bedeutungsebene der Bezug zur Imagination hergestellt, in dem »übertreiben, verfremden, verwandeln, lügen, beschönigen, schockieren, überraschen, Geschichten erfinden, auf andere FotografInnen reagieren« (siehe Abb. 7) als mögliche Inszenierungsstrategien genannt werden. Im Unterschied zu der Wahlplakataufgabe »Wählt die NKG!« bietet »Image« damit den Lernenden einen weit größeren Spielraum, das Medium Fotografie als Ausdrucksmöglichkeit für eine individuelle Selbstdarstellung zu erproben und um eigene Wege zu finden, sich selbst ins Bild zu setzen.

»Image« als zweite komplexe Aufgabenstellung wendet sich damit ab vom gesellschaftlichen Kontext und stellt die Schülerin bzw. den Schüler als Individuum ins Zentrum der bildnerischen Auseinandersetzung. Immer noch unter dem übergeordneten Halbjahresthema »Kommunikation in künstlerischen und medialen Welten« (SenBildWiss Berlin 2006, S. 22) werden dafür zunächst die Bezüge zwischen »Mensch und Medium«, der Begriff

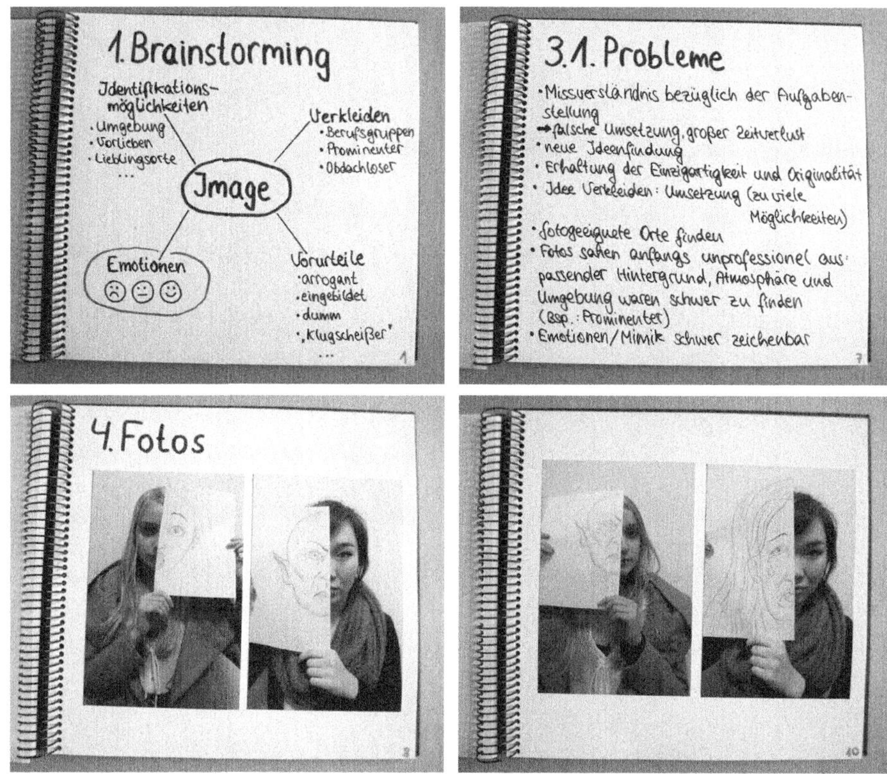

Abb. 6: Exemplarisches Unterrichtsergebnis zur Aufgabenstellung «Image»: Abbildungen aus dem Portfolio, das die Probandin Lena in Partnerarbeit mit Ariunaa erstellt hat

»Wirklichkeit« und das Verhältnis zwischen »Abbild und Inszenierung« am Beispiel verschiedener künstlerischer und fotografischer Positionen thematisiert (vgl. ebd.). Die Vorstellung ausgewählter Werke u. a.von Cindy Sherman, Jeff Wall, Rineke Dijkstra, Ana Mendieta, Anna und Bernhard Blume und Jürgen Klauke eröffnet einen Einblick in die Bandbreite der Möglichkeiten fotografischer Selbstinszenierung, bevor die Lernenden mit dem Auftrag konfrontiert werden, unter dem Motto »Image« eine eigene Form fotografischer Selbstdarstellung zu entwickeln.

Sozialform und Gruppenbildung

Während die Wahlplakataufgabe eine Bearbeitung in Kleingruppen inhaltlich und organisatorisch nahelegt, kann die Sozialform bei einer fotografischen Selbstinszenierung weniger stringent aus dem Thema abgeleitet werden: Für eine Einzelarbeit spricht, dass die Aufgabe einer Selbstdarstellung als äußerst individueller, vielleicht sogar intimer, rein subjektiv zu bearbeitender Auftrag aufgefasst werden kann. Jedoch kann für die bildnerische Auseinandersetzung mit dem eigenen Image als sozial konstruiertes Selbstbild gerade der Austausch mit anderen, gewissermaßen als Spiegel der persönlichen Selbstwahrnehmung, wichtige

Image

Nutzen Sie die Möglichkeiten der Inszenierung vor und hinter der Kamera, um Ihr eigenes Image im Medium der Digitalfotografie zu thematisieren.
Alles ist möglich – Sie können übertreiben, verfremden, verwandeln, lügen, beschönigen, schockieren, überraschen, Geschichten erfinden, auf andere FotografInnen reagieren...

Konkrete Arbeitsschritte (wahlweise Einzel- oder Partnerarbeit):

- **Entwerfen** Sie zeichnerisch/fotografisch *mind. 3 verschiedene Varianten* für Ihre fotografische Inszenierung. Experimentieren Sie mit den Inszenierungsmöglichkeiten vor und hinter der Kamera (z. B. Einsatz fotografischer Gestaltungsmittel, Vorgabe bestimmter „Spielregeln", Einsatz von Körpersprache (Mimik/Gestik), Kostümen/Requisiten/Maske, Entwerfen einer Geschichte) und entscheiden Sie sich dann begründet für eine konkrete Ausführungsvariante. → Halten Sie *alle* Skizzen, Ideen, Inspirationen, Zwischenschritte und Gedanken individuell in Ihrem Skizzenbuch fest.
- **Recherchieren** Sie ausgehend von den im Unterricht kennengelernten Beispielen fotografischer Inszenierung selbstständig im Hinblick auf Ihr eigenes Gestaltungsvorhaben interessante Beispiele. Sammeln Sie die Abbildungen analog/digital (Quellenangaben!)
- **Fotografieren** Sie *eine oder zwei unabhängige Fotoserie(n) aus 4-8 Bildern* (Kameraeinstellung: beste Bildqualität). → Das Fotoshooting kann an zwei Terminen in der Schule stattfinden; digitale Nachbearbeitung ist nicht gefordert, jedoch – in Eigenregie – möglich.
- **Präsentieren** Sie Ihre Fotos in einer Bildschirmpräsentation. → Digitales Layout, Fotos + Titel, Namen, Jahr der Entstehung, evtl. kurze Konzeptbeschreibung. ACHTUNG: Originalfotos nicht löschen!
- **Reflektieren** Sie *schriftlich* (ca. 1 DIN A4-Seite) die eingesetzten Gestaltungsmittel *sachlich-fachlich* hinsichtlich ihrer Wirkung und begründen Sie Ihre Gestaltungsentscheidungen
- **Reagieren** Sie in einem frei gestaltbaren *Kreativtext* auf Ihre Fotografien.

Beurteilungskriterien

- **Qualität** (Bildqualität im Sinne der stimmigen Gesamtkomposition, Beleuchtung, Farbqualität, Kontraste, angemessene Perspektive, ggf. emotionale Qualität durch Linienführung, ggf. Qualität der Bildnachbearbeitung)
- **Originalität** (Darstellung eines neuen, ungewohnten Images, fantasievolle, kreative Ideen, evtl. konstruktive Auseinandersetzung mit fotografischen/künstlerischen Vorbildern)
- **Gesamtwirkung:** Schlüssiger Zusammenhang zwischen gestalterischen Mitteln und Bildaussage (u. a. prägnante Bildauswahl, Verdichtung und Konzentration durch Reduktion, Gesamtzusammenhang der Fotoserie)
- **Qualität und Umfang der Recherche** (Relevanz der ausgesuchten Beispiele wird durch Text/Stichworte o.ä. erklärt)

- **Texte** (bei PA: jedes Gruppenmitglied übernimmt einen Teil, bei EA: Sachtext oder Kreativtext). Sachtext: Nachvollziehbarkeit, Intensität der Auseinandersetzung, Fachsprache
- **Kreativtext** Originalität und Themen-/Bildbezug
- **Einhalten formaler Standards:** Qualität der medialen Präsentation (Bildschirmpräsentation, Ausdrucke, Materialien, Gliederung des Portfolios, Einhalten von Textstandards); ggf. Kennzeichnung der individuellen Anteile an den schriftlichen Aufgabenteilen
- **Vollständige pünktliche ABGABE:** Bildschirmpräsentation + (ein gemeinsames) Portfolio mit Entwürfen, verkleinerter Farbausdruck der Fotos, Textteile: ________

Abb. 7: Schriftlicher Arbeitsauftrag: «Image»

Impulse liefern. Anders als bei einer malerischen Selbstdarstellung legt darüber hinaus das Medium der Fotografie die Zusammenarbeit mit anderen nahe: Das Fotografiert-Werden ist einfacher zu realisieren als sich selbst zu fotografieren, wofür auf spezielle Hilfskonstruktionen, z. B. einen Selbstauslöser, zurückgegriffen werden muss.[56] Daher wird es den Lernenden freigestellt, ob sie die Aufgabe alleine oder zu zweit bearbeiten. Bei der Arbeit zu zweit soll allerdings dennoch je Person eine unabhängige Fotoserie entstehen. Für eine Einzelarbeit wird in der schriftlichen Aufgabenstellung ausdrücklich die Möglichkeit erwähnt, sich beim Fotografieren gegenseitig zu unterstützen (siehe Aufgabenstellung »Image« im Materialband). Sofern Zweiergruppen gebildet werden, handelt es sich hierbei erneut um Sympathiegruppen, von Seiten der Lehrkraft wird nicht in die Gruppenbildung eingegriffen.

Aufgabenformat und Arbeitsformen

Bei der Aufgabe »Image« wird serielle Fotografie mit Portfolioarbeit verknüpft: Über die Selbstinszenierung in Form einer Fotoserie hinaus ist die Gestaltung eines prozessbegleitenden und ergebnisdokumentierenden Portfolios (vgl. Wirth 2009, S. 126ff.) Teil der Aufgabenstellung. Es umfasst die Dokumentation der individuellen Recherche, durch die die im Unterricht exemplarisch erworbenen Kenntnisse über die künstlerischen Möglichkeiten fotografischer Selbstinszenierung im Hinblick auf das jeweilige individuelle bildnerische Interesse erweitert werden. Darüber hinaus werden alle zeichnerischen Entwürfe und Notizen zur Ideensammlung und Konzeptentwicklung darin festgehalten. Neben der fertigen Fotoserie sind außerdem zwei weitere schriftliche Aufgabenteile im Portfolio enthalten: zum einen eine schriftliche Reflexion, in der die eingesetzten Gestaltungsmittel hinsichtlich ihrer Wirkung sachlich beurteilt und die getroffenen Gestaltungsentscheidungen fachlich begründet werden, zum anderen ein frei zu gestaltender »Kreativtext«, der in einer individuell wählbaren Form auf die Fotoserie reagiert.

56 Diese Aussage ist heute angesichts der um sich greifenden Selfie-Fotografie freilich nicht mehr im vollen Maße haltbar. Bei der Durchführung der Unterrichtsreihe im Jahr 2011 war dieses Phänomen noch wenig bekannt und wurde auch von keinem der Kursteilnehmenden als bildnerische Strategie angewandt.

Didaktisch-methodische Merkmale

Mehr noch als die Aufgabe »Wählt die NKG!« weist »Image« Nähen zu dem Konzept eines *künstlerischen Projekts* auf, wie es u. a. von Buschkühle vertreten wird (vgl. Buschkühle 2008, S. 18ff.): Zum Einstieg werden in der Phase der Induktion offene Impulse gegeben, die eine möglichst individuelle Auseinandersetzung unter einem vorgegebenen Thema ermöglichen, z. B. in Form von Recherchen oder spontanen Skizzen. Die nächste Phase, das Experiment, dient der individuellen Vertiefung und eigentlichen Auseinandersetzung mit dem Thema, wobei die Eingriffe von Seiten der Lehrkraft auf ein Minimum reduziert sind. Das dadurch möglicherweise entstehende produktive Chaos mit damit einhergehender Verunsicherung und Irritation der Lernenden wird nicht nur in Kauf genommen, sondern als wichtige Lernchance begriffen. Das dritte wesentliche Merkmal von »Image« als künstlerischem Projekt ist seine Kontextualität, d. h., die individuelle bildnerische Auseinandersetzung mit dem Thema wird durch den Einbezug künstlerischer Kontexte und relevanter Medien sowie die Verzahnung der einzelnen Projektphasen bereichert und intensiviert.

Mit seiner deutlichen Subjektorientierung und der Betonung individueller Inhalte und Gestaltungswege weist auch diese zweite Aufgabenstellung wesentliche Merkmale Ästhetischer Forschung (vgl. Kämpf-Jansen 2001) auf, denn unter dem Oberthema »Image« finden die Schülerinnen und Schüler ihren eigenen Zugang für eine individuelle ästhetische »Welt- und Selbsterkundung« (Peez [4]2012, S. 77). Die jeweilige Biografie wird dabei zum Ausgangspunkt und Inhalt der bildnerischen Auseinandersetzung.

Schließlich handelt es sich bei der *Portfolioarbeit* nicht nur um ein Dokumentations- oder Präsentationsformat, vielmehr sind damit auch bestimmte pädagogisch-didaktische Motive verbunden. So soll das Portfolio als Instrument für eine Kriterien geleitete Selbstreflexion zu »mehr Selbstständigkeit [der Lernenden] durch mehr Mitverantwortung bei der Steuerung von Lernprozessen« (Wirth 2009, S. 128) beitragen. Darüber hinaus gewinnt der bildnerische Prozess gegenüber dem daraus resultierenden Produkt, hier in Form einer Fotoserie, im Rahmen von Portfolioarbeit an Gewicht. Den Lernenden wird dadurch u. a. die Bedeutung der Phase der Ideenentwicklung bewusst gemacht als ein wesentliches Element bildnerischen Arbeitens, in dem das Denken und Handeln in bildnerischen und inhaltlichen Alternativen gefördert wird.

Kompetenzen

Auch bei »Image« können entsprechend der projektartigen Aufgabenstellung verschiedene Kompetenzen ganzheitlich gefördert werden. So schulen die Lernenden ihre *Recherchekompetenz*, indem sie über die im Unterricht vorgestellten künstlerischen Beispiele von Selbstinszenierung hinaus weitere, für ihr spezifisches Vorhaben relevante Positionen recherchieren. *Bildnerische bzw. Gestaltungskompetenz* ist auf verschiedenen Ebenen gefordert: Für die Umsetzung zeichnerisch oder gedanklich entwickelter Darstellungskonzepte sind sowohl in Bezug auf das Gesamtkonzept als auch hinsichtlich jedes einzelnen Bildes der Fotoserie verschiedenste bildnerische Entscheidungen zu treffen, die das Agieren vor und hinter der Kamera berühren. Darüber hinaus muss aus einer größeren Auswahl möglicher Fotografien die Fotoserie in sich stimmig zusammengestellt werden, wobei individuelle Kriterien für eine ästhetische Urteilsbildung zu berücksichtigen sind. Auch die *Selbst- und Reflexionskompetenz* werden gefördert, da die Aufgabenstellung sowohl die Auseinandersetzung mit der eigenen Person als auch die reflexive Wahrnehmung der eigenen bildnerischen Handlungen verlangt.

Didaktische Reflexion

Die Aufgabe unterscheidet sich methodisch, inhaltlich und auch von der Sozialform her wesentlich von der vorangegangenen Wahlplakataufgabe. Dadurch wird der Horizont für eine Auseinandersetzung mit Fotografie erweitert und Lernende, für die die erste Aufgabenstellung aus verschiedenen Gründen Schwierigkeiten beinhaltete, erhalten die Chance auf eine neue, unvoreingenommene Beschäftigung mit dem Medium. Wie für ein künstlerisches Projekt zu erwarten, führt die sehr offene Aufgabenformulierung bei einigen Lernenden zu Irritation und Unsicherheit. Dagegen wirken andere Merkmale dieser Aufgabenstellung nach den von den Lernenden als sehr langwierig und kompliziert wahrgenommenen Gruppenprozessen bei der Wahlplakataufgabe nun entlastend, etwa die Schwerpunktverlagerung hin zu einer deutlichen Subjekt- und Schülerorientierung, und die Möglichkeit, die Sozialform selbst zu wählen und ggf. alleine zu arbeiten.

4.4 »12« – offene Aufgabenstellung zur Gestaltung eines Fotokalenders in Partnerarbeit

Thema

Die letzte Aufgabe in dem untersuchten Halbjahr stellt insofern eine Progression zu den beiden vorangegangenen Aufgaben dar, da nun abgesehen von der medialen Präsentationsform – es handelt sich um einen Wandkalender, bei dem für jeden Monat jeweils eine Seite mit einer oder mehreren Fotografien gestaltet wird – keinerlei thematische Vorgaben gemacht werden. Vielmehr besteht die Herausforderung nun darin, aufbauend auf den im Halbjahr erworbenen Kenntnissen und Kompetenzen im Bereich Fotografie bei größtmöglicher thematischer Freiheit ein eigenes inhaltliches und/oder gestalterisches Konzept für einen Kalender zu entwickeln. Die einzelnen Fotografien sollen dabei einerseits als Einzelbilder und unabhängig voneinander ihre Wirkung entfalten, andererseits müssen die einzelnen Monatsbilder über ein durchgängiges Konzept zu einem Ganzen im Sinne einer Fotoserie verbunden sein. Als weitere Orientierungspunkte für die freie Auseinandersetzung mit der Gestaltungsaufgabe besagt die schriftliche Aufgabenstellung, dass ein Bezug zu den jeweiligen Monaten möglich, aber nicht zwingend erforderlich ist sowie, dass zusätzlich zur Fotografie optional auch Text in den Kalender integriert werden kann .Wie bei den vorangegangenen Aufgaben sind außerdem digitale Bildbearbeitung und die Arbeit mit Grafikprogrammen in Eigenregie möglich, jedoch ebenfalls nicht verbindlich gefordert.

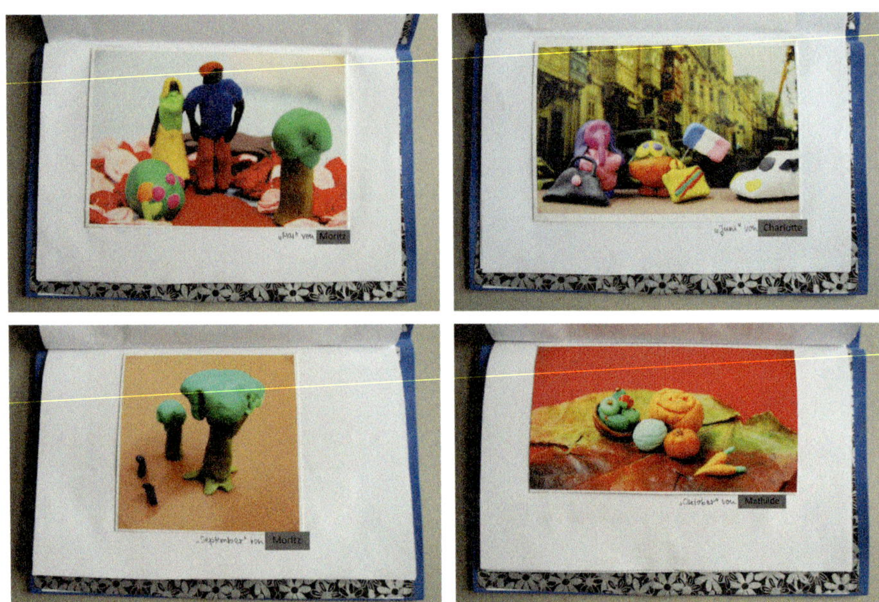

Abb. 8: Exemplarisches Unterrichtsergebnis zur Aufgabenstellung «12»: Auszüge aus dem «Kalenderbuch», das der Proband Moritz in Partnerarbeit mit Charlotte erstellt hat

Im Hinblick auf die Rahmenplanvorgaben ist damit je nach individuell formulierter Aufgabenstellung eine Auseinandersetzung mit allen vorgegebenen Aspekten des Themenfeldes (vgl. SenBildWiss Berlin 2006, S. 22) möglich; durch die Verwendung von Fotografie für die Gestaltung eines Kalenders geraten insgesamt noch einmal die Aspekte »künstlerische und mediale Gestaltungsvorgänge« sowie »Funktionen und Wirkungsweisen von Kunst und Medien« (vgl. ebd.) verstärkt in den Blick.

Sozialform und Gruppenbildung

Grundsätzlich ist eine Kalendergestaltung auch in Einzelarbeit oder in einer Kleingruppe möglich, bei der konkreten Aufgabenstellung ist jedoch Partnerarbeit vorgegeben. Erneut werden die Arbeitspaare von den Lernenden selbstständig, ohne Einflussnahme der Lehrerin-Forscherin, gebildet. Für die Wahl der Sozialform Partnerarbeit sprechen folgende Argumente: Durch den Austausch und die Zusammenarbeit zwischen zwei Personen eröffnet sich eine größere Anzahl von Gestaltungsoptionen und -alternativen als in Einzelarbeit, gleichzeitig ist ein effektiveres Arbeiten als in einer größeren Gruppe möglich. Durch die Arbeit zu zweit wird außerdem die Gestaltung der doch recht umfangreichen Fotoserie (zwölf Monatsbilder zuzüglich eines Deckblattmotivs) entlastet. Forschungsmethodisch eröffnet die Bearbeitung der Kalenderaufgabe in Partnerarbeit darüber hinaus den Probandinnen und Probanden die Möglichkeit, in den Interviews auf ihre Wahrnehmungen und Erfahrungen bei einer weiteren Sozialform – nach Kleingruppenarbeit und Einzelarbeit – einzugehen.

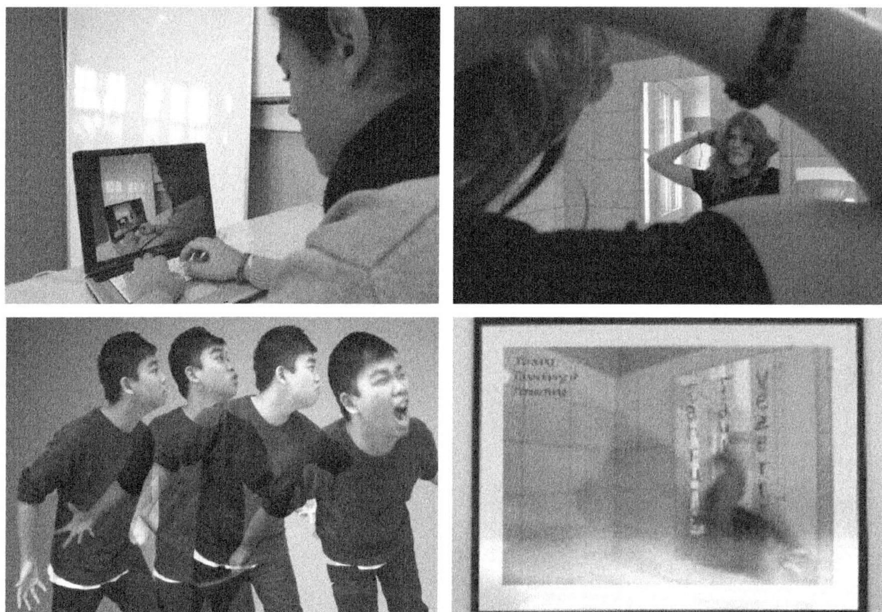

Abb. 9: Exemplarisches Unterrichtsergebnis zur Aufgabenstellung «12»: Auszüge aus dem Kalender, den die Probandin Felicitas in Partnerarbeit mit Marie erstellt hat

Aufgabenformat und Arbeitsformen

Das aus Sicht der Lernenden wichtigste Merkmal der Aufgabe »12« ist, dass es sich hierbei um eine Klausurersatzleistung handelt. D. h., die Gestaltung des Fotokalenders ersetzt die zweite schriftliche Klausur im Halbjahr; die Benotung für die Kalenderaufgabe fließt damit zu 25 Prozent in die Gesamtbewertung des Kurshalbjahres ein (vgl. SenBildWiss Berlin 2007).

Die Bearbeitung erfolgt zu größeren Teilen eigenständig außerhalb des Unterrichts. Als notwendige Rahmenbedingungen für eine solch freie und vom Einfluss der Lehrkraft über weite Strecken unabhängige Bearbeitung wird die Aufgabenstellung (siehe Abb. 10) sehr frühzeitig, bereits kurz nach den Herbstferien bekanntgegeben, während im Unterricht selbst noch andere Inhalte behandelt werden. Damit verbunden ist die frühzeitige verbindliche Festlegung der jeweiligen Kalenderthemen mit der Lehrerin-Forscherin mehrere Wochen vor Abgabetermin, wofür bereits ein Konzepts in Form von Skizzen und Notizen vorliegen muss. Die konkreten Arbeitsformen werden dagegen von den einzelnen Zweierteams selbst festgelegt. Es wird vorausgesetzt, dass die Schülerinnen und Schüler nun in der Lage sind, die zuvor erworbenen Kompetenzen in den Bereichen Recherche, Gestaltung, Reflexion und Dokumentation selbstständig anzuwenden mit dem Ziel, die individuellen Vorstellungen, Ideen und Fertigkeiten der beiden Kollaborierenden in den Kalender als Gemeinschaftsprodukt zu integrieren.

Praktische Klausurersatzaufgabe: Gestalten Sie in Partnerarbeit einen Fotokalender zu einem selbst gewählten Thema

Details der Aufgabenstellung

- freie Themenwahl, dabei bitte berücksichtigen:
  - das Konzept soll als „roter Faden“, der sich durch den Kalender zieht, klar erkennbar sein
  - ein Bezug zu den Monaten ist möglich, aber nicht zwingend erforderlich
- Schwerpunkt der Arbeit ist die Fotografie, die ausbelichteten Fotos können in einen fertigen Blanko-Wandkalender (Schreibwaren- und Bastelbedarf) eingeklebt werden
- die Kombination mit Text ist möglich
- digitale Bildbearbeitung ist in Eigenregie möglich
- die Verwendung von nicht selbsterstellten Fotos (v. a. Internetbilder) ist nur in Ausnahmefällen nach Absprache möglich

Bitte formulieren Sie bis zum _______ Ihre **individuelle Aufgabenstellung**, die Sie Ihrer Lehrerin zu diesem Termin zur Genehmigung vorlegen.
Danach kann die praktische Arbeit beginnen!

Abgabe und Beurteilung

→ **Abgabe:** _________
→ Checkliste für die Abgabe:
- Kalender
- Portfolio mit
  - Prozessdokumentation (Notizen, Skizzen, Zwischenschritte)
  - Fachtext
  - soweit vorhanden: Dokumentation von Recherchen und Quellenangaben

→ Beurteilungskriterien siehe Beurteilungsbogen auf der Rückseite

Abb. 10: Schriftlicher Arbeitsauftrag: «12»

Didaktisch-methodische Merkmale

Bei der Aufgabe »12« handelt es sich wie bei »Wählt die NKG!« und »Image« erneut um eine offene, projektorientierte Aufgabenstellung mit deutlichen Bezügen zum Konzept des *künstlerischen Projekts* und zur Ästhetischen Forschung. Als weiteres Merkmal kann außerdem die starke *Schülerorientierung* durch das frei wählbare Thema und die anschließende Verwendbarkeit des Gestaltungsprodukts im Privatbereich hervorgehoben werden.

Kompetenzen

Wie bei den vorangegangenen Aufgabenstellungen werden in der Auseinandersetzung mit »12« vielfältige Kompetenzen gefordert und gefördert. Neben der *bildnerischen bzw. Gestaltungskompetenz* und der *Reflexionskompetenz*, die in ähnlicher Weise angesprochen werden wie bei der »Image«-Aufgabe, bedarf es für die Einigung auf ein gemeinsames Kalenderthema und die gemeinsame Arbeitsorganisation darüber hinaus einer ausgeprägten *Sozial- und Planungskompetenz*. Denn die Gestaltung des Kalenders kann ohne sinnvolle Absprachen untereinander bezüglich des inhaltlichen Konzepts und des Arbeitsprozesses nicht gelingen.

Didaktische Reflexion

Wie beabsichtigt, geht von dem angestrebten Präsentationsmedium in Form eines Kalenders für die Lernenden eine besonders hohe Motivation aus. Die freie Themenwahl wirkt im Vergleich zu der »Image«-Aufgabe weniger irritierend und verunsichernd, sei es, weil sich die Schülerinnen und Schüler nun bereits zum wiederholten Male mit einer solch offenen Aufgabenstellung konfrontiert sehen, sei es, weil Unsicherheiten bei der Arbeit in einem Zweierteam anders geklärt oder aufgefangen werden können als bei einer Einzelarbeit. Als schwierig erweist sich jedoch die Entscheidung der Lehrkraft, die Aufgabenstellung bereits zu einem Zeitpunkt bekannt zu geben, an dem die Lernenden gedanklich und praktisch noch stark in die Bearbeitung der »Image«-Aufgabe involviert sind: Durch die parallele Beschäftigung mit zwei unterschiedlichen Aufgaben sind die Lernenden zum Teil organisatorisch und inhaltlich überfordert. Da damit neben der Erfahrung von Zeit- und Leistungsdruck keine besonderen Lernchancen verbunden sind, sollte eine solche zeitliche Überschneidung verschiedener Aufgabenstellung eher vermieden werden.

5 Qualitative Fallstudien

5.1 Forschungsdesign

5.1.1 Konkretisierung der Forschungsfragen

Die einleitend formulierte offene Forschungsfrage (siehe Kap. 1.3) ist vor dem Hintergrund der medialen, gesellschaftlichen, pädagogischen und künstlerischen Dimensionen des Untersuchungsgegenstands (siehe Kap. 2) und nach der Sichtung des Forschungsstandes (siehe Kap. 3) in zweierlei Richtung einzugrenzen. Zum einen konzentriert sich die vorliegende Untersuchung ganz auf die Interaktion zwischen den Lernenden. Soziale Prozesse zwischen Lehrenden und Lernenden liegen damit ausdrücklich außerhalb des Forschungsinteresses. Zum anderen bezieht sich die Untersuchung ausschließlich auf Kunstunterricht in Oberstufenkursen; Aussagen über die Wechselbeziehungen zwischen sozialen und bildnerischen Prozessen in der Grundschule und in der Sekundarstufe I werden nicht angestrebt. Für die qualitativen Fallstudien in diesem Kapitel ergeben sich daraus die folgenden Konkretisierungen der übergeordneten Forschungsfrage:

- Durch welche Strukturmerkmale ist die Schüler-Schüler-Interaktion im Kunstunterricht der Sekundarstufe II gekennzeichnet?
- Durch welche Strukturmerkmale sind verschiedene Sozialformen im Kunstunterricht der Sekundarstufe II – die gesamte Lerngruppe, Kleingruppen und Zweiergruppen – gekennzeichnet?
- Welche Rolle spielt die Schüler-Schüler-Interaktion in den unterschiedlichen Sozialformen bezogen auf die gestalterisch-bildnerischen Prozesse im Rahmen von Kunstunterricht in der Sekundarstufe II?

Auch diese für die Untersuchung zentralen Forschungsfragen bleiben bewusst von allgemeinem, grundlegendem Charakter, da zum einen bedingt durch den dürftigen kunstdidaktischen bzw. -pädagogischen Forschungsstand auf nur wenige thematische Grundlagen aufgebaut werden kann und daher eine ergebnisoffene, explorative Grundhaltung eingenommen wird. Zum anderen soll damit entsprechend dem qualitativen Paradigma (siehe Kap. 5.1.3) dem Risiko einer zu frühen oder zu starken Fokussierung auf bestimmte Aspekte des Phänomens begegnet werden. Die oben aufgeführten zentralen Forschungsfragen werden deshalb teilweise im Verlauf des Forschungsprozesses, fallbezogen und aus dem Material heraus, weiter konkretisiert.

5.1.2 Der Untersuchungsrahmen: Kunstunterricht in der gymnasialen Oberstufe

Untersuchungsfelder

Alle qualitativ-empirischen Fallstudien in dieser Untersuchung werden in zwei Kunst-Leistungskursen (jeweils Jahrgang 11) durchgeführt. Der größte Teil der Erhebungen findet in einem Kunstkurs eines Berliner Gymnasiums statt, der von der Forscherin als Kunstlehrerin unterrichtet wird. Dieser Kurs bildet Untersuchungsfeld 1, auf das sich die Teilstudien 1 und 2 beziehen (siehe Abb. 11). Teilstudie 3 bezieht sich auf einen anderen Kunstkurs in der gymnasialen Oberstufe einer hessischen Integrierten Gesamtschule, der nicht von der Forscherin selbst geleitet wurde (Untersuchungsfeld 2). Durch die Hinzunahme dieses Falls kann zum einen den spezifischen Herausforderungen einer Praxisforschung begegnet werden, bei der die Forscherin auch als Lehrerin in Erscheinung tritt (siehe Kap 5.1.4). Zum anderen kann dadurch die Gültigkeit der getroffenen Generalisierungen über die persönliche Unterrichtspraxis hinaus erweitert werden auf Kunstunterricht in der gymnasialen Oberstufe.

Rahmenbedingungen der Teilstudien 1 und 2 in Untersuchungsfeld 1

Die Erhebungen im Rahmen der Teilstudien 1 und 2 beginnen mit der Neugründung des Leistungskurses (14 Schülerinnen, vier Schüler) und werden im Verlauf des gesamten ersten Schulhalbjahres in der Oberstufe durchgeführt (siehe auch Kap. 4.1). Die lange Dauer der Erhebungsphase ermöglicht es, nicht nur Momentaufnahmen kollaborativen Handelns zu erfassen, sondern auch längerfristige Auswirkungen verschiedener Aufgabenformate, Sozialformen und Lernarrangements in den Blick zu nehmen. Darüber hinaus kommt es im Laufe des Schulhalbjahres zu einer relativen Desensibilisierung der Schülerinnen und Schüler für die Forschungssituation, was einer Beeinflussung der Untersuchung durch Reaktanz-Effekte der Beforschten entgegenwirkt.

Bei den Teilstudien 1 und 2 handelt es sich um Praxisforschung im engeren Sinne: Die Forscherin ist gleichzeitig die Kunstlehrerin, sodass die Grenzen zwischen Theorie und Praxis in ihrer Person zusammenfallen.

Rahmenbedingungen der Teilstudie 3 in Untersuchungsfeld 2

Bei der zweiten untersuchten Gruppe handelt es sich um einen Vorleistungskurs[57] im Fach Kunst an der gymnasialen Oberstufe einer integrierten Gesamtschule, die sich am Rande einer hessischen Großstadt befindet. Der Kurs setzt sich zusammen aus sechs Schülerinnen und zwei Schülern,

57 Diese teilweise auch als Profilkurs bezeichnete Kursform dient bei einem erhöhten Stundenumfang (drei Wochenstunden im Gegensatz zu zwei Wochenstunden im Grundkurs) der Profilbildung und bietet interessierten Schülerinnen und Schülern durch vertiefte praktische und theoretische Auseinandersetzungen die Möglichkeit, sich auf die Teilnahme an einem Leistungskurs im jeweiligen Fach in der Jahrgangsstufe 12 vorzubereiten (vgl. § 11 der hessischen Oberstufen- und Abiturverordnung).

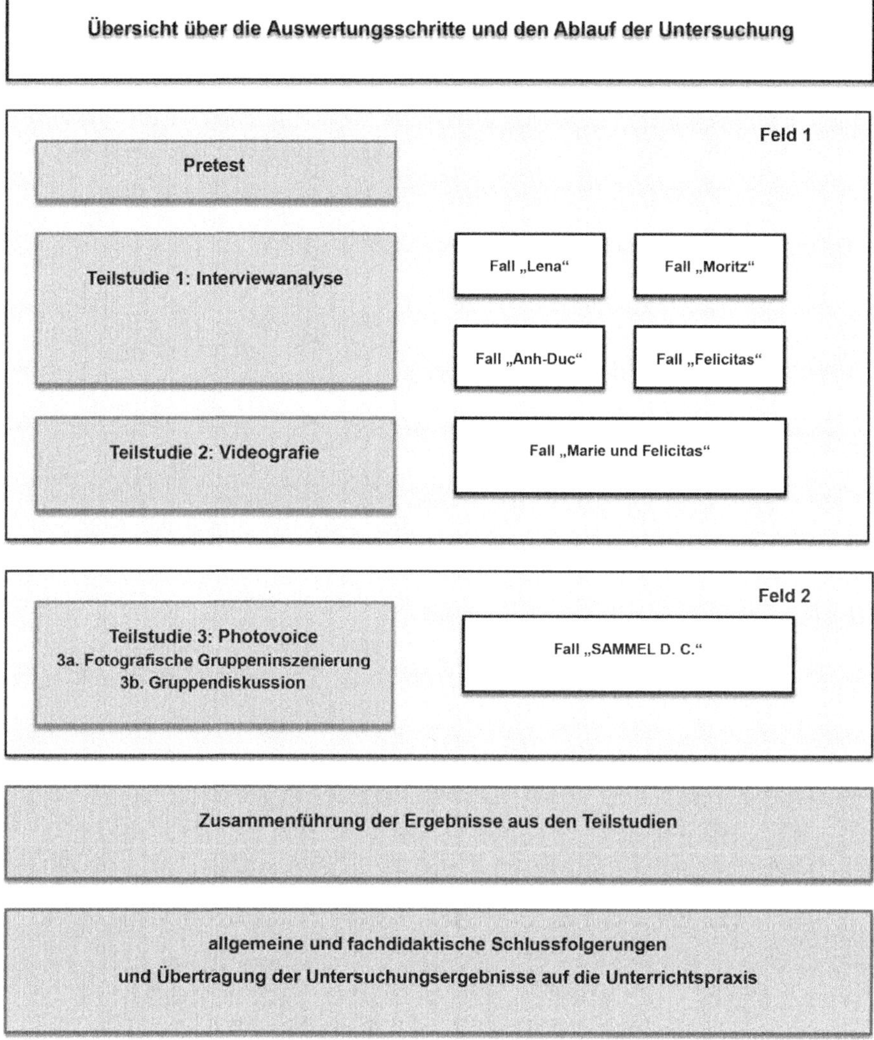

Abb. 11: Überblick über das Forschungsdesign

die sich zu Beginn des zweiten Halbjahrs des elften Schuljahres in den Kurs eingewählt haben. Der Kurs wird von der Kunstlehrerin Frau Bach unterrichtet. Bis zur Einrichtung dieses Kurses gab es an der Schule noch keine Leistungs- oder Vorleistungskurse im Fach Kunst.

Die Erhebungen in diesem Feld werden knapp eineinhalb Jahre nach den Erhebungen im ersten Feld und gut einen Monat vor Ende des für die Kursgruppe elften Schuljahres durchgeführt. Der Kurs besteht damit zum Zeitpunkt der Erhebungen seit einem knappen halben Jahr. Der unterrichtenden Lehrerin Frau Bach sowie einzelnen, persönlich betroffenen Schülerinnen und Schülern ist jedoch bereits bekannt, dass sich die Zusammensetzung des Kunst-Leistungskurses in der kommenden Jahrgangsstufe 12 aus mehreren Gründen deutlich von der des Kunst-Vorleistungskurses unterscheiden wird: Bei etwa der Hälfte der Kursteilnehmenden ist der Übergang in die Jahrgangsstufe 12 aufgrund mangelnder Leistung in anderen Fächern gefährdet oder bereits ausgeschlossen. Zwei Schülerinnen haben sich darüber hinaus für ein anderes Leistungskursfach entschieden, eine noch nicht genau bekannte Zahl von Lernenden wird außerdem ohne eine vorherige Teilnahme am Vorleistungskurs 11 in den Kunst-Leistungskurs 12 wechseln.

Durch die Durchführung dieser weiteren Teilstudie in einem Feld, in dem die Forscherin nicht gleichzeitig Akteurin ist, können nicht nur Interpretationen von Kunstunterricht getroffen werden, die über die individuelle Unterrichtspraxis der Lehrerin hinausgehen, sondern es kann auch den forschungsmethodischen Herausforderungen von Praxisforschung in sinnvoller Weise begegnet werden (siehe Kap. 5.1.4).

Fallbestimmungen

Im ersten Untersuchungsfeld wird mit den Schülerinnen Lena und Felicitas sowie den Schülern Anh-Duc und Moritz jeweils ein fokussiertes Einzelinterview über die Unterrichtsprozesse, Aufgabenstellungen und Unterrichtsergebnisse eines Schulhalbjahres geführt, das der exemplarischen Rekonstruktion individueller Perspektiven auf den Forschungsgegenstand dient. Jedes dieser Interviews stellt einen Fall dar.

Ein weiterer Fall, »Marie und Felicitas«, ist ebenfalls in Feld 1 verortet. Er umfasst eine etwa siebzigminütige Teilphase der praktischen Umsetzung einer fotografischen Fotoserie im Rahmen der Aufgabenstellung »Image« (siehe Kap. 4.3). Durch die Analyse dieses Falls werden der Verlauf und die Strukturmerkmale eines kollaborativen Gestaltungsprozesses am Beispiel der Schülerinnen Marie und Felicitas rekonstruiert und ein vertiefter, nah am Phänomen befindlicher Zugang zum Forschungsgegenstand erschlossen.

Der triangulativ hinzugezogene Fall »SAMMEL D.C.« aus Feld 2 bezieht sich auf eine gesamte Lerngruppe, d. h. auf alle Schülerinnen und Schüler eines Kunst-Leistungskurses. Er umfasst eine nach einem Auftrag der Forscherin als Gemeinschaftswerk des gesamten Kurses erstellte Fotografie mit dem Titel »SAMMEL D.C.« sowie die sich daran anschließende Gruppendiskussion, an der bis auf eine erkrankte Schülerin alle Kursteilnehmenden beteiligt waren. Im Gegensatz zu den Fällen im ersten Untersuchungsfeld bezieht sich dieser letzte Fall weniger auf das konkrete Unterrichtsgeschehen, sondern es geht darum, vermittelt über das Medium der Fotografie kollektive Orientierungen der Schülerinnen und Schüler im Hinblick auf den Kunstunterricht und den Kunstkurs als Gruppe zu rekonstruieren.

5.1.3 Unterrichtsforschung im Paradigma qualitativen Denkens

Das Paradigma qualitativer Forschung bildet den forschungsmethodologischen und -theoretischen Hintergrund, vor dem sich die weiteren methodischen Entscheidungen begründen.

Grundlagen qualitativen Denkens

Flick et al. stellen zentrale »Kennzeichen qualitativer Forschungspraxis« wie zusammen (vgl. [4]2005, S. 24):

- Methodisches Spektrum statt Einheitsmethode
- Gegenstandsangemessenheit von Methoden
- Orientierung am Alltagsgeschehen und / oder Alltagswissen
- Kontextualität als Leitgedanke
- Perspektiven der Beteiligten
- Reflexivität des Forschers
- Verstehen als Erkenntnisprinzip
- Prinzip der Offenheit
- Fallanalyse als Ausgangspunkt
- Konstruktion der Wirklichkeit als Grundlage
- Qualitative Forschung als Textwissenschaft
- Entdeckung und Theoriebildung als Ziel

Die für die vorliegende Studie wesentlichen Merkmale dieser Auflistung werden weiter unten in diesem Kapitel im Abschnitt »Praxisforschung als zentraler Zugang zum Forschungsgegenstand« mit den Kennzeichen von Praxisforschung in Beziehung gesetzt und bei der Festlegung der Methoden für die einzelnen Untersuchungsschritte berücksichtigt.

Bestimmung der qualitativen Forschungsperspektiven im Rahmen der vorliegenden Untersuchung

Unter dem Paradigma qualitativen Denkens können drei typologische Forschungsperspektiven auf den Untersuchungsgegenstand voneinander unterschieden werden, mit denen jeweils unterschiedliche theoretische Bezüge, Methoden und Fragestellungen verbunden sind: Forschungen der ersten Perspektive zielen auf den »Nachvollzug des subjektiv gemeinten Sinns« (Lamnek 1988a, S. 33). Die zweite Perspektive fokussiert auf die »Deskription sozialen Handelns und sozialer Milieus« (ebd.) bzw. die »Beschreibung von Prozessen der Herstellung sozialer Situationen« (Flick et al. [4]2005, S. 19) und die dritte Perspektive richtet den Blick auf die »Rekonstruktion von Strukturen« (Lamnek 1988a, S. 35).

Die Ziele der vorliegenden Untersuchung können durch eine Einordnung im Hinblick auf diese drei Forschungsperspektiven näher bestimmt und methodische Entscheidungen daraus abgeleitet werden: Die Einnahme der ersten Perspektive verspricht den Nachvollzug der »Egologik« (Lamnek 1988a, S. 32), d. h. der subjektiven Sicht einzelner Schülerinnen und Schüler auf das kollaborative Handeln im Kunstunterricht. Sie wird in Teilstudie 1 mittels fokussierter Einzelinterviews erhoben (siehe Kap. 5.2).

Die zweite Perspektive, bei der weniger die Egologik denn die »Soziologik« im Fokus steht, zeigt Verbindungen zu der im Sinne einer Metatheorie verbreiteten konstruktivistischen

Auffassung von Welt (vgl. ebd.). Grundsätzlich bieten sich hier Erhebungsmethoden wie Gruppendiskussion, Teilnehmende Beobachtung, die Aufzeichnung von Interaktionen sowie die Sammlung von Dokumenten zur Generierung von Daten an (vgl. Flick et al. [4]2005, S. 19). Für die vorliegende Untersuchung eröffnet die Einnahme dieser zweiten Perspektive in den Teilstudien 2 und 3 die Möglichkeit, über Videografie, Fotoanalyse und Gruppendiskussion die Soziologik sozialer und bildnerischer Prozesse sowie die kollektiven Orientierungen auf den Forschungsgegenstand zu rekonstruieren (siehe Kap. 5.3 und 5.4).

Eine Einnahme der dritten Perspektive ist im vorliegenden Forschungszusammenhang nicht zielführend, da die daraus erfassbaren strukturellen Bedingungen, z. B. der institutionelle Rahmen kollaborativen Handelns Kunstunterricht, nicht Gegenstand der Untersuchung sind.

5.1.4 Praxisforschung als zentraler Zugang zum Forschungsgegenstand

Praxisforschung als eine Weiterentwicklung bzw. Variante von Aktionsforschung stellt für die vorliegende Untersuchung den zentralen, allen weiteren methodischen Entscheidungen übergeordneten *approach* dar, da sich das Forschungsinteresse aus der Praxis der Forscherin als Kunstlehrerin entwickelt hat und die Erhebungen zu weiten Teilen im Kontext der eigenen Unterrichtspraxis durchgeführt werden.

Grundlegende Kennzeichen

Der Begriff der Praxisforschung bezeichnet die aktuelle Ausprägung eines sozialwissenschaftlichen Untersuchungsplans, der in den siebziger Jahren des vergangenen Jahrhunderts unter der Bezeichnung Aktionsforschung bzw. Handlungsforschung im deutschsprachigen Raum bekannt wird. Die wesentlichen Kennzeichen von Aktionsforschung lassen sich in drei Punkten zusammenfassen (vgl. Mayring [5]2002, S. 51):

- Der Ausgangspunkt der Forschung sind konkrete soziale Probleme.
- Das Ziel ist eine Praxisveränderung durch die Umsetzung der Ergebnisse im Forschungsprozess.
- Forschende und Betroffene sind gleichberechtigte Partnerinnen und Partner.

Entstehung und Entwicklung von Aktionsforschung bzw. Praxisforschung[58]

Aktionsforschung orientiert sich an dem in den 1940er Jahren von Lewin[59] entwickelten Konzept der *action research*. Der aus Deutschland in die USA emigrierte Sozialpsychologe untersucht mit seiner Aktionsforschung, die durch die feste Verbindung von Handeln, Forschen und Erziehung sowie den Anspruch charakterisiert ist, »soziale Praxis und Wissenschaft so miteinander zu verknüpfen, dass praxis-relevante Lösungen für drängende gesellschaftliche

58 Für einen umfassenderen Überblick über Aktions- bzw. Praxisforschung vgl. von Unger et al. 2007 sowie bezogen auf die Lehrerbildung Freitag/Bargen 2012.

59 Zur Bedeutung Lewins für Entwicklung der Gruppenpädagogik siehe Kap. 3.1.

Probleme gefunden werden« (von Unger et al. 2007, S. 10f.) können, u. a. Gruppenbeziehungen und Demokratisierungsprozesse, bspw. in Gemeinden und Organisationen wie Schulen oder Betrieben. Aktionsforschung wird seit Lewin als eine Alternative zum vorherrschenden empirisch-analytischen Forschungsprogramm verstanden, an dem in erster Linie die Kluft zwischen Theorie und Praxis sowie das asymmetrische Verhältnis zwischen Forschenden und Beforschten kritisiert werden.

Im deutschsprachigen Raum erfährt die Aktionsforschung zum Zeitpunkt ihrer Entstehung in den 1970er Jahren in engem Zusammenhang mit den Diskursmodellen einer kritischen Sozialwissenschaft im Umfeld von Habermas (vgl. Moser 1995, S. 41ff.) große Beachtung. Die emanzipatorischen und innovatorischen Hoffnungen, die anfangs mit der auch politisch ambitionierten Aktionsforschung verbunden sind, werden jedoch nicht erfüllt (vgl. a.a.O., S. 60). In Deutschland hat sich Aktionsforschung als Gegenentwurf zur empirisch-analytischen Forschung nicht durchgesetzt – im Gegensatz zum angloamerikanischen Raum, wo sie seit ihrer Entstehung bis heute ununterbrochen hohe Beachtung erfährt (vgl. von Unger et al. 2007, S. 3, Moser 1995, S. 41ff., S. 60) – und wird dementsprechend eher als eine »neue Organisationsform von Wissenschaft« (Moser 1995, S. 38) und als eine »recht eigenständige Forschungskonzeption« (a.a.O., S. 39) denn als ein Leitbild humanwissenschaftlicher Forschung bewertet.

Konzeptuelle Neuorientierungen von Aktions- bzw. Praxisforschung

Eine seit den 1990er Jahren bis heute im angelsächsischen Raum bedeutsame Ausprägung ist zusammengefasst unter dem Begriff der »neuen« Aktionsforschung oder Lehrer-Forschung durch eine starke Praxisorientierung gekennzeichnet (vgl. a.a.O., S. 208) und wird im deutschsprachigen Raum v. a. durch die Österreicher Altrichter/Posch (vgl. u. a. Altrichter 1990, Altrichter/Posch [4]2007) vertreten. Dieser Variante der Aktionsforschung wird jedoch vielfach mangelnde Wissenschaftlichkeit vorgeworfen – ein Kritikpunkt, mit dem sich Aktionsforschung grundsätzlich häufig konfrontiert sah und sieht (vgl. von Unger et al. 2007, S. 18ff.). Auch Moser, selbst ein Mitbegründer der Forschungsrichtung (vgl. Moser 1975, 1977a, 1977b), bezeichnet sie als reine »Praxisreflexion« (Moser 1995, S. 88, S. 198), welche lediglich »im Modus der Brauchbarkeit« operiere, dies jedoch als wissenschaftliches Handeln auszugeben versuche (vgl. a.a.O., S. 75). Diese Praxisreflexion habe zwar im Praxisbetrieb ebenfalls ihre Berechtigung, orientiere sich jedoch zu wenig an wissenschaftlichen Maßstäben, sei zu wenig im Wissenschaftsbetrieb verankert und weise darüber hinaus kaum Unterschiede zu anderen professionellen Reflexionsverfahren wie z. B. Institutionsberatung, Supervision oder Lehrerfortbildung auf (vgl. a.a.O., S. 212).

Moser selbst gelangt im Rückblick auf den von ihm in den 1970er Jahren vertretenen Ansatz zu einem weit offeneren Verständnis von Aktionsforschung. Für ihn ist diese nun neben Praxisuntersuchungen und Evaluationsforschungen einer von drei Forschungstypen, die er unter dem Begriff der Praxisforschung zusammenfasst (vgl. Moser 1995, S. 88f.). Als Oberbegriff bezeichnet Praxisforschung in Mosers neuer Terminologie damit allgemein

> *»wissenschaftliche Bemühungen, die an der Schnittstelle zwischen Wissenschafts- und Praxissystem angesiedelt sind und darauf abzielen, gegenseitige Anschlüsse zu finden und fruchtbar werden zu lassen«* (a.a.O., S. 9).

Der ursprünglich sehr weite Begriff der Aktionsforschung wird dagegen enger gefasst: Aktionsforschung bezieht sich nun lediglich auf jene Forschungsbereiche der Praxisforschung, in denen Forschende und Praktikerinnen bzw. Praktiker am engsten zusammenarbeiten, wobei auch hier die Bedeutung der Praxis für die Themenfindung und die Durchführung von Forschung hervorgehoben wird. Mosers verändertes Verständnis von Praxisforschung, welches sich in der neuen Begrifflichkeit ausdrückt, zielt im Vergleich zu seinen früheren Arbeiten mehr ab auf die Anschluss- und Kooperationsmöglichkeiten zwischen Wissenschaft und Praxis und legt Wert auf die Anerkennung des Eigencharakters der beiden Systeme – anders als dies seiner Einschätzung nach in der angelsächsischen Variante der Aktionsforschung der Fall sei (vgl. a.a.O., S. 14). Darüber hinaus wird –im Kontrast zu Altrichter/Posch – stärker auf die Rolle der Wissenschaftlerin bzw. des Wissenschaftlers fokussiert, die bzw. der im Rahmen von Aktionsforschung ein »›Go Between‹ zwischen Wissenschafts- und Praxissystem, ein Vermittler zwischen zwei Welten« (a.a.O., S. 91) sein müsse.

In dieser neuen Interpretation wird Praxisforschung zunehmend anschlussfähig an Konzepte und Strategien der in jüngerer Zeit an Bedeutung gewinnenden partizipativen Forschung. Diese strebt nicht nur die Gleichberechtigung beider Systeme an, sondern betont insbesondere den Aspekt der Ermächtigung (*empowerment*) der Beteiligten aus der Praxis, indem diese u. a.sehr früh in wesentliche Schritte des Forschungsprozesses, bspw. die Formulierung des konkreten Forschungsbedarfs, involviert werden (vgl. Bergold/Thomas 2010, von Unger 2013).

Gütekriterien qualitativer Praxisforschung

Zusätzlich zu der Berücksichtigung der grundsätzlichen Merkmale von Praxisforschung und qualitativer Forschung ist die Orientierung an geeigneten Gütekriterien zur Qualitätssicherung und Qualitätsüberprüfung der vorliegenden Studie unabdingbar. Diese sind dem qualitativen Paradigma entsprechend für jedes qualitative Forschungsvorhaben passend zu wählen bzw. selbst zu entwickeln. (vgl. Mayring [5]2002, S. 140f.).

Aufgrund der spezifisches Ausrichtung der vorliegenden Forschungsarbeit erweisen sich fünf von Moser entwickelte Gütekriterien als tragfähig, da sie sowohl eine Überarbeitung der Gütekriterien früher Aktionsforschung (vgl. Moser 1995, S. 118) als auch eine Auseinandersetzung mit den von Mayring vorgeschlagenen sechs allgemeinen Gütekriterien qualitativer Forschung darstellen und damit der charakteristischen doppelten Zielsetzung dieser Untersuchung (siehe Kap. 1.3) sinnvoll entsprechen (vgl. Moser 1995, S. 118ff. und Mayring [5]2002, S. 144ff.):

- *Transparenz*: Die Funktionen, Ziele und Methoden der Untersuchung müssen detailliert dokumentiert werden, um durch die exakte Deskription des Verfahrens den intersubjektiven Nachvollzug des Forschungsprozesses und der daraus resultierenden Ergebnisse zu ermöglichen.

- *Stimmigkeit:* Die Forschungsziele und die Forschungsmethoden müssen aufeinander abgestimmt sein. Dabei ergibt sich die Wahl der Methoden aus den gestellten Forschungsfragen, nicht umgekehrt. Hier kann es erforderlich sein, mehrere für den Forschungsgegenstand und die Forschungsziele passende Methoden parallel anstelle einer bevorzugten Einheitsmethode anzuwenden. Das Gütekriterium der Stimmigkeit bezieht sich darüber hinaus auf die Kohärenz zwischen dem erhobenen Material und seiner Interpretation. Dies bedeutet, dass die der Interpretation zugrunde liegenden Daten von der Forschenden nicht nur offengelegt werden müssen, sondern dass daran auch die schlüssige Entwicklung der Interpretationen aus dem Material heraus nachvollziehbar werden muss.
- *Adäquatheit:* Die Beschreibung der unterschiedlichen Perspektiven der Beforschten muss diesen selbst »richtig« (Moser 1995, S. 119), also adäquat erscheinen. Das heißt, sie müssen den Perspektivbeschreibungen durch die Forscherin zustimmen können. Eine Möglichkeit der Überprüfung kann in einer kommunikativen Validierung bzw. einem »*member check*« (a.a.O., S. 120) liegen. Jedoch muss z. B. eine Ablehnung der Forschungsergebnisse durch die Beforschten nicht zwangsläufig als Indiz für deren Ungültigkeit gewertet werden, da sehr viele, kaum explizierbare Faktoren wiederum die Wahrnehmung der Ergebnisse durch die Beforschten beeinflussen können. Bspw. können Ergebnisse abgelehnt werden, weil sich eine Untersuchungsperson als zu unsympathisch dargestellt empfindet o.ä. Grundsätzlich ist die Konfrontation der Beforschten mit den Interpretationen ihrer Aussagen oder ihres Handelns jedoch ein wesentlicher Schritt in Richtung des Rückbezugs auf die Praxis und hin zu mehr Gleichberechtigung zwischen den Forschenden und Beforschten. Darüber hinaus darf der Untersuchungsgegenstand nicht nur einseitig aus einer oder wenigen Perspektiven dargestellt werden, sondern es müssen alle Perspektiven, die im Zusammenhang mit diesem relevant sind, berücksichtigt werden.
- *Intersubjektivität:* Sowohl nach qualitativer als auch nach konstruktivistischer Auffassung ist jede Untersuchung und die daraus gewonnenen Ergebnisse als eine Interpretation von Welt anzusehen; ein Anspruch auf Objektivität kann daher nicht erhoben werden. Trotzdem ist es notwendig, wenn auch keine Objektivität, so doch eine intersubjektive Nachvollziehbarkeit herzustellen. Hierfür sind, wie unter dem Kriterium der Adäquatheit dargestellt, die Perspektiven, aus denen heraus über den Untersuchungsgegenstand gesprochen wird, transparent zu machen. Darüber hinaus verlangt das Gütekriterium der Intersubjektivität, die spezifische Perspektive der Forscherin in Bezug auf den Untersuchungsgegenstand darzustellen, das eigene Vorwissen, Vorannahmen und Erwartungen offenzulegen sowie die eigene Rolle und die damit verbundenen Wirkungen im Feld zu reflektieren.
- *Anschlussfähigkeit:* Dieses letzte Kriterium beschreibt die Qualität der Forschung in Bezug auf die Möglichkeiten, die erarbeiteten Forschungsergebnisse möglichst vielseitig – sowohl im Wissenschafts- als auch im Praxissystem – aufzugreifen und fruchtbar zu machen.

Praxisforschung in der Kunstpädagogik

Nach einem weiten Verständnis des Begriffes der Praxisforschung kann jegliche empirische Bildungsforschung in der Kunstpädagogik als Praxisforschung aufgefasst werden (vgl. Peez 2003, S. 142). Eine Sichtung jüngerer kunstpädagogischer Forschungsvorhaben bestätigt diese Aussage auch für Praxisforschung im engeren, der vorliegenden Forschungsarbeit zugrunde gelegten Sinn: Insbesondere neuere Dissertationen auf dem Gebiet der qualitativ-empirischen kunstpädagogischen Forschung weisen vermehrt ähnliche Merkmale wie die vorliegende Untersuchung auf, da die Forscherinnen und Forscher als Lehrkräfte (vgl. z. B. Michl 2010, Limper 2013) oder als Leitungspersonen in künstlerischen Kooperationsprojekten (vgl. z. B. Stutz 2008, Küstner 2009) unmittelbar in das Untersuchungsfeld involviert oder an der Projekt- bzw. Unterrichtsgestaltung aktiv beteiligt sind (vgl. z. B. Winderlich 2009, Inthoff 2013). Selbst Selle und Otto/Otto zeigen in ihren Untersuchungen deutliche Merkmale von Praxisforschung (vgl. Otto/Otto 1987, Selle 1998). Dies trifft in ähnlicher Weise auch auf die große Mehrheit kunstpädagogischer Praxisberichte zu, die in Bezug auf ihren wissenschaftlichen Charakter zwischen Theorie und Praxis, dabei vielfach jedoch mit einer größeren Nähe zur Praxis, zu verorten sind (vgl. Peez 2007a, o.S.).

Bis auf eine Ausnahme (vgl. Michl 2010) werden diese kunstpädagogischen Arbeiten jedoch von den Forscherinnen und Forschern selbst nicht als Praxisforschung beschrieben. Vielmehr erscheint die Durchführung einer kunstpädagogischen Praxisforschung in den meisten Fällen durch lebensweltliche Umstände und forschungspragmatische Notwendigkeiten motiviert bzw. im Zusammenhang mit künstlerischer Forschung begründet (vgl. Winderlich 2009, S. 246f.). Ein Bezug zu den mit der Aktions- bzw. Praxisforschung verbundenen praxisverändernden, emanzipatorischen und demokratisierenden Intentionen ist bei keinem der genannten Beispiele erkennbar. Im Unterschied dazu sollen für die vorliegenden Arbeit, die explizit als Praxisforschung konzipiert ist, die damit verbundenen Konsequenzen auf den Forschungsprozess reflektiert werden. Diesem Anspruch entsprechend wird im Folgenden zunächst die konkrete Ausprägung von Praxisforschung in dieser Studie dargestellt und kritisch reflektiert. Daran anschließend werden unmittelbare Konsequenzen für die Entwicklung des Forschungsdesigns gezogen.

Kennzeichen kunstpädagogischer Praxisforschung in der vorliegenden Untersuchung

Die vorliegende Studie erfüllt das wesentliche Merkmal von Praxisforschung, nach dem sich diese zwischen dem wissenschaftlichen und dem Praxissystem bewegt, um durch die unterschiedlichen Herangehensweisen und Perspektiven zu einer gegenseitigen positiven Beeinflussung beider Systeme zu gelangen. Obgleich damit eine deutliche Nähe zu Mosers neuem Konzept der Aktionsforschung zu erkennen ist, liegt bei den Untersuchungen in einem von der Forscherin selbst unterrichteten Kurs (Feld 1; siehe Kap. 5.1.2) durch den vollständigen Einbezug der Forscherin in den Praxiskontext – ohne dass weitere Wissenschaftlerinnen und Wissenschaftler involviert sind – eine Sonderform vor, die unter dem aktuellen Verständnis von Aktionsforschung nicht erfasst ist (vgl. Moser 1995, S. 91).[60] Deshalb wird der Forschungsansatz der vorliegenden Untersuchung im Folgenden mit dem weiter gefassten Begriff der Praxisforschung bezeichnet.

Umgang mit den spezifischen Herausforderungen kunstpädagogischer Praxisforschung in der vorliegenden Untersuchung

Die spezifische Variante von Praxisforschung in der vorliegenden Untersuchung bringt eine Reihe an Besonderheiten und Herausforderungen mit sich, welche bei der Konzeption des Forschungsdesigns kontinuierlich mitzudenken und entsprechend zu berücksichtigen sind:

- Das in der Untersuchung realisierte Modell der forschenden Praktikerin und praktizierenden Forscherin in Person der forschenden Lehrerin bzw. unterrichtenden Forscherin kann in Feld 1 die erwünschte Distanz zu den beforschten Schülerinnen und Schülern erschweren und dies wiederum negative Auswirkungen auf die Untersuchung nach sich ziehen. Auch die Distanz zur eigenen Rolle als Lehrerin ist nicht in dem Maße zu erreichen, wie dies bei der Untersuchung von Unterricht, der von anderen Personen durchgeführt wird, möglich ist. Diesem potentiellen Mangel an Distanz muss durch die Wahl geeigneter Methoden entgegengewirkt werden. Deshalb werden z. B. die fokussierten Einzelinterviews von einer externen Interviewerin durchgeführt (siehe Kap. 5.2.1). Außerdem müssen im Verlauf der Untersuchung, bei der Erhebung und bei der Auswertung auftretende Distanzierungsprobleme offengelegt werden, um den weiter oben in diesem Kapitel ausgeführten Gütekriterien der Transparenz und Intersubjektivität gerecht zu werden.
- Weitere potentielle Schwierigkeiten im Zusammenhang mit der Doppelrolle der forschenden Lehrerin bzw. unterrichtenden Forscherin in Feld 1 betreffen die begrenzten zeitlichen und personellen Kapazitäten, da diese die Umsetzung des für die Praxisforschung kennzeichnenden Merkmals der Zirkularität zwischen Theorie und Praxis (vgl. Moser 1995, S. 39) erschweren. Bspw. ist die Auswertung des im Unterrichtskontext erhobenen Datenmaterials entsprechend wissenschaftlicher Kriterien und methodischer Absicherung so (zeit)aufwändig, dass die unmittelbare Rückführung der Ergebnisse in die Planung und Durchführung der Praxis nicht realisiert werden kann. Auch erhebungsmethodisch sind die Möglichkeiten insofern teilweise eingeschränkt, als zum Beispiel eine Teilnehmende Beobachtung bei gleichzeitiger Leitung des Unterrichts nur schwer möglich ist.
- Äußerungen der jugendlichen Probandinnen und Probanden aus Feld 1 sind stets vor dem Hintergrund der Tatsache zu interpretieren, dass die Forscherin trotz

60 Auch in der erziehungswissenschaftlichen Literatur liegen bislang keine Berichte vorliegen, die dieses spezifische Forschungsdesign explizit reflektieren. Eine Ausnahme bildet auf dem Gebiet der Kunstpädagogik lediglich die bereits weiter oben erwähnte und im Zuge der Darstellung des Forschungsstands referierte Studie von Michl (vgl. Michl 2010 und siehe Kap. 3.2.6).

aller anderslautenden Versicherungen von den Beforschten immer in ihrer Rolle als Lehrerin – und damit als Bewertende und Noten-Erteilende – wahrgenommen wird. Daher ist die Untersuchung der Lehrer-Schüler-Interaktion mit den Mitteln einer solchen Praxisforschung nicht zu leisten und wird deshalb in der vorliegenden Studie ausgeklammert.

- Darüber hinaus stößt das dritte Merkmal von Praxisforschung, die gleichberechtigte Beteiligung von Forschenden und Beforschten am Untersuchungsprozess, im schulischen Kontext an seine Grenzen, da sich die Forschung in dem vorliegenden Untersuchungszusammenhang in einem durch verschiedene Alters-, Erfahrungs-, Autoritäts- und Kompetenzstufen hierarchisch geprägten Feld bewegt. Der gleichberechtigte Einbezug der beteiligten Schülerinnen und Schüler stellt eine besondere Herausforderung dar, da die hier nur angedeuteten asymmetrischen Strukturen dafür u.U. massiv aufgebrochen werden müssten. Auch forschungspragmatische und organisatorische Bedingungen erschweren die kontinuierliche Beteiligung der Beforschten am Forschungsprozess.[61]
- Schließlich ist zu berücksichtigen, dass die Reichweite von Ergebnissen, die ausschließlich aus dem eigenen Unterricht der forschenden Lehrerin gewonnen werden, kritisch gesehen werden kann, da möglicherweise bereits in der Konzeption des Unterrichts ein – bewusster oder unbewusster – Fokus auf den Forschungsgegenstand wirksam wird, der damit auch auf den Unterricht und die erforschbaren Interaktionen Einfluss nimmt. Um dieser Besonderheit zu begegnen, wird die Praxisforschung im eigenen Unterricht der Lehrerin-Forscherin mit einer Fallstudie in einem Feld, in dem die Forscherin nicht als Lehrerin tätig ist, trianguliert (Feld 2; siehe Kap. 5.1.2 und 5.4).

Abschließende Abwägung der Potentiale und Herausforderungen kunstpädagogischer Praxisforschung

Wie in diesem Unterkapitel herausgearbeitet wurde, ist kunstpädagogische Praxisforschung eine gängige, jedoch wenig reflektierte Forschungspraxis, die durch die Doppelrolle Forscher-Akteur erhebliche Anforderungen an die Durchführende oder den Durchführenden stellt. Deutlich wurde jedoch auch, dass diesen Herausforderungen durch verschiedene Maßnahmen vor und während der Untersuchung sinnvoll begegnet werden kann. Die vorliegende Studie stellt damit den Versuch dar, die Potentiale einer reflektierten kunstpädagogischen Praxisforschung zu nutzen, um aus der wissenschaftlichen Betrachtung der eigenen Unterrichtspraxis sowohl diese selbst weiterzuentwickeln als auch allgemeinere Aussagen über die Bedeutung von Austausch und Zusammenarbeit im und für den Kunstunterricht treffen zu können. Darüber hinaus kann der Nachvollzug der Vorgehensweise im Rahmen dieser Pra-

61 So beendeten in der vorliegenden Untersuchung die beteiligten Schülerinnen und Schüler im Untersuchungsfeld 1 (siehe Kap. 5.1.2) bereits vor Abschluss der Forschung mit dem Abitur die Schule, sodass ein erneutes Zusammenführen der von der Forscherin-Lehrerin unterrichteten Kursgruppe für einen »member check«, etwa in Form einer Diskussionsrunde, nicht mehr möglich war.

xisforschung Modell für die Forschungen anderer Kunstpädagoginnen und Kunstpädagogen sein. Die rückblickende Beurteilung der Wirksamkeit des spezifischen Untersuchungsplans im Zuge der forschungsmethodischen Reflexion erhält in diesem Zusammenhang zusätzliche Bedeutung (siehe Kap. 7.1.2).

5.1.5 Phänomenologische Einzelfallanalyse als zentrale Auswertungsmethode

Bei der Verwendung des Phänomenologie-Begriffs ist zunächst zu unterscheiden, ob damit die philosophische Lehre von den im Bewusstsein erscheinenden Gegenständen der Welt bezeichnet wird oder aber ein soziologisches oder pädagogisches Konzept, welches sich in der Tradition der Soziologen Schütz und Weber auf die philosophischen Theorien Husserls und Merleau-Pontys beruft, um den subjektiven Sinn sozialer Handlungen zu verstehen (vgl. Eberle 2014, o.S.). Dabei ist weiter zu differenzieren zwischen:

- *Phänomenologie als Protosoziologie*, d. h. als ein der Grundlegung der soziologischen Fachwissenschaft dienendes Konzept, das Philosophie und Soziologie als klar voneinander abgegrenzt betrachtet (vgl. Eberle 2013, o.S.)
- *Phänomenologische Soziologie* als neues, den Positivismus ablösendes Paradigma, welches eine Synthese von Philosophie und Soziologie anstrebt (ebd.)
- *Phänomenologische Analyse* als qualitativ-empirische Forschungsstrategie (ebd.)
- *Phänomenologische Pädagogik* als pädagogische Grundhaltung und Forschungsmethode (Lippitz/Meyer-Drawe 1987, Rumpf 1991, Lippitz 1993).

Die vierte Ausprägung von Phänomenologie, die Grundhaltung phänomenologischer Pädagogik, welche das philosophische Konzept des Beispielverstehens für die Untersuchung pädagogischer Zusammenhänge nutzt (vgl. Peez 2007b, S. 104), erweist sich bezogen auf den Forschungsgegenstand als besonders angemessen, denn »Beispiele werden [...] dort nötig, wo die Bedeutung von etwas nicht exakt bestimmbar ist, wo die Bedeutung in die Praxis hinausweist; in die Erfahrungen des menschlichen Zur-Welt-seins« (Lippitz 1993, S. 140).[62]

Phänomenologische Analyse als Forschungsstrategie

Die Anwendung der Phänomenologischen Analyse als Forschungsstrategie ist dagegen für die Methodik der vorliegenden Untersuchung von zentraler Bedeutung, denn es handelt sich dabei nicht nur um die Auswertungsmethode im Rahmen der Interviewanalysen: Auch für die weiteren Fallstudien, in denen neben Gesprächsprotokollen audiovisuelles und visuelles Material untersucht wird, wurden aus den zur Analyse solcher Datensorten geeigneten

62 Zur historischen Einordnung der phänomenologischen Pädagogik als eine erziehungswissenschaftliche Grundkonzeption vgl. L. Lenzen 1989. Ein tieferes inhaltliches Verständnis der phänomenologischen Pädagogik im Verhältnis zur Phänomenologie als philosophischer Denkrichtung sowie der Bedeutung des phänomenologischen Paradigmas für Pädagogik und pädagogische Forschung vermittelt Loch 62001.

Methoden kontextbezogen jene ausgewählt und zum Teil modifiziert, die anschlussfähig an die Vorgehensweise und die Grundsätze der Phänomenologischen Analyse sind.

Wichtigstes Merkmal einer Phänomenologischen Analyse ist – neben der Anerkennung der grundsätzlichen Subjektivität aller menschlichen Wahrnehmungen und Bedeutungszuweisungen – die Herangehensweise, durch die genaue Deskription eines als Phänomen erkannten Sachverhalts zu dessen Wesenskern vorzudringen. Dabei ist die Sammlung verschiedener Beispiele entscheidend, um aus den unterschiedlichen Zusammenhängen auf die allgemeinen Strukturen des Phänomens schließen zu können (vgl. Mayring [5]2002, S. 107f.). Die gesammelten Beispiele sind dabei »Mittel der Reflexion« (Peez 2007b, S. 104), deren Sinn sich erst »im Dialog mit anderen (ersatzweise im imaginativen inneren Dialog einer einzelnen Person)« (ebd.) klärt.

Phänomenologische Analysen beziehen sich häufig auf subjektive schriftliche Daten, bspw. die Protokolle Teilnehmender Beobachtung oder Forschungstagebücher. Doch auch durch die Analyse anderer Datensorten, wie in der vorliegenden Untersuchung etwa Videografie und Interview, kann das Ziel phänomenologischer Fallforschung erreicht werden, »mehrere Beispiele zu einem Sachverhalt zu sammeln und in den verschiedenen Beispielen allgemeine Strukturen zu rekonstruieren« (ebd.). Maßgeblich dabei ist zunächst eine phänomenologische Grundhaltung, nach der bspw. Interviews keinesfalls als direkte Repräsentationen der Erfahrungen anderer behandelt werden können, sondern selbst Daten, die z. B. im Vergleich zu Protokollen Teilnehmender Beobachtung vermeintlich objektiven Charakter aufweisen, nur auf der Basis unserer eigenen subjektiven Erfahrungen verstanden werden können (Eberle 2013, o.S.). Für die Analyse nicht-schriftsprachlichen Materials, z. B. Fotografien oder Video, muss deshalb auch der subjektive Betrachterstandpunkt berücksichtigt werden, »denn auch hier finden trotz des scheinbar objektivierenden Mediums Kamera subjektive Selektionen in der Erhebung statt« (Peez 2007b, S. 105). Für die Phänomenologische Analyse des Videomaterials in dieser Untersuchung ist zudem zu entscheiden, ob direkt mit der nicht-schriftsprachlichen audiovisuellen Aufzeichnung gearbeitet wird oder ob diese für die Phänomenologische Analyse verschriftlicht wird (siehe Kap. 5.3.1).

Methodische Merkmale einer Phänomenologischen Analyse

Für den Bereich der Kunstpädagogik wird die Phänomenologische Analyse von Peez begründet und systematisiert. Er schlägt in Anlehnung an Mayring einen Ablauf einer Phänomenologischen Analyse vor, der auch in der vorliegenden Untersuchung als Orientierung für das methodische Vorgehen dient (vgl. Peez 2007b, S. 105f. und Mayring [5]2002, S. 108ff.):

- Phänomendefinition (Eingrenzung und Fokussierung des Forschungsinteresses sowie Formulierung von Forschungsfragen)
- Exemplarische Deskription: Materialsammlung zur Deskription aus subjektiv-intentionaler Perspektive
- Erster Materialdurchgang (Erfassen der generellen Sinnstruktur des Ganzen)
- Materialauswahl und ggf. Neu-Zuordnung in Bezug auf die Forschungsfrage(n)

- Hermeneutisch orientierte Interpretation der einzelnen Beispiele und Bedeutungseinheiten (mehrere Beispiele auf ein Thema bezogen)
- Eidetische Reduktion bzw. Variation: synthetisierende Gesamtinterpretation der einzelnen Beispiele und Bedeutungseinheiten zur Bestimmung allgemeiner Strukturen des Phänomens
- Zusammenfassung der Gesamtaussage und Formulierung der Forschungsergebnisse

Ziel dieser Vorgehensweise ist es, intersubjektiv überzeugende Auslegungen von kommunikativ strukturierten Erfahrungen zu erreichen. Das wichtigste Gütekriterium einer Phänomenologischen Analyse ist dabei die Nachvollziehbarkeit und Überzeugungskraft der gewählten Beispiele und der daran entwickelten Deutungen, die für die Lesenden eines Fallbeispiels vor dem Hintergrund ihrer Lebenserfahrungen gegeben sein müssen (vgl. Peez 2007b, S. 105).

Fixe Beobachtungskategorien und ein zu schematisches Festhalten an dieser Schrittfolge werden zugunsten einer phänomenologisch neugierigen Forschung abgelehnt (vgl. Rumpf 1991, S. 329). Ebenso wenig ist es zwingend erforderlich, die im Forschungsverlauf entwickelten Auslegungen auf eine Einzelaussage oder -these zu reduzieren, denn Ziel kann es auch sein, »die Mehrdeutigkeit einer Situation herauszuarbeiten (und) die Unterschiedlichkeit der Wahrnehmungen soweit einsichtig zu machen, dass sinnvolles (pädagogisches) Handeln möglich wird« (Rauschenberger zit. in: Peez 2007b, S. 106).

Einzelfallanalysen

Phänomenologische Forschung entwickelt ihre Erkenntnisse über die Welt und das soziale Handeln aus der Analyse von aussagekräftigen Beispielen, die auch als Fälle oder Einzelfälle bezeichnet werden können. Solche Fallstudien, die auf die »genaue Beschreibung oder Rekonstruktion« (Flick [4]2005, S. 253) eines Einzelfalls abzielen, stellen ein »Basisdesign in der qualitativen Forschung« (ebd.) dar.

Einzelfallanalysen untersuchen Fälle im Sinne von »Konstruktionen« (Ragin 1992, S. 19), mit denen eine empirische Einheit umfasst wird, die als besonders relevant für den Forschungsgegenstand entdeckt worden ist (vgl. a.a.O., S. 9). Fälle können daher einzelne Personen, Gruppen oder Organisationen ebenso wie Situationen oder Handlungssequenzen, z. B. eine bestimmte Unterrichtsphase, darstellen (vgl. Merkens 2005, S 294, Nolda 2000, S. 61). Was genau als Fall verstanden wird, muss deshalb zu Beginn bzw. im Verlauf des Forschungsprozesses genau bestimmt und die Kriterien hierfür offengelegt werden.

Einzelfallanalysen beschränken sich allerdings nicht darauf, eine als Fall bestimmte empirische Einheit zu rekonstruieren, sondern »streben an, allgemeine Aussagen über den Bereich, aus dem der [dafür exemplarische] Fall stammt, zu machen« (Nolda 2000, S. 61). Jeder Fall ist dabei »in dem Spannungsfeld zwischen Allgemeinem und Besonderem angesiedelt« (Wernet 2006, S. 58), in dem die individuelle Erscheinung eines Falls auch eine Abweichung vom Allgemeinem darstellen kann und »damit die Bindung, Geltung oder Zuständigkeit des Allgemeinen fraglich und kritisch« (ebd.) werden.

Verknüpfung der Einzelfallanalysen in der Gesamtanlage der Untersuchung

Für die Verknüpfung der Ergebnisse einzelner Fallstudien sind verschiedene Vorgehensweisen möglich, von denen sich die folgenden drei graduell unterschiedlichen Wege gleichermaßen sinnvoll mit einer Phänomenologischen Analyse verbinden lassen:

- *Sukzessive und voneinander unabhängige Interpretation aller Fälle:* Durch eine Gegenüberstellung der Ergebnisse aus allen Fällen kann der Sachverhalt mehrperspektivisch erschlossen und auf den Forschungsgegenstand bezogen können allgemeine Strukturen im Sinne von Generalisierungen erkannt und gedeutet werden (vgl. Lippitz 1993, S. 140).
- *Bestimmung eines Einzelfalls, der als Ausgangsfall einer intensiven Phänomenologischen Analyse unterzogen wird:* Die an einem Einzelfall herausgearbeiteten Ergebnisse werden im Anschluss an weiteren Fällen als Kontrastfällen überprüft und durch weitere Belegstellen aus diesen Fällen abgesichert oder revidiert (vgl. Nolda 2000, S. 61f.).
- *Bestimmung zweier maximalkontrastiver Fälle, die jeweils einer intensiven Phänomenologischen Analyse unterzogen werden:* Ausgangspunkt dieser Vorgehensweise ist die Überlegung, dass »aus der Kontrastierung zweier gegensätzlicher Fälle die Bandbreite an Realisierungsformen allgemeiner Prinzipien« (a.a.O., S. 65) erfasst werden kann. Daraus folgt, dass sich bei der Analyse zweier möglichst unterschiedlicher Fälle »sich in den Gegensätzen zwei Endpunkte einer gleichen Linie zeigen, die es zu erkennen gilt« (a.a.O., S. 62), also anhand der Analyse von zwei Fällen Aussagen für einen größeren Geltungsbereich rekonstruiert werden können. Die so gewonnenen Ergebnisse müssen jedoch auch bei dieser Vorgehensweise – ebenso wie bei der Analyse eines einzelnen Falls – durch das Anführen von Belegstellen aus weiteren Fällen überprüft bzw. überprüfbar gemacht werden (vgl. a.a.O., S. 65).

Die Untersuchung orientiert sich in ihrer Gesamtanlage an dem ersten Ansatz, d. h., die Fallstudien werden in sukzessiven, voneinander unabhängigen Untersuchungsschritten interpretiert, da dieses Vorgehen sowohl der großen Unterschiedlichkeit des Datenmaterials gerecht wird als auch dem triangulativen Anspruch entspricht, nach dem alle Daten und Methoden gleichberechtigt anzusehen sind. Erst nach der voneinander unabhängigen Auswertung der einzelnen Fallstudien erfolgt im Anschluss eine Zusammenführung der Teilergebnisse.

Innerhalb der ersten Teilstudie (siehe Kap. 5.2), in der vier Einzelinterviews zur Rekonstruktion individueller Perspektiven auf den Forschungsgegenstand analysiert werden, bietet sich jedoch eine an dem dritten Ansatz orientierte Vorgehensweise an. Die Bestimmung zweier maximalkontrastiver Fälle erweist sich dort als sinnvoll, um innerhalb dieser Teilstudie ausgehend von einer intensiven Analyse zweier ausgewählter Fälle Aussagen zu formulieren, die beide Extreme und damit auch den dazwischen liegenden Gesamtbereich erfassen. Konkret bezogen auf die vorliegende Untersuchung bedeutet dies: Aus den beiden maximalkontrastiven

Fällen Lena und Moritz (siehe Kap. 5.2.2 und 5.2.3) werden Aussagen für den gesamten Phänomenbereich entwickelt, welche durch die Analyse der weiteren Interviews (Anh-Duc und Felicitas, siehe Kap. 5.2.4 und 5.2.5) überprüft sowie ggf. korrigiert oder erweitert werden. Die so ermittelten generalisierten Aussagen zur Schülersicht auf das Phänomen des kollaborativen Handelns im Kunstunterricht können nach den weiteren Teilstudien den Ergebnissen aus der Auswertung der weiteren Fälle (»Marie und Felicitas«, siehe Kap. 5.3 sowie »SAMMEL D.C.«, siehe Kap. 5.4) gegenübergestellt und mit diesen zusammengeführt werden.

5.1.6 Triangulation zur Perspektiverweiterung auf den Forschungsgegenstand

Triangulation bedeutet »die Einnahme unterschiedlicher Perspektiven auf einen untersuchten Gegenstand oder allgemeiner: bei der Beantwortung von Forschungsfragen« (Flick ²2008, S. 10). Mit der Forschungsperspektive der Triangulation werden seit ihrer ersten gezielten Anwendung in den 1970er Jahren durch den Soziologen Denzin verschiedene Zielsetzungen für die qualitative Forschung verbunden. Sie entspricht zum einen dem Anspruch, die Vielschichtigkeit eines Gegenstandes mit Hilfe qualitativer Methoden erfassen zu wollen, zum anderen wird darin ein Mittel zur Qualitätssicherung oder -verbesserung qualitativer Forschung gesehen (vgl. Flick 2011, S. 19).

Triangulative Elemente und Verfahren in der vorliegenden Untersuchung

In der vorliegenden Untersuchung ist ein triangulierendes Vorgehen vor allen Dingen im erstgenannten Sinne notwendig, um die verschiedenen Ebenen bzw. Dimensionen des Forschungsgegenstandes in die Untersuchung mit einbeziehen zu können. Verfolgt wird dabei ein sogenanntes starkes Programm der Triangulation, da systematisch und umfassend verschiedene qualitative Zugänge – einschließlich einer bildnerisch-gestalterischen Teilerhebung (siehe Kap. 5.4) – kombiniert werden, um die Erkenntnismöglichkeiten in Bezug auf den Forschungsgegenstand zu erweitern (vgl. Flick 2011, S. 22f.). Dieser Ansatz ist erforderlich, da das untersuchte Phänomen, die Wechselbeziehung zwischen bildnerischen und sozialen Prozessen im Kunstunterricht, sowohl individuelles als auch soziales Wissen und Handeln berührt und aufgrund seiner Komplexität nicht allein über eine Perspektive verstanden werden kann. Zu betonen ist, dass hierbei im Sinne einer systematischen oder umfassenden Triangulation die verschiedenen Zugänge »soweit als möglich gleich gewichtet und systematisch verwendet [werden], d. h.keine der eingesetzten Methoden wird auf eine bspw. explorative Vorphase zur eigentlichen Untersuchung mit der jeweils anderen Methode reduziert« (Flick 2011, S. 37).

Zur Klärung der Forschungsfrage werden Daten (Data-Triangulation) sowie verschiedene qualitative Methoden (between-method) trianguliert, bspw. phänomenologische Interviewanalyse und Videografie.[63] Eine Besonderheit stellt dabei die Triangulation eines künstlerisch-bildnerischen Verfahrens (fotografische Selbstinszenierung einer Kunstkursgruppe) mit einer

63 Zur näheren Bestimmung der einzelnen Triangulationstypen vgl. Flick 2011, S. 23f.

klassischen qualitativen Erhebungsmethode (Gruppendiskussion) im Rahmen der Teilstudie 3 (siehe Kap. 5.4) dar. Dabei handelt es sich um eine Sonderform des in jüngerer Zeit bildungswissenschaftlich an Bedeutung gewinnenden Einsatzes von Amateurfotografien. Diese Fotografien haben oftmals den Charakter von Selbstporträts oder Selbstinszenierungen und werden mit biografischen (vgl. bspw. Klika 2011, Terhart 2011) oder narrativen (vgl. bspw. Maschke 2011) Interviews trianguliert. Ein wichtiges Argument, das auch im Hinblick auf die vorliegende Forschungsarbeit für eine Verwendung von Fotografie(n) spricht, besteht darin, dass durch die Triangulation mit Fotografie(n) ein erkenntnisreicher Zugang eröffnet wird zu den Bildungsprozessen, »die die Subjekte noch nicht versprachlichen (können), die sich aber bereits im Körperlichen [der Fotografie] andeuten« (Ecarius/Miethe 2011, S. 14).

Nicht zuletzt ist auch die Investigator-Triangulation für diese Untersuchung von großer Bedeutung, da gemeinsam mit anderen Forscherinnen und Forschern Interpretationsansätze für die unterschiedlichen Daten (weiter)entwickelt sowie die individuell erarbeiteten Zwischenergebnisse der Forscherin kontinuierlich in verschiedenen Forschungswerkstätten überprüft werden.

5.2 Teilstudie 1: Schülerperspektiven

5.2.1 Methode: Interview

Qualitative, d. h. nicht standardisierte Interviews ermöglichen »Zugänge zu subjektiven Sichtweisen« (Flick et al. [4]2005, S. 19). In der vorliegenden Untersuchung werden leitfadengestützte Partnerinterviews sowie fokussierte Einzelinterviews durchgeführt. Im Folgenden werden zunächst die Methodik und Intention der leitfadengestützten Partnerinterviews kurz umrissen. Daran anschließend werden die Zielstellung und die Umsetzung fokussierter Interviews als zentrale Erhebungsmethode in Teilstudie 1 ausführlich begründet.

Leitfadengestützte Partnerinterviews (Pretest)

Die leitfadengestützten Partnerinterviews im Rahmen der Teilstudie 1 (Feld 1) dienen im Sinne eines Pretests der empirischen Sondierung des Forschungszusammenhangs sowie der grundsätzlichen Erprobung der Erhebungsform Interview und seiner Eignung in Bezug auf das Untersuchungsfeld und den Untersuchungsgegenstand. Darüber hinaus stellen die Partnerinterviews zusätzlich zu der Beobachtung der Jugendlichen im Unterricht eine wesentliche Entscheidungshilfe für die Auswahl einer kleineren Anzahl von Schülerinnen und Schülern dar, mit denen als besonders aussagekräftige Fälle in den folgenden Untersuchungsschritten vertiefend weitergearbeitet wird.

Bei den Pretest-Interviews liegt der Gesprächsfokus auf der ersten größeren Aufgabenstellung im Kurshalbjahr, der Kleingruppenaufgabe »Wählt die NKG!« (siehe Kap. 4.2). Die Ergebnisse der Aufgabenstellung liegen während der Interviews als Gesprächsimpulse in Form von DIN A4-Ausdrucken vor. Die Interviewpaare werden per Zufallsverfahren mit Lernenden aus unterschiedlichen Kleingruppen gebildet. Über die von den Bildimpulsen

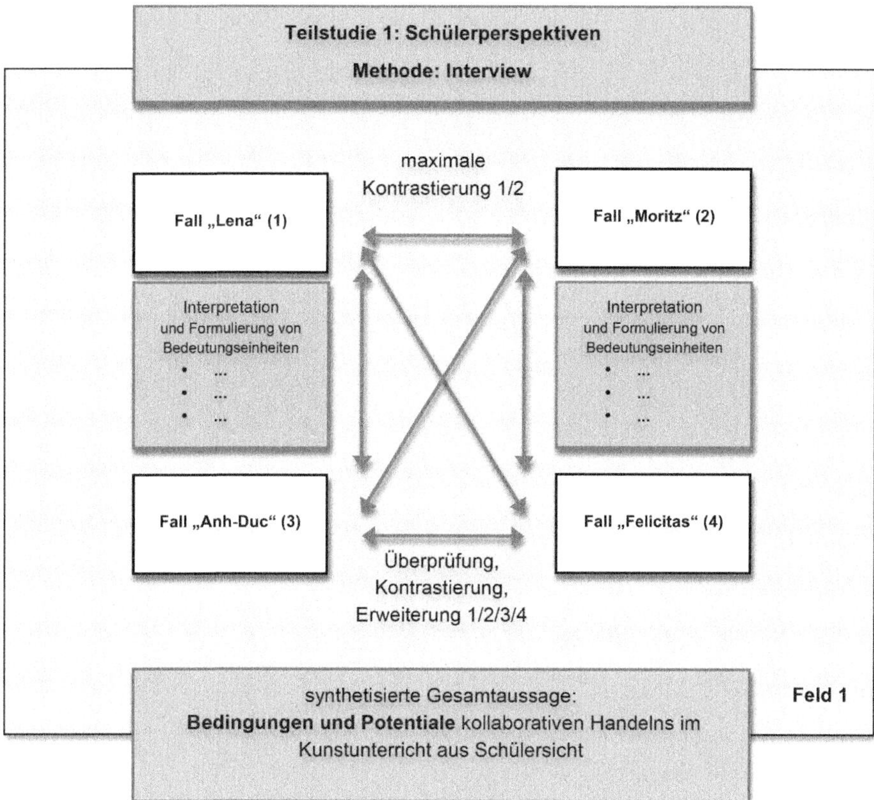

Abb. 12: Überblick über die Auswertungsschritte und die Methodik in Teilstudie 1

bzw. von den Schülerinnen und Schülern selbst ausgehenden Gesprächsinhalten hinaus wird darauf geachtet, von allen Interviewten Aussagen zu den folgenden in einem Leitfaden erfassten Themen zu erhalten:

- Gruppenzusammenstellung, Aufgabenverteilung und Beziehungen innerhalb der Gruppe,
- Ablauf der praktischen Arbeit ,
- Arbeitsatmosphäre,
- Selbstwahrnehmung der eigenen Rolle innerhalb der Gruppe,
- Kommunikationsschwierigkeiten und Lösungsstrategien,
- Einstellungen und Vorerfahrungen zu Gruppenarbeit und Einzelarbeit,
- Verbesserungsvorschläge hinsichtlich der Unterrichtsorganisation.

Die Partnerinterviews werden von der Forscherin selbst durchgeführt. Die Gespräche orientieren sich dabei relativ eng an den Themen des Leitfadens. Diese für die Aussagekraft der Interviews nicht optimale Lösung ist in diesem ersten Erhebungsteil insofern dennoch gerechtfertigt, als die erhobenen Materialien im Folgenden keine weitere Interpretation erfahren.

Fokussierte Einzelinterviews

Grundsätzliche Merkmale fokussierter Interviews und Funktion im Rahmen der vorliegenden Untersuchung: exemplarische Rekonstruktion individueller Schülerperspektiven auf den Forschungsgegenstand

Das wesentliche Merkmal fokussierter Interviews als eine Variante qualitativer Interviews, die häufig auch als problemzentriertes Interview bezeichnet wird (vgl. Mayring [5]2002, S. 67f.), ist die

> *»Fokussierung auf einen vorab bestimmten Gesprächsgegenstand bzw. Gesprächsanreiz – wie etwa einen Film, den die Befragten gesehen haben, einen Artikel, den sie gelesen haben, eine bestimmte soziale Situation, an der sie teilhatten und die auch den Befragenden bekannt ist, u. a.– und der Versuch, Reaktionen und Interpretationen im Interview in relativ offener Form zu erheben« (Hopf [4]2005, S. 353).*

Neben das Merkmal der Fokussierung oder Problemzentrierung treten weiter die Merkmale der Prozessorientierung und der Gegenstandsorientierung (vgl. Witzel zit. in: Mayring [5]2002, S. 68), womit die beiden Pole, zwischen denen sich ein fokussiertes Interview bewegt, deutlich werden: Einerseits ist es einer dem qualitativen Ansatz entsprechenden Offenheit verpflichtet, die einen wenig vorstrukturierten, an natürlichen Gesprächssituationen orientierten Interviewverlauf sowie eine flexible Auseinandersetzung mit dem Forschungsgegenstand im Untersuchungsprozess erfordert. Andererseits ist das fokussierte Interview im Gegensatz zu einem narrativen Interview stärker auf das konkrete Forschungsinteresse hin orientiert, was sich auch in der Gestaltung des Interviews niederschlägt. Dies bedeutet: Die Interviewten werden durch den Interviewer oder die Interviewerin »auf bestimmte Fragestellungen hingelenkt, sollen aber offen, ohne Antwortvorgaben, darauf reagieren« (Mayring [5]2002, S. 69). Diese Fokussierung auf den Forschungsgegenstand kann durch einen Interviewleitfaden oder auch durch die Darbietung des Gesprächsgegenstands oder eines Gesprächsanreizes unmittelbar in der jeweiligen Interviewsituation erreicht werden (vgl. ebd.). In der vorliegenden Untersuchung wird die zweite Variante angewendet, indem die bildnerischen Ergebnisse des in den Interviews thematisierten Unterrichts und der darin bearbeiteten Aufgabenstellungen den Gesprächsteilnehmenden als Abbildungen oder im Original vorliegen.

Ziel der Interviewanalyse in Teilstudie 1 ist es, aus der exemplarischen Rekonstruktion individueller Perspektiven generalisierte Aussagen über den Forschungsgegenstand aus der Schülerperspektive (Wissen, Meinungen und Einstellungen) zu gewinnen.

Datenerhebung in Teilstudie 1

Auswahl der Probandinnen und Probanden

Auf der Grundlage von Unterrichtsbeobachtungen bis zum Zeitpunkt des Interviews sowie nach der Auswertung der Pretest-Partnerinterviews werden die Schülerinnen Lena und

Felicitas sowie die Schüler Anh-Duc und Moritz als Interviewpartnerinnen und -partner ausgewählt. Um die vor dem Hintergrund der phänomenologischen Herangehensweise angestrebte hohe Anschaulichkeit der Fälle zu erreichen, wird bei der Vorauswahl zunächst berücksichtigt, welche Schülerinnen und Schüler im Unterricht, in informellen Gesprächen (z. B. in der Pause oder auch auf Exkursionen) und in den Pretest-Interviews keine Befangenheit gezeigt haben, sich verbal auszudrücken, ihre – gegebenenfalls auch kontroverse – Meinung zu äußern und über ihre im Kunstunterricht entstandenen Arbeiten zu sprechen. Dabei sollen die Fälle nicht nur jene Schülerinnen und Schülern repräsentieren, die ohnehin häufig den Kontakt und das Gespräch mit der Kunstlehrerin suchen. Die bildnerischen Arbeiten der potentiellen Probandinnen und Probanden sollen für die Interviews genügend Gesprächsstoff bieten, sei es als besonders gelungene Beispiele oder indem sie durch ihre von der Aufgabenstellung abweichende, vielleicht sogar weniger gelungene Umsetzung Anlass für Nachfragen und Erklärungen bieten. Darüber hinaus soll sich das bisher beobachtete Verhalten der ausgewählten Schülerinnen und Schüler innerhalb der Arbeitsgruppen und bei der Gruppenzusammenstellung deutlich voneinander unterscheiden. So wird bspw. darauf geachtet, dass nicht etwa alle Interviewten bei den bisherigen Aufgabenstellungen stets mit derselben Partnerin oder denselben Partnern zusammengearbeitet haben. Ein weiteres wichtiges Kriterium ist die Dichte ihrer Äußerungen im Rahmen der Pretest-Interviews. Diese werden hierzu noch einmal unter dem Fragestellung gesichtet, bei welchen Interviewten sich im Hinblick auf den Forschungsgegenstand besonders interessante und relevante Einstellungen, Erfahrungen und Empfindungen andeuten.

Das ausgewogene Geschlechterverhältnis der für die Interviews ausgewählten Personen entspricht zwar nicht dem Verhältnis im Kurs (14 Schülerinnen und vier Schüler). Jedoch wird der Einbezug gleich vieler männlicher wie weiblicher Perspektiven auf den Forschungsgegenstand als wichtig erachtet, da das Geschlecht der Probandinnen und Probanden möglicherweise in Bezug auf die Forschungsfrage und/oder hinsichtlich der Einstellung und des Verhaltens gegenüber der lehrenden Forscherin sowie der ebenfalls weiblichen Interviewerin eine Rolle spielen kann.

Die genannten Kriterien treffen auf mehrere Schülerinnen und Schüler im Kurs zu. Die Auswahl der vier Interviewpartner aus der Gruppe potentieller Probandinnen und Probanden erfolgt schließlich theoretisch-sensibilisiert mit dem Ziel, insgesamt eine hinsichtlich der oben dargestellten Kriterien aussagekräftige Vierer-Konstellation zu erhalten.

Durchführung

Anders als in der Pretest-Phase werden die Einzelinterviews nun von einer externen Interviewerin durchgeführt. Damit kann einer zu offensichtlichen Präsenz der lehrenden Forscherin und einer zu starken Orientierung der Interviewten an den von ihnen vermuteten Interessen der Forscherin, die von den Schülerinnen und Schülern unvermeidbar vor allen Dingen in ihrer Rolle als Lehrerin wahrgenommen wird, zumindest teilweise entgegengewirkt werden.

Die Interviews finden während der regulären Unterrichtszeit in einem sonst den Lernenden nicht zugänglichen kleinen Besprechungsraum in einem wenig frequentierten Bereich der Schule statt. Für die Dauer der Interviews werden die Probandinnen und Probanden vom Unterricht freigestellt.

Der Fokus der Interviews liegt auf den Unterrichtsprozessen, Aufgabenstellungen und Unterrichtsergebnissen des gesamten, zum Erhebungszeitpunkt gerade beendeten Kurshalbjahres und wird über die in Abbildungen oder Originalen vorliegenden Ergebnissen aus den drei im Unterricht bearbeiteten Aufgabenstellungen hergestellt (siehe Kap. 4). Nach einem offenen Impuls durch die Interviewerin wird ein hoher Grad an Selbstläufigkeit angestrebt, auf einen vorbereiteten Nachfragenkatalog wird nur im Bedarfsfall zurückgegriffen.

Datenauswertung in Teilstudie 1

Datenaufbereitung, erster Materialdurchgang und Bestimmung zweier maximalkontrastiver Einzelfälle

Alle vier fokussierten Einzelinterviews werden vollständig transkribiert, um daraufhin in einem ersten Materialdurchgang die generelle Sinnstruktur des Ganzen zu erfassen. Daran anschließend werden aus dem vorliegenden Korpus die Interviews mit Lena und Moritz ausgewählt, die als erste interpretiert werden. Die anschließende Interpretation der Interviews mit Anh-Duc und Felicitas dient der Validierung und ggf. Erweiterung der Forschungsergebnisse.

Die Fälle Lena und Moritz haben in mehrfacher Hinsicht maximalkontrastiven Charakter, u. a. in Bezug auf das Verhalten bei der Gruppenbildung, die jeweilige Einstellung zur Zusammenarbeit mit Mitschülerinnen oder Mitschülern sowie die Qualität der unter ihrer Beteiligung entstandenen Plakate bzw. Fotografien. Moritz unterscheidet sich zudem von allen anderen Interviewten dahingehend, dass für ihn bereits beim ersten Materialdurchgang eine im Vergleich zu den anderen deutlich distanziertere Einstellung zum Kunstunterricht und Schule allgemein erkennbar wird.

Ablauf der Phänomenologischen Analysen

Anhand der Interviews mit Lena und Moritz werden zunächst sukzessiv und unabhängig voneinander Phänomenologische Analysen vorgenommen. Die Ergebnisse aus dem Interview mit Lena werden bei der Analyse des Interviews mit Moritz bewusst ausgeblendet. Im Unterschied dazu wird bei den weiteren, als Ergänzung verstandenen Fällen (Anh-Duc und Felicitas) zwar ebenfalls eine vollständige Phänomenologische Analyse durchgeführt. Bei der Interpretation der Bedeutungseinheiten werden jedoch die Ergebnisse aus den vorangegangenen Interviews jeweils mit einbezogen.

Synthetisierende Zusammenführung der Einzelergebnisse zu einer Gesamtaussage

Nach der Analyse der Einzelinterviews werden die daraus rekonstruierten Bedeutungseinheiten aus ihrem fallspezifischen Kontext gelöst und fallübergreifend betrachtet mit dem Ziel, in den individuellen Perspektiven der Interviewten generelle Strukturmerkmale, Zusammenhänge und Wechselwirkungen zwischen sozialen und bildnerischen Prozessen im Kunstunterricht zu erkennen. Durch Paraphrasierung, zusammenfassende Schärfung und Neuordnung entsteht ein erstes zusammenfassendes Bild eines kollaborativen Handelns im Kunstunterricht, das die spezifischen Sichtweisen von Schülerinnen und Schülern widerspiegelt.

5.2.2 Fall »Lena«

Erster Materialdurchgang

Das Interview mit der siebzehnjährigen Schülerin Lena verläuft im Vergleich zu den übrigen Interviews besonders dialogisch: Lenas zusammenhängende Aussagen umfassen selten mehr als acht bis zehn Sätze, dann folgt eine zustimmende Äußerung, eine Konkretisierung der Frage oder eine neue Frage der Interviewerin. Teilweise sind die Gesprächsanteile der beiden fast ausgeglichen. Die Interviewerin hält sich relativ eng an den vorbereiteten Fragenkatalog, der eigentlich nur zum Einsatz kommen soll, wenn die Probandinnen und Probanden von sich aus wenig äußern. Lena lässt die Interviewerin fast immer aussprechen. Sie wirkt insgesamt abwartend bzw. nachdenklich (z. B. L045, L180, L267, L286[64]). Auffällig ist auch das Lachen im Interview, das sowohl bei Lena und der Interviewerin einzeln (L016, L207) als auch als gemeinsames Gelächter häufig im gesamten Interview auftritt (z. B. L122, L248-250, L316) und zu einer entspannten und freundlichen Grundatmosphäre beiträgt.

Sehr viele Äußerungen Lenas thematisieren ihre Erinnerung an die Gestaltungsprozesse bei den unterschiedlichen Aufgabenstellungen (siehe Kap. 4), wobei der Schwerpunkt deutlich auf der Ideenentwicklung liegt. Sie beschreibt u. a.die Schwierigkeiten, ausgehend von einer offen formulierten Aufgabenstellung überhaupt eine Idee zu bekommen (L012-016, L106-110), wägt verschiedene Ideen hinsichtlich ihrer Realisierbarkeit gegeneinander ab (L130-135) und schildert den Prozess der Umsetzung mehrerer Ideen einschließlich der damit verbundenen Probleme und Schwierigkeiten (L039-043, L082-087).

Den zweiten inhaltlichen Schwerpunkt bilden Selbsteinschätzungen der im Unterricht entstandenen Gestaltungen und der damit verbundenen Arbeitsprozesse. Dabei fällt ins Auge, dass die Selbsteinschätzungen bei der Wahlplakataufgabe (»Wählt die NKG!«) und bei einzelnen Zwischenschritten der anderen Aufgabenstellungen äußerst kritisch ausfallen (L019-021, L121). Bezüglich des im Rahmen der Aufgabenstellung »12« entstandenen Kalenders zeigt sich Lena dagegen mehrfach deutlich zufrieden mit dem Ergebnis (L041-043, L182-183). Sie spricht darüber sowohl in den Erzählungen über die im Kurshalbjahr bearbeiteten Aufgabenstellungen als auch an jenen Stellen, an denen sie über den Kunstunterricht allgemein spricht.

Das Sprechen in der Wir-Form ist die dominante Ausdrucksweise der Schülerin. Mit »wir« bezieht sich Lena sowohl auf die gesamte Kursgruppe als auch auf sich und ihre Partnerinnen, die häufig namentlich erwähnte Schülerin Ariunaa bei der »Image-« und bei der

64 Die Zeilenangaben in diesem Kapitel beziehen sich auf das Transkript Nr. 1 Interview Lena. Es kann, ebenso wie die weiteren Untersuchungsmaterialien, Transkriptionen, Deskriptionen und gekürzten Interpretationsteile, im Internet unter dem im Anhang angegebenen Link eingesehen werden.

Kalenderaufgabe bzw. zwei namentlich an keiner Stelle bezeichnete Partnerinnen bei der Wahlplakataufgabe. Lena stellt sich dadurch durchgängig als Mitglied einer Gruppe (eines Zweierteams, einer Kleingruppe oder der Kursgruppe) dar.

Zu dieser Wirkung trägt auch die häufige Verwendung von Formulierungen bei, die den Eindruck von allgemeiner Gültigkeit der getroffenen Aussagen erwecken. Die Interviewte beschreibt ihre unterschiedlichen Arbeitsgruppen als in sich homogene Einheiten, in denen die Gruppenmitglieder nicht über individuelle Eigenschaften charakterisiert werden und wobei zwischen dem Verhalten einzelner Gruppenmitglieder nicht unterschieden wird (L061-063). Auch differenziert sie beim Erzählen über eine Zwischenbesprechung mit dem gesamten Kurs in keiner Weise zwischen den Äußerungen einzelner Schülerinnen oder der Lehrerin (L094-098).

Beim ersten Materialdurchgang deutet sich insgesamt an, dass Lena den Kunstunterricht und die Arbeit an den im Interview besprochenen Aufgabenstellungen intensiv und von ihren bisherigen schulischen Erfahrungen differierend erlebt. Dafür spricht erstens ihre durchgängig detailreiche Erinnerung an die einzelnen Gestaltungsprozesse. Zweitens entsteht der Eindruck, dass Lena bestimmte Unterrichtsstrukturen und Mitbestimmungsrechte der Schülerinnen und Schüler als im Kontext Schule unerwartete Privilegien wahrnimmt, welche sie u. a. durch die gehäufte Verwendung des Modalverbs »dürfen« als solche kennzeichnet (L057, L197-203). Drittens sagt Lena an einer Stelle explizit:

> *»Also ich habe mir den Kunst-Leistungskurs eigentlich so vorgestellt wie eigentlich der normale Unterricht bis jetzt, dass wir einfach irgendwelche Bilder (.) malen oder zeichnen und dann kriegen wir eine Note und dann war's das. Und/ Ja, ist schon echt anders, als ich es mir vorgestellt habe, aber nicht schlechter.«* (L278-282)

Äußerungen, in denen Lena ihre durch die Auseinandersetzung mit den Aufgabenstellungen veränderte individuelle Einstellung zum Kunstunterricht und zum gestalterischen Arbeiten reflektiert, treten mehrfach im Interview auf (L180-187, L272-276, L297-301) und werden im Rahmen der folgenden Interpretation näher untersucht.

Interpretation und Bildung von Bedeutungseinheiten

Einen von den Beteiligten als gelungen wahrgenommenen kollaborativen Gestaltungsprozess zeichnet ein planvolles, zielorientiertes Vorgehen bei gleichzeitiger Offenheit für experimentell entwickelte Modifikationen aus; der Phase der Ideenentwicklung kommt dabei eine zentrale Bedeutung zu.

> Textstelle L1
> *»Und, und zuerst hatten wir irgendwie (.) gar keine Idee, was wir machen sollen, weil uns war gar kein Thema vorgegeben, nur dass es ein Kalender sein muss. Und (.) also irgendwie hatten wir erst ein paar Ideen, die waren aber alle irgendwie, jaa, nicht so toll. (lacht) (.) Also unsere erste Idee war halt, dass wir halt so auch mit Farben manipulieren, dass wir so, zum Beispiel zu einem See fahren und dann eine Person fotografieren, die auf den See guckt. Dann ist der See (.) rot oder so. (..) Und, damit haben wir dann auch irgen/ angefangen, aber es kam alles gar nicht zur Geltung, haben wir bemerkt, dass/ (...) Na, wir haben das nicht so gut hinbekommen und dann hat/ Während wir das Ganze gemacht haben, kamen wir halt auf die Idee (.) Bilder zu machen und die sind schwarz-weiß und dann lassen wir halt einen Teil farbig. (..)«* (L012-023)[65]

Lena hat auf den Eingangsimpuls der Interviewerin hin die Kalenderaufgabe »12« (siehe Kap. 4.4) ausgewählt. Für sie und ihre Partnerin Ariunaa ist der Umgang mit einer offenen Aufgabenstellung eine neue Erfahrung. Das Fehlen thematischer Vorgaben wird anfangs nicht als positiv im Sinne von gestalterischer Freiheit wahrgenommen, sondern führt zunächst zu Ratlosigkeit: Die Schülerinnen wissen nicht, was sie »*machen sollen*«.

Aus Lenas kurzer Beschreibung kann rekonstruiert werden, dass die erste Phase des gestalterischen Prozesses der Ideenentwicklung und dem Einstieg in die praktische Arbeit dient: Um überhaupt erst in den praktischen Gestaltungsprozess einsteigen zu können, werden zunächst »*ein paar Ideen*« entwickelt, die jedoch von Lena als nicht besonders geeignet beurteilt werden. Die erste Idee (»*dass wir halt so auch mit Farben manipulieren, dass wir so, zum Beispiel zu einem See fahren und dann eine Person fotografieren, die auf den See guckt*«) wird trotz der negativen Einschätzung durch die Schülerin in der Praxis erprobt. Den Schülerinnen gelingt es mit dieser Herangehensweise, die Schwierigkeiten in der Anfangsphase der Ideenentwicklung zu überwinden, indem sie die fehlende Themenvorgabe gewissermaßen durch eine selbstformulierte Aufgabenstellung ersetzen: Motive sollen gezielt fotografiert und in der Nachbearbeitung farblich manipuliert werden.

Durch Lenas von Lachen begleitetem Kommentar zu ihren ersten Ideen, die »*alle irgendwie, jaa, nicht so toll*« gewesen seien, wird darüber hinaus deutlich, dass die beiden Schülerinnen von Anfang an mit einem bestimmten gestalterischen Anspruch operieren und sich an einem gemeinsamen ästhetischen Maß orientieren, dem ihre ersten Ideen jedoch

65 Der für die Transkriptionen verwendete Zeichenapparat ist im Anhang ersichtlich.

nicht entsprechen. Allerdings wird in Lenas Äußerungen nicht ersichtlich, inwiefern eine kommunikative Aushandlung darüber stattgefunden hat, ob diese ersten Ideen dem ästhetischen Anspruch beider Partnerinnen genügen oder aber ob die negative Einschätzung der ersten Ideen gewissermaßen in stiller Übereinkunft getroffen worden ist.

In der zweiten Phase des kollaborativen Gestaltungsprozesses werden die ersten praktischen Versuche – wie bereits die ersten Ideen – reflektiert und dabei gewissermaßen einer Art Qualitätsprüfung unterzogen. Die Schülerinnen stellen fest, dass die von ihnen beabsichtigte Wirkung noch nicht erzielt und somit das von ihnen angestrebte ästhetische Maß erneut noch nicht erreicht wurde, denn »*es kam alles gar nicht zur Geltung*« und sie »*haben das nicht so gut hinbekommen.*«

Dennoch wird der Arbeitsprozess fortgesetzt. Dabei entsteht eine weitere Idee bzw. eine leichte Modifikation der Grundidee: »*Während wir das Ganze gemacht haben, kamen wir halt auf die Idee (.) Bilder zu machen und die sind schwarz-weiß und dann lassen wir halt einen Teil farbig.*« Während der Bearbeitung entsteht also ein Plan, um die bereits in der ursprünglichen Idee angelegte kontrastreiche Gestaltung des Bildes mit Hilfe digitaler Bildbearbeitung zu steigern bzw. überzeugender umzusetzen.

Lenas Formulierung (»*Während wir das Ganze gemacht haben*«) lässt offen, ob die Veränderung der Ausgangsidee beim Fotografieren, beim Sichten oder beim Nachbearbeiten der Fotos am Computer entstanden ist. Deutlich werden jedoch zwei entscheidende Aspekte: 1. Die zugrundeliegende Idee wird aus einer gestalterischen Handlung heraus weiterentwickelt. Dies bedeutet: Die Modifikation der Grundidee entsteht beim Machen; konzeptuelles Denken und produktives Handeln finden zeitlich parallel statt und stehen in einem engen Zusammenhang. 2. Die Schülerinnen verfolgen eine unvoreingenommene experimentelle Herangehensweise und sind offen für spontane, unbeabsichtigte Entdeckungen, aus denen sie ihr Vorhaben weiterentwickeln können. Dies zeigt sich darin, dass Lena und Ariunaa »auf eine Idee kommen« anstatt gezielt nach einer Lösung zu suchen, wie sie sich besser ihrer Gestaltungsabsicht annähern können. Die Variation der ursprünglichen Idee wird also nicht planvoll entwickelt, sondern ergibt sich aus einer spontanen Wahrnehmung heraus als eine Zufallsentdeckung im Verlauf des Gestaltungsprozesses fast wie von selbst.

Obwohl durch Lenas Darstellung der Eindruck erweckt wird, dass die Schülerinnen anfangs nicht besonders überzeugt von ihrer ersten Idee sind, kann in der Gesamtschau des gesamten Redezugs (vgl. Textstelle L3) weiter rekonstruiert werden, dass diese über den gesamten Gestaltungsprozess hinweg weiterverfolgt wird. Lediglich an den Stellen, an denen die erreichte Wirkung nicht den Erwartungen entspricht, modifizieren die Schülerinnen – teilweise nur geringfügig – ihr Konzept.

Textstelle L2

»Ja, da war es auch/ (.) Ja, war eine ziemlich lange Phase irgendwie eine Idee zu bekommen, weil/ (.) Ja, so als wir erst mal so ›Image‹ gehört haben, konnten wir uns gar nicht wirklich was vorstellen. Wussten auch nicht, wie man das fotografieren soll und irgendwie darstellen und (.) Ja, wir hatten auch irgendwie echt

komische Ideen am Anfang. Aber eine Idee haben wir auch umgesetzt, aber dann, also komplett umgesetzt, aber gar nicht ausgewählt. Da haben wir uns gegenseitig fotografiert, wie wir halt verschiedenen Beg/ Berufen nachgehen. Zum Beispiel halt irgendwie in einem Dönerladen da beim Dönerschneiden oder so. Ja, irgendwie war das dann auch nicht so gut, weil das waren dann irgendwie auch wie so zufällige Fotos, die, ja, und dann halt so zum Spaß gemacht haben. (7; blättert im Portfolio) Ja, also hier haben wir erst mal so ein Brainstorming gemacht und hier ist auch die Berufsgruppen-Idee. (..) So ja, dann hatten wir auch noch die Idee irgendwie Vorurteile (..) ja zu fotografieren, aber das/ Also da haben wir uns auch so ein bisschen verkleidet und dann versucht arrogant zu gucken oder dumm zu gucken. Und ja, die Fotos waren halt nicht gerade toll. (lacht kurz)« (L106-121)

Lena reflektiert an dieser Stelle ähnlich detailliert wie bei der Kalenderaufgabe in Textstelle L1 den ebenfalls kollaborativen Gestaltungsprozess bei der Bearbeitung der Aufgabe »Image« (siehe Kap.4.3), erneut in Partnerarbeit mit Ariunaa. Die Analyse sättigt in weiten Teilen die Ergebnisse aus der ersten exemplarischen Textstelle. Auch hier folgt nach einer anfänglichen Ratlosigkeit auf eine lange Phase der Ideenentwicklung die praktische Erprobung verschiedener Ideen. Erkennbar wird an dieser Stelle zusätzlich, dass mit der größeren Offenheit der Aufgabenstellung das Entwickeln und Erproben der verschiedenen Ideen an Bedeutung gewinnt, denn anders als z. B. bei der geschlosseneren Wahlplakataufgabe »Wählt die NKG!« (siehe Kap. 4.2) müssen sehr viele unterschiedliche Gestaltungsmöglichkeiten gegeneinander abgewogen werden. Dafür werden verschiedene Herangehensweisen verfolgt: Lena und Ariunaa machen ein »*Brainstorming*«; einige Fotos sind »*zufällige Fotos*«, die eher »*zum Spaß*« entstanden sind, eine andere Idee, die später wieder verworfen wird, wird dagegen gezielt »*komplett umgesetzt*«. Dabei ist nicht erkennbar, dass einem dieser Zugänge eine Priorität gegenüber den anderen zukommt. Es entsteht das Bild eines sehr offenen, experimentellen Gestaltens, in dem auch »*echt komische Ideen*« ihre Berechtigung haben.

Eine offene, freiwillige und unverbindliche Zwischenbesprechung mit der gesamten Kursgruppe führt zu einer Intensivierung der reflexiven Auseinandersetzung mit dem eigenen Gestaltungsprozess und seinen Ergebnissen.

Textstelle L3

»Dann sollten wir im Unterricht die Bilder mitnehmen, um die halt zu besprechen. Und, ja, uns ist halt auch aufgefallen, dass alle Bilder, fast alle Bilder hatten nur was Rotes hatten. (.) Und dann kam halt die Idee, dass wir halt Schwarzweiß-Bilder machen und wir eine Sache rot lassen.« (L023-027)

Lena erzählt hier von der Kalenderaufgabe »12« und berichtet, dass sie zu einem bestimmten Zeitpunkt im Verlauf des Gestaltungsprozesses die entstandenen Bilder in den Unterricht mitbringen sollten, um die bisher nur innerhalb der Zweiergruppe mit Ariunaa getroffenen

Entscheidungen und die daraus resultierenden Zwischenergebnisse im Unterricht zu besprechen. Bei dieser Besprechung wird die Farbe Rot als ein zufällig entstandenes oder den beiden Urheberinnen zumindest noch nicht bewusstes Merkmal erkannt, das sich wie ein wortwörtlicher roter Faden durch die einzelnen Fotos zieht. Dieses Merkmal, das bereits in den meisten Fotografien enthalten, jedoch erst durch die Zwischenbesprechung augenfällig geworden ist, wird nun also zum durchgängigen Konzept des Kalenders erhoben: Alle Bilder sollen durch eine nachträgliche, digitale Entsättigung fast vollständig als Schwarz-Weiß-Bilder erscheinen. Die roten Bildelemente jedoch sollen ihre Farbigkeit behalten und durch den nachbearbeiteten Qualitätskontrast über die gesamte Fotoserie hinweg zusätzlich akzentuiert werden. Die Zwischenbesprechung wirkt sich somit positiv auf den weiteren Gestaltungsprozess, denn aus: Lena und Ariunaa können ihre Zwischenergebnisse aus einem anderen, möglicherweise distanzierteren Blickwinkel betrachten und dadurch die bisher noch nicht bewusst wahrgenommene Tatsache, »*dass alle Bilder, fast alle Bilder [...] nur was Rotes hatten*«, in den Fokus nehmen. Die Selbstreflexion des eigenen Gestaltungsprozesses und die Neupositionierung zu dem bisher Entstandenen werden also begünstigt und in der Folge wird das gestalterische Konzept weiter präzisiert.

> Textstelle L4
> »*I: Und wie, wie war das so, du hattest ja gesagt, dass ihr die Fotos oder die ersten Entwurffotos dann auch, ähm, vorgestellt habt. Habt ihr das dann auch vor der Gruppe, öh, also im Unterricht vor der Gruppe vorgestellt? Oder, ähm, mit der, mit der Stern/Frau Stern-Friedrich.*
> *L: Ne, wir haben das halt vor dem ganzen Kurs vorgestellt und dann konnte halt jeder noch was dazu sagen wie Verbesserungsvorschläge. Und wir konnten auch Fragen stellen, also was sie dazu meinen und was man verbessern kann. (...) Es war auch freiwillig, das zu machen, aber wir dachten halt, das ganz gut, schadet ja nicht. (...) //Ja.//*« (L090-098)

In dieser Textstelle wird die in der vorherigen Textstelle von Lena erwähnte Zwischenbesprechung von der Interviewerin ein zweites Mal ins Gespräch gebracht. Lena macht daraufhin zunächst deutlich, dass an der Zwischenbesprechung der Kalenderaufgabe alle Schülerinnen und Schüler des Kurses beteiligt waren und nicht etwa nur die Lehrkraft.

Innerhalb der hier beschriebenen Gesamtsituation der Zwischenbesprechung sind drei verschiedene kommunikative Strukturen erkennbar, die durch Lenas Art der Darstellung den Eindruck aufeinanderfolgender Phasen erwecken. Die Schülerin bezeichnet die *erste Phase* der Gesamtsituation mit dem Verb »vorstellen«, welches die Interviewerin unmittelbar davor in ihrer einleitenden Frage mehrfach benutzt hat. Durch die Verwendung dieses Verbs entsteht der Eindruck einer Präsentationssituation mit recht eindeutigen Rollenzuschreibungen: Die vorstellenden Kommunikationspartnerinnen Lena und Ariunaa bieten aktiv bestimmte Inhalte dar, diejenigen, vor denen die Vorstellung stattfindet, in diesem Fall die übrigen Schülerinnen und Schüler sowie die Lehrerin, treten gleich einem Publikum als eher passiv Rezipierende mit keinem oder geringem Sprechanteil auf. Dabei bleibt offen, ob, wie und wie viel bei dieser Vorstellung insgesamt gesprochen wird. Eine gänzlich nonverbale Präsentation – etwa im Sinne einer Ausstellung – ist für die dem Interviewausschnitt zugrundeliegende Situation jedoch unwahrscheinlich, da von »Vorstellen« und nicht etwa von ›Zeigen‹ die Rede ist. Insgesamt ergibt sich somit der Eindruck einer eher monologischen Kommunikationsphase: Lena und Ariunaa stellen ihre Zwischenergebnisse vor, d. h., sie zeigen und erläutern, der Kurs – das Publikum – hört und sieht zu.

Lena selbst wählt dagegen zuvor in Textstelle 1 die Bezeichnung »*besprechen*«, als sie zum ersten Mal von sich aus die Zwischenbesprechung der Kalenderaufgabe erwähnt (»*Dann sollten wir im Unterricht die Bilder mitnehmen, um die halt zu besprechen*«; L023/024). Ihre Formulierung unterscheidet sich stark von dem Bild, das durch die Verwendung des Wortes »vorstellen« gezeichnet wird: Zum einen weist »*besprechen*« eindeutig auf gesprochene Kommunikation hin, zum anderen wird der dialogische und interaktive Charakter der kommunikativen Situation hervorgehoben. Denkbar ist daher, dass Lena die erste Phase der Gesamtsituation als eine monologische, weniger interaktive Vorstellung wahrnimmt, auf welche ein interaktiver Austausch im Sinne einer Besprechung mit der Kursgruppe folgt.

Und tatsächlich haben in der *zweiten Phase* dieser Zwischenbesprechung nach Lenas Darstellung grundsätzlich alle Gesprächsteilnehmenden die Möglichkeit, sich zu beteiligen (»*und dann konnte halt jeder noch was dazu sagen*«). Die Teilnahme an dem Gespräch wird jedoch nicht ausdrücklich eingefordert oder als Unterrichtspflicht vorausgesetzt – weder von Lena und Ariunaa, um deren Arbeit es geht, noch von der Lehrkraft. Auch inhaltlich gibt es keine Vorgaben für mögliche Äußerungen. Die Schülerinnen und Schüler können ohne weitere Einschränkungen »*noch was dazu sagen*«, lediglich der thematische Bezug zur Schülerarbeit sollte gegeben sein. Lena nennt »*Verbesserungsvorschläge*« als ein Beispiel, schließt kritische Kommentare jedoch keinesfalls aus.

Untersucht man den Grad der Interaktion der an der Kommunikation Beteiligten wird deutlich, dass in dieser Phase zwar diejenigen zu Wort kommen, die zuvor – gewissermaßen in der Publikumsrolle – als passiv Rezipierende aufgetreten sind. Jedoch findet innerhalb dieser zweiten Phase weiterhin noch kein ›echter‹ Dialog statt. Denn in der von Lena gewählten Formulierung (»*etwas dazu sagen*«) ist nicht erkennbar, dass die Mitschülerinnen und Mitschüler sich konkret auf bestimmte, zuvor von Lena und Ariunaa angesprochene Aspekte beziehen. Sie können »*halt*« irgendetwas »*dazu*« äußern; inwiefern diese Kommentare sich direkt an die beiden Vorstellenden richten und ob diese für die Vorstellenden sinnvoll oder hilfreich sind, wird nicht benannt – was bei alternativ denkbaren Formulierungen, etwa ›Feedback geben‹, ›rückmelden‹ oder ›uns ihre Meinung zu unseren Bildern sagen‹ durchaus deutlicher zu Tage treten würde.

In der *dritten und letzten Phase* erhalten erneut die beiden Schülerinnen das Wort, die ihr Zwischenergebnis dem Kurs vorgestellt haben: »*Und wir konnten auch Fragen stellen, also was sie dazu meinen und was man verbessern kann.*« Im Gegensatz zu den beiden vorangegangenen Phasen, in denen jeweils eine Seite der Beteiligten hauptsächlich aktiv war, wandelt sich die kommunikative Situation damit hin zu einem ›echten‹ Dialog und Meinungsaustausch; denn Fragen zu stellen beinhaltet, eine Antwort zu erwarten. Neben der Orientierung an den Schülerinneninteressen – Lena und Ariunaa haben die Möglichkeit, selbst die Art und Weise ihrer Fragen und damit auch den Inhalt der gesamten Besprechung zu bestimmen – sind auch in dieser dritten Phase, ebenso wie in den beiden vorangegangenen, Offenheit und Unverbindlichkeit die wesentlichen Merkmale der Kommunikation und Interaktion: Die Schülerinnen können Fragen stellen, sind dazu aber nicht verpflichtet. Die Antworten der Mitschülerinnen und Mitschüler sind ›nur‹ Meinungen oder Vorschläge, die Lena und Ariunaa aufgreifen können, aber nicht müssen.

Lena ordnet abschließend die Zwischenbesprechung in die Gesamtkonzeption des Unterrichts ein und äußert ihre Haltung dazu: »*Es war auch freiwillig, das zu machen, aber wir dachten halt, das ganz gut, schadet ja nicht. (...) //Ja.//*« Die Zwischenbesprechung erweist sich damit nach Lenas Darstellung als recht geeignete Möglichkeit zum Austausch über die eigene Arbeit, die man, ohne davon nachteilige Auswirkungen befürchten zu müssen, in Anspruch nehmen kann.

Die Gruppengröße bestimmt das individuelle Verhalten innerhalb kollaborativ angelegter Gestaltungen: Während in der Kleingruppe gewohnte passive Verhaltensmuster und Einstellungen beibehalten werden, erfolgt in der Partnerarbeit eine aktive gemeinschaftliche Verantwortungsübernahme abweichend vom gewohnten Rollenverhalten.

> Textstelle L5
> *»Na, also bei der Arbeit, wo wir die Plakate machen sollten, da waren wir halt eine Gruppe nur aus Leuten, die halt so ein bisschen, na, wie soll ich das sagen (lacht kurz) trödelig sind und halt viel vergessen. Und, wir hatten halt nicht wirklich eine Person, die so, ja die Gruppe so vorangebracht hat, die gesagt hat: ›Ja, jetzt müsst ihr das machen. Nächsten Donnerstag habt ihr das.‹ (lacht kurz) Wir haben/ Wir hatten da halt nicht wirklich jemanden, der uns angetrieben hat.«* (L061-067)

Lena antwortet hier auf die Frage der Interviewerin, warum die freie Gruppenzusammenstellung durch die Kursmitglieder ihrer Meinung nach bei dem Kalender (»12«) besser geklappt habe als bei der Wahlplakataufgabe (»Wählt die NKG!«). Dabei sind mangelnde arbeitsorganisatorische Kompetenzen, nämlich ein ineffektiver Umgang mit Zeit (»*trödelig*«) und eine häufig auftretende Vergesslichkeit (»*viel vergessen*«) die Merkmale, mit denen Lena das Verhalten aller beteiligten Schülerinnen grundsätzlich – unabhängig von schulischen oder kunstunterrichtsspezifischen Zusammenhängen – kennzeichnet und die nach ihrer Darstellung die Schwierigkeiten bei der Wahlplakataufgabe hervorgerufen haben. Die genannten Verhaltensweisen stehen aus Lenas Sicht nicht in kausalem Zusammenhang mit der Wahlplakataufgabe, vielmehr bringen die Schülerinnen diese als individuelle personale Merkmale mit in die Zusammenarbeit und tragen sie von außen in die Gruppenarbeit hinein. Die Kennzeichnung durch die Merkmale »Trödeligkeit« und Vergesslichkeit verweist darüber hinaus auch auf das Nicht-Vorhandensein bestimmter ›Sekundärtugenden‹, die diesen Charaktereigenschaften quasi entgegengesetzt sind, etwa Fleiß, Strebsamkeit und Zuverlässigkeit. Angesichts der Interviewsituation im schulisch-institutionellen Kontext kann die Formulierung »*trödelig*« dabei auch als eine euphemistische Umschreibung für faul, »*viel vergessen*« als beschönigende Darstellung Lenas für ein grundsätzliches Desinteresse und eine allgemeine Gleichgültigkeit der Gruppenmitglieder gelesen werden.

Der zweite entscheidende Faktor, der als nachteilig für das Gelingen der Gruppenarbeit genannt wird, ist das Fehlen einer Person, die die Gruppe *»vorangebracht«* und *»angetrieben«* hätte. Unter den drei Gruppenmitgliedern sei niemand gewesen, der verbindliche Anweisungen gegeben habe, wofür Lena in direkter Rede ein Beispiel gibt: »*Und, wir hatten halt nicht wirklich eine Person, die so, ja die Gruppe so vorangebracht hat, die gesagt hat: »Ja, jetzt müsst ihr das machen. Nächsten Donnerstag habt ihr das.*«« Lena vermisst demnach bei der Wahlplakat-Gruppe eine Person, die – als Gegenpol zu den ineffektiv arbeitenden und vergesslichen Gruppenmitgliedern – eine Führungsrolle übernommen, Anweisungen erteilt und auf das Einhalten von Terminen durch die übrigen Schülerinnen gepocht haben könnte. Lenas theoretische Lösung angesichts der erlebten Schwierigkeiten besteht somit in der Kompensation der ungünstigen personalen Eigenschaften und der mangelnden intrinsischen Motivation der Beteiligten in Form einer starken, autoritären Führungsperson, welche die übrigen extrinsisch motiviert und den gemeinsamen Gestaltungsprozess anleitet und strukturiert.

An dieser Textstelle wird deutlich, dass für Lena der Erfolg einer Gruppenarbeit unabhängig von der Aufgabenstellung ganz wesentlich von den Charaktermerkmalen sowie der Motivation und Arbeitseinstellung der Gruppenmitglieder bedingt wird. Auch die beiden letztgenannten Faktoren stehen für sie nicht in Verbindung mit der Aufgabenstellung, sie werden den Personen grundsätzlich und allgemein zugeschrieben. Treffen Personen mit ähnlich ungünstigen Eigenschaften und Einstellungen in einer Gruppenarbeit zusammen, verstärken sich diese wechselseitig.

Lena entwirft damit indirekt ein Modell einer aus ihrer Sicht funktionierenden kollaborativen Gestaltung in einer Kleingruppe: Eine starke, autoritäre Führungsperson motiviert die Gruppe, bestimmt und leitet den bildnerischen Prozess. Die übrigen Gruppenmitglieder, die für diesen Arbeitsprozess ungünstige Charaktermerkmale und Einstellungen mit in die Gruppe bringen, führen die Anweisungen der Führungsperson aus. Die Ausführenden, zu denen sich Lena im Falle der Wahlplakataufgabe zählt, tragen keine Verantwortung für den Gestaltungsprozess.

> Textstelle L6
> *»Und bei der Arbeit mit Ariunaa war es irgendwie so, dass wir uns gegenseitig immer Druck gemacht haben. Da hat es besser geklappt. (...) Die Arbeit haben wir auch zu dritt gemacht, also die Plakat-Arbeit und da war es auch/ Ich glaube, zu dritt ist auch noch mal viel schwerer als zu zweit.«* (L067-071)

Ganz anders stellt Lena dagegen die Partnerarbeit mit Ariunaa dar. Im Unterschied zu der vorangegangenen Kleingruppenarbeit (»Wählt die NKG!«) formuliert Lena hier nicht den Wunsch nach einer Person, die die Gruppe anleitet, sondern sie selbst übernimmt beim Kalender (»12«) und bei der »Image«-Aufgabe gemeinsam mit Ariunaa durch das gegenseitige »Druckmachen« die Verantwortung für das kollaborative gestalterische Handeln.

Implizit liefert sie damit auch ein Modell für eine aus ihrer Sicht funktionierende Kollaboration in Partnerarbeit: Die für die Kleingruppe geforderte Führungsperson wird bei dieser Form der Partnerarbeit nicht benötigt, da beide Kollaborationspartnerinnen gleichermaßen die Verantwortung für die gemeinsame Gestaltung übernehmen. Dies gilt auch für Lena selbst, obwohl sie sich bei der Wahlplakataufgabe noch eindeutig in den Kreis der »trödeligen« und vergesslichen, sozusagen schwachen Gruppenmitglieder, die einer starken, autoritären Führungsperson bedürfen, eingeordnet hat.

Mangelnde kommunikative Aushandlung führt zum Misslingen oder Erliegen des Gestaltungsprozesses.

> Textstelle L7
> *»Ja, also irgendwie, erst mal wussten wir nicht wirklich was damit anzufangen. Und dann war es auch so, dass es in meiner Gruppe immer so war, dass jemand, irgendjemand immer keine Zeit hatte. Und, ja, dann wollten wir irgendwie die Arbeit aufteilen. Aber das hat überhaupt nicht geklappt, weil (.) man kann das schlecht aufteilen.«* (L190-194)

Lena antwortet hier auf die Nachfrage der Interviewerin, ob ihre unmittelbar zuvor beschriebene fehlende Motivation, Lustlosigkeit und Gleichgültigkeit bei der Wahlplakataufgabe in Zusammenhang mit dem Thema der Aufgabe stehen könnte (L183-189). Auch in dieser Textstelle finden sich Hinweise darauf, dass für Lena erhebliche Unterschiede zwischen den Partnerarbeiten mit Ariunaa im Rahmen der Aufgabenstellungen »Image« und »12« und der Kleingruppenarbeit an der Wahlplakataufgabe bestehen, obwohl sich die Ausgangssituationen nach Darstellung der Interviewten stark ähneln: Bei allen drei Aufgaben wird die erste Begegnung und Auseinandersetzung mit den offenen Aufgabenstellungen angesichts der anfänglichen Rat- bzw. Ideenlosigkeit zunächst als eher schwierige und langwierige Phase im bildnerischen Prozess erinnert (vgl. L012-015 zu »12« und L106-108 zu »Image«).

Jedoch unterscheidet sich die weitere Bearbeitung der Wahlplakataufgabe stark von den Partnerarbeiten. Denn während beim Kalender und bei der »Image«-Aufgabe sämtliche konzeptuellen und praktischen Arbeitsschritte von beiden Partnerinnen gemeinsam bearbeitet werden (*»Na ja, jetzt bei »Image« und bei dem Kalender, da haben wir wirklich alles zusammen gemacht, da haben wir uns für alles getroffen. Da haben wir gar nichts aufgeteilt.«*; vgl. L212-214), war dies aus Sicht der Probandin beim Wahlplakat nicht möglich, da *»irgendjemand immer keine Zeit hatte«*. Wie bereits bei der Beschreibung der Gruppe als *»trödelig«* und vergesslich (L063) erweckt die Schülerin durch ihre Formulierung den Eindruck, dass alle drei Gruppenmitglieder gleichermaßen zu diesen Terminschwierigkeiten beitrugen und dass es sich darüber hinaus nicht nur um einzelne Erschwernisse handelte, sondern dass die Terminfindung *»immer«*, also ganz grundsätzlich und durchgängig, kompliziert war. Lena berichtet, dass die Gruppe wegen dieser

Schwierigkeiten bei der Terminabsprache die Arbeit untereinander habe aufteilen wollen. Die Interviewte führt jedoch nicht aus, wie genau diese Arbeitsteilung aussehen sollte; möglicherweise hatten die Schülerinnen selbst nie eine genaue Vorstellung, wie die Arbeit aufzuteilen sei, denn sie wollten sie nur »*irgendwie*«, also nicht nach einem bestimmten System o.ä. organisieren.

Obwohl die Gruppe mit ihrem Versuch der Arbeitsteilung offenbar keinen Erfolg hat (»*Aber das hat überhaupt nicht geklappt, weil (.) man kann das schlecht aufteilen.*«), werden keine weiteren Bemühungen ersichtlich, um gemeinsam zu einem positiven Ergebnis zu gelangen. Wie auch von Lena suggeriert wird, lag dies möglicherweise daran, dass die Aufgabe bzw. das Thema für eine arbeitsteilige Bearbeitung ungeeignet sein könnte. Zum anderen ist auch ein Zusammenhang mit der u. a. kurz zuvor von Lena angesprochenen fehlenden Motivation oder der ungünstigen personalen Eigenschaften der Gruppenmitglieder denkbar (L063, L183-187). Eine weitere Deutungsmöglichkeit besteht jedoch auch darin, dass die Schülerinnen mit der eigenständigen Aufgabenverteilung in der Dreiergruppe überfordert waren, denn durch Lenas Darstellung entsteht der Eindruck, dass der gesamte Arbeitsprozess völlig unabhängig vom Kunstunterricht und ohne moderierenden Einfluss der Lehrkraft stattgefunden habe. Daraus lässt sich eine an weiteren Textstellen aus dem Interview mit Lena bzw. mit den anderen Probandinnen und Probanden zu verifizierende Annahme ableiten: Die gemeinsame Bearbeitung in einer Zweiergruppe ist möglicherweise arbeitsorganisatorisch weniger anspruchsvoll als die Kollaboration in einer Kleingruppe. Denn die Zusammenarbeit mit einer Partnerin bedeutet in Lenas Fall eine Arbeitserleichterung, die Zusammenarbeit mit mehreren Personen dagegen erhöht die organisatorische Komplexität des Gestaltungsprozesses. Sie wirkt im Fall der Wahlplakataufgabe im Zusammenspiel mit weiteren ungünstigen Faktoren so belastend, dass der Gestaltungsprozess fast vollständig zum Erliegen kommt.

> Textstelle L8
> *»Na ja, und wir ja, wir haben halt vorher auch Entwürfe gemacht und das ist dann letztendlich ganz anders geworden, als wir es uns vorgestellt haben. Wir haben uns das viel, viel leichter vorgestellt, (.) als es dann letztendlich war. (.) Wir hatten vor allem Probleme mit dem Bearbeiten. (..) Ja. (..) Das war auch ein Problem erst bei der Semesterarbeit, aber da haben wir uns dann irgendwie reingefunden.«* (L082-087)

Die Schülerin zeigt in der hier vorliegenden Textstelle Parallelen zu dem zuvor von ihr geschilderten Arbeitsprozess im Rahmen der Kalenderaufgabe »12« und jenem bei der Gestaltung des Wahlplakats (»Wählt die NKG!«) auf. Dabei kommt sie erneut auf das Verhältnis zwischen Entwurf und Ergebnis bei den unterschiedlichen Aufgabenstellungen zu sprechen.

Die Vorgehensweise bei der Wahlplakataufgabe entspricht nach Lenas Darstellung im Wesentlichen der bereits für die Kalenderaufgabe festgestellten (vgl. Textstelle L1, L012-023): Auch für das Wahlplakat werden vor dem Einstieg in die praktische Arbeit Vorstellungen entwickelt, die hier in Form von Entwürfen fixiert werden. Während jedoch die Vorstellungen, die sich die Schülerinnen vorab gebildet haben, im Fall des Kalenders den ganzen Gestaltungsprozess hinweg stringent weiterverfolgt werden, stellt Lena für das Wahlplakat fest, dass das Ergebnis in keiner Weise ihren Vorstellungen entsprochen habe. Bemerkenswert ist hierbei die unpersönliche Formulierung, mit der Lena die Entwicklung von den Vorstellungen zum Endergebnis darstellt: »*Und das ist dann letztendlich ganz anders geworden, als wir es uns vorgestellt haben.*« Denn während Lena die Vorstellungen durch das »*wir*« deutlich mit den Gruppenmitgliedern in Verbindung bringt, erscheint die von diesen Vorstellungen ausgehende Gestaltung durch die passivische Formulierung ab dem Moment, an dem Umsetzungsschwierigkeiten auftreten, als ein Prozess, der nicht von der Gruppe gemeinschaftlich getragen wird, sondern der sich ohne die Einflussnahme der Schülerinnen entgegen ihrer Absichten verselbständigt.

Lena betont ein zweites Mal die Diskrepanz zwischen den Vorstellungen der Schülerinnen und der tatsächlich realisierten Gestaltung: »*Wir haben uns das viel, viel leichter vorgestellt, (.) als es dann letztendlich war. (.)*« Die Schülerin spricht »*Probleme mit dem Bearbeiten*« an und weist darauf hin, dass dieselbe Schwierigkeit – das Nachbearbeiten der Fotografien – auch bei der Kalenderaufgabe bestanden habe. Doch während es den Schülerinnen beim Kalender gelungen sei, die Schwierigkeit der Nachbearbeitung zu überwinden und somit ihre Arbeit erfolgreich fortzuführen, sind im Fall des Wahlplakats keinerlei Versuche erkennbar, die Herausforderungen der digitalen Bildbearbeitung zu meistern, wie dies für den Kalender in der Formulierung »*wir haben uns dann irgendwie reingefunden*« angedeutet ist.

Zusammenfassend kann somit festgehalten werden, dass ähnliche oder sogar gleiche Schwierigkeiten bei der Foto-Nachbearbeitung im Falle der arbeitsteiligen Bearbeitung der Wahlplakataufgabe den Gestaltungsprozess fast zum Erliegen bringen und zu einer nur unvollständigen Bearbeitung der Aufgabenstellung führen.[66] Bei der Kalenderaufgabe, in der alle Phasen des Gestaltungsprozesses in enger Zusammenarbeit durchlaufen werden, gelingt es den Partnerinnen dagegen, diese zu überwinden.

Gemeinschaftliches Agieren im kollaborativen Gestaltungsprozess führt zu gemeinsam getragenen Gestaltungsentscheidungen, -handlungen und ästhetischen Beurteilungen sowie zur Identifikation mit der Aufgabenstellung.

> Textstelle L9
> *»(..) Na ja, jetzt bei ›Image‹ und bei dem Kalender, da haben wir wirklich alles zusammen gemacht, da haben wir uns für alles getroffen. Da haben wir gar nichts aufgeteilt. (.) Aber jetzt halt bei dem Plakat, also, ich hab/ Das erste Bearbeiten hab ich zu Hause halt selbst ausprobiert und, ja, wir haben eigentlich genau die gleichen Farben dann letztendlich genommen und auch mit den Balken und so.«* (L212-217)

Lena stellt der ausnahmslosen und engen Zusammenarbeit mit Ariunaa sowohl beim Kalender als auch bei der »Image«-Aufgabe die Arbeitsweise bei der Wahlplakataufgabe gegenüber, indem sie auf den Aspekt der digitalen Plakatgestaltung eingeht. Im Kontrast zu der uneingeschränkt

66 Kontextinformation: Lenas Gruppe erstellt nur ein Plakat anstelle der im Arbeitsauftrag geforderten zwei (siehe Abb. 4, Kap. 4.2).

gemeinschaftlichen Bearbeitung mit Ariunaa (*»da haben wir wirklich alles zusammen gemacht, da haben wir uns für alles getroffen«*)[67] hat zwischen dem arbeitsteilig von Lena erstellten ersten Versuch und der Endversion des Wahlplakats offenbar keinerlei Veränderung stattgefunden. Die Probandin erweckt den Eindruck, dass sie aufgrund dieser fehlenden Weiterentwicklung wenig zufrieden mit dem Gestaltungsergebnis ist. Dies deutet mit daraufhin, dass die bei der Wahlplakataufgabe versuchte Arbeitsteilung unter den Gruppenmitgliedern aus Lenas Sicht nicht erfolgreich war, da das Gestaltungsergebnis nicht ihren Ansprüchen entspricht.

> Textstelle L10
> *»Ja das war unser ›Image‹-Projekt, das habe ich auch mit Ariunaa gemacht.«* (L104)

Durch die Formulierung *»unser »Image« -Projekt«*, mit der sie nach dem eingehenden Sprechen über die Kalenderaufgabe zur Erzählung über die Aufgabe der fotografischen Selbstinszenierung überleitet, drückt die Schülerin zum einen ihre persönliche Nähe hierzu aus: Es handelt sich nicht um irgendeine Aufgabe oder irgendein Projekt, sondern um *»unser Projekt«*. Aus einer von außen an die Schülerin herangetragenen Aufgabenstellung mit dem Titel »Image« wurde also für sie *»unser »Image« -Projekt«*, das ihr und weiteren, noch nicht näher bestimmten Personen zugehörig ist. Insbesondere im Kontrast zu der Art und Weise, wie Lena auf die Wahlplakataufgabe zu sprechen kommt (*»Na bei (..) bei dieser Arbeit, wo wir ja diese Wahlplakat- (.) Bilder entwerfen sollten/«;* L045-046) kann dies als deutlicher Ausdruck der Identifikation mit den bildnerischen Prozessen und Ergebnissen einer Aufgabenstellung interpretiert werden.

Kollaborative Arbeitsformen werden unabhängig von der Sozialform und bestimmten Kollaborationspartnerinnen und -partnern grundsätzlich bevorzugt, weil die Kommunikation innerhalb der Gruppe als notwendige Bedingung zur Optimierung des Gestaltungsprozesses und der Gestaltungsprodukte gesehen wird.

> Textstelle L11
> *»Ich fand das beim Kalender ganz schön wichtig, weil ich alleine wäre auch gar nicht auf so viele Ideen gekommen. Und, (.) ja, also wenn man eine Idee hat, da kann die andere Person immer noch die Idee verbessern und/ (..) Na ja, also ich glaube nicht, dass ich es alleine so gut hinbekommen hätte und ich wäre dann auch gar nicht auf die Idee gekommen. Weil, man spricht dann ja ziemlich viel miteinander und wenn ich mich jetzt einfach so an mein Schreibtisch setzen würde und nachdenken, glaub ich nicht, dass ich dann SO tolle Ideen habe.«* (L224-231)

Auf die Frage der Interviewerin, bei welcher der drei im Interview besprochenen Aufgabenstellungen die Bearbeitung in einer Gruppe besonders gut gewesen sei (L222-223), nennt Lena ohne zu zögern den Kalender, den sie in Partnerarbeit mit Ariunaa gestaltet hat. Sie erklärt

67 Nach Lenas Darstellung bzw. Erinnerung umfasst diese kollaborative Arbeitsweise sogar das gemeinsame Erstellen von Zeichnungen (siehe Abb. 6-7 sowie 12-15): »I: (...) Ja aber ist ja echt gut geworden. Wer hat die Zeichnungen gemacht? Die sind ja auch klasse. L: Die haben wir beide zusammen gemacht.« (L159-61)

diese Einschätzung ausführlich; im Zentrum ihrer Argumentation steht dabei der theoretische Vergleich zwischen den Ideen, die in Zusammenarbeit bzw. in Einzelarbeit entstehen können.

Für Lena bestehen demnach zwei Alternativen der Bearbeitung, die sie miteinander vergleicht: Der kollaborativen Bearbeitung – im Falle der Kalenderaufgabe in Partnerarbeit –, bei der man »*ja ziemlich viel miteinander*« spreche, stellt sie eine – für den Fall des Kalenders fiktive – Einzelarbeit gegenüber, die gekennzeichnet sei von »am Schreibtisch sitzen« und »nachdenken«. Für die kollaborative Bearbeitung deutet sich durch die Verwendung der dritten Person (»*man*«) zum einen an, dass die Schülerin dieses Merkmal als grundsätzlich und allgemein auf kollaborative Arbeitsformen zutreffend betrachtet. Zum anderen entsteht durch die knappe, allgemein gehaltene Äußerung der Eindruck, dass sich für Lena erst in der intensiven kommunikativen Interaktion – im Gespräch, in der Diskussion mit der Partnerin – die Gedanken und Ideen zur Aufgabe formen. Dies wird von der Schülerin jedoch nicht explizit ausgesagt, sondern erschließt sich aus ihren konträren Ausführungen zur Einzelarbeit. Bei dieser findet anders als in kollaborativen Sozialformen nach Darstellung der Interviewten im Prozess der Ideenentwicklung keinerlei Aktivität statt, weder sprachlich noch körperlich: In der Einzelarbeit wird weder gesprochen noch – was zu erwarten wäre – bspw. etwas notiert oder gezeichnet, sondern ausschließlich alleine am Schreibtisch sitzend, d. h. vermutlich außerhalb des Unterrichts, nachgedacht.

> Textstelle L12
> *»Wir (.) hatten auch oft Wahlmöglichkeiten, aber ich habe dann immer Gruppenarbeit bevorzugt. [...] Aber ich finde es immer besser mit anderen Leuten, wenn man sich dann abspricht, weil man halt auch viel mehr Tipps dazu bekommt. Ja, das klappt irgendwie für mich dann besser.«* (L285-294)

Lena führt aus, weshalb sie bei den Aufgabenstellungen, bei denen die Möglichkeit zur Kollaboration bestand, »*immer Gruppenarbeit bevorzugt*« habe. Sie unterscheidet dabei weder zwischen Partnerarbeit oder Kleingruppenarbeit mit unterschiedlicher Anzahl von Gruppenmitgliedern noch differenziert sie zwischen männlichen oder weiblichen Partnern oder hebt bestimmte Personen – etwa ihre wiederholte Teamkollegin Ariunaa – heraus, sondern spricht unspezifisch von der Zusammenarbeit mit »*anderen Leuten*«. Erneut stellt sie somit ihre Einschätzung als generell und uneingeschränkt geltend dar, was sich auch durch die wiederholte Verwendung von »*immer*« ausdrückt und durch die Verwendung der Partikel »*halt*« verstärkt wird.

Auch in dieser exemplarischen Textstelle lassen sich die Möglichkeiten der Kommunikation, die sich in den unterschiedlichen Arbeitsphasen eines gemeinschaftlichen Gestaltungsprozesses eröffnen, als maßgeblich für Lenas Bevorzugung kollaborativer Arbeitsformen rekonstruieren: »*Aber ich finde es immer besser mit anderen Leuten, wenn man sich dann abspricht, weil man halt auch viel mehr Tipps dazu bekommt.*« Bemerkenswert ist hierbei die Art und Weise, in der Lena das Treffen von Absprachen mit dem Bekommen von Tipps in Beziehung setzt: Die Tatsache, dass man von den Anderen zahlreiche – offenbar hilfreiche – Tipps bekommt, stellt gewissermaßen eine Nebenwirkung der gegenseitigen Absprachen dar und ist zugleich die Begründung, weshalb Lena die Zusammenarbeit mit anderen präferiert.

Bei genauer Betrachtung unterscheiden sich die Vorstellungen von Zusammenarbeit, die durch die Verwendung von »Tipps geben« und »sich absprechen« vermittelt werden, jedoch deutlich. Während »sich absprechen« als eine Strategie für die hier thematisierte gemeinschaftliche Arbeit an einem gemeinsamen Produkt verstanden werden kann, entsteht beim »Tipps geben« ein gänzlich anderes Bild, denn üblicherweise werden Tipps z. B. bezüglich einer Aufgabe oder eines Projektes von jemandem gegeben, der nicht unmittelbar in die Bearbeitung involviert ist, sondern als (mehr oder weniger) Außenstehender in Erscheinung tritt. Eben diese Außensicht oder aber ein Vorsprung an Wissen, andere Kompetenzen usw. versetzen diese Person in die Lage, aus einer anderen bzw. erweiterten Sicht hilfreiche Kommentare für die zu bearbeitende Aufgabe beizusteuern, von denen derjenige, der die Aufgabe eigentlich bearbeitet, profitieren kann. Daraus kann rekonstruiert werden, dass im Rahmen eines kollaborativen Gestaltungsprozesses verschiedene Arten der Kommunikation dazu beitragen, dass der Prozess insgesamt als positiv bewertet wird. Zum einen werden auf der Planungsebene Absprachen getroffen, durch die das gestalterische Vorgehen untereinander koordiniert und/oder gemeinschaftlich festgelegt und in der Folge das bildnerische Handeln als ein gemeinschaftliches Agieren wahrgenommen wird. Damit verbunden wird ein individuelles Gefühl von Sicherheit, welches der Schülerin bei Einzelarbeiten zu fehlen scheint, da dort die Möglichkeit zur Vergewisserung in Form von Rücksprachen mit anderen aus ihrer Sicht nicht gegeben ist. Zum anderen erfährt die Schülerin vermutlich insbesondere in Arbeitsphasen, in denen arbeitsteilig an Teilbereichen der Aufgabe gearbeitet wird, Unterstützung durch die anderen Gruppenmitglieder bzw. ihre Partnerin, indem sie von ihnen – in diesem Moment aus einer gewissen Außenperspektive heraus – hilfreiche »*Tipps*« für den individuellen Gestaltungsprozess erhält.

Beachtenswert in der Zusammenschau der Textstellen L11 und L12 ist, dass Lena aus der zweimaligen positiven Erfahrung mit ihrer Partnerin Ariunaa in Partnerarbeit ableitet, dass die Vorteile einer kollaborativen Bearbeitung grundsätzlich – unabhängig von der konkreten Partnerin und Sozialform – vorliegen und daher jede Form von Kollaboration einer Einzelarbeit prinzipiell vorzuziehen ist. Diese Einschätzung begründet die Schülerin ausschließlich mit den kommunikativen Möglichkeiten, die sich in der Zusammenarbeit mit anderen eröffnen – selbst die als wenig erfolgreich geschilderte Kleingruppenarbeit an der Wahlplakataufgabe zu Beginn des Kurshalbjahres gerät darüber in Vergessenheit.

Kollaborativ angelegte Gestaltungsprozesse bieten Raum für die individuelle Persönlichkeitsentwicklung, z. B. für das Erleben von Selbstwirksamkeit, das Erkennen eigener Interessen und die Entwicklung von Kritikfähigkeit.

Textstelle L13

»Dann wollten wir sie irgendwie rot kriegen. Und dann sah das total komisch aus, weil das Licht drumrum weiß war und die Herzen rot, und dann haben wir auch noch versucht das Licht rot zu machen. (.) Ja. (.) Aber, (.) ja ich find eigentlich, ich bin ganz schön stolz auf das Projekt und ich finde auch, das hat ganz gut geklappt.«

(L039-043)

Bei diesem Kommentar zur Kalenderaufgabe fällt ins Auge, dass Lena in der Ich-Form ausdrücklich ihre individuelle Zufriedenheit äußert, obwohl sie den Gestaltungsprozess in all seinen Facetten in der Wir-Form darstellt und das daraus resultierende Ergebnis als von der gesamten Arbeitsgruppe gemeinschaftlich getragen und verantwortet wahrnimmt (vgl. Textstellen L9 und L10). Es zeigt sich deutlich, dass durch die gemeinsame Gestaltung (»*wir*«) ein individuelles Selbstwertgefühl (»*ich bin ganz schön stolz auf das Projekt und ich finde auch, das hat ganz gut geklappt*«) bei der Schülerin hervorgerufen wird. Ihr Gefühl von Stolz bezieht sich dabei nicht nur auf das Ergebnis, sondern insbesondere auch auf den Prozess der Gestaltung. Angesichts der Wahrnehmung, dass »*das Projekt*« insgesamt »*ganz gut geklappt*« habe, ist es der Schülerin sogar möglich, einen Teilbereich der Aufgabe, in dem die Gestaltungsintention nicht erfüllt werden konnte, im Interview offen anzusprechen und zu akzeptieren. Auch an mehreren anderen Textstellen, in denen Lena entweder über die Kalenderaufgabe oder über die »Image«-Aufgabe spricht, zeigt sich eine ähnlich gelassene, teilweise sogar humorvolle Haltung gegenüber Phasen des Gestaltungsprozesses, in denen die Arbeitsgruppe mit Schwierigkeiten zu kämpfen hatte, und gegenüber Ansätzen, die bereits zum Teil ausgearbeitet, letztlich jedoch wieder verworfen wurden (L014-016, L121-122, L150-151, L154-158, L180-183).

Die Fähigkeit, Umwege und Hürden im Verlauf eines Gestaltungsprozesses gelassen in Kauf zu nehmen und sich dadurch nicht beunruhigen zu lassen, zeugt von einer wertschätzenden Selbstwahrnehmung. Bemerkenswert hierbei ist, dass diese Fähigkeit bei der ersten Aufgabe, der Gruppenarbeit an dem Wahlplakat, nicht erkennbar, bei den folgenden Partnerarbeiten jedoch deutlich ausgeprägt ist.

> Textstelle L14
>
> »*I: (.) Ja. Und was war so für dich das, das Wichtigste, was dir auch so in Er/ in Erinnerung BLIEB? So aus/ (.) Oder auch so bei der Auseinandersetzung mit den, mit den drei, drei Arbeiten. Gab es da was?*
> *L: Also welche Arbeit ich jetzt am wichtigsten fand oder was ich aus den Arbeiten mitgenommen habe?*
> *I: Genau.*
> *L: Mh. (überlegend, lacht kurz)*
> *I: Oder, ob, ob viellei/ oder gibt es irgendwas, was vielleicht/ (...) Mh, irgendwas, was du gelernt hast, dass du jetzt auch quasi weiterhin, also (..) gut gebrauchen kannst, jetzt auch außerhalb des des Kunstunterrichts vielleicht irgendwie. Oder aus der Gruppenarbeit, gab es da was, was/*
> *L:Ja, also, mir ist im Laufe des Semesters echt auf/ aufgefallen, dass mir halt (.) sehr oft Ideen so spontan kamen. Also, was man so machen könnte, was man fotografieren könnte, was gut aussehen würde. Und vorher habe ich mir (.) gar nicht irgendwie Gedanken gemacht oder so (lacht). Habe mich dafür gar nicht interessiert. Also es hat schon mein Interesse geweckt.*« (L261-277)

Die ihr zunächst nicht verständliche Frage der Interviewerin nach ihren individuellen Lernprozessen bzw. ihrem individuellen Gewinn aus dem Kunstunterricht des vergangenen Kurshalbjahres versucht Lena zunächst durch eine Nachfrage für sich zu klären. Daraufhin bezieht sie sich trotz der suggestiven Formulierung der Interviewerin (*»Oder aus der Gruppenarbeit, gab es da was, was/«*) nicht auf die sozialen Aspekte, sondern auf die gestalterisch-bildnerischen Inhalte des Unterrichts. Sie berichtet, dass ihr *»sehr oft Ideen so spontan kamen«*. Dabei bleibt sie in ihrer Darstellung ganz im Modus des Möglichen, denn es geht nicht um bestimmte, in einem spezifischen (Aufgaben- oder Unterrichts-)Kontext zielführende Ideen, sondern nicht weiter konkretisiert darum, *»was man so machen könnte, was man fotografieren könnte, was gut aussehen würde.«*

Lena berichtet, dass sie sich vor den Erfahrungen im Kunstunterricht *»gar nicht irgendwie Gedanken gemacht«* habe. Die Wahrnehmung, dass sie häufiger und spontaner Ideen für eigene Fotografien bekommen habe, verbindet die Schülerin mit der Beobachtung, dass durch den Kunstunterricht bei ihr ein *»Interesse geweckt«* geweckt worden sei, welches als der zentrale individuelle Lerngewinn des vergangenen Kunstunterrichts den Abschluss ihrer Äußerung bildet.

In der Art und Weise, wie Lena auf die Frage der Interviewerin reagiert, wird deutlich, dass Lena auch in der für sie ungewohnten Interviewsituation sowohl in der Lage ist, ihre eigenen Themen zur Sprache zu bringen als auch sich von sich selbst zu distanzieren und sich gewissermaßen als eine Beobachterin dritter Ordnung eine Veränderung ihrer eigenen Selbstwahrnehmung bewusst zu machen: Sie erkennt, dass sich ihre Aufmerksamkeit erst *»im Laufe des Semesters«* auf das Phänomen der häufigen und spontanen Ideen gerichtet habe.

> Textstelle L15
> *»Ja. Vorher war ich gar nicht so ein Gruppenarbeitsfan, das mochte ich immer gar nicht. Vor allem nicht in Kunst, weil ich wollte halt immer das machen, was ICH machen wollte. Und mochte ich es dann gar nicht, wenn dann jemand gesagt hat ›Nee, das ist blöd‹ und. Aber jetzt finde ich es viel besser so.«* (L297-301)

Auch an dieser Textstelle, an der Lena näher ausführt, weshalb sie sich im vergangenen Kunstunterricht, sofern Wahlmöglichkeiten bestanden, stets für Gruppenarbeit entschieden habe (vgl. Textstelle L12), zeigt sich Lenas Fähigkeit zur Selbstreflexion: Sie erkennt eine Veränderung ihrer Einstellung zu Gruppenarbeit, die zwischen einem nicht näher definierten *»Vorher«* und *»jetzt«* stattgefunden habe. Während sie zuvor eine kategorisch ablehnende Haltung zu Gruppenarbeit vertreten habe (*»das mochte ich immer gar nicht«*), stellt sie sich im Umkehrschluss *»jetzt«* als *»Gruppenarbeitsfan«* dar, der diese grundsätzlich und entschieden besser findet als Einzelarbeit.

Die Schülerin detailliert ihre ursprüngliche Ablehnung von Gruppenarbeit: Sie sei im Fach Kunst besonders ausgeprägt gewesen, da sie dort stets nur ihre eigenen Ideen habe umsetzen wollen und negative Kommentare anderer bei ihr unerwünscht gewesen seien. Genau jene negativen Kommentare, für die sie in wörtlicher Rede ein Beispiel anführt, das keinesfalls als konstruktive Kritik bezeichnet werden kann (»*»Nee, das ist blöd«*«), sind nun für sie ein Argument, kollaborative Arbeitsformen vorzuziehen. Daraus kann rekonstruiert werden, dass Lena im Laufe des Kunstunterrichts nicht nur ihre Einstellung zu Gruppenarbeit verändert, sondern im Zuge dessen auch ihre Kritikfähigkeit entschieden weiterentwickelt hat: Sie kann einerseits mit negativer Kritik gelassen umgehen und erkennt andererseits die produktive Wirkung von kritischen Kommentaren anderer zur Optimierung von Gestaltungen und bildnerischen Lösungen.

Den Schülerinnen und Schülern werden durch die Lehrerin weitreichende, auch die Ebene der Unterrichtplanung berührende Rechte und Freiheiten in der Festlegung und Durchführung kollaborativer Arbeitsformen eingeräumt, was von diesen zum Teil als Privileg wahrgenommen wird, zum Teil jedoch eine Überforderung darstellt.

> Textstelle L16
> »*I: (.) Okay. Ja wie läuft denn das eigentlich mit der Gruppenzusammenstellung bei euch? Wie funktioniert denn das?*
> *L: (.) Na wir können uns die Grupp/ Also bis jetzt durften wir uns die Gruppen immer selber aussuchen. Wir durften aber entscheiden, ob (.) Frau Stern-Friedrich sie halt vorgibt die Gruppen, ob sie, ob sie die zusammenstellt oder ob wir (.) uns das selber aussuchen. Und dann durften wir auch entscheiden, ob (.) ALLE in der Gruppe die gleiche Punktzahl kriegen oder ob wir Punkte kriegen, die wir dann aufteilen müssen. Ja, wir ha/ Also //mein Kurs hat sich// für gleiche Punktzahl jetzt entschieden.«* (L195-203)

Lenas Antwort auf die zweite, wiederholte Frage der Interviewerin nach der Gruppenzusammenstellung fällt im Vergleich zu ihrer ersten Reaktion (»*Das dürfen wir uns aussuchen, mit wem wir arbeiten.*« L055-057) ausführlicher aus. In der hier vorliegenden Textstelle korrigiert die Schülerin sich zweifach selbst: Sie bricht ihren ersten Formulierungsversuch mit dem Modalverb »*können*« ab und greift auf das bereits bei ihrer ersten Reaktion verwendete »dürfen« zurück. Sie charakterisiert die Gruppenzusammenstellung durch die Schülerinnen und Schüler somit als ein Recht, welches der Kursgruppe durch eine weitere, jedoch nicht näher bestimmte Instanz – wahrscheinlich die Lehrerin – eingeräumt wird. Sie konkretisiert durch die Ergänzung mit »*bis jetzt*«, dass dieses Recht zeitlich begrenzt ist und zukünftig abgesprochen werden könnte. Die Verwendung des Verbs »*aussuchen*« verweist darauf, dass für die Gruppenzusammenstellung eine größere Menge an potentiellen Kollaborationspartnerinnen zur Verfügung gestanden haben muss, aus denen die Mitglieder einer Gruppe ausgewählt werden konnten – nach welchen Kriterien diese Auswahl erfolgte, bleibt offen. Dies deutet darauf hin, dass das bedingungslose Recht der Gruppenzusammenstellung sich auch auf die Modalitäten des gesamten Auswahlverfahrens erstreckte.

Die Rechte der Schülerinnen und Schüler umfassen tatsächlich nicht nur die Auswahl der Kollaborationspartner, sondern gewissermaßen auf einer unterrichtsplanerischen, übergeordneten Ebene auch die Entscheidung darüber, ob die Gruppen durch die Lehrkraft oder eben von den Schülerinnen und Schülern selbst zusammengestellt werden: »*Wir durften aber entscheiden, ob (.) Frau Stern-Friedrich sie halt vorgibt die Gruppen, ob sie, ob sie die zusammenstellt oder ob wir (.) uns das selber aussuchen.*«

Lena entfernt sich zum Ende ihres Redezugs thematisch von der vorangegangenen Frage der Interviewerin nach der Gruppenzusammenstellung und spricht stattdessen von sich aus mit der Bewertung der Unterrichtsergebnisse einen weiteren Bereich an, auf den sich die Mitspracherechte der Schülerinnen und Schüler erstrecken. Nach Lenas Aussage konnten die Lernenden zwischen zwei Alternativen der Leistungsbeurteilung bei einer kollaborativ bearbeiteten Aufgabe wählen, wobei die erste Möglichkeit darin bestand, dass »*ALLE in der Gruppe die gleiche Punktzahl kriegen*«, d. h., dass nicht zwischen den Beiträgen der einzelnen Gruppenmitglieder differenziert wird. Bei der zweiten Option sollten dagegen für das Gesamtergebnis »*Punkte*« verteilt werden, die die Gruppenmitglieder »*dann aufteilen müssen*« – nach welchen Kriterien diese individuelle Punktevergabe erfolgen sollte, wird von der Interviewten nicht erläutert. Durch die im Gesamtzusammenhang erstmalige Verwendung des Modalverbs »*müssen*« wird allerdings deutlich, dass diese letzte Möglichkeit, auch über die individuelle Punktevergabe mit zu entscheiden, als eine potentielle Verpflichtung empfunden wird, während alle weiteren Entscheidungsmöglichkeiten als eingeräumte Rechte verstanden werden. Lena teilt abschließend mit, dass die Schülerinnen und Schüler das Angebot, an Stelle der Lehrerin die Verantwortung für die individuelle Leistungsbeurteilung der einzelnen Gruppenmitglieder zu übernehmen, abgelehnt hätten, denn sie hätten sich »*für gleiche Punktzahl jetzt entschieden*«. Dadurch erhärtet sich der Eindruck, dass die schülerorganisierte Variante der Leistungsbeurteilung, anders als die schülerorganisierte Gruppenzusammenstellung, eher als Zumutung oder Überforderung wahrgenommen wird.

Aus der vorliegenden Textstelle kann damit insgesamt rekonstruiert werden, dass der Kursgruppe verschiedene Varianten der Einflussnahme auf die Unterrichtsgestaltung angeboten werden. Die Kursteilnehmenden haben die Möglichkeit selbst zu entscheiden, inwieweit sie auf der Ebene der Unterrichtsplanung Einfluss nehmen möchten, ob sie etwa selbst die Gruppenzusammenstellung organisieren möchten oder ob dies von der Lehrerin übernommen werden soll sowie ob die Bewertung innerhalb der Gruppe von den Beteiligten selbst vorgenommen wird oder ob die Bewertung durch die Lehrerin erfolgen soll. Während diese Mitspracherechte grundsätzlich als Privileg empfunden werden, wird die Verantwortungsübernahme für die Leistungsbewertung dagegen abgelehnt.

Auch an zwei weiteren, bereits interpretierten Textstellen zeigt sich, dass Lena die Möglichkeiten, innerhalb des Kunstunterrichts zwischen verschiedenen Handlungsalternativen auf einer freiwilligen Basis zu unterscheiden, bewusst wahrnimmt, sodass diese zur Sättigung des Codes ergänzend hinzugezogen werden können. So spricht Lena in der Textstelle L12 an, dass ihrer Meinung nach häufig die Möglichkeit bestanden habe, Aufgaben in der jeweils individuell präferierten Sozialform zu bearbeiten: »*Wir (.) hatten auch oft Wahlmöglichkeiten, aber ich habe dann immer Gruppenarbeit bevorzugt.*« In Textstelle L14 wird darüber hinaus anhand der Einschätzung Lenas zu der Zwischenbesprechung (»*Es war auch freiwillig, das zu machen, aber wir dachten halt, das ganz gut, schadet ja nicht.*«; L090-098) deutlich, dass auch die Inanspruchnahme einer Besprechung mit dem gesamten Kurs als freiwillige Option aufgefasst wird, von der keine negativen Konsequenzen zu befürchten sind. Es besteht demnach gleichermaßen die Möglichkeit, den Austausch mit Schülerinnen und Schülern außerhalb der eigenen Arbeitsgruppe zu suchen, wie die Freiheit, eine solche Beratung abzulehnen.

Zusammenfassung

Von Lena werden nur jene Gestaltungsprozesse als erfolgreich erlebt, die sie gemeinsam mit ihrer Mitschülerin Ariunaa in Partnerarbeit durchlaufen hat. Eine Erklärung, welche an den Interviews mit den anderen Probandinnen und Probanden zu überprüfen ist, besteht darin, dass Partnerarbeit möglicherweise zu einer arbeitsorganisatorischen Entlastung, Kleingruppenarbeit dagegen zu einer erhöhten Komplexität des Gestaltungsprozesses beiträgt. Dennoch spricht sich Lena nicht nur für Partnerarbeiten aus, sondern betont mehrfach, dass sie jede Art von Zusammenarbeit, von ihr zusammengefasst unter dem Begriff »Gruppenarbeit«, grundsätzlich einer individuellen Bearbeitung von bildnerisch-gestalterischen Aufgabenstellungen vorziehe. Ihre Argumentation stützt sich ganz auf die Möglichkeiten der Kommunikation innerhalb der Gruppe bzw. des Zweierteams, welche sowohl zu einer quantitativen und qualitativen Verbesserung der Gestaltungsprodukte (z. B. in Form einer größeren Ideenvielfalt oder der gemeinsamen experimentellen Weiterentwicklung eines bildnerischen Konzepts) als auch zu mehr Orientierung, Sicherheit und Effektivität im Gestaltungsprozess führen. Dabei tragen aus Sicht der Schülerin die kommunikative Aushandlung zum Zweck der Ergebnisoptimierung und der kommunikative Austausch mit dem Ziel einer individuellen und gemeinsamen Orientierung sowie einer Effizienzsteigerung im Gestaltungsprozess gleichermaßen zur Verbesserung der Arbeit und damit zu einer größeren Zufriedenheit bei. Lenas nachvollziehbare Konsequenz daraus besteht in einer grundsätzliche Bevorzugung kollaborativer Arbeitsformen bei der Bearbeitung bildnerischer Aufgaben

Die Probandin entwickelt im Interview implizit zwei Modelle einer funktionierenden Zusammenarbeit im Kunstunterricht, die sich je nach Sozialform deutlich unterscheiden: Bei der Zusammenarbeit in einer Kleingruppe bedarf es ihrer Meinung nach einer autoritären Führungsperson, welche den Arbeitsprozess bestimmt, während die übrigen – sozusagen sich fügenden – Gruppenmitglieder den Anweisungen dieser Führungsperson folgen. In den Partnerarbeiten mit Ariunaa realisiert die Schülerin jedoch ein gänzlich anderes Modell einer funktionierenden Zusammenarbeit, denn ihre Partnerin und sie übernehmen gemeinsam und gleichberechtigt die Verantwortung für den bildnerischen Arbeitsprozess.

Weiter kann rekonstruiert werden, dass beide als erfolgreich wahrgenommenen kollaborativen Gestaltungsprozessen (im Rahmen der Aufgabenstellungen »Image« und »12«) von ähnlichen Abläufen geprägt sind. Sie stellen sich dar als eine wechselnde Folge von Phasen zielorientierter Planung, eher experimenteller Produktion und gemeinsamer, ergebnisoffener Reflexion des Prozesses und seiner Ergebnisse. Diese unterschiedlichen Zugänge zu der Aufgabenstellung stehen dabei nicht isoliert voneinander, sondern sind eng miteinander verbunden.

Besonderes Gewicht kommt sowohl im Rahmen der Aufgabenstellung »Image« und als auch bei der Kalenderaufgabe der Phase der Ideenentwicklung zu. Insbesondere die erste Annäherung an die Aufgabenstellung noch vor dem Einstieg in die praktische Bearbeitung nimmt sowohl in Lenas Erzählungen im Interview als auch in den Gestaltungsprozessen verhältnismäßig viel Raum ein.

Bei der Kalenderaufgabe hat die Zwischenbesprechung mit der gesamten Kursgruppe eine zusätzliche entscheidende Bedeutung für die Weiterentwicklung der gestalterischen Umsetzung. Denn wenn – wie im Falle der als nicht gelungen wahrgenommenen Wahlplakataufgabe – keine Zwischenbesprechung initiiert wird, fehlen Impulse von außen, um bei Schwierigkeiten und Problemen im Gestaltungsprozess einen Ausweg zu finden und die Bearbeitung in eine konstruktive, weiterführende Richtung zu lenken.

Bedeutsam auf der Ebene der Unterrichtsorganisation und zur Klärung der Rolle der Lehrerin ist abschließend die Beobachtung, dass in Lenas Beschreibungen mit Ausnahme der Zwischenbesprechung keinerlei Begleitung der selbstständigen Arbeitsprozesse durch die Lehrkraft erkennbar wird. Indirekt zeugt ihre Schilderung dadurch von einem hohen Maß an Selbstständigkeit und Selbstverantwortung, das den Schülerinnen und Schülern durch die Unterrichtskonzeption eingeräumt wird. Ihnen wird – laut den Aussagen der Probandin – zugetraut, ihren Arbeitsprozess als Zweierteam oder in der Kleingruppe vollkommen selbstständig planen und durchführen zu können. Allein durch die Interpretation des Interviews kann keine Aussage darüber getroffen werden, inwiefern pädagogische Maßnahmen auf der Ebene der Unterrichtsorganisation ergriffen wurden, um Schwierigkeiten wie im Falle Lenas bei der Wahlplakataufgabe rechtzeitig zu erkennen, diese der Gruppe gegenüber kritisch-konstruktiv zu kommunizieren und durch das Anbieten von Hilfestellungen der Gefahr der Überforderung und einem möglichen Scheitern des kollaborativen Gestaltungsprozesses entgegenwirken zu können.

5.2.3 Fall »Moritz«

Erster Materialdurchgang

Die Interviewerin führt das Interview mit dem sechzehnjährigen Moritz im Vergleich zu den anderen Probandinnen und Probanden etwas distanzierter. Ihre Fragen sind insgesamt knapper formuliert. Moritz dagegen spricht in langen bis sehr langen, zusammenhängenden Redezügen, die an mehreren Stellen, insbesondere zu Beginn des Interviews, als ausgedehnte Monologe bezeichnet werden können. Im Vergleich zu dem Gespräch mit Lena fällt zudem auf, dass von beiden Beteiligten nur sehr selten gelacht wird (M131-133, M179, M199, M128[68]). Gemeinsames Lachen tritt an keiner Stelle des Interviews auf. Dies hängt möglicherweise mit geschlechterspezifischen Kommunikationsstrukturen zusammen, denn auch bei dem zweiten männlichen Probanden, Anh-Duc, ist äußerst selten Lachen zu verzeichnen (vgl. Transkript Nr. 3 Interview Anh-Duc, A076-077 und A310).

68 Die Zeilenangaben in diesem Kapitel beziehen sich auf das Transkript Nr. 2 Interview Moritz (siehe Anhang).

Eine erste Besonderheit im Interview mit Moritz liegt darin, dass er beim Erzählen über den Unterricht und die Bearbeitung der Aufgabenstellungen häufig körperliche Bewegungen und Zustände beschreibt. Er befand sich z. B. »*auf den Knien*« (M034), hat sich »*hingesetzt*« (M090, M122), ist »*rumgerannt*« (M128) oder hat sich mit anderen »*zusammengesetzt*« (M284). Kommunikative Situationen werden von ihm dagegen im Unterschied zu den anderen Probandinnen und Probanden deutlich weniger beschrieben.

Das zentrale Thema, mit dem sich Moritz im gesamten Interview intensiv auseinandersetzt, sind die Voraussetzungen oder Bedingungen, die durch die Aufgabenstellungen, durch die Kunstlehrerin oder den Unterricht insgesamt vorgegeben sind. Sie erweisen sich nach seiner Darstellung als der wichtigste Bezugspunkt, an dem er sein eigenes gestalterisches Vorgehen orientiert und womit er seine Entscheidungen begründet (z. B. M060-064). In diesem Zusammenhang fällt ins Auge, dass Moritz beim Erzählen über die verschiedenen Aufgaben von sich aus häufig Probleme und Schwierigkeiten bei der Bearbeitung sowie Schwächen und Mängel der Ergebnisse anspricht (z. B. M058-060, M072-075), wobei er mehrfach Meinungen aus dem Kurs als Begründung oder Beleg für seine eigenen Einschätzungen anführt (M141-145, M193-198).

Der Sechzehnjährige zeigt im Gespräch mit der Interviewerin an zahlreichen Stellen Unsicherheiten bei der Erinnerung an den Kunstunterricht und seine Gestaltungsergebnisse. Seine Äußerungen bleiben häufig vage und unentschlossen (z. B. M052-053, M187-188) oder ihre Gültigkeit wird sprachlich durch Formulierungen wie z. B. »*glaub ich*« (M048, M230) oder »*ich weiß gar nicht*« (M061-062) relativiert. Teilweise sind sie auch in sich oder im Bezug zu zuvor Gesagtem widersprüchlich (z. B. M326-328 abweichend von M038-039). Moritz versucht dies beim Erzählen über die Aufgabenstellungen »Image« und »12« auszugleichen, indem er sich stark an der Struktur des ihm beim Interview vorliegenden »Image«-Portfolios bzw. seines Kalenderbuchs (siehe Kap. 4.4, Abb. 8) orientiert: Er durchblättert diese von vorne bis hinten, liest häufig Passagen vor oder beschreibt das auf den einzelnen Seiten Abgebildete (z. B. M016ff.).

Seine Unsicherheit kann als ein Indiz dafür gedeutet werden, dass der Schüler wenig persönlich involviert in den Kunstunterricht ist, über den er im Interview redet. Dafür spricht auch, dass er sich demonstrativ distanziert, unbestimmt und unverbindlich über den Kunstunterricht und seine Arbeiten äußert: Er verwendet auffallend häufig das neutrale Pronomen »man« und passivische Wendungen. Zudem flicht er regelmäßig Artikel oder Pronomen wie »irgendein« oder »irgendwelche« ein (z. B. M015, M052, M138, M205), wodurch seine Äußerungen tendenziell beliebig wirken (vgl. Weinrich [2]2003, S. 475). Darüber hinaus verleiht er vielen seiner Aussagen durch die Verwendung der Modalpartikel »halt« »den Charakter eines offensichtlichen Sachverhalts« (vgl. a.a.O., S. 848) und erweckt damit den Eindruck, dass er dem Besprochenen oder dem Sprechen darüber wenig Relevanz beimisst.

Gegen Ende des Interviews erhärtet sich der Eindruck, dass für Moritz die Aufgabenstellungen im Kunstunterricht in erster Linie eine Pflicht oder ein Muss darstellen. Nach seinen eigenen Aussagen verfolgt er mit der Teilnahme am Kunstunterricht vor allem das Ziel, gute Noten zu bekommen (M342-346).

Interpretation und Bildung von Bedeutungseinheiten

Im Rahmen der individuellen Bearbeitung einer Aufgabenstellung wird wie selbstverständlich Hilfe in Anspruch genommen; daraus resultiert kein partnerschaftliches gestalterisches Handeln oder gegenseitige Unterstützung, sondern das einseitige Delegieren wesentlicher praktischer Bearbeitungsschritte und die Übertragung der Verantwortung hierfür an die helfende Person.

> Textstelle M1
> *»(holt hörbar tief Luft.) Ja, habe ich in Zusammenarbeit mit jemandem gemacht und die ganze Klasse hat halt frei gearbeitet sozusagen, also wir hatten Unterrichtsblöcke und auch Teil zu Hause konnten wir was machen und ähm. Und dann haben uns halt, manche haben sich gegenseitig geholfen, das war Einzelarbeit oder Paararbeit, zu zweit. Ja, und so hatte ich mir dann eine Partnerin geholt, die halt die Fotos geschossen hat, zu Hilfe, und mich geschminkt hat. Ja, dann hatte ich halt die Bilder.«* (M035-042)

Moritz entscheidet sich nach dem Eingangsimpuls der Interviewerin (M004-011), zunächst über die »Image«-Aufgabe zu sprechen und geht dabei relativ zügig auf die Rahmenbedingungen des Gestaltungsprozesses ein. Diese lassen den Schülerinnen und Schülern nach Moritz' Wahrnehmung Spielraum für individuelle Bearbeitungsalternativen: Sie konnten in mehreren Unterrichtsblöcken »*frei*« arbeiten, hatten die Möglichkeit, Teile der Aufgabe zu Hause zu bearbeiten und konnten zudem selbst bestimmen, ob sie die Aufgabe alleine oder zu zweit bearbeiten. Moritz führt seinen individuellen Umgang mit den zur Verfügung gestellten Handlungsoptionen aus: Er habe die Aufgabe »*in Zusammenarbeit mit jemandem gemacht*«.[69] Wenig später wird erkennbar, dass Moritz diese Zusammenarbeit in dem Sinne ausdeutet, dass eine – noch anonyme – »*Partnerin*« wesentliche Teile des Gestaltungsprozesses übernimmt, nämlich das Fotografieren und das Schminken. Durch die Formulierung, nach der er sich »*eine Partnerin geholt*« habe, »*die halt die Fotos geschossen hat*«, entsteht der Eindruck, dass er die Hilfe der Mitschülerin als selbstverständlich und ohne Gegenleistung in Anspruch nimmt und auch das Resultat des maßgeblichen Einsatzes der Mitschülerin nimmt Moritz fraglos hin: »*Ja, dann hatte ich halt die Bilder.*« Nach seiner Darstellung ist das Merkmal, dass die praktische Bearbeitung seines Projekts zu großen Teilen von der Mitschülerin durchgeführt wurde, vollkommen erwartbar und keines Kommentars bedürftig. Bspw. äußert er sich nicht hinsichtlich der Frage, inwiefern Moritz dennoch konzeptuelle Entscheidungen getroffen hat, etwa bezüglich des Aufnahmewinkels oder der Art des Schminkens, und wie diese ggf. zwischen ihm und der Mitschülerin kommuniziert wurden.

69 Kontextinformation: Moritz entschied sich für eine Einzelarbeit, d. h., er erstellte eine eigene Fotoserie, nahm jedoch beim Fotografieren die Hilfe seiner Mitschülerin Charlotte in Anspruch. Die Zusammenarbeit mit anderen Kursmitgliedern beim Fotografieren der individuellen Fotoserie wird in der schriftlichen Aufgabenstellung ausdrücklich als Bearbeitungsoption genannt: »Bei Einzelarbeit können Sie sich beim Fotografieren gegenseitig unterstützen.« (siehe Kap. 4.3, Abb. 7))

Offen bleibt darüber hinaus, ob Moritz im Sinne der in der Aufgabenstellung vorgeschlagenen gegenseitigen Unterstützung im Gegenzug der Mitschülerin Hilfe bei der Realisierung ihrer Fotos angeboten und geleistet hat.

Besonders aufschlussreich in diesem Zusammenhang ist jedoch die Bezeichnung der Mitschülerin als »*Partnerin*«. Denn ein »Partner« kann definiert werden als jemand, mit dem man etwas gemeinsam, evtl. zu einem bestimmten Zwecke tut oder jemand, mit dem man relativ eng verbunden ist[70]. Doch in Moritz' Beschreibung erscheinen das Fotografieren und das Schminken als Vorgänge, bei denen alleine die Mitschülerin aktiv und Moritz in Unterschied dazu unbeteiligt oder nur passiv beteiligt ist. Die Formulierung »Hilfe holen«, kombiniert mit der die Bezeichnung »*Partnerin*« (»*und so hatte ich mir dann eine Partnerin geholt, die halt die Fotos geschossen hat, zu Hilfe*«), kennzeichnet dagegen Moritz als den Hauptakteur der Handlung, dem gegenüber der unbestimmten Mitschülerin keine Mitsprache oder Mitwirkung zukommt: Er organisiert sich eigeninitiativ eine Hilfe, welche die praktische Bearbeitung im Wesentlichen für ihn durchführt. Sobald diese gefunden ist, übernimmt diese die aktive Rolle. Moritz vermittelt dabei durch seine sprachliche Darstellung den Eindruck, dass er den Gestaltungsprozess so lange nahezu unbeteiligt verfolgt, bis er das gewünschte Ergebnis erhält: »*Ja, dann hatte ich halt die Bilder.*«

> Textstelle M2
> »*//Aber// ich habe mir halt, man durfte sich halt auch ruhig Hilfe nehmen, also man konnte jetzt schon wirklich sagen: ›Du, Vanessa, hilf mir mal kurz bei, beim Computer, du kennst dich mit Gimp ja besser aus als ich.‹ Und dann kam halt Vanessa an und hat dir da sonst was ausgeschnitten und dir geholfen dann.*« (M332-336)

Gegen Ende des Gesprächs versucht die Interviewerin angesichts der in sich etwas widersprüchlichen Ausführungen des Schülers für sich noch einmal zu klären, weshalb sich Moritz bei der »Image«-Aufgabe für eine Bearbeitung in Einzelarbeit entschieden habe (M322-323). Daraufhin versichert Moritz nach einigem Zögern, entgegen seiner vorangegangenen Darstellung und abweichend von der tatsächlichen, schriftlichen Aufgabenstellung (siehe Kap. 4.3, Abb. 7) und seinen vorherigen Ausführungen (M038-039, M241-241), die »Image«-Aufgabe sei von allen in Einzelarbeit zu bearbeiten gewesen (M326-330).

Bei dem von Moritz unmittelbar im Anschluss ageführten ergänzenden Beispiel in der hier vorliegenden Textstelle, in dem er nicht seine Partnerin Charlotte, sondern eine andere Mitschülerin (»*Vanessa*«) nennt, bleibt offen, ob es sich dabei um eine so tatsächlich von Moritz bei der »Image«-Aufgabe erlebte oder um eine fiktive Situation handelt. Erkennbar wird jedoch, dass die von Moritz beschriebene Hilfe kurzfristig ist und eine Art technische Unterstützung darstellt für den Fall, dass der Hilfe Erhaltende selbst nicht über die erforderlichen technischen Fähigkeiten verfügt. Die Helfende führt den notwendigen Bearbeitungsschritt durch; Moritz äußert rückblickend der Eindruck, sie habe »*sonst was ausgeschnitten*«. In

70 Vgl. das digitale Wortauskunftssystem der deutschen Geschichte und Gegenwart (DWDS), www.dwds.de/wb/Partner.

seiner Formulierung zeigt sich Respekt vor dem technischen Können der Helfenden. Es ist allerdings auch denkbar, dass Moritz keine Details zu der Bearbeitung nennt, da er das konkrete Handeln der Helfenden überhaupt nicht mitverfolgt hat.

Auch an dieser Textstelle zeigt sich, dass Moritz die Hilfe der Mitschülerinnen vorwiegend als einseitige Leistung begreift, die man grundsätzlich in Anspruch »*nehmen*« kann. Er erkennt die Möglichkeit der Inanspruchnahme damit zwar einerseits als besonderes Privileg an (»*man durfte sich halt auch ruhig Hilfe nehmen*«), andererseits muss man um diese Hilfe nicht bitten, sondern kann sie – im Imperativ (»*hilf*«) – von einer Person einfordern, die über die notwendigen Fähigkeiten verfügt. Anhand der hier interpretierten Textstellen M1 und M2 wird nicht ersichtlich, dass unter Moritz' Beteiligung ein gemeinsames Arbeiten an der Lösung oder eine Vermittlung der Fähigkeiten zwischen der Helfenden und Moritz als demjenigen, dem geholfen wird, stattgefunden hat.

Bei Kleingruppen- und Partnerarbeiten führen fehlende Kommunikation innerhalb der Gruppe und unterschiedliche Motivation der Gruppenmitglieder zu einem arbeitsteiligen, wenig koordinierten Nebeneinander-Arbeiten anstelle eines kollaborativen Miteinander-Arbeitens.

> Textstelle M3
> *»Hier hatten wir auch Gruppenschwierigkeiten. (.) Ja, dass manche halt fleißiger waren, manche fauler. Ich und David waren fauler als die anderen, könnte man so sagen. Da gab es halt die Schwierigkeiten, dass Sofia ziemlich viel alleine gemacht hat und wir uns halt wenig abgesprochen haben und dadurch Einzelarbeit einfach entstanden ist, ohne dass die anderen was davon wussten.«* (M215-220)

Bezogen auf die Wahlplakataufgabe (»Wählt die NKG!«) spricht Moritz »*Gruppenschwierigkeiten*« an und charakterisiert nicht nur sich, sondern auch seinen an anderer Stelle »*Kumpel*« (M084) genannten Mitschüler David als »*fauler als die anderen*«. Angesichts seines nüchternen und gerade dadurch leicht provokativ wirkenden Bekenntnisses ist nicht genau erkennbar, ob er eine der beiden Parteien bzw. wen er für verantwortlich für die »*Gruppenschwierigkeiten*« hält: diejenigen, die sich im Vergleich zu den anderen in der Gruppe weniger oder möglicherweise zu wenig, oder diejenigen, die sich mehr oder vielleicht zu viel für die Aufgabe engagiert haben.

Nach Moritz' Darstellung reagiert das einzige weibliche Gruppenmitglied Sofia auf die unterschiedlich verteilte Leistungsbereitschaft in der Gruppe damit, »*ziemlich viel alleine*« zu machen. Moritz stellt fest, dass »*dadurch Einzelarbeit einfach entstanden ist, ohne dass die anderen was davon wussten.*« Er zeichnet damit das Bild einer Gruppe, in der zwischen den »Fleißigen« und den »Faulen« bzw. zwischen Sofia und den anderen keine Einigkeit besteht und in der auch nicht versucht wird, diese kommunikativ herzustellen. Aus seiner Sicht ereignet sich der von ihm beschriebene Prozess, in dem innerhalb der Gruppenarbeit Einzelarbeit entstanden sei, quasi ohne Zutun der Gruppenmitglieder. Dabei stellt er eine enge Verbindung her zwischen der fehlenden Kommunikation in der Gruppe (»*wir uns halt wenig abgesprochen haben*«) und der Eigendynamik des Arbeitsprozesses (»*und dadurch Einzelarbeit einfach entstanden ist*«), die von keiner der involvierten Personen – auch nicht von Sofia – beeinflusst gewesen sei.

> Textstelle M4
> »*Und haben das so gemacht, da es ja zwölf Monate gibt im Jahr, das weiß ja jeder, und ich sozusagen den Januar genommen habe und sie dann, Charlotte heißt sie, sie hat dann den Februar genommen, und so haben wir uns dann immer abgewechselt. Anfang habe ich/ Also wir haben uns dann wirklich, das war das Langwierigste, dass wir uns hingesetzt haben und geknetet haben. Was anstrengend ist. Und, und haben wir dann geknetet und geknetet und geknetet. Und irgendwann hatten wir dann unsere ganzen sechs Knetbilder zusammen und haben dann, für jeden Monat halt, Bilder geschossen.*« (M1 17-125)

Auch bei der Kalenderaufgabe (»12«) kommt es in Moritz' Zweiergruppe mit Charlotte zu Einzelarbeit im Rahmen einer kollaborativ angelegten Aufgabenstellung. Doch in diesem Fall wird diese von den Gruppenmitgliedern herbeigeführt: Jeder übernimmt eine Hälfte der insgesamt zwölf Kalenderbilder, wobei die Zuteilung nicht nach individuellen Präferenzen erfolgt, sondern die Bilder rein formal und gleichmäßig abwechselnd zugeordnet werden (siehe Kap. 4.4, Abb. 8). Durch das Abwechseln von Monat zu Monat und die gleiche Menge zu erstellender Bilder für beide Partner wird vermieden, dass eines der beiden Gruppenmitglieder mehr Arbeitsaufwand zu bewältigen hat, gestalterisch anspruchsvollere oder interessantere Monate erhält sowie, dass seine Bilder weiter vorne im Kalender erscheinen und dadurch möglicherweise mehr Aufmerksamkeit erhalten. Die persönlichen Fähigkeiten und Interessen bleiben bei dieser formalistischen Art der Aufgabenverteilung jedoch unberücksichtigt.

Bei der Beschreibung des Arbeitsprozesses betont Moritz die Langwierigkeit und die Anstrengungen, die mit dem Herstellen der Bildmotive aus Knetmasse verbunden gewesen seien: »*Also wir haben uns dann wirklich, das war das Langwierigste, dass wir uns hingesetzt haben und geknetet haben. Was anstrengend ist. Und, und haben wir dann geknetet und geknetet und geknetet.*« Nicht erkennbar bleibt dagegen, ob und inwiefern Absprachen zwischen den beiden Partnern bezüglich der Motive und deren Umsetzung stattgefunden haben. Vielmehr erweist sich das Ende der Knetphase – wie auch in Textstelle M3 das Entstehen von Einzelarbeit im Rahmen einer Gruppenarbeit – als ein von Charlotte und Moritz nicht direkt beeinflussbares oder absehbares Moment: »*Und irgendwann hatten wir dann unsere ganzen sechs Knetbilder zusammen*«. Moritz spricht zwar im Plural, bezeichnet als Ergebnis des Knetens jedoch »*unsere ganzen sechs Knetbilder*«, also nicht die Gesamtmenge von zwölf, sondern nur die den beiden Beteiligten jeweils einzeln zugeordnete Hälfte der Bilder.[71]

71 Moritz spricht im Interview durchgängig nur von zwölf Bildern, obwohl sein Kalenderbuch mit dem Deckblattmotiv insgesamt dreizehn Bilder enthält. Durch das Interview kann nicht rekonstruiert werden, ob Moritz, Charlotte oder beide an der Erstellung dieses dreizehnten Bildes beteiligt waren.

Textstelle M5
»Hier, hat Charlotte halt dann wieder ein Blatt genommen, heißt bisschen mit dem Hintergrund gespielt und alles ein bisschen detaillierter gemacht als ich.« (M149-151)

An diesem weiter auf die Kalenderaufgabe bezogenen Beispiel verdeutlicht sich, dass bei der Partnerarbeit von Moritz und Charlotte kein gemeinsames oder eng aufeinander abgestimmtes gestalterisches Handeln vorliegt. Moritz stellt fest, dass Charlotte bei ihren Knetmotiven anders vorgegangen sei als er. Ihre detailreichere Gestaltung löst bei ihm jedoch keine Motivation aus, die eigenen Bilder entsprechend zu überarbeiten.

Damit kann rekonstruiert werden, dass Moritz auch im Rahmen der als Partnerarbeit angelegten Kalenderaufgabe »12« weitgehend nicht mit seiner Partnerin zusammenarbeitet. Vielmehr erstellen die beiden Gruppenmitglieder arbeitsteilig jeweils einen Teilbereich der Gesamtaufgabe, für den sie alleine verantwortlich sind (vgl. M117-120 und M123-125) – offen bleibt allerdings, ob das Fotografieren in ähnlich strenger Arbeitsteilung erfolgt oder ob hierbei eine engere Kollaboration stattfindet.

Die Voraussetzungen zur Bearbeitung kollaborativ angelegter Aufgabenstellungen werden im Zusammensein der Gruppenmitglieder in einem äußeren Raum-Körper-Zusammenhang gesehen in Verbindung mit der Bemühung der Gruppenmitglieder um einen psychologisch-strukturellen Zusammenhalt; Interaktion und Kommunikation innerhalb der Gruppe werden dagegen nicht als zwingend notwendig erachtet.

Textstelle M6
»Auf die Ideen, na ja, wir hatten halt so eine Art Br/ na ja Block, wo wir halt Brainstorming gemacht haben. Alle uns hingesetzt haben und uns Ideen haben einfallen lassen, und das war dann halt sozusagen aus dem Kopf raus. Ich hatte keinen richtigen Plan am Anfang und dann kam es mir so. (.) Genau.« (M089-092)

Moritz erläutert hier auf Nachfrage der Interviewerin, wie er auf die von ihm zuvor beschriebenen Ideen im Rahmen der »Image«-Aufgabe gekommen sei. Er beschreibt in groben Zügen eine Unterrichtssituation, in welcher der gesamte Kurs einen »*Block*«[72] lang ein »*Brainstorming*« gemacht habe, für das sich alle Schülerinnen und Schüler »*hingesetzt haben*«, um Ideen »*sozusagen aus dem Kopf raus*« zu entwickeln. Es entsteht dadurch das Bild einer Gruppe, die sich während des Brainstormings zwar in einem räumlichen Zusammenhang befindet, währenddessen jedoch untereinander nicht interagiert, da weder Bewegung noch sprachliche Kommunikation zwischen den Beteiligten stattfinden.

Nachdem Moritz das Handeln der Gesamtgruppe während des Brainstormings aus seiner Erinnerung knapp umrissen hat, geht er am Ende dieser Textstelle kurz auf seine eigene

72 Kontextinformation: Als »Block« wird an der untersuchten Schule eine reguläre Unterrichtseinheit von 90 Minuten bezeichnet. Einzelstunden von 45 Minuten wurden abgeschafft.

Wahrnehmung und sein eigenes Verhalten in dieser Unterrichtsstunde ein: »*Ich hatte keinen richtigen Plan am Anfang und dann kam es mir so.*« Seine Darstellung ist reduziert auf die Ausgangssituation, in welcher der Schüler noch nicht genau wusste, was zu tun sei, und den Moment der Eingebung einer Idee. Dadurch bleibt sowohl offen, ob und wie Moritz aktiv die Ideenentwicklung herbeigeführt hat, als auch, wie viel Zeit zwischen der orientierungslosen Ausgangssituation »und dem plötzlichen Auftauchen einer Idee vergangen ist. Durch seine Formulierungen (»*und uns Ideen haben einfallen lassen*«, »*und dann kam es mir so*«) entsteht vielmehr der Eindruck eines Zustands weitgehender Passivität, in dem die nicht näher ausgeführte Idee ihm im Sinne eines wortwörtlichen Einfalls gewissermaßen unerwartet zugeflogen sei.

Textstellen M7 und M8

»Na ja, also wir hatten uns erst mal zusammengesetzt und dann Skizzen entworfen zu viert an einem Tisch in einem Block, also im Unterrichtsblock.« (M284-285)

»Da ging es auch wieder, glaube ich, darum, dass man mit neuen Leuten zusammenarbeitet. Also es ist immer so die einzige Voraussetzung gewesen. Aber, was wir beschlossen hatten, so mit Frau Stern-Friedrich zusammen, ist halt, dass es wichtig ist, dass man die Nummern austauscht davor, dass man halt Kontakt hält. Dass man sich dann auch in den Unterrichtsblöcken noch mal zusammensetzt und (.) noch mal was macht, sodass es halt nicht verloren geht. Und dass sich die Gruppen, also dass die Gruppen wirklich zusammenbleiben, das ist halt hier das Problem gewesen und, ja.« (M241-249)

Auch an diesen beiden exemplarischen Textstellen, in denen Moritz über die Gruppenarbeit an der Wahlplakataufgabe (Textstelle M7) bzw. über die allgemeinen Regelungen und Absprachen bei Partner- und Kleingruppenarbeiten (Textstelle M8) spricht, fällt ins Auge, dass das Sprechen mit anderen in seiner Erinnerung oder Wahrnehmung weniger Raum einnimmt als das physische Zusammensein.

Wie bereits in der Textstelle weiter oben deutet sich damit an, dass die Kommunikation zwischen den Beteiligten für Moritz keine Bedingung oder Grundlage für eine gelingende Kollaboration darstellt, denn Moritz nennt als weitere »*Voraussetzung*« neben dem implizit mehrfach thematisierten körperlich-räumlichen Zusammensein der Gruppenmitglieder im Unterricht und an einem Ort (»*an einem Tisch*«) lediglich das Bemühen um einen psychologisch-strukturellen Zusammenhalt innerhalb der Gruppe, den Moritz mit »*Kontakt*« halten und »*wirklich zusammenbleiben*« umschreibt. Das Fehlen dieses Zusammenhalts wird bei der Wahlplakataufgabe von Moritz entsprechend als »*Problem*« angesehen, weil dadurch etwas nicht näher Bezeichnetes »*verloren geht*« und die Zusammenarbeit damit aus seiner Sicht nicht erfolgreich ist.

Textstelle M9

»Also, hier ist es halt wichtig, weil man halt eine größere Gruppe ist von vier Leuten, dass man halt auf ein Ergebnis kommt, was allen gefällt. Deswegen ist Zusammenarbeit halt hier besonders wichtig gewesen. Oder, wäre sie gewesen. Ja,

> *weil ich, ja, bin jetzt glaube ich/ Also ich bin schon zufrieden mit dem Plakat an sich und wir haben auch was zusammen gemacht, aber also/ Letzten Endes war ich zum Beispiel für einen anderen Hintergrund oder so was. Und durch wenig Zusammenarbeit konnte man halt so was dann nicht ausdiskutieren. Und, so was wäre halt wichtig gewesen, dass alle zufrieden sind.«* (M253-261)

Auf die Frage der Interviewerin, bei welcher der drei besprochenen Aufgaben die Zusammenarbeit besonders wichtig gewesen sei, nennt Moritz die Wahlplakataufgabe. Eine gemeinsame Bearbeitung der Aufgabenstellung im Rahmen einer Gruppenarbeit erscheint Moritz jedoch nur dann notwendig, wenn in der Gruppe ein »*Ergebnis*« erarbeitet werden soll, »*was allen gefällt*«. Die Schwierigkeit, ein solches Ergebnis zu erreichen, nimmt dabei aus Sicht des Schülers mit der Anzahl der Personen zu, die sich in dem gemeinsamen Gestaltungsprozess verständigen müssen. In dieser Hinsicht stellt er eine enge Beziehung zwischen Kollaboration und Kommunikation her, da im Fall der Wahlplakataufgabe »*wenig Zusammenarbeit*« dazu geführt habe, dass gestalterische Entscheidungen nicht »ausdiskutiert« werden konnten. Dies deutet daraufhin, dass für Moritz die Bearbeitung von Aufgaben in Gruppen- oder Partnerarbeit nicht notwendig beinhaltet, dass die Teammitglieder gemeinsam, also tatsächlich zusammen an der Aufgabe arbeiten. Die Konsequenz aus der daraus resultierenden fehlenden Absprache, selbst nicht vollkommen zufrieden mit dem Ergebnis zu sein (»*Letzten Endes war ich zum Beispiel für einen anderen Hintergrund oder so was.*«), nimmt Moritz nüchtern zu Kenntnis. Der Weg hin zu einem Ergebnis, das »*allen gefällt*«, ist Moritz somit zwar bekannt, bleibt für ihn jedoch für den Fall der Wahlplakataufgabe eine hypothetische Option, von der er sich in dieser Textstelle nicht nur durch die gehäufte Verwendung der dritten Person Singular, sondern auch durch die zweimalige Verwendung des Konjunktivs Irrealis distanziert (»*Oder, wäre sie gewesen.*«; »*Und, so was wäre halt wichtig gewesen, dass alle zufrieden sind.*«).

Der soziale Vergleich innerhalb der Kursgruppe dient sowohl der Motivation als auch der Beurteilung eigener Gestaltungsprodukte sowie der Begründung und Aufwertung der eigenen Gestaltungsentscheidungen in Abgrenzung zu anderen Gestaltungslösungen und bildnerischen Vorgehensweisen.

> Textstelle M10
> *»Wir haben dann die ausgefallenste Idee meiner Meinung nach gehabt und zwar KNETbilder zu machen. Am Anfang haben wir, halt/ Unser Kalender ist erstmal vorab nicht so gut gelungen, weil wir halt keine, keine Fertigkalender gekauft haben so wie andere, sondern ALLES, wirklich sozusagen komplett aufgelegt haben, alles selbst zu machen. Und deswegen haben wir leider keine Zahlen oder so und das ist letzten Endes kein Kalender, sondern vielmehr halt ein Buch mit Bildern.«* (M107-112)

Die Kursgruppe dient Moritz als Vergleichsfolie, vor der er die Qualität seiner eigenen Gestaltungsprodukte beurteilen kann. Bezogen auf das Kriterium der Originalität oder

Außergewöhnlichkeit schätzt er die Qualität seiner und Charlottes Idee höher ein als die anderer Personen oder Gruppen: Im Vergleich zu namentlich nicht bezeichneten Personen oder Gruppen – vermutlich aus dem Kurs – hält er die Idee, für die Kalendergestaltung im Rahmen der Aufgabenstellung »12« »*KNETbilder zu machen*«, für die »*ausgefallenste*«. Diese Einschätzung markiert Moritz explizit als individuelles Urteil (»*meiner Meinung nach*«); er kann sie offenbar nicht durch die Meinung anderer Personen aus der Kursgruppe, z. B. insbesondere seiner Partnerin, untermauern. Die mediale Präsentation hält er dagegen für »*nicht so gut gelungen*« im Vergleich mit den Lösungen der anderen Zweiergruppen, weil das selbstgebastelte Buch, in das die Fotografien eingeklebt wurden, als Präsentationsmedium weniger geeignet gewesen sei als die »*Fertigkalender*« der anderen Gruppen (siehe Kap. 4.4, Abb. 8-9).

Der Vergleich mit anderen Gruppen dient jedoch nicht nur der Beurteilung der Gestaltungsprodukte, sondern auch der Begründung und Aufwertung der eigenen Gestaltungsentscheidungen. Durch den Kommentar, die anderen hätten »*Fertigkalender*« gekauft, vermittelt Moritz den Eindruck, dass er sein eigenes und Charlottes Vorgehen für anspruchsvoller oder konsequenter als das der anderen hält. Die selbst auferlegten, verschärften ›Spielregeln‹ seiner Zweiergruppe (»*ALLES, wirklich sozusagen komplett aufgelegt haben, alles selbst zu machen*«) werden angeführt, um Schwächen bei der praktischen Umsetzung bzw. der Gestaltung des Präsentationsmediums zu rechtfertigen.

> Textstelle M11
> *»Dann war hier jetzt sozusagen das schlechteste Bild aus der Arbeit MEINER Meinung nach und auch (zieht Luft durch die Zähne) von anderen so beurteilt worden. Weil (.) es halt ziemlich leer ist und weil die Perspektive, von aus der es geschossen hat, nicht so gelungen ist. Weil wir halt bei den meisten Bildern von vorne fotografiert haben, sodass es halt so aussieht, als wären die Personen real. Und hier dann, jaa, es ist nicht so gelungen, weil die kleinen Figuren halt keine Details besitzen und sie einfach nur nach oben zu diesem riesigen Baum dann gucken. (..) Genau. Hier, hat Charlotte halt dann wieder ein Blatt genommen, heißt bisschen mit dem Hintergrund gespielt und alles ein bisschen detaillierter gemacht als ich.«* (M141-151)

Weiterhin bezogen auf die Kalenderaufgabe wird anders als in dem obigen Beispiel (M10) an dieser Textstelle klar, worauf Moritz durch die Verwendung der äußersten Vergleichsstufe referiert: Das Bild »September« (siehe Kap. 4.4, Abb. 8) wird von ihm als »*das schlechteste*« der dreizehn Bilder beurteilt, die Charlotte und er in ihrem Kalenderbuch mit dem Titel »Mit Knetfiguren durch das Jahr« zusammengestellt haben.

Bei dem strengen, allerdings durch das eingeschobene »*sozusagen*« leicht eingeschränkten Urteil handelt es sich erneut um Moritz' eigene Einschätzung, zusätzlich jedoch auch um die Meinung weiterer, nicht näher bestimmter Personen. Es liegt nahe, dass es sich hierbei um Schülerinnen oder Schüler aus dem Kurs, gleichwohl nicht um seine fast immer namentlich erwähnte Partnerin Charlotte handelt. Im Unterschied zu seiner positiven Beurteilung der Knetfiguren-Idee kann Moritz hier relativ präzise Kriterien für die geringe Qualität des Bildes nennen: den unbearbeiteten Hintergrund, die Wahl einer unpassenden Kameraperspektive, zu wenige Bilddetails. Dadurch entsteht der Eindruck, Moritz habe – entweder alleine oder mit anderen – länger über die Wirkung dieser Fotografie und deren Ursachen nachgedacht.

Nach der Aufzählung der gestalterischen Defizite zeigt Moritz in einem weiteren, diesmal jedoch arbeitsgruppeninternen Vergleich auf, wie seine Partnerin Charlotte die an seinem September-Bild selbstkritisch benannten Aspekte im Oktober-Bild auf der nächsten Seite des Kalenderbuchs überzeugender umgesetzt hat: »*Hier, hat Charlotte halt dann wieder ein Blatt genommen, heißt bisschen mit dem Hintergrund gespielt und alles ein bisschen detaillierter gemacht als ich.*« Moritz stützt seine Selbsteinschätzung damit offenbar nicht nur auf die Meinungen anderer, nicht näher beschriebener Personen, sondern auch auf seine eigene Betrachtung und Begutachtung der Gestaltungen, die seine Partnerin im Rahmen derselben Aufgabenstellung entwickelt hat.

Textstelle M12

»*I: Ja wie seid ihr da draufgekommen jetzt, das mit der Knete zu machen?*
M: Ja, wir wollten halt was Originelleres machen als andere. Und da war ich auch der Meinung, dass wir es geschafft haben/ Jaa, also an/ andere, ohne es jetzt schlecht machen zu wollen, haben jetzt sich zum Beispiel hingestellt und einfach nur eine Bahn fotografiert, die irgendwo, also die ihre Schiene langfährt, und haben halt sozusagen ›Berlin im Ablauf der Zeit‹ sozusagen genommen. Und dann ist die Bahn natürlich weggefahren und man hat das halt in einer Bilderreihe von vier Bildern dokumentiert und das war dann halt für den einen Monat zuständig, das Bild. Und, ja, wir haben halt, wir haben uns hingesetzt und geknetet und dies und das gemacht und dann fotografiert, und dadurch wurde es halt ziemlich aufwändig. Und wir wollten halt (.) sozusagen selbst da/ Also wir wollten halt, dass es unser Projekt ist und nicht einfach irgendein Foto.« (M163-175)

An dieser Stelle des Interviews, an der Moritz weiter über die Kalenderaufgabe spricht, wird deutlich, dass der Vergleich mit der Kursgruppe für ihn auch eine zentrale Motivation bei der Entwicklung von Gestaltungsideen darstellt: »*Ja, wir wollten halt was Originelleres machen als andere.*« Darüber hinaus zeigt sich erneut, dass der Vergleich mit der Kursgruppe als globalem Referenzrahmen bedeutsam für die Beurteilung der eigenen Gestaltungen ist. Denn Moritz wiederholt nicht nur zunächst seine Einschätzung, dass mit dem Knetbilder-Kalender sein Anspruch erfüllt wurde, etwas »*Originelleres*« als andere zu machen, sondern versucht anschließend auch an einem konkreten Beispiel aufzuzeigen, dass der (zeitliche) Aufwand bei seiner Zweiergruppe größer gewesen sei als bei Gruppen, die dokumentarische Stadtfotografien erstellten.

Damit kann zusammenfassend aus der Gesamtheit aller drei Textstellen rekonstruiert werden, dass Moritz seine eigenen Gestaltungen hinsichtlich der Originalität der Idee, des Schwierigkeitsgrades und des Arbeitsaufwandes jeweils im Vergleich mit der Kursgruppe beurteilt und dass dieses Messen mit anderen eine wesentliche Motivation bei seinem Gestaltungsprozess darstellt. Moritz vergleicht dabei weniger mit bestimmten Personen oder konkreten anderen bildnerischen Arbeiten, sondern stützt seine Argumentation vor allem auf den sozialen Vergleich mit unbestimmten anderen, also mit nicht näher beschriebenen Personen oder Gruppen, wobei der Kontext nahelegt, dass diese ebenfalls Teil des Kunstkurses sind.

Bei der Gruppenbildung werden unabhängig von spezifischen Kompetenzen oder persönlichen Interessen potentieller Partner grundsätzlich bereits bekannte Personen bevorzugt, da mit diesen ein stärkeres Gefühl von Sicherheit verbunden wird als bei der Zusammenarbeit mit neuen Partnern, selbst wenn eigene gegenteilige Erfahrungen dem entgegenstehen.

> Textstelle M13
> *»Und, ja, da haben wir uns sozusagen, wurden wir sozusagen, hatt/ ja durften wir uns, glaube ich, FREI entscheiden, mit wem wir es machen. Und die beiden vor uns Sitzenden haben uns halt, haben wir einfach gefragt, ob wir zusammen arbeiten wollen. Wir waren auch vorher in einer Klasse, deswegen/*
> *I: Kanntet ihr euch schon.*
> *M: Genau. Kannten wir uns schon und waren uns da ein bisschen sicherer. Aber, dass es dann halt nicht so gut klappt, wussten wir nicht. Und hier war halt die einzige Voraussetzung, dass wir mit jemandem Neues zusammenarbeiten. Und ja, weil ich Charlotte auch schon kannte, habe ich halt Charlotte gefragt.«*
> (M229-239)

Bei der ersten praktischen Aufgabe des neu zusammengestellten Kunst-Leistungskurses, der Wahlplakataufgabe (»Wählt die NKG!«), bildet Moritz gemeinsam mit seinem Sitznachbarn[73] und den in der Reihe vor ihnen sitzenden Sofia und Jonathan eine Vierergruppe. Als Auslöser für diese Gruppierung erweisen sich die räumliche Nähe im Moment der Gruppenbildung sowie die Tatsache, dass alle vier in der Sekundarstufe I dieselbe Klasse besuchten. Auffällig ist, dass Moritz mit diesen im Wortsinne naheliegenden Kriterien explizit das Gefühl einer gewissen Sicherheit assoziiert: »*Kannten wir uns schon und waren uns da ein bisschen sicherer.*« Diese Erwartung wird allerdings nicht erfüllt wird, denn in der Zusammenarbeit mit den ihm bekannten, vielleicht sogar vertrauten Schülerinnen und Schülern treten im Folgenden »*Gruppenschwierigkeiten*« auf (vgl. Textstelle M3).

Nach einem knappen bestätigenden Einwurf der Interviewerin spricht Moritz im zweiten Teil der vorliegenden Textstelle über die Paarbildung bei der Kalenderaufgabe (»12«). Bei dieser zweiten ausdrücklich kollaborativ angelegten Aufgabe arbeitet Moritz mit Charlotte zusammen, derselben Partnerin, die ihn auch bei der »Image«-Aufgabe unterstützt hat. Dadurch verfügt

73 Kontextinformation: Es handelt sich dabei um seinen an anderer Stelle als »Kumpel« (M084) bezeichneten Mitschüler David, der in der gesamten Sekundarstufe I dieselbe Klasse wie Moritz besuchte.

Moritz bereits über Erfahrungen in der Zusammenarbeit mit dieser Partnerin, auf die er bei der Partnerwahl zurückgreifen könnte. Doch die Qualität der Zusammenarbeit bei »Image« oder dort beobachtete spezifische, z. B. fachliche Kompetenzen der Mitschülerin werden nicht als ausschlaggebend für seine Wahl genannt: *»Und ich habe mich auch wieder mit der gleichen Partnerin zusammengeschlossen, die mich auch bei »Image« fotografiert habe und haben/«* (M105-197) Damit erweist sich auch bei der Paarbildung für die Kalenderaufgabe als das wichtigste Kriterium für Moritz, die gewählte Partnerin bereits zu kennen, obschon seine Erwartung, durch die Bildung einer Gruppe mit bekannten Personen die Grundlage für eine funktionierende Zusammenarbeit zu legen, bei der Wahlplakataufgabe nicht erfüllt werden konnte.

Die Zusammenarbeit mit bekannten Personen stellt sich damit als eine bei Moritz fest verankerte Strategie in kollaborativ angelegten Unterrichtssituationen dar. Er verbindet damit ein Gefühl von Sicherheit, welches durch abweichende Erfahrungen nicht in dem Maße irritiert wird, als dass er sein Verhalten dadurch modifizieren würde.

> Textstelle M14
> *»Jaa. Und das hat mir halt am meisten Spaß gemacht, weil ich halt mit Charlotte befreundet bin und wir halt gut harmonieren, was Arbeiten angeht. Und, jaa, bisschen, (.) war ganz lustig.«* (M220-222)

Auch Moritz verweist – ebenso wie alle übrigen Probandinnen und Probanden[74] – auf die Frage nach der Arbeit, die am meisten Spaß gemacht habe, auf die Kalenderaufgabe und begründet dies damit, dass seine Partnerin und er einerseits »*befreundet*« seien und zum anderen »*gut harmonieren, was Arbeiten angeht*«. Der Schüler verleiht dieser Erklärung den Charakter von Allgemeingültigkeit, denn er beschreibt keine konkrete Situation oder bestimmte Merkmale der Zusammenarbeit im Rahmen der Aufgabenstellung, sondern nennt die bestehende Freundschaft und ein grundsätzlich harmonisches Arbeitsverhältnis zwischen sich und Charlotte als Ursache dafür, dass die Arbeit an der Kalenderaufgabe von ihm als »*ganz lustig*« wahrgenommen wurde.

Freundschaft und Harmonie bei der Zusammenarbeit erweisen sich somit in Moritz' Darstellung als besondere Qualitätsmerkmale, die mit dazu führen, dass eine bildnerisch-gestalterisches Handeln im Kunstunterricht nicht nur als schulische Leistung betrachtet, sondern als eine positive, freudvolle Erfahrung wahrgenommen werden kann.

Zusammenfassung

Moritz nimmt bei der Einzelarbeit im Rahmen der Aufgabenstellung »Image«, bei der es um seine fotografische Selbstinszenierung geht, selbstverständlich Hilfe in Anspruch und wendet sich an eine fachlich kompetente Mitschülerin, die für ihn wesentliche Bearbeitungsschritte durchführt. Die Hilfe erfolgt einseitig, ist zeitlich begrenzt und beruht nicht auf Gegenseitigkeit. Im Rahmen

74 Siehe L178, Transkript Nr. 1 Interview Lena), A134, Transkript Nr. 2 Interview Anh-Duc bzw. Kap. 5.2.4, sowie F150, Transkript Nr. 4 Interview Felicitas.

der verschiedenen kollaborativ angelegten Aufgabenstellungen, sowohl bei der Erstellung eines Wahlplakats für eine fiktive Partei (»Wählt die NKG!«) als auch bei der gemeinsamen Gestaltung eines Fotokalenders (»12«), arbeitet Moritz dagegen über weite Teile alleine. Er sucht von sich aus keinen kommunikativen Austausch mit anderen, sondern bevorzugt eine klare Arbeitsteilung, bei welcher die oder der Einzelne für ihren oder seinen Teilbereich allein ist. Dadurch haben die kollaborativ angelegten Arbeiten unter Moritz' Beteiligung den Charakter eines arbeitsteiligen, wenig koordinierten Nebeneinander-Arbeitens anstelle eines kollaborativen Miteinander- oder Zusammenarbeitens. Diese Arbeitsteilung ist im Fall der Kalenderaufgabe von den Beteiligten bewusst intendiert, bei der Wahlplakataufgabe dagegen entsteht sie ungewollt aufgrund unterschiedlicher Interessen und Motivationen der Gruppenmitglieder.

Bei allen Sozialformen – Einzel-, Partner- und Gruppenarbeit – wird deutlich, dass die Interaktion mit anderen sich in Moritz' Fall in erster Linie auf ein körperliches Zusammensein an einem Ort und einen grundsätzlichen Zusammenhalt innerhalb der Gruppe beschränkt; Kommunikation und gemeinsames gestalterisches Handeln erachtet er nur in dem für ihn hypothetischen Fall für notwendig, dass ein alle Beteiligten zufriedenstellendes Ergebnis angestrebt werden soll.

Darüber hinaus zeigt Moritz ein eher konservatives und asymmetrisches Interaktionsverhalten, denn von sich aus riskiert Moritz keine neuen Beziehungen, sondern bevorzugt aus einem Bedürfnis nach Sicherheit heraus die Zusammenarbeit mit bekannten Personen – selbst wenn die positiven Erwartungen, die er damit verbindet, nicht erfüllt werden. Die Arbeitsgemeinschaften, die er auf der Grundlage bestehender Beziehungen oder Freundschaften eingeht, sind nicht partnerschaftlich und gleichberechtigt, sondern von asymmetrischem und einseitigem Charakter: Moritz lässt sich helfen, er holt sich technische Unterstützung, ohne im Gegenzug etwas an die betreffende Person zurückzugegeben.

Die Kursgruppe hat für Moritz die Funktion einer Folie, anhand derer er seine eigenen Gestaltungen im Vergleich mit den übrigen Kursmitgliedern entwickeln, beurteilen und begründen kann. Allerdings ist nicht erkennbar, dass er seine eigenen Gestaltungen aufgrund der Meinungen von Mitschülerinnen und Mitschülern oder der Beobachtung von deren Gestaltungsprozessen überarbeitet und weiterentwickelt. Vielmehr stellt das Messen mit den anderen Personen im Kurs für ihn eine wichtige Motivation dar und dient der Aufwertung eigener Gestaltungslösungen, indem er die der anderen verbal abwertet.

Diese Deutungen sind unbedingt vor dem Hintergrund zu sehen, dass Moritz sich nach seiner Selbstdarstellung ausdrücklich nicht emotional auf den Unterricht einlässt (M344-346). Er ist vielmehr stark auf die Benotung fokussiert: »*Letzten Endes ging es mir dann relativ nur um die Note, also, Abitur, ne?*« (M264) Er hält Fleiß für besonders notwendig für eine gute Bewertung: »*Und dann (.) ja wurde es noch mal verstärkt, dass Fleiß halt wichtig ist, ne? Ansonsten wird nicht so was Tolles draus und man merkt es dann in der Zensur.*« (M318-320) Gleichzeitig hat er eine feste Vorstellung seiner eigenen geringen Leistungsbereitschaft (»*fauler als die anderen*« M216-217), die seines Erachtens den institutionellen Erwartungen nicht entspricht. Moritz erlebt diese Diskrepanz deutlich, er thematisiert intensiv die Schwächen seiner Arbeiten sowie die Schwierigkeiten und Probleme in den unterschiedlichen Gestaltungsprozessen.

Moritz misst seinen individuellen Erfolg im Kunstunterricht ausschließlich an seinen Noten. Er stellt dabei jedoch keinerlei Zusammenhang her zwischen einer guten Bewertung und einer guten Zusammenarbeit. ›Echte‹ Kollaboration, also eine enge Zusammenarbeit, bei der über die gemeinsame Arbeit gesprochen und diskutiert wird, erscheint ihm nur dann notwendig, wenn ein Ergebnis angestrebt wird, das allen gefällt – dies liegt jedoch nicht in Moritz' Interesse.

5.2.4 Fall »Anh-Duc«

Bildung bzw. Überprüfung von Bedeutungseinheiten (Auszüge)

Kollaborative Gestaltungsprozesse werden grundsätzlich positiv eingeschätzt, weil der kommunikative Austausch innerhalb der Gruppe eine Orientierung hinsichtlich des gestalterischen Vorgehens bietet, welche dagegen bei Einzelarbeiten vermisst wird.

> Textstelle A1
> *»//Und die// der Arbeitsprozess war einfach viel besser und, als/ Weil hier war ich, hat man wirklich alleine gehockt. Man wusste jetzt nicht, okay, schreibt man jetzt das Richtige, was haben die anderen gemacht. Und man hatte keine Person, wo man hin/ wo man hingehen konnte und sagen ›Hast du es auch so?‹ oder ›Was denkst du darüber?‹«* (A141-145[75])

Anh-Duc begründet an dieser Stelle, weshalb ihm die Kalendergestaltung in Partnerarbeit mit der Mitschülerin Britta von den drei im Interview besprochenen Aufgabenstellungen am meisten Spaß gemacht habe, und vergleicht dafür den Gestaltungsprozess beim Kalender mit jenem im Rahmen der Aufgabenstellung »Image«, welche er in Einzelarbeit bearbeitet hat. Er stellt dem »*Arbeitsprozess*« beim Kalender, den er pauschal als »*einfach viel besser*« beurteilt, eine detailliertere Beschreibung der Schwierigkeiten bei der Einzelarbeit an der »Image«-Fotoserie gegenüber. Ähnlich wie bei Lena (siehe Kap. 5.2.2, Textstelle L11), fand nach seiner Wahrnehmung die individuelle Bearbeitung gänzlich – auch räumlich – isoliert von anderen Personen statt. Dadurch habe keine Möglichkeit bestanden, sich weder im beobachtenden Vergleich mit anderen noch im kommunikativen Austausch untereinander darüber zu versichern, dass das eigene gestalterische Handeln den Anforderungen entspricht. Auch war es Anh-Duc seiner Ansicht nach nicht möglich, andere Kursmitglieder nach ihrer Meinung zu seiner Fotoserie zu befragen.

> Textstelle A2
> *»[...] Und, aber wir konnten auch eine Partnerarbeit machen, halt, da musste man aber mehr machen.*
> *I: Aha.*

75 Die Zeilenangaben in diesem Kapitel beziehen sich auf das Transkript Nr. 3 Interview Anh-Duc (siehe Anhang).

> *A: Also man könnte dann einen kreativen Text schreiben ODER einen Sachtext bei (.) Einzelarbeit. Bei dem/ bei der anderen muss man das dann beide Texte schreiben und, irgendwie das dann auch noch ausführlicher machen und mehr Fotos schießen, weil ja zwei Personen dabei sind und, ja. Das war's dann. (schnell) Und ich hab es dann alleine gemacht.«* (A047-054)

Im Unterschied zu Lena erweist sich Anh-Duc jedoch nicht als bedingungsloser Befürworter kollaborativer Arbeitsformen, denn in seiner Erzählung über die von ihm in Einzelarbeit erstellte Fotoserie im Rahmen der Aufgabenstellung »Image« deutet sich an, dass der durch die Aufgabenstellung vorgegebene quantitative Mehraufwand bei einer Bearbeitung in Partnerarbeit ausschlaggebend war für seine Entscheidung, die Fotoserie in Einzelarbeit zu erstellen: »*Bei dem/ bei der anderen muss man das dann beide Texte schreiben und, irgendwie das dann auch noch ausführlicher machen und mehr Fotos schießen, weil ja zwei Personen dabei sind und, ja.*«

Durch die Interaktion mit anderen wird auch in Einzelarbeit der Gestaltungsprozess auf verschiedenen Ebenen maßgeblich beeinflusst: Nicht unmittelbar beteiligte Personen unterstützen eigene Entscheidungen und assistieren bei der technischen Umsetzung individuell entwickelter Gestaltungskonzepte.

> Textstelle A3
> *»Und dann habe ich mich auch für diese Idee entschieden, weil ich dann damit am meisten anfangen konnte, also zum allerersten. (schnell) Und ich habe die anderen auch gefragt und die meinten, das kommt am besten. Und dann habe ich eine Fotoserie gemacht. Und da habe ich (.) nicht nur Wunderkerzen benützt, sondern, also, ich hatte mehrere Leute, die mir dabei geholfen haben. Und die haben dann zum Beispiel auch so Mehlwolken in die Luft gepustet, oder auch so vor der Kamera Glitzerstaub so runterfallen lassen, damit es irgendwie ein bisschen außergewöhnlich aussieht.«* (A067-075)

Obwohl Anh-Duc in der ersten exemplarischen Textstelle A1 die Möglichkeiten des Austauschs im Rahmen individueller Gestaltungsprozesse als sehr begrenzt bzw. nicht vorhanden darstellt, wird an dem hier vorliegenden Beispiel deutlich, dass er auch im Rahmen der Einzelarbeit an der Aufgabenstellung »Image« in zweierlei Hinsicht mit anderen Personen interagiert. So wirkt zum einen die Bestätigung der eigenen Entscheidung durch nicht unmittelbar beteiligte Personen – offenbar nicht die Lehrerin – für eine bestimmte Idee im Rahmen der Aufgabenstellung »Image« als Bekräftigung, diese Idee tatsächlich zur Realisierung auszuwählen. Anh-Duc sichert seine mit seiner individuellen Präferenz begründete Entscheidung (»*weil ich dann damit am meisten anfangen konnte*«) also durch das gezielte Einholen weiterer Meinungen ab und kann nach dieser Rückversicherung in die praktische Bearbeitung seiner Fotoserie einsteigen: »*Und dann habe ich eine Fotoserie gemacht.*«

Auch dabei arbeitet Anh-Duc nicht alleine, sondern wird von anderen unterstützt (»*ich hatte mehrere Leute, die mir dabei geholfen haben*«). Diese Unterstützung hat deutlich den Charakter einer technischen Assistenz: Die Helfer übernehmen einfache Handgriffe, die Anh-Duc als Fotografierter nicht selbst tätigen kann, während er selbst dabei, wie eine Art Regisseur, stets den Überblick, die Kontrolle und die Verantwortung behält.

Unklar ist in der Zusammenschau der Textstellen A1 und A3, weshalb die von dem Schüler doch selbst praktizierten und in der Textstelle A3 beschriebenen Formen der Interaktion im Rahmen einer Einzelarbeit rückblickend in der Textstelle A1 gänzlich verneint werden. Zwei Erklärungen sind hierfür denkbar: Möglicherweise möchte Anh-Duc die von ihm gewählte Vorgehensweise als die anspruchsvollere kennzeichnen, betont daher die Vorteile einer Partnerarbeit und übertreibt bei der Schilderung der Schwierigkeiten einer Einzelarbeit bewusst oder unbewusst. Da Anh-Duc sich insgesamt stark an Vorgaben (der Institution Schule, der Lehrerin) orientiert, ist aber auch denkbar, dass er aus der Formulierung der Aufgabenstellung (siehe Kap. 4.3, Abb. 7) geschlossen hat, dass Austausch und Zusammenarbeit nur beim Fotografieren gestattet, in der Phase der Konzeptentwicklung jedoch nicht zulässig seien.

Gemeinschaftliches Agieren im kollaborativen Gestaltungsprozess führt zu gemeinsam getragenen Gestaltungsentscheidungen, -handlungen und ästhetischen Beurteilungen sowie zur Identifikation mit der Aufgabenstellung.

> Textstelle A4
> *»Und, darum dachten wir uns, okay, das wäre doch eigentlich voll cool, wenn wir so was gründen würden, weil wir uns ja auch damit ein bisschen auskennen. Wie man, wie es sich lebt und so. Und dann haben wir, waren wir, haben wir uns einen Tag getroffen und sind auf die Straße gegangen und haben auch Menschen gefragt, ob wir sie fotografieren können, also halt Menschen mit anderen Kulturen und anderer Herkunft, haben wir gesucht. Und dann haben wir zufälligerweise ein Paar gefunden, mit einer schwarzen Frau und einem weißen Mann, sozusagen. Und dann haben wir sie gefragt, ob sie dann Händchen halten können, um dann für uns so zeigen können, dass unsere Partei bereit ist, den Menschen zu helfen, die an, aus ein anderen Land kommen und es schwer haben. Und dass wir denen sozusagen eine HAND reichen, darum auch unser Spruch ›Mehr Zusammenhalt‹. Dass wir denen helfen und dass sie keine Angst haben sollen. Und dass w/ irgendwie halt, dass Deutschland auch hilfsbereit ist und auch alles schätzt, was sie macht, und als/ was die Ausländer machen. Darum haben wir uns auch für dieses Bild entschieden.«* (A173-188)

Beim Erzählen über die Kleingruppenarbeit am Imageplakat im Rahmen der Wahlplakataufgabe (siehe Kap. 4.2, Abb. 5) bestätigt sich die oben formulierte, bereits an Lenas Äußerungen rekonstruierte Bedeutungseinheit (siehe Kap. 5.2.2, Textstellen L9 und L10). [...]

Die Anforderungen an eine erfolgreiche Zusammenarbeit sind komplex: Neben der grundsätzlichen Kommunikationsbereitschaft aller Gruppenmitglieder sind eine offene und angstfreie Atmosphäre, Aufgeschlossenheit gegenüber den Ideen der anderen Gruppenmitglieder sowie die individuelle Verantwortungsübernahme im Hinblick auf ein gemeinsames Endergebnis wichtige Bedingungen für eine konstruktive Zusammenarbeit.

> Textstelle A5
> *»Na ja, dass man erstens mit denen reden kann. Also, halt, dass man sozusagen mit denen FREI reden kann und nicht Angst haben sollte, seine Idee zu zeigen, erst mal. Und, dass es wichtig ist, miteinander, also, bei einer Gruppenarbeit irgendwie sich AUSzutauschen. Und dann auch Ideen von anderen zu akzeptieren und sich halt auch überzeugen zu lassen und nicht die ganze Zeit auf seine Ideen (hängenzubleiben?). Und auch, ja, halt gucken, dass man alles gerecht aufteilt. Also dass man irgendwie Verantwortung für seinen Part übernimmt und der Andere für sein/ den anderen Part, damit auch zum Schluss ein gutes Endergebnis rauskommt.«* (A208-216)

[...] Anders als Lena, die den kommunikativen Austausch mit anderen uneingeschränkt und bedingungslos als wesentlichen Vorteil kollaborativer Arbeitsformen benennt (siehe Kap. 5.2.2, Textstellen L11 und L12), formuliert Anh-Duc weitere Bedingungen, die für eine gute Zusammenarbeit erfüllt sein müssen. Die Anforderungen, die der Schüler an den Einzelnen im Rahmen einer erfolgreichen Zusammenarbeit stellt, sind komplex: So solle jedes Gruppenmitglied die Möglichkeit haben, ohne Angst vor dem Urteil der anderen *»seine Idee zu zeigen«*. Die Gruppenmitglieder müssten darüber hinaus bereit sein, *»auch Ideen von anderen zu akzeptieren«* und sich auch davon »überzeugen zu lassen«, dass die Idee eines anderen vielleicht geeigneter oder besser sei, mit der Konsequenz, die eigene Idee im Hinblick auf ein gemeinsames Ergebnis ggf. auch aufzugeben. Von der Gruppe wird darüber hinaus erwartet, dass sie die Arbeit an der gemeinsamen Aufgabe *»gerecht aufteilt«*, wobei die einzelnen Gruppenmitglieder individuell Verantwortung für die ihnen zugewiesenen Teilbereiche übernehmen sollen.

Die Komplexität der Anforderungen an eine erfolgreiche Kollaboration steigt mit zunehmender Gruppengröße: Die Zusammenarbeit in einer Zweiergruppe wird als entlastende Arbeitsteilung wahrgenommen, die zu einem positiven Erleben des gemeinsamen Gestaltungsprozesses führt; die Beteiligung von mehr Personen in einer Vierergruppe stellt dagegen eine gravierende Erschwernis dar, da eine größere Menge an Ideen zu koordinieren und in ein gemeinsames Ergebnis zu integrieren ist.

> Textstelle A6
> *»Weil man es zu zweit gemacht hat. Es war nicht so arbeitsaufwä/ also man konnte sich die Arbeit irgendwie teilen. Und, es hat auch mehr Spaß gemacht, also, weil*

hier sind wir wirklich auf die Straße gegangen und haben Menschen gefragt, ob wir sie fotografieren dürfen, für unseren KALENDER. [...] Und, hier war es so, dass wir es zu zweit gemacht haben, und das war auch viel lustiger und/ (.) Also das hat am meisten Spaß gemacht.« (A136-146)

Ebenso wie Lena und Moritz nennt auch Anh-Duc auf die Frage, welche der drei Aufgaben am meisten Spaß gemacht habe, den Kalender. Alleine die Tatsache, dass die Arbeit »*zu zweit*« stattfand, ist für ihn eine fast schon hinlängliche Begründung für sein Urteil, neben der als ungewöhnlich wahrgenommenen Art der Bearbeitung des Kalenders: selbstständig, außerhalb der Unterrichtsräume und im direkten Kontakt mit fremden Personen. Er ergänzt, dass in der Partnerarbeit die Möglichkeit bestanden habe, Arbeit auf eine nicht näher beschriebene Art »*zu teilen*«, und deutet an, dass der Arbeitsaufwand dadurch geringer war.

Anh-Ducs Beurteilung deckt sich damit wetigehend mit Lenas Erfahrungen, die ebenfalls die beiden von ihr in Partnerarbeit durchlaufenen Gestaltungsprozesse als besonders positiv darstellt (siehe Kap. 5.2.2).

Textstelle A7

»Das hier. Halt für wem, warum man diese Wahl-Partei gegründet hat, was die aussagen soll und wie wir das jetzt machen sollen. Also, das war schon sehr anstrengend. Und außerdem war es anstrengend, wenn man zu viert war, da hatten vier unterschiedliche Ideen. Und dann hat einer ja irgendwie ganz viele Ideen, der andere auch, und dann war es schlimm sich zu einigen und dann auch ein richtiges Ergebnis dann hinzubekommen, und dann haben wir so was gemacht.« (A162-168)

Während mit der Arbeit zu zweit ein grundsätzlich positives Erleben des gemeinsamen bildnerischen Prozesses verbunden wird, führt die Zusammenarbeit in einer größeren (Vierer-) Gruppe im Rahmen der Wahlplakataufgabe dazu, dass der gemeinsame gestalterische Prozess von Anh-Duc als »*sehr anstrengend*« wahrgenommen wird. Der Schüler begründet dies mit der Schwierigkeit, sich angesichts der Vielzahl unterschiedlicher Ideen zu »*einigen*« um ein »*richtiges Ergebnis dann hinzubekommen*«. Er bezeichnet dies sogar mit dem Adjektiv »*schlimm*«, wodurch die Bedeutung mitschwingt, dass die Notwendigkeit oder aber die Art und Weise der Einigung als in hohem Maße unangenehm und äußerst unerfreulich erlebt wurde, diese vielleicht sogar üble oder böse Folgen nach sich ziehen könnte (vgl. DWDS, www.dwds.de/wb/schlimm). Anh-Duc äußert sich dagegen in keiner Weise dazu, wie und ob diese Einigung erreicht werde konnte, sondern verweist lediglich auf die schließlich realisierte Lösung: »*und dann haben wir so was gemacht.*« Im selben Maße, wie mit Partnerarbeit per se eine positive Wahrnehmung des Gestaltungsprozesses verbunden ist, stellt die Arbeit in einer größeren Gruppe für Anh-Duc damit eine gravierende Erschwernis der Zusammenarbeit dar, welche alleine durch die Anzahl der beteiligten Personen und der dadurch zunehmenden Menge an untereinander zu koordinierenden Ideen verursacht wird.

Die Zusammenarbeit in neuen Gruppierungen wird als riskant eingeschätzt, da von neuen Partnerinnen oder Partnern weniger Verlässlichkeit erwartet wird als von bekannten Personen.

> Textstelle A8
> *»Also ich finde Gruppenarbeit allgemein ziemlich gut. Obwohl, es kommt auch auf die Menschen an, mit denen man das macht. Weil, ich glaube, es wäre vielleicht schwierig, bei der Gruppenarbeit mit jemandem zu machen, auf den man sich gar nicht verlassen kann. Oder, mit dem man davor nicht so viel gemacht hat, oder man kennt die Person gar nicht richtig. (.) Und, also ich hatte schon Glück, dass ich zwei Gruppen hatte, also, wo ich immer jetzt schon vor/ davor schon kannte ein bisschen. Weil ich mit denen auch zurecht kam, und dass wir uns nicht gestritten haben oder nicht getr/ nicht tro/ treffen konnten oder irgendetwas.«* (A216-225)

[...] Ähnlich wie Moritz bevorzugt Anh-Duc die Zusammenarbeit mit ihm bekannten Personen, da er diesen mehr Vertrauen entgegenbringt und im positiven Sinne eine größere Verlässlichkeit unterstellt als jenen, bei denen er über keine entsprechenden Erfahrungen verfügt. Anders als Moritz hat Anh-Duc jedoch noch nicht die Erfahrung gemacht, dass auch die Zusammenarbeit mit bekannten Personen nicht gelingen kann (siehe Kap. 5.2.3; Textstellen M13 und M14).

Kollaborativ angelegte Gestaltungsprozesse bieten Raum für die individuelle Persönlichkeitsentwicklung, u. a. die Entwicklung von Kritikfähigkeit, auch durch das empathische Miterleben und Nachvollziehen der Erfahrungen anderer.

> Textstelle A9
> *»Dass es gar nicht so schlimm ist, Kritik einzunehmen, anzunehmen. Weil, deine Arbeit wird ja kritisiert. Und, früher war es irgendwie persönlich. Aber jetzt merkt man halt, dass/ Irgendwie wird ja alles kritisiert und es ist ja nicht/ Es gibt gute und negative Kritik, die man einfach einstecken muss. Und ich habe irgendwie gelernt, auch wenn es nicht so viel kritisiert wurde bei mir, aber halt dass es nicht so schlimm ist, wenn man kritisiert wird. Und halt einfach Ideen von anderen auch zu akzeptieren. Dass, wenn, dass man, irgendwie nicht, nicht die ganze Zeit sei/ dass man seine Idee durchsetzen möchte, sondern auch wirklich anderen Menschen zuhören sollte und gucken, was sie aus der Idee machen können, was wir aus der I/ Idee machen können.«* (A284-294)

Anh-Duc kann im Rahmen gemeinschaftlicher Gestaltungsprozesse mehrere, für seine individuelle Persönlichkeitsentwicklung bedeutsame Erfahrungen machen. Dies kann an dem langen Redezug (A284-307) rekonstruiert werden, in dem er gegen Ende des Interviews auf die zielgerichtete Bitte der Interviewerin nach einem Resümee des Kunsthalbjahres (A278-283) eingeht. Als erste Reaktion auf diese Bitte, die hier als Ausschnitt aus dem gesamten

Redezug vorliegt, spricht Anh-Duc über seine Erfahrungen, die er im vergangenen Halbjahr im Umgang mit Kritik gemacht habe. Es deutet sich an, dass sich seine Einstellung zum Kritisiert-Werden insofern in eine positive Richtung verändert hat, als er diese im Vergleich zu »*früher*« nicht mehr »*irgendwie persönlich*« nimmt, sondern differenzierter wahrnimmt, dass nicht die Person, sondern die »*Arbeit*« kritisiert wird.

Von besonderer Bedeutung ist in diesem Zusammenhang jedoch, wie Anh-Duc zu dieser veränderten Einstellung gelangt ist: »*Und ich habe irgendwie gelernt, auch wenn es nicht so viel kritisiert wurde bei mir, aber halt dass es nicht so schlimm ist, wenn man kritisiert wird.*« Der Schüler hat seine äußerst wertvolle Erkenntnis im Hinblick auf die Entwicklung einer produktiven Kritikfähigkeit also gar nicht aus der eigenen Erfahrung des Kritisiert-Werdens gewonnen, sondern aus dem empathischen Miterleben der Erfahrungen anderer. Es zeigt sich darin, dass in der Interaktion mit anderen auch im Bereich der Persönlichkeitsentwicklung an den Erfahrungen der Mitschülerinnen und Mitschüler ›mitgelernt‹ werden kann und dass durch das passive Miterleben sozialer Lernprozesse anderer auch eigene Entwicklungen in Gang gesetzt werden können.

In der Zusammenarbeit mit anderen werden Zuständigkeiten entsprechend der für die jeweilige Aufgabenstellung erforderlichen spezifische Fähigkeiten und Kompetenzen der Gruppenmitglieder untereinander aufgeteilt; diese ergänzen sich zu einem gemeinsamen Gesamtergebnis, das die Möglichkeiten des Einzelnen übersteigen kann.

> Textstelle A11
>
> »*Also darum fand ich es gar nicht so schlimm, dass wir Partnerarbeit gemacht haben oder Gruppenarbeit. Also ich würde es mir schlimmer vorstellen, zum Beispiel, ein eigene Partei (.) Einzelarbeit, in Einzelarbeit zu machen. Weil mir dann gar nicht so viel einfallen würde, wie wenn vier Köpfe dann jetzt sitzen würden und wissen ›Okay, was wir Pa/ Partei dann erreichen kann‹ und, so was. Also, jetzt hier hatten wir dann auch mehr Ideen, unsere Partei zu begründen und/ (.) Und das war auch besser, weil ich habe zum Beispiel keine Ahnung, nicht so viel (.) von Bildbearbeitung, mit dem Computer. Und zum Glück hatten wir Gruppenarbeit gemacht und da kannte sich eine aus. Und, sie hat dann wirklich unser Logo gemacht, die Schrift, das die Bild/ das Bilder ausgeschnitten, so ein bisschen schärfer gestellt, mit Helligkeit und Schatten so gemacht. Also, da hatte ich es schon gut, dass wir Gruppenarbeit gemacht haben, weil wenn/ Würde ich das alleine machen, glaube ich, würde es nicht so gut aussehen wie, so wie jetzt, und darum fand ich es auch schon cool.*« (A255-269)

[...] Nachdem Anh-Duc erneut betont hat, dass ihm Zusammenarbeit grundsätzlich mehr Spaß mache als Einzelarbeit, jedoch auch schwierig sei (A231-237), geht der Schüler in der hier vorliegenden Interviewstelle auf die Vorteile einer Zusammenarbeit ein. Ebenso wie Lena (siehe Kap. 5.2.2, Textstelle L11) meint Anh-Duc, dass in der Zusammenarbeit in einer Gruppe »*mehr Ideen*« entstünden als in Einzelarbeit. Darüber hinaus beschreibt er, wie im Rahmen der Gruppenarbeit an der Wahlplakataufgabe spezifische Fähigkeiten eines einzelnen Gruppenmitglieds im Bereich der digitalen Bildbearbeitung zu einem gemeinsamen Ergebnis beigetragen haben, welches Anh-Duc sich alleine nicht zugetraut hätte: »*Würde ich das alleine machen, glaube ich, würde es nicht so gut aussehen wie, so wie jetzt, und darum fand ich es auch schon cool.*«

> Textstelle A12
> »*Mhm (zustimmend). War bei uns/ Also bei BEIDEN Projekten war es so, weil hier (zeigt auf Kalender) hatt/ konnte ich dann fotografieren und sie dann mehr mit den Inhalt sich beschäftigen. Und, und hier war es so, das Fotografieren und hier habe ich mehr halt das mit der Politik gemacht. Und andere haben halt die Bilder bearbeitet und noch weitergedacht, was es dann noch sein könnte und was unsere Motivation und so was ist. Also war schon cool, Partnerarbeit und Gruppenarbeit.*« (A271-277)

[...] Anders als beim Erwerb von Kritikfähigkeit, für die anhand der Textstelle A9 rekonstruiert werden kann, dass Anh-Duch durch den empathischen Nachvollzug der Erfahrungen seiner Mitlernenden seine eigene Sozialkompetenz erweitert, führt die Spezialisierung innerhalb der Gruppenarbeit nicht dazu, dass die bildnerischen oder technischen Kompetenzen anderer Gruppenmitglieder aktiv auf ihn übertragen werden, dass er bspw. durch die Beobachtung oder durch gezielte Erklärungen einer Mitschülerin bei der digitalen Bildbearbeitung lernt, wie er diese selbst durchführen kann. Vielmehr handelt es sich, wie in der vorliegenden exemplarischen Textstelle deutlich wird, um ein passives Mitprofitieren: Das Gesamtergebnis wird dadurch verbessert, dass die Gruppenmitglieder ihre individuellen Fertigkeiten anwenden und einbringen.

Zusammenfassung

Kollaborative Gestaltungsprozesse werden von Anh-Duc grundsätzlich positiv eingeschätzt, weil ihm der kommunikative Austausch innerhalb der Gruppe eine wichtige Orientierung hinsichtlich des gestalterischen Vorgehens bietet, welche er – ebenso wie Lena – bei Einzelarbeiten vermisst. Auch für Anh-Duc kann wie für Lena rekonstruiert werden, dass die Kollaboration im Rahmen eines Gestaltungsprozesses einerseits zu gemeinschaftlich getragenen Gestaltungsentscheidungen, -handlungen und ästhetischen Beurteilungen führt und andererseits zu einer hohen Identifikation mit der Aufgabenstellung beiträgt.

Im Unterschied zu seiner Mitschülerin ist Anh-Duc jedoch kein bedingungsloser Befürworter kollaborativer Arbeitsformen: Er entscheidet pragmatisch je nach Arbeitsaufwand, ob er die Bearbeitung in Einzel- oder in Zusammenarbeit bevorzugt. Auch wird die Zusammenarbeit in neuen Gruppierungen von ihm als riskant eingeschätzt, da er – ähnlich wie Moritz – von neuen Partnerinnen oder Partnern weniger Verlässlichkeit erwartet als von ihm bekannten

Personen. Darüber hinaus sind die Anforderungen an eine erfolgreiche Zusammenarbeit aus Anh-Ducs Sicht äußerst komplex: Neben der grundsätzlichen Kommunikationsbereitschaft aller Gruppenmitglieder sind eine offene und angstfreie Atmosphäre, die Aufgeschlossenheit gegenüber den Ideen der anderen Gruppenmitglieder sowie die individuelle Verantwortungsübernahme im Hinblick auf ein gemeinsames Endergebnis wichtige Bedingungen für eine konstruktive Zusammenarbeit.

Den Einschätzungen Lenas entsprechend, nimmt dabei auch seiner Ansicht nach die Komplexität der Anforderungen mit zunehmender Gruppengröße zu: Während die Zusammenarbeit in einer Zweiergruppe als entlastende Arbeitsteilung wahrgenommen wird, die zu einem positiven Erleben des gemeinsamen Gestaltungsprozesses führt, stellt die Beteiligung von mehr Personen in einer Vierergruppe eine gravierende Erschwernis dar, da eine größere Menge an Ideen zu koordinieren und in ein gemeinsames Ergebnis zu integrieren ist.

Wie Moritz hat Anh-Duc die »Image«-Fotoserie in Einzelarbeit erstellt, sodass auch für ihn Aussagen getroffen werden können über den Einfluss von Schüler-Schüler-Interaktion auf das Verhalten und Handeln im Rahmen einer bildnerischen Einzelarbeit. Dabei kann festgehalten werden, dass die Interaktion mit anderen auch in Einzelarbeit den Gestaltungsprozess des Schülers auf verschiedenen Ebenen (Entscheidungsfindung, praktische Umsetzung) maßgeblich beeinflusst und dass sie sich – wie bei Moritz – eher als ein einseitiges Hilfe-in-Anspruch-Nehmen darstellt. Seine Interaktion im Rahmen einer Einzelarbeit unterscheidet sich insgesamt dennoch deutlich von Moritz' Verhalten. Während dieser ganz wesentliche praktische Bearbeitungsschritte der helfenden Person überlässt und dieser auch die volle Verantwortung hierfür zu übertragen scheint, behält Anh-Duc stets den Überblick und die Kontrolle über den Beitrag seiner Assistentinnen und Assistenten und die Verantwortung für seine Fotoserie.

Eine weitere, über die Rekonstruktionen aus den Interviews mit Lena und Moritz hinausgehende Bedeutung kollaborativen Handelns bei Anh-Duc ist, dass auch im Bereich der Persönlichkeitsentwicklung an den Erfahrungen der Mitschülerinnen und Mitschüler ›mitgelernt‹ werden kann: Ausgelöst durch das passive Miterleben sozialer Lernprozesse anderer können auch eigene Entwicklungen, im konkreten Fall eine Veränderung seiner Einstellung zu Kritik, in Gang gesetzt werden.

Die Analyse des Interviews mit Anh-Duc trägt darüber hinaus weiter zu einer Klärung der Frage bei, wie konkret bei der gemeinsamen Bearbeitung bildnerisch-gestalterischer Aufgabenstellungen vorgegangen wird: Zuständigkeiten werden entsprechend der für die jeweilige Aufgabenstellung erforderlichen spezifischen Fertigkeiten und Kompetenzen der Gruppenmitglieder untereinander aufgeteilt. Dabei ergänzen sich die individuellen bildnerischen Fähigkeiten zu einem gemeinsamen Gesamtergebnis, das die Möglichkeiten des Einzelnen übersteigen kann. Die gegenseitige Vermittlung solcher Fähigkeiten wird jedoch nicht angesprochen oder spielt zumindest in den Aussagen des Schülers über dessen Lernprozesse im Unterricht und während der Gruppenarbeit keine Rolle.

5.2.5 Fall »Felicitas«

Bildung bzw. Überprüfung von Bedeutungseinheiten (Auszüge)

Bei der Gruppenbildung wird die Zusammenarbeit mit einer bestimmten Partnerin bevorzugt: 1. aufgrund positiver Erfahrungen bei früheren Kollaborationen, 2. da die Zuverlässigkeit neuer Partnerinnen oder Partner nicht eingeschätzt werden kann und die Bildung von Gruppen durch die Lehrerin als riskant für den Erfolg der Zusammenarbeit und eine positive Leistungsbewertung empfunden wird.

> Textstelle F1
> *»Bis jetzt war es so, dass wir es uns selber aussuchen konnten. Aber Frau Stern-Friedrich meinte, dass wir es jetzt bald auch mal so machen, dass alle durchmixt sind, dass man nicht immer nur die gleichen Partner hat. Vor allem/ Also sie wollte das eigentlich schon machen, als wir das Klau/die Klausur geschrieben haben, aber da waren wir ALLE dagegen. Weil wir dachten, ja, das ist ja eine riesige Zensur und so und die wird echt wichtig sein, und da wollen wir nicht mit Leuten sein, wo wir schon so ein bisschen wissen, dass die, na ja, vielleicht nicht ganz so zuverlässig sind oder so.«* (F130-137)[76]

Auf die Frage der Interviewerin nach der allgemeinen Vorgehensweise bei der Gruppenzusammenstellung erzählt Felicitas, dass bisher die Partnerinnen und Partner von den Lernenden frei gewählt werden konnten. Von der Lehrerin sei aber bereits einmal ein Versuch unternommen worden, die Gruppen mehr zu durchmischen um dafür zu sorgen, dass »*man nicht immer nur die gleichen Partner hat*«. Da es sich dabei jedoch um eine für die Leistungsbewertung besonders relevante Aufgabenstellung (die Klausurersatzleistung »12«; siehe Kap. 4.4) und eine »*eine riesige Zensur*« gehandelt habe, sei dies vom gesamten Kurs vehement abgelehnt worden. Felicitas geht also davon aus, dass das Durchmischen von Gruppen unweigerlich mit sich bringt, dass die Lernenden nicht mitentscheiden dürfen, mit wem sie zusammenarbeiten. Sie befürchtet daher, mit Personen in einer Gruppe zusammenarbeiten zu müssen, die »*vielleicht nicht ganz so zuverlässig sind*«, und sie wirkt sehr sicher, dass sich unter den Teilnehmenden des Kunstkurses solche Personen befinden. Eine allein von der Lehrerin vorgenommene Gruppenzusammenstellung bedeutet für sie somit eine Art Kontrollverlust. Sie ist insofern äußerst riskant, als aus Felicitas' Sicht die realistische Möglichkeit besteht mit jemandem zusammenarbeiten zu müssen, der den Erfolg der Gruppenarbeit und damit eine positive Bewertung durch mangelnde Verlässlichkeit gefährden könnte.

Gemeinschaftliches Agieren im kollaborativen Gestaltungsprozess führt zu gemeinsam getragenen Gestaltungsentscheidungen, -handlungen und ästhetischen Beurteilungen sowie zur Identifikation mit der Aufgabenstellung.

76 Die Zeilenangaben in diesem Kapitel beziehen sich auf das Transkript Nr. 4 Interview Felicitas (siehe Anhang).

Textstelle F3
»Jaaa. (leise) Worüber soll ich sprechen (..) Ich nehme mal einfach mal unsere Klausurersatzleistung. (.) Also da war halt unser Thema, dass wir halt zwölf, also beziehungsweise dreizehn Bilder schießen mussten zu einem bestimmten Thema, dass wir dann halt einen Kalender haben, dreizehn wegen des Titelbilds.« (F013-017)

Stellvertretend für zahlreiche weitere (vgl. z. B. F036-038, F051-052, F071-081) sei hier diese Textstelle angeführt als Beleg dafür, dass die anhand der Äußerungen von Lena und Anh-Duc interpretierte Bedeutungseinheit auch auf Felicitas zutrifft (siehe Kap. 5.2.2, Textstellen L9 und L10 sowie Kap. 5.2.4, Textstelle A5). Sie identifiziert sich mit der Aufgabenstellung (»*unser Thema*«) und insbesondere bezüglich der Partnerarbeit mit Marie im Rahmen der Kalenderaufgabe wird durch das nahezu durchgängige Sprechen in der Wir-Form deutlich, dass die Gestaltungsentscheidungen und -handlungen von beiden Beteiligten gemeinschaftlich getragen werden.

Einen von den Beteiligten als gelungen wahrgenommenen gemeinschaftlichen Gestaltungsprozess zeichnet ein planvolles, zielorientiertes Vorgehen bei gleichzeitiger Offenheit für experimentell entwickelte Modifikationen aus.

Textstelle F4
»Und jetzt bei dem (.) Klausurprojekt, ging es dann relativ schnell. Also wir waren halt in der Bibliothek, haben uns dann Bücher angeguckt, also Kunstbücher. Und haben halt bisschen so rumgestöbert, nicht genau nach irgendwas gesucht. Und dann ist uns halt aufgefallen, dass halt ein paar echt interessante Bilder waren, und sind dann halt so auf unser Thema gekommen. Und haben dann da halt ganz viele Ideen entwickelt, uns ganz oft getroffen und so. Dann halt geguckt, wie wir das verwirklichen können. Weil, (.) wir brauch/ Also bei uns war halt auch/ Wir brauchten halt viele SCHÜLER. Wir wollten nicht nur uns selber halt darstellen, sondern wir brauchten halt viele andere. Und haben dann halt aus unserer Schule irgendwelche Leute einfach mal angefragt, und ob die Zeit haben und so. Und dann rumprobiert oder genauere Pläne gehabt, war verschieden.« (F032-044)

Anhand dieser Textstelle kann auch die am Interview mit Lena entwickelte Bedeutungseinheit (siehe Kap. 5.2.2, Textstellen L1 und L2) fallübergreifend validiert werden: Ähnlich wie Lena und Ariunaa haben Felicitas und Marie im Rahmen der Kalenderaufgabe einerseits »*genauere Pläne gehabt*« (z. B. für eine Recherche in die Bibliothek gehen, gezielt Schüler als Statisten ansprechen), waren dabei andererseits aber stets offen für unerwartete, spontane Einflüsse und Ideen (»*Und haben halt bisschen so rumgestöbert, nicht genau nach irgendwas gesucht.*«) bzw. haben weniger zielorientiert »*rumprobiert*«.

Kollaborative Gestaltungsprozesse werden grundsätzlich positiv eingeschätzt, da die Möglichkeit gegenseitiger Unterstützung besteht, die Menge an Ideen zunimmt und die Perspektiven in Bezug auf die gemeinsame Arbeit erweitert werden.

> Textstelle F5
> *»Weil, vor allem bei uns (.) mussten wir dann halt ein bisschen gucken so, wie wir das alles darstellen und so. Da gab es halt viele verschiedene Sachen, auf die man achten musste und so. Und wir haben es auch immer so gemacht, dass jeder das Motiv mal fotografiert hat, außer bei zwei Bildern, glaube ich. Weil jeder halt irgendwie so einen anderen Blick dafür hat und so. Deshalb sind da auch verschiedene Sachen rausgekommen bei uns so. Und ja. Doch ich denke mal, hier war es am Wichtigsten, so dass man auch zusammenarbeitet und nicht so jeder sein Ding macht und so und nicht auf den Anderen eingeht und so. Sonst wäre da, glaube ich, nicht das rausgekommen, was jetzt da ist. (lacht)«* (F169-178)

[...] In ihrer Beschreibung des konkreten Fotografierens der Bilder für den Kalender liefert Felicitas ein anschauliches Beispiel dafür, wie die unterschiedlichen Perspektiven der Partnerinnen durch das Abwechseln beim Fotografieren wortwörtlich Einfluss auf das vielschichtige gemeinsame Gestaltungsprodukt nehmen: »*Und wir haben es auch immer so gemacht, dass jeder das Motiv mal fotografiert hat, außer bei zwei Bildern, glaube ich. Weil jeder halt irgendwie so einen anderen Blick dafür hat und so. Deshalb sind da auch verschiedene Sachen rausgekommen bei uns so.*«

Die Gruppengröße bestimmt das individuelle Verhalten innerhalb kollaborativ angelegter Gestaltungen: Während in der Kleingruppe gewohnte passive Verhaltensmuster und Einstellungen beibehalten werden, erfolgt in der Partnerarbeit eine aktive gemeinschaftliche Verantwortungsübernahme abweichend vom gewohnten Rollenverhalten.

> Textstelle F6
> *»Mmh, lang ist's her. (lacht, zögerlich) Wie war das denn? (...) Ich glaube, (..) dass vor allem Sina und Marie/ Also, (lacht) Marie, Sina und Nele gearbeitet. Dass die beiden halt so vor allem die Ideen hatten. Aber die beiden sich halt auch so irgendwie ein bisschen im Gegensatz standen und so und ihre, nicht so die gleiche Meinung hatten immer und so. Jaa. Aber wir haben uns dann halt irgendwie geeinigt, also, es war dann halt im Endeffekt okay. Und ich, (lacht) jaa. (.) Ich fand es beides okay (.) Ja. (lacht)«* (F084-090)

Auch diese Bedeutungseinheit, die bei der Interpretation des Interviews mit Lena formuliert wurde, kann durch die Äußerungen Felicitas' fallübergreifend validiert werden. [...] Die Schülerin beschreibt für sich eine Verhaltensweise bei der Gruppenarbeit an der Wahlplakataufgabe, die im Einklang steht mit ihrer selbstinitiierten Selbstdarstellung zu einem sehr frühen Zeitpunkt des Interviews: »*Also ICH bin da eigentlich nicht so diejenige, die dann immer sagt »Ja, nein, ich will dies, ich will das, und das will ich nicht«. Sondern ich gucke einfach, wie es sich so entwickelt und sage dann, wenn es mir GAR nicht passt, aber ich lass mich halt auf Vieles auch einfach mal ein.*« (F029-032) Auch Felicitas verhält sich damit in der Kleingruppe entsprechend der von ihr selbst reflektierten abwartenden Grundhaltung, nimmt dagegen in einer Partnerarbeit weit aktiver am gemeinsamen Gestaltungsprozess teil (vgl. Textstelle F5).

Die Anforderungen an eine erfolgreiche Kollaboration in einer Kleingruppe sind komplex und erfordern lange Phasen der kommunikativen Aushandlung, da eine große Menge an Ideen zu koordinieren und in ein gemeinsames Ergebnis zu integrieren ist.

> Textstelle F7
> »*Eine halt ganz am Anfang, wo wir zu viert waren oder mehrere, über Plakate, Plakatgestaltung, wo wir eine richtige Partei entwickeln mussten und so. Und, ja, das war an sich auch ganz schö/ also ganz interessant so. Es war, glaube ich, unser erstes Projekt, großes so. Und, jaa, da war es halt so ein bisschen schwierig, dass wir halt so viele Sachen hatten, die wir machen konnten, beziehungsweise nicht machen wollten und (..) Ja, mussten wir halt auch viel Zeit investieren und so. Aber, das Endergebnis ist auch sehr gut geworden (lacht) unserer Meinung nach.*« (F061-068)

Mit deutlichen Parallelen zu Anh-Duc (siehe Kap. 5.2.4, Textstelle A7) kann an dieser Textstelle auch für Felicitas rekonstruiert werden, dass die Bearbeitung einer relativ offen formulierten bildnerischen Aufgabe in einer Kleingruppe vor allem deshalb hohe Anforderungen an die Gruppenmitglieder stellt, da durch die relativ große Menge an beteiligten Personen und die Offenheit der Aufgabenstellung viele verschiedene Möglichkeiten der Bearbeitung bestehen, die in der Gruppe ausgehandelt werden müssen. Dafür habe die Gruppe bei der Wahlplakataufgabe »*viel Zeit investieren*« müssen, was sich nach Meinung der Schülerin im Hinblick auf das sehr gute »*Endergebnis*« jedoch gelohnt habe.

Die Komplexität der Anforderungen an eine erfolgreiche Kollaboration steigt mit zunehmender Gruppengröße: Die Zusammenarbeit in einer größeren Gruppe wird im Unterschied zur Partnerarbeit eher als unangenehm und anspruchsvoll wahrgenommen.

> Textstelle F8
> »*Aber, ja bei DEM (deutet auf die Wahlplakat-Abbildungen) war es halt ein bisschen schwierig so, dass wir so viele waren in einer Gruppe. Also ich finde es halt besser, wenn man nicht zu viele Leute da sind, also zwei oder drei ist gut, aber vier oder fünf ist echt zu viel irgendwie.*« (F159-160)

An dieser Textstelle wird deutlich, dass Felicitas die Auffassung Anh-Ducs teilt, dass die Komplexität der Zusammenarbeit mit steigender Gruppengröße zunehme (siehe Kap. 5.2.4, Textstelle A6). Vor diesem Hintergrund spricht sie sich klar für kleinere Gruppengrößen aus.

In der Zusammenarbeit mit anderen werden Zuständigkeiten entsprechend der für die jeweilige Aufgabenstellung erforderlichen spezifische Fähigkeiten und Kompetenzen der Gruppenmitglieder untereinander aufgeteilt; diese ergänzen sich zu einem gemeinsamen Gesamtergebnis, das die Möglichkeiten des Einzelnen übersteigen kann.

> Textstelle F9
> *»I: (lacht) Immerhin bist du ja //auch auf dem Plakat!//*
> *F: //Ja, ja.// (lacht) Jaa. Das war jetzt nicht so meine Idee, sondern da meinten die anderen so von wegen, ja (lacht) ich sei jetzt am sympathischsten oder was weiß ich, was die da für Ideen dachten. Ja. Und, genau, dieses Plakat hat halt größtenteils Marie/ Also na ja, die Plakatgestaltung und so haben wir alles zusammen gemacht, so wie wir es dann haben wollten, auch mit den Farben und so. Da haben wir aber auch noch mal andere Leute gefragt, wie sie das denn so finden, oder was sie denken, was irgendwie besser wirken könnte und so. Und, aber, das hat dann Marie größtenteils dann zu Hause gemacht, weil wir nicht so gut mit den Compu/ also mit diesem Programm, Bildbearbeitungsprogramm klarkamen, wir anderen. Ja. Aber das war, also es war geteilt alles und so, und sie meinte auch, das wäre okay und so. Ja.«* (F091-102)

Auch bezüglich der Arbeitsteilung entsprechend spezifischer Fertigkeiten und Kompetenzen zeigen sich deutliche Parallelen zwischen Anh-Duc und Felicitas, sodass die vorliegende Textstelle hier lediglich als weiterer Beleg für die an den Textstellen A11 und A12 in Kap. 5.2.4 entwickelten Interpretationen angeführt wird.

Kollaborativ angelegte Gestaltungsprozesse bieten Raum für die individuelle Persönlichkeitsentwicklung, z. B. für das Erkennen eigener Interessen, die Entwicklung von Bildkompetenz und von Strategien in gestalterischen Prozessen.

> Textstelle F10
> *»(11) Na ja. Also, zum Beispiel jetzt bei den Plakaten ist mir dann, als wir das Projekt hatten, so gleich aufgefallen, dass ich auf Vieles ganz anders geguckt habe. Also auch noch auf andere Plakate, so dass mir ganz andere Dinge darauf, daran an/ aufgefallen sind. Dass ich auf andere Dinge geachtet habe, also, so Farbkombinationen und solche Sachen und wie das so aufge/ (..) das Layout halt. Und insgesamt, dass man vielleicht nicht die allererste Idee nehmen sollte und die gleich verwirklichen, sondern erst mal noch ein bisschen weiter gucken, gibt es noch andere Möglichkeiten, was kann ich da noch machen und so. Ja.«* (F241-249)

Auch bei Felicitas wird deutlich, dass sie bei der Auseinandersetzung mit Wahlplakaten, die im Kunstunterricht in Form der Kleingruppenarbeit im Rahmen der Aufgabenstellung »Wählt die NKG!« stattfindet, für sie individuell bedeutsame und für die Entwicklung produktiver und rezeptiver fachlicher Kompetenzen wichtige Erfahrungen machen kann. Sie umschreibt, dass sich einerseits ihre ästhetische Wahrnehmung von Plakaten allgemein sensibilisiert hat. Andererseits nennt sie die Vorgehensweise bei den im Kunstunterricht bearbeiteten Aufgabenstellungen, sich nicht zu schnell auf eine Idee festzulegen, sondern im Verlaufe des Gestaltungsprozesses offen für Weiterentwicklungen zu bleiben, als eine gestalterische Strategie, die sie auch auf individuelle Vorhaben übertragen kann: »*Und insgesamt, dass man vielleicht nicht die allererste Idee nehmen sollte und die gleich verwirklichen, sondern erst mal noch ein bisschen weiter gucken, gibt es noch andere Möglichkeiten, was kann ich da noch machen und so.*« (Siehe die Entsprechungen bei Lena und Anh-Duc, Kap. 5.2.2, Textstellen L13-L15 bzw. Kap. 5.2.4, Textstelle A9)

Durch die Interaktion mit anderen im Sinne einer kommunikativen Verständigung über die Aufgabenstellung wird auch in Einzelarbeit der Gestaltungsprozess positiv beeinflusst.

> Textstelle F11
> »*Aber, bei dem Projekt war es eigentlich gar nicht so schlimm, dass man da sozusagen alleine die Sachen machen musste, weil man da auch noch mal so mit anderen reden konnte und so, was die hatten und so. Und das ging auch, also. Aber ich glaube, im Endeffekt finde ich Gruppenarbeiten in Kunst besser, also.*« (F114-118)

Ähnlich wie bei Anh-Duc (siehe Kap. 5.2.4, Textstelle A3) kann für Felicitas anhand dieses Kommentars zu der »Image«-Aufgabe rekonstruiert werden, dass der Austausch mit anderen sich auch bei einer Einzelarbeit, für die Felicitas alleine die Verantwortung trägt (»*aber die Ideen und so von mir kommen*«; F107), günstig auf den individuellen Gestaltungsprozess auswirkt. Die Interaktion mit anderen erweist sich damit als unabdingbar, um nicht nur die von der Schülerin grundsätzlich bevorzugten »*Gruppenarbeiten*«, sondern auch Gestaltungsprozesse im Rahmen von Einzelarbeit als positiv erleben zu können.

Zusammenfassung

Durch die Analyse des Interviews mit Felicitas können mehrere bereits anhand der anderen Interviews rekonstruierte Bedeutungseinheiten validiert werden:

Ähnlich wie bei Anh-Duc ist die Möglichkeit, sich im Rahmen einer Einzelarbeit kommunikativ auszutauschen, aus Sicht der Schülerin von großer Bedeutung für die positive Wahrnehmung und den Erfolg des individuellen Gestaltungsprozesses. Auch bei ihr ist – wie bei Lena – der erfolgreiche Gestaltungsprozess im Rahmen der Kalenderaufgabe geprägt von einem planvollen, zielorientierten Vorgehen bei gleichzeitiger Offenheit für experimentell entwickelte Modifikationen. Arbeitsteilung ist für Felicitas – wie für Anh-Duc – eine wichtige Strategie, bei der die einzelnen Gruppenmitglieder Verantwortung für die ihnen durch die Gruppe zugewiesenen Bereiche übernehmen und ihre spezifischen Fähigkeiten und Kompetenzen im Hinblick auf ein gemeinsames Gesamtergebnis einbringen. Analog zu Lena bestimmt jedoch bei Felicitas die Gruppengröße ihr individuelles Verhalten innerhalb kollaborativ angelegter Gestaltungen. Während sie in der Kleingruppe ihre eher passive und abwartende Grundhaltung aufrechterhält, nimmt auch sie abweichend von ihrem gewohnten Rollenverhalten an dem Gestaltungsprozess in Partnerarbeit bei der Kalenderaufgabe »12« deutlich aktiver teil.

Wie Lena und Anh-Duc sammelt Felicitas im Rahmen kollaborativer Gestaltungsprozesse wichtige Erfahrungen im Hinblick auf ihre individuelle Persönlichkeitsentwicklung. Ebenso wie Lena gelingt es ihr, ihre eigenen ästhetischen Interessen danach genauer zu benennen. Darüber hinaus hat sie aus der gemeinschaftlichen Beschäftigung mit Wahlplakaten heraus ihre individuelle Bildkompetenz weiterentwickelt und eigene Strategien für gestalterische Prozesse abgeleitet.

Und auch bei Felicitas zeigt sich nach Lena und Anh-Duc ein weiteres Mal, dass die positiven Effekte der Zusammenarbeit bei einer Partnerarbeit besonders stark sind. Die Zusammenarbeit in größeren Gruppen scheint dagegen zu einer größeren Komplexität des Gestaltungsprozesses beizutragen, mit der Folge, dass Kleingruppenarbeit – im Unterschied zu Partnerarbeit – insgesamt weniger als entlastend, sondern zum Teil sogar als Erschwernis oder Belastung des Gestaltungsprozesses empfunden wird.

Darüber hinaus hat sich nach der Interpretation des Interviews der Eindruck aus dem ersten Materialdurchgang verfestigt, dass es sich bei Felicitas um eine stark leistungsorientierte Schülerin handelt. Stets im Hinblick auf eine möglichst positive Leistungsbewertung der von ihr im Kunstunterricht bearbeiteten Aufgabenstellungen verlässt sie sich ganz auf ihre bewährte Partnerin Marie. Denn bei ihr kann sie sich sicher sein, dass sie zuverlässig ist, die gleichen Interessen wie sie selbst verfolgt und fachlich in der Lage ist, gut zu arbeiten. Daher zeigt Felicitas nur wenig Bereitschaft und kein wirkliches Verständnis für den Versuch der Lehrerin, feste Gruppenstrukturen durch die Bildung neuer Arbeitsgruppen bewusst aufzubrechen: Die Möglichkeit, dass die Zusammenarbeit mit neuen Partnerinnen oder Partnern weniger erfolgreich sein und daher schlechter bewertet werden könnte, schätzt Felicitas als äußerst wahrscheinlich ein. Auffällig ist in diesem Zusammenhang, dass in Felicitas Wahrnehmung im Kunstunterricht nur zwei sich deutlich entgegenstehende Alternativen der Gruppenbildung existieren: 1. Wenn die Lernenden die Gruppen selbst bilden, entscheidet sie selbst sich bedingungslos für die Zusammenarbeit mit ihrer bewährten Partnerin Marie. 2. Wenn die Lehrerin die Gruppen bildet, haben die Lernenden kein Mitspracherecht. Gerade leistungsstarke Schülerinnen und Schüler wie Felicitas müssen ihrer Wahrnehmung nach bei dieser Variante damit rechnen, dass sie im Sinne einer leistungsheterogenen Gruppenbildung gezielt mit weniger zuverlässigen Lernenden gruppiert werden. Daraus leitet Felicitas die Befürchtung ab, dass die Zusammenarbeit sich komplizierter gestalten und in einem weniger überzeugenden Ergebnis münden könnte als in der Kollaboration mit ihrer selbst gewählten, bewährten Partnerin.

5.2.6 Synthetisierte Gesamtaussage über die Bedingungen und Potentiale kollaborativen Handelns im Kunstunterricht aus Sicht der interviewten Schülerinnen und Schüler

Durch eine weitere Paraphrasierung, zusammenfassende Schärfung und Neuordnung stellt sich das untersuchte Phänomen, das kollaborative Handeln im Kunstunterricht, aus der Schülerperspektive zusammengefasst als ein komplexes Gefüge aus dafür notwendigen oder diese begünstigenden Bedingungen und damit verbundenen Potenzialen dar. Im Folgenden werden zunächst die aus den Interviews rekonstruierten Bedingungen kollaborativen Handelns im Kunstunterricht erläutert, daran anschließend werden die damit verbundenen Potentiale aufgezeigt.

Bedingungen kollaborativen Handelns im Kunstunterricht

Sicherheit und Orientierung der Beteiligten bezogen auf das bildnerische Handeln

Bei allen Interviewten besteht ein starkes Bedürfnis nach Sicherheit und Orientierung in mehrfacher Hinsicht: Sie möchten wissen, welche Erwartungen (von der Lehrerin, von Partnerinnen und Partnern, von den übrigen Gruppenmitgliedern) an sie gestellt werden. Sie möchten mit verlässlichen Personen zusammenarbeiten. Sie möchten nichts riskieren, was die erfolgreiche Teilnahme am Unterricht, die sich für sie in Form guter Benotung manifestiert, verhindern könnte. Aus diesen Gründen bevorzugen sie einerseits die Zusammenarbeit mit bekannten oder bewährten Partnerinnen oder Partnern. Andererseits suchen sie immer wieder den Austausch mit den übrigen Kursmitgliedern, um sich kommunikativ darüber zu versichern, wie eine (offen formulierte) Aufgabenstellung gemeint ist, was möglich ist oder erwartet wird, welches die Rahmenbedingungen sind. Wenn dieses Grundbedürfnis nach Sicherheit und Orientierung gefährdet oder nicht erfüllt ist, zeigen die Schülerinnen und Schüler nur wenig Bereitschaft, sich auf einen bildnerischen Prozess einzulassen.

Intensive Kommunikation auf zwei Ebenen: Organisation des gemeinsamen Gestaltungsprozesses und Herstellen von Gemeinschaft

Es überrascht nicht, dass alle Interviewten der Kommunikation zwischen den Kollaborationspartnerinnen und -partnern eine zentrale Bedeutung beimessen. Beachtenswert ist hierbei jedoch, dass diese gleichermaßen auf zweierlei Ebenen bezogen sein muss. So dient sie einerseits der pragmatischen Organisation des gemeinsamen Gestaltungsprozesses, bspw. werden Informationen ausgetauscht, Wissen vermittelt, Handlungen untereinander koordiniert und Arbeit wird aufgeteilt. Zugleich hat sie jedoch auch kontinuierlich die Funktion, Gemeinschaft zwischen Partnerinnen und Partnern oder Gruppenmitgliedern herzustellen bzw. aufrechtzuerhalten. In dieser Hinsicht geht es darum, die individuellen Positionen und Bedürfnisse in Bezug auf die gemeinsame Auseinandersetzung mit dem bildnerischen Auftrag gegenseitig zu klären und untereinander zu vermitteln.

Eine solche intensive Kommunikation erweist sich nach der Analyse der Interviews als eine zentrale Bedingung, die in Bezug auf verschiedenste Potentiale notwendig erfüllt sein muss: Ohne Absprachen untereinander ist ein möglichst selbstgesteuertes und eigenverantwortliches bildnerisches Handeln in der Gemeinschaft mit anderen kaum realisierbar bzw. – wie in verschiedenen Interviews deutlich wurde – zum Scheitern verurteilt. Ohne einen intensiven kommunikativen Austausch entsteht Einzelarbeit auch im Rahmen von Gruppenarbeit: Es kommt zu einem Nebeneinander- anstelle eines Miteinanderarbeitens. Der positive Effekt der Intensivierung des Gestaltungsprozesses und der Optimierung individueller und gemeinschaftlicher Gestaltungsprodukte bleibt dann aus. Auch die Identifikation mit dem bildnerischen Handeln und dessen Ergebnissen und mit der Gruppe ist zwingend an das gemeinsame Sprechen im und über den gemeinsamen Gestaltungsprozess verbunden.

Kommunikativer Austausch im Gestaltungsprozess mit unmittelbar Beteiligten und unbeteiligten Kursmitgliedern

Die besondere Relevanz der Kommunikation zeigte sich in den Interviewanalysen auch dahingehend, dass sie sich nicht nur auf verschiedenen Ebenen, sondern auch in den unterschiedlichen Phasen (Ideenfindung, Planung, Durchführung) sowohl individueller als auch gemeinschaftlicher bildnerischer Vorhaben als unbedingt notwendig für einen erfolgreichen Gestaltungsprozess erweist. Über die Bedeutsamkeit der Kommunikation innerhalb einer Arbeitsgruppe hinaus kann rekonstruiert werden, dass die Zwischenbesprechung mit der gesamten Kursgruppe die entscheidenden Impulse bietet für eine gleichermaßen vertiefte wie distanziertere Selbstwahrnehmung des eigenen gestalterischen Handelns. Denn sie bietet die Möglichkeit, sich mit Personen, die nicht unmittelbar an dem in Partner- oder Gruppenarbeit ablaufenden bildnerischen Prozess beteiligt sind, über diesen auszutauschen. Auf diese Weise können andere Perspektiven auf das eigene Gestaltungsvorhaben kennengelernt, die eigenen Ideen und Vorstellungen mit den Meinungen, Assoziationen und Wahrnehmungen der anderen konfrontiert und dadurch produktiv in Frage gestellt werden. Eine Zwischenbesprechung, an der alle Kursteilnehmenden beteiligt sind, trägt dementsprechend maßgeblich zu einer Fokussierung, Weiterentwicklung und Intensivierung der bildnerischen Aussage einer Kleingruppen- bzw. Partnerarbeit bei.

Positive Einstellung zu Schule und Unterricht als Bedingung für individuelle Bereitschaft zu Austausch und Zusammenarbeit

Die individuelle Bereitschaft, den Austausch mit den übrigen Kursmitgliedern zu suchen und mit diesen aktiv zusammenzuarbeiten, steht in engem Zusammenhang damit, ob eine Zusammenarbeit eher als Belastung oder als Bereicherung des bildnerischen Prozesses verstanden wird. Entscheidend hierfür ist, woran die Schülerinnen und Schüler ihr schulisches Handeln grundsätzlich, ganz unabhängig vom Kunstunterricht, orientieren. Denn wenn die individuelle Motivation darin besteht, in erster Linie gute Noten zu erreichen und allgemein die institutionellen Vorgaben zu erfüllen, wird Zusammenarbeit im Kunstunterricht – auch innerhalb einer Partner- oder Gruppenarbeit – umgangen oder vermieden oder aber stets mit derselben Partnerin zusammengearbeitet. Das eingangs als zentrale Bedingung beschriebene Bedürfnis nach Sicherheit und Orientierung wirkt auch hier entscheidend mit. So kann ein deutlicher Zusammenhang rekonstruiert werden zwischen dem Bedürfnis nach Sicherheit, das bspw. durch die Wiederholung erfolgreicher Partnerschaften befriedigt wird, und der von der grundsätzlichen Einstellung zur Institution Schule geprägten Bereitschaft, Austausch und Zusammenarbeit zu suchen: Wer sehr stark auf eine gute Bewertung fokussiert ist, vermeidet Unwägbarkeiten, die bei der Zusammenarbeit mit Anderen befürchtet werden. Fehlt jedoch die Bereitschaft zur Zusammenarbeit auch nur bei einzelnen Partnern oder Gruppenmitgliedern, so stellt dies eine massive Belastung des gemeinsamen Gestaltungsprozesses dar, die zur Stagnation oder zum Scheitern führen kann.

Individuelle Verantwortungsübernahme, Aufgeschlossenheit und Offenheit beim Austausch und in der Zusammenarbeit mit anderen

Ein wesentliches Ergebnis der Interviewanalysen besteht abschließend darin, dass das Gelingen von Kollaboration entscheidend von der individuellen Einstellung hierzu bestimmt ist. Als wichtige Grundvoraussetzung erweist sich dabei neben der Aufgeschlossenheit und Offenheit beim Austausch und in der Zusammenarbeit mit anderen die Bereitschaft, innerhalb einer Gemeinschaft individuell Verantwortung für den gemeinsamen Gestaltungsprozess und das daraus resultierende Ergebnis zu übernehmen. Mehrfach nimmt diese Bereitschaft mit zunehmender Gruppengröße ab: So ist bereits in einer Dreiergruppe eher als bei einer Partnerarbeit die Tendenz zu verzeichnen, passive Rollenmuster beizubehalten und eine Verantwortungsübernahme und aktive Einflussnahme, bspw. bei Entscheidungsprozessen, zu vermeiden. Auch finden sich vielfältige Hinweise, dass die Verbindung individueller Fähigkeiten in einem die Möglichkeiten des Einzelnen übersteigenden Gesamtergebnis nur dann möglich ist, wenn sich alle Beteiligten auf den gemeinsamen Gestaltungsprozess einlassen. Andernfalls kommt es, wie bereits weiter oben dargelegt, zu einem Nebeneinander-Arbeiten, bei dem die in der Gruppe vorhandenen individuellen Kompetenzen nicht im Hinblick auf das gemeinsame Gestaltungsvorhaben miteinander verknüpft werden. Auch die Bereitschaft zu einem experimentellen bildnerischen Vorgehen, dass im Hinblick auf die Förderung und Entwicklung fachspezifischer Kompetenzen bedeutsam ist, steht damit in Zusammenhang, denn ohne eine grundsätzliche individuelle Aufgeschlossenheit und Offenheit Interaktion und Kollaboration gegenüber sind die Lernenden nicht bereit, sich auf Prozesse einzulassen, deren Ausgang unsicher oder unvorhersehbar ist.

Potentiale kollaborativen Handelns im Kunstunterricht

Aus den Äußerungen der Probandinnen und Probanden können verschiedene Potentiale von Austausch und Zusammenarbeit im Kunstunterricht rekonstruiert werden, die sie jedoch nur dann entfalten können, wenn die oben erläuterten Bedingungen und Voraussetzungen erfüllt sind.

Wird etwa dem Bedürfnis nach Sicherheit entsprochen, entsteht die Basis für ein zunehmend selbstständiges bildnerisches Handeln: Das Erleben von Gemeinschaft innerhalb einer Lerngruppe, in der Abstimmung, Rückversicherung und Beratung zwischen den Lernenden stattfinden, ermöglicht es ihnen, die Fokussierung auf die Lehrkraft zu reduzieren und auch längere bildnerische Prozesse selbst zu planen und mitzugestalten. Damit einhergehen kann eine Öffnung des Unterrichtsgeschehens, denn wenn die Gruppe als sichernder Rahmen des individuellen und gemeinschaftlichen bildnerischen Handelns wichtige strukturierende, auch regulierende Funktionen übernimmt, kann mit institutionellen, inhaltlichen und organisatorischen Vorgaben freier umgegangen werden und der Kunstunterricht so gestaltet werden, dass die Erfahrung intensiver bildnerischer Prozesse möglich wird. Wenn die Schülerinnen und Schüler dadurch mit zunehmend komplexeren, gleichzeitig aber auch offeneren gestalterischen Herausforderungen konfrontiert werden, kann dies maßgeblich zur Förderung und Entwicklung bildnerisch-produktiver Kompetenzen beitragen.

Ist eine individuelle Bereitschaft zur Kollaboration vorhanden, wird der Austausch und die Zusammenarbeit mit anderen als entlastend und bereichernd empfunden: Aufgaben und Verantwortlichkeiten werden geteilt, die Perspektiven in Bezug auf das bildnerische Vorhaben und die Möglichkeiten der Umsetzung werden erweitert. Dies führt nicht nur zu einer Intensivierung des Gestaltungsprozesses, sondern auch zur Optimierung individueller und gemeinschaftlicher Gestaltungsprodukte, da sich die individuellen Fähigkeiten und Kompetenzen in einem die Möglichkeiten des Einzelnen übersteigenden Gesamtergebnis verbinden können. Durch den Austausch mit anderen wird die individuelle, einseitige Wahrnehmung des Gestaltungsprozesses multiperspektivisch erweitert durch die Sichtweisen anderer – sowohl unmittelbar an der Gruppenarbeit beteiligter als auch mittelbar involvierter Mitschülerinnen und Mitschüler.

Der Austausch mit anderen kann auch dazu führen, dass das eigene gestalterische Handlungsrepertoire ausgebaut wird, da die Schülerinnen und Schüler voneinander lernen. Damit dieser Austausch jedoch nicht auf der Ebene eines passiven – sei es gegenseitigen oder einseitigen – Profitierens verbleibt, muss die aktive Vermittlung von Fähigkeiten und Fertigkeiten untereinander gezielt durch die Art der Unterrichtsgestaltung oder Aufgabenstellung initiiert werden.

Die Kommunikation mit nicht unmittelbar an der bildnerischen Arbeit beteiligten Mitlernenden kann damit, allgemeiner formuliert, zu einer Intensivierung des Gestaltungsprozesses und zur Optimierung individueller und gemeinschaftlicher Gestaltungsprodukte beitragen. Darüber hinaus erweist sie sich als äußerst bedeutsam im Hinblick auf die Förderung und Entwicklung vielfältiger sozialer und personaler Kompetenzen wie etwa aktiver und passiver Kritikfähigkeit, Selbstwirksamkeit, das Erkennen eigener Interessen und deren Verbalisierung im Austausch mit anderen. In der Folge kann dies auch zu einer Fokusverschiebung beitragen: weg von der Meinung und dem Rat der Lehrperson, hin zum Vertrauen in die eigene ästhetische Urteilskraft und die Bereitschaft, Impulse von Mitschülerinnen und Mitschülern zu berücksichtigen.

Die grundsätzliche Bereitschaft und Aufgeschlossenheit, mit anderen sowohl bei individuellen als auch gemeinsamen bildnerischen Vorhaben zu kollaborieren, eröffnet über die fachspezifischen Kompetenzen hinaus verschiedene Lernchancen im Hinblick auf eine individuelle ganzheitliche Weiterentwicklung: Die Jugendlichen können etwa lernen, ihren Partnerinnen oder Gruppenmitgliedern zu vertrauen. Es wird ihnen möglich, Rollenwechsel, bspw. vom Mitläufer zum Akteur, zu erproben und dabei Verantwortung zu übernehmen. Die Zusammenarbeit mit anderen erfordert darüber hinaus ein hohes Maß an Einfühlungsvermögen, um über die eigenen Interessen hinaus auch auf die Bedürfnisse der weiteren Beteiligten eingehen zu können, und bietet damit auch Gelegenheit, Empathie zu entwickeln.

5.3 Teilstudie 2: Beobachtung einer praktischen Partnerarbeit

5.3.1 Methode: Videografie

Videografie als audiovisuell gestützte Variante einer Teilnehmenden Beobachtung

Die Untersuchung der Wechselbeziehungen zwischen sozialen und bildnerischen Prozessen erfordert die »*Auswahl, Aufzeichnung, Auswertung* und *Interpretation* von Kommunikation« (Schneider 1978, S. 31; Herv. i. O.). Interaktionsprozesse sollen im Paradigma qualitativen Denkens zudem möglichst »naturalistisch« (Willems [4]2005, S. 44) untersucht werden, sodass neben nach den Interviews, welche in Teilstudie 1 die Erhebung der subjektiven Sichtweisen der Beteiligten ermöglichten, in Teilstudie 2 das Erhebungsverfahren der Teilnehmenden Beobachtung einen wichtigen Zugang zur Untersuchung der Forschungsfrage darstellt.

Aus verschiedenen Gründen wird anstelle einer ›klassischen‹ Teilnehmenden Beobachtung, die mittels Feldnotizen und ggf. Fotografien dokumentiert und anschließend in Gedächtnisprotokolle überführt wird, eine Videografie erstellt: Die durch audiovisuelle Aufnahmen gestützte Variante verspricht eher, der Komplexität des Untersuchungsgegenstandes gerecht zu werden. So ist etwa die Ton-Aufzeichnung der Interaktionen dringend erforderlich, um den für den Forschungszusammenhang äußerst relevanten Aspekt der verbalen Kommunikation angemessen zu erfassen. Da Kommunikation allerdings sowohl verbal als auch nonverbal verläuft und insbesondere Einstellungen und Emotionen vor allem nonverbal kommuniziert werden, sind Erhebungsverfahren zu berücksichtigen, mit denen auch analoge Kommunikation erfasst werden kann. In anderen Worten: Der Einsatz von Videografie stellt »eine besondere und besonders wichtige Option« (ebd.) für die Datenerhebung dar. Das ausschlaggebende Argument für den Einsatz von Videografie in der vorliegenden Untersuchung besteht jedoch darin, dass die Durchführung einer Teilnehmenden Beobachtung im Kontext einer Praxisforschung, in der die Forscherin zugleich als Lehrerin aktiv im Feld ist, nicht geleistet werden kann.

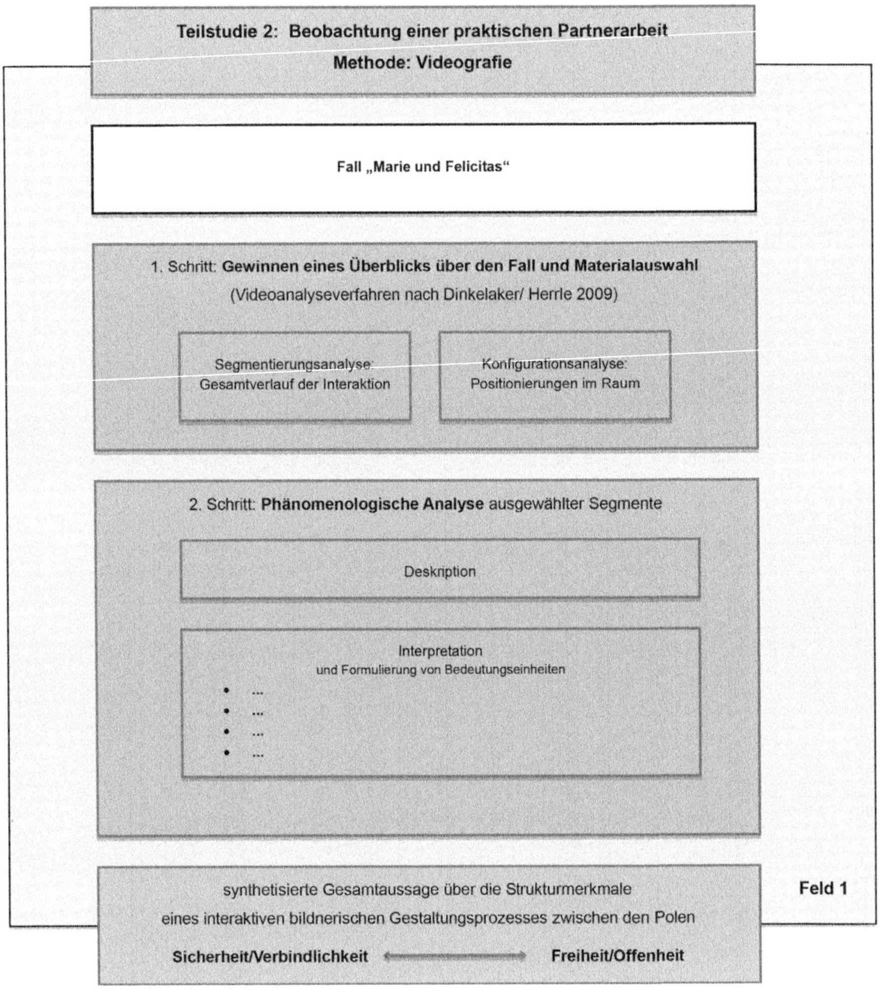

Teilstudie 2: Beobachtung einer praktischen Partnerarbeit
Methode: Videografie

Fall „Marie und Felicitas"

1. Schritt: **Gewinnen eines Überblicks über den Fall und Materialauswahl**
(Videoanalyseverfahren nach Dinkelaker/ Herrle 2009)

Segmentierungsanalyse: Gesamtverlauf der Interaktion

Konfigurationsanalyse: Positionierungen im Raum

2. Schritt: **Phänomenologische Analyse** ausgewählter Segmente

Deskription

Interpretation
und Formulierung von Bedeutungseinheiten

- ...
- ...
- ...
- ...

synthetisierte Gesamtaussage über die Strukturmerkmale
eines interaktiven bildnerischen Gestaltungsprozesses zwischen den Polen

Sicherheit/Verbindlichkeit ⟷ **Freiheit/Offenheit**

Feld 1

Abb. 13: Überblick über die Auswertungsschritte und die Methodik in Teilstudie 2

Funktion der Videografie im Rahmen der vorliegenden Untersuchung: Rekonstruktion der Strukturmerkmale eines kollaborativen Gestaltungsprozesses

Während bei den Interviewanalysen die Rekonstruktion individueller Schülerperspektiven auf den Forschungsgegenstand im Vordergrund steht, eröffnet die Videografie einen weiteren Zugang, der das untersuchte Phänomen im handelnden Vollzug durch beteiligte Akteurinnen und Akteure in Erscheinung treten lässt. Durch die videogestützte Beobachtung eines konkreten Gestaltungsprozesses, an dem mehrere Personen beteiligt sind, sollen der Verlauf und die Strukturmerkmale kollaborativer bildnerischer Prozesse rekonstruiert werden. Im Fokus der Videobeobachtung stehen dabei weiter die vier in Teilstudie 1 ausgewählten

Probandinnen und Probanden Lena, Moritz, Anh-Duc und Felicitas, deren Interaktionen untereinander sowie mit anderen Schülerinnen und Schülern des Kurses.

Datenerhebung in Teilstudie 2

Um alltägliche oder »natürliche Situationen« (Tuma et al. 2013, S. 13) festzuhalten, in denen kollaborative Gestaltungsprozesse ablaufen, werden über mehrere Wochen immer wieder Kameraaufnahmen angefertigt, um die Kursgruppe an die Anwesenheit einer Videokamera zu gewöhnen. Dabei wird der Einsatz eines festen Kamerastandorts, -winkels und -ausschnitts bevorzugt, um zu vermeiden, dass durch eine zu häufige oder auffällige Beschäftigung mit der Videokamera deutliche Reaktanzen bei den Beobachteten hervorgerufen werden (vgl. a.a.O., S. 13f.).

Aufgezeichnet werden verschiedene, in Bezug auf den Forschungsgegenstand relevante Situationen, bspw. Phasen der individuellen oder kommunikativen Ideenentwicklung, Zwischenbesprechungen und Feedbackrunden in unterschiedlichen Sozialformen. Der Schwerpunkt liegt jedoch auf der Beobachtung konkreter praktischer Gestaltungsprozesse, z. B. dem zeichnerischen Skizzieren oder dem Erstellen von Fotografien.

Reflexion forschungsorganisatorischer und technischer Schwächen

Die vor allen Dingen aus organisatorischen Gründen gewählte Lösung, die Kamera selbst zu bedienen, führt auch bei einer relativ statischen Kamera zu der dreifachen Anforderung und damit Überforderung der Forscherin-Lehrerin, den Unterricht zu leiten, parallel konzeptuell-inhaltliche Entscheidungen bezüglich der Erhebung zu treffen und währenddessen kontinuierlich deren technische Durchführung zu gewährleisten. Dies wirkt sich, wie die Sichtung in einem ersten gesamten Materialdurchgang ergibt, ungünstig auf die Qualität eines großen Teils der audiovisuellen Aufzeichnungen aus: Häufig ist die Tonqualität ungenügend, an einigen entscheidenden Stellen sind Kameraausfälle oder eine starke Reaktion einzelner Schüler auf die Beobachtungssituation zu verzeichnen. Letzteres ist auch darauf zurückzuführen, dass sich die vier schwerpunktmäßig beobachteten Schülerinnen und Schüler Lena, Moritz, Anh-Duc und Felicitas durch die starke Fokussierung der Forscherin-Lehrerin auf ihr Verhalten, zum Teil bei gleichzeitigem Ausblenden der Handlungen anderer Kursteilnehmenden, wohl zu sehr unter Beobachtung fühlen und ihr Verhalten durch die Aufnahmesituation deutlich beeinflusst wird.

Datenauswertung in Teilstudie 2

Materialauswahl

Trotz der beschriebenen forschungsorganisatorischen und technischen Schwächen in der Phase der Datenerhebung kann bei einer ersten Sichtung des gesamten Videomaterials ein Aufnahmebereich von ca. 70 Minuten ausgewählt werden, der inhaltlich und formal geeignet für eine Analyse hinsichtlich der oben formulierten Zielstellungen ist und aus dem der Fall »Marie und Felicitas« gewonnen wird. Die Aufnahme eignet sich auch deswegen zur Analyse, da die Schülerinnen Marie und Felicitas die Kamera selbst bedienen, die forschende Lehrerin nicht im Raum anwesend ist und die Schülerinnen einen sehr unbefangenen Umgang mit der Kamera zeigen, verfälschende Reaktanzen also – auf den ersten Blick – kaum festzustellen sind. Da vor allem der Anfang des potentiell in Frage kommenden Aufnahmebereichs bereits sehr viel Inhalt (Bedeutung, Information, Interaktion) enthält, werden die ersten ca. 30 Minuten als Material für die Videoanalyse bestimmt.

Videoanalyse nach Dinkelaker/Herrle

Für die eigentliche Auswertung muss ein für die spezifischen Anforderungen der vorliegenden Untersuchung geeignetes Verfahren aus der Reihe von Methoden ausgewählt werden, die für qualitative Videoanalysen in der erziehungswissenschaftlichen und kunstpädagogischen Unterrichtsforschung in Betracht kommen (vgl. Aufschnaiter/Welzel 2001, Ehrenspeck/Schäffer 2003, Knoblauch 2005, Bohnsack 2009, Dinkelaker/Herrle 2009, Reuter 2012). Die Vorschläge für erziehungswissenschaftliche Videografie von Dinkelaker/Herrle erweisen sich durch ihre methodische Stringenz einerseits sowie ihre theoretische Offenheit andererseits als besonders gut geeignet, um mit einer Phänomenologischen Analyse kombiniert zu werden. Aus der Verbindung beider Auswertungsmethoden wird das folgende konkrete Vorgehen zur Videoanalyse des Falls »Marie und Felicitas« festgelegt:

1. Gewinnen eines Überblicks über den Fall[77]

Um das Material der folgenden Feinanalyse und dem Nachvollzug durch unbeteiligte Leserinnen und Leser zugänglich zu machen, werden dafür relevante *Kontextdaten* über den Fall zusammengetragen.

Bevor der zeitliche Verlauf des Interaktionsgeschehens analysiert werden kann, wird mittels einer *Konfigurationsanalyse* die »Gesamtordnung des Gleichzeitigen, des sichtbaren Interaktionsraums« (Dinkelaker/Herrle 2009, S. 64ff.) rekonstruiert und in einer Konfigurationsskizze (siehe Abb. 16, Kap. 5.3.2) anschaulich gemacht. In dieser wird zum einen ein Überblick über die Raumsituation gegeben und zum anderen werden die verschiedenen Positionierungen, die die beiden Schülerinnen über den gesamten analysierten Zeitraum einnehmen, simultan dargestellt. Es handelt sich somit um eine vereinfachte, wie der Name besagt, skizzenhafte Visualisierung, die jedoch eine wichtige Grundlage für die weiteren Analyseschritte und deren Nachvollzug durch Dritte legt.

Durch eine *Segmentierungsanalyse* (siehe Abb. 14) wird in einem nächsten Schritt der Gesamtverlauf der Interaktion in einzelne »Interaktionssegmente« (Dinkelaker/Herrle 2009, S. 64) untergliedert. Anhaltspunkte für die Bestimmung einzelner Segmente bieten:

77 Die bei der Videoanalyse angewandte Terminologie ist übernommen von Dinkelaker/Herrle (vgl. Dinkelaker/Herrle 2009, S. 52-113).

Segmentnummer und -name Beginn ca.	Beschreibung	Veränderung			Übergang/Grenze
		R	S	T	
34. Einrichten der Projektion für das Buch-Foto 26:16	Felicitas schaut zur Projektion, geht kurz zum Projektor und stellt sich dann dicht vor die Projektion, während Marie den Apparat hör- und sichtbar etwas nach vorne schiebt. Felicitas stellt sich leicht rechts von der Buchzeichnung auf und hebt beide Arme, bis es so aussieht, als ob ihr Schatten das Buch in den Händen halte. Während Marie den Projektor zurechtrückt, gibt Felicitas ihr einen Hinweis zur Höhe der Projektion. Dann betrachtet sie aus der Nähe die Struktur die Folien, zeigt mit dem rechten Finger kreisend auf eine Stelle und teilt ihre Beobachtungen fasziniert Marie mit. Marie teilt kurz ihre Hypothese dazu mit und rückt dabei weiter die Folie zurecht. Felicitas folgt den Bewegungen der Buchprojektion von links nach rechts und wieder zurück mit zum Buch erhobenen Händen. Als Marie vor die Projektion tritt und sagt: „Okay, jetzt können wir mal probieren", geht Felicitas zum Pult und holt die Kamera.	ja			Marie tritt vor die Projektion und sagt: „Okay, jetzt können wir mal probieren."
35. Erstes Fotografieren des Buch-Fotos mit Maries Schatten 27:05	Marie „greift" mit ihrem Schatten zum Buch, bemerkt aber lachend, dass sie deutlich kleiner als Felicitas ist, und geht zurück zum Projektor, um den Lichtstrahl und dadurch die Buchzeichnung etwas weiter nach unten zu bewegen. Felicitas steht bereits mit dem Rücken zum Bild schräg rechts hinter dem Pult zum Fotografieren bereit; als Marie wieder vor der Projektion ankommt und ihre Handschatten zum Buch bewegt, hebt sie die Kamera nach oben. Sie tritt etwas näher heran und setzt zum Fotografieren an, lässt die Kamera dann jedoch wieder sinken und weist Marie darauf hin, dass sie viel zu nah an der Projektion stehe. Marie ruft aus: „Ach so, ja. @KLAR@!" und tritt einen Schritt zurück. Auch Felicitas bewegt sich etwas zurück. Sie murmelt leise vor sich hin, während sie die Kamera scharf stellt (angezeigt durch ein elektronisches Piepgeräusch) und kurz darauf ein erstes Foto macht. Sie bewegt sich ein Stückchen weiter nach rechts und macht ein zweites Foto – diesmal mit Blitz. Marie meint: „@Nix mit Blitz.@". Wenig später sagt ihr, sie könne die Arme herunternehmen.				Felicitas sagt zu Marie: „Kannst runter machen."

Abb. 14: Auszug aus der Segmentierungsanalyse
(R: Raum-Körper-Konstellation, S: Sprecherwechsel, T: Themenwechsel. Das grau hinterlegte Segment 35 wird wie die Segmente 7, 11, 29 und 36 in den folgenden Auswertungsschritten weiter interpretiert.)

- Veränderungen der Positionierung und Ausrichtung der Anwesenden im Raum, die bei einer Sichtung des Videos im Zeitraffer deutlich erkennbar sind,
- Veränderungen im Muster des Sprecherwechsels,
- Themenwechsel, häufig begleitet oder eingeleitet durch »explizite Gliederungssignale der Beteiligten« (a.a.O., S. 54).

Nachdem auf diese Weise die einzelnen Interaktionssegmente in dem untersuchten Material bestimmt worden sind, werden die Ergebnisse der Segmentierungsanalyse in die Darstellung der *Gesamtordnung* überführt. Dafür werden für jedes Segment die jeweils beobachteten Merkmale und Abläufe kurz beschrieben. Zusätzlich wird jedes Segment mit einem typischen Videostill sowie mit einem Namen versehen, der die realisierte spezifische Merkmalsverknüpfung charakterisiert. Wenn zwischen zeitlich aneinander angrenzenden Segmenten ein übergeordneter Zusammenhang besteht, werden diese unter einer gemeinsamen Überschrift zusammengefasst.

Die hier beschriebenen verschiedenen Schritte erfüllen ähnliche Funktionen wie der erste Materialdurchgang im Zuge einer Phänomenologischen Analyse (siehe Kap. 5.1.5), denn durch sie wird das Material in seiner Gesamtheit durchdrungen und auf für eine Interpretation geeignete Elemente hin geprüft. Damit bilden die Konfigurationsanalyse und die Segmentierungsanalyse eine Art Gelenkstelle am Übergang von der Aufbereitung des videografierten Materials nach Dinkelaker/Herrle hin zu einer Phänomenologischen Analyse ausgewählter Segmente parallel zu der Vorgehensweise bei den Interviewanalysen in Teilstudie 1.

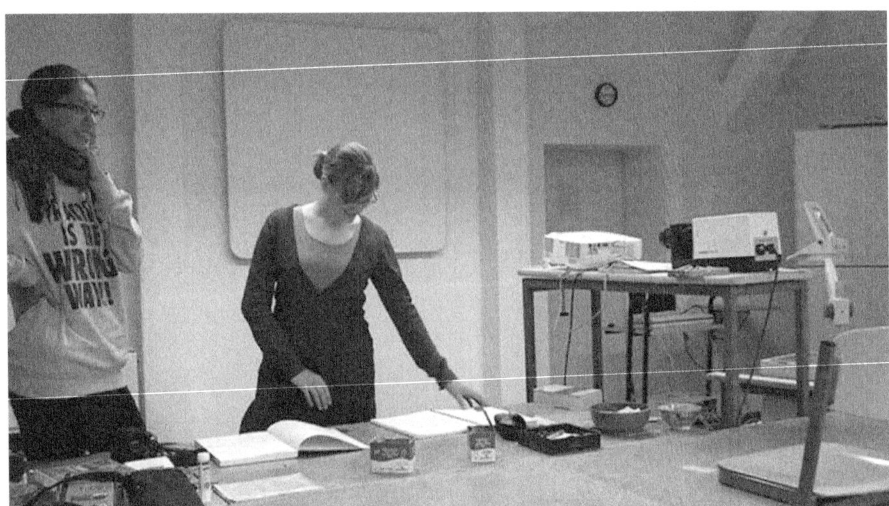

Abb. 15: Videostill aus Segment 7 des videografischen Untersuchungsmaterials. Marie (rechts im Bild) erklärt Felicitas anhand ihres Skizzenbuchs ihr Vorhaben für die folgende praktische Arbeitsphase in Partnerarbeit

2. Phänomenologische Analyse ausgewählter Segmente

Durch die Segmentierungsanalyse und den Überblick über die Gesamtordnung ist die Grundlage geschaffen, um eine geringe Anzahl von Segmenten für eine weitere, phänomenologisch orientierte Feinanalyse zu bestimmen. In Frage kommen jene Segmente, die im Hinblick auf die folgenden Fragen aussagekräftig sind:

- Woran orientieren die Schülerinnen ihr Verhalten in der Anfangsphase der praktischen Bearbeitung?
- Wie initiieren und strukturieren sie individuell und gemeinsam das bildnerisch-gestalterische Tun?
- Welche Rolle spielt dabei die Interaktion zwischen ihnen, d. h., wie orientieren sie ihr Verhalten aneinander?

Für die unter Berücksichtigung dieser Fragen für eine vertiefende Analyse ausgewählten fünf Segmente wird dem phänomenologischen Ansatz entsprechend eine exemplarische Deskription, d. h. eine verschriftlichte verbalsprachliche Paraphrasierung des audiovisuellen Materials, erstellt. Diese erfolgt aus subjektiv-intentionaler Perspektive und beschreibt sowohl verbale als auch nonverbale Ereignisse. Die weiteren Analyseschritte, die Interpretation und Bildung von Bedeutungseinheiten anhand der ausgewählten Segmente sowie die abschließende Synthese der Untersuchungsergebnisse zu einer zusammenfassenden Gesamtaussage, erfolgen anhand der so generierten Texte analog zu der Vorgehensweise bei den Interviewanalysen im Rahmen der ersten Teiluntersuchung (siehe Kap. 5.1.5 und 5.2). Auf das zugrundeliegende audiovisuelle Originalmaterial wird ggf. vertiefend zurückgegriffen.

5.3.2 Gewinnen eines Überblicks über den Fall

Zusammentragen der Kontextdaten

Das Erhebungsmaterial für den Fall »Marie und Felicitas« besteht aus einem Video. Es zeigt Marie und Felicitas, zwei Schülerinnen des von der Forscherin unterrichteten Kunst-Leistungskurses (Untersuchungsfeld 1, siehe Kap. 5.1.2), wie sie in einer selbstständigen praktischen Arbeitsphase über ca. 70 Minuten gemeinsam an einer Aufgabenstellung mit dem Titel »Image« arbeiten. Der Auftrag lautete, eine Fotoserie zu entwickeln, in der ein bestimmtes – auch fiktives – Selbstbild vermittelt wird (siehe Kap. 4.3). Für die Videoanalyse wurden nach einer Sichtung des Gesamtmaterials nach zuvor festgelegten Kriterien (siehe Kap. 5.3.1) die ca. ersten 30 Minuten ausgewählt.

Die Schülerinnen befinden sich in einem Kunstunterrichtsraum. Marie (16 Jahre) ist die kleinere, dunkelblonde der beiden, Felicitas (16 Jahre) die hochgewachsene, dunkelhaarige Schülerin. Einen Großteil der videografierten Zeit beschäftigen die Schülerinnen sich mit Maries Fotoserie, für die Fotografie mit Zeichnungen und Schrift auf einer Overheadfolie kombiniert wird. Für die Videobeachtung wurde eine Kamera (Sony HDR-HC7 Handycam) auf einem Stativ fixiert und zwischen den hinteren Tischreihen im Raum positioniert. Während der Aufnahme wird die Kamera mehrfach von den Schülerinnen eigeninitativ durch Schwenks und Zoom auf bestimmte Handlungen fokussiert. Mit Ausnahme der ersten Minuten befinden sich während der Videobeobachtung außer den beiden Probandinnen keine weiteren Personen im Raum.

Überblick über den Raum und die Positionierungen (Konfigurationsskizze)

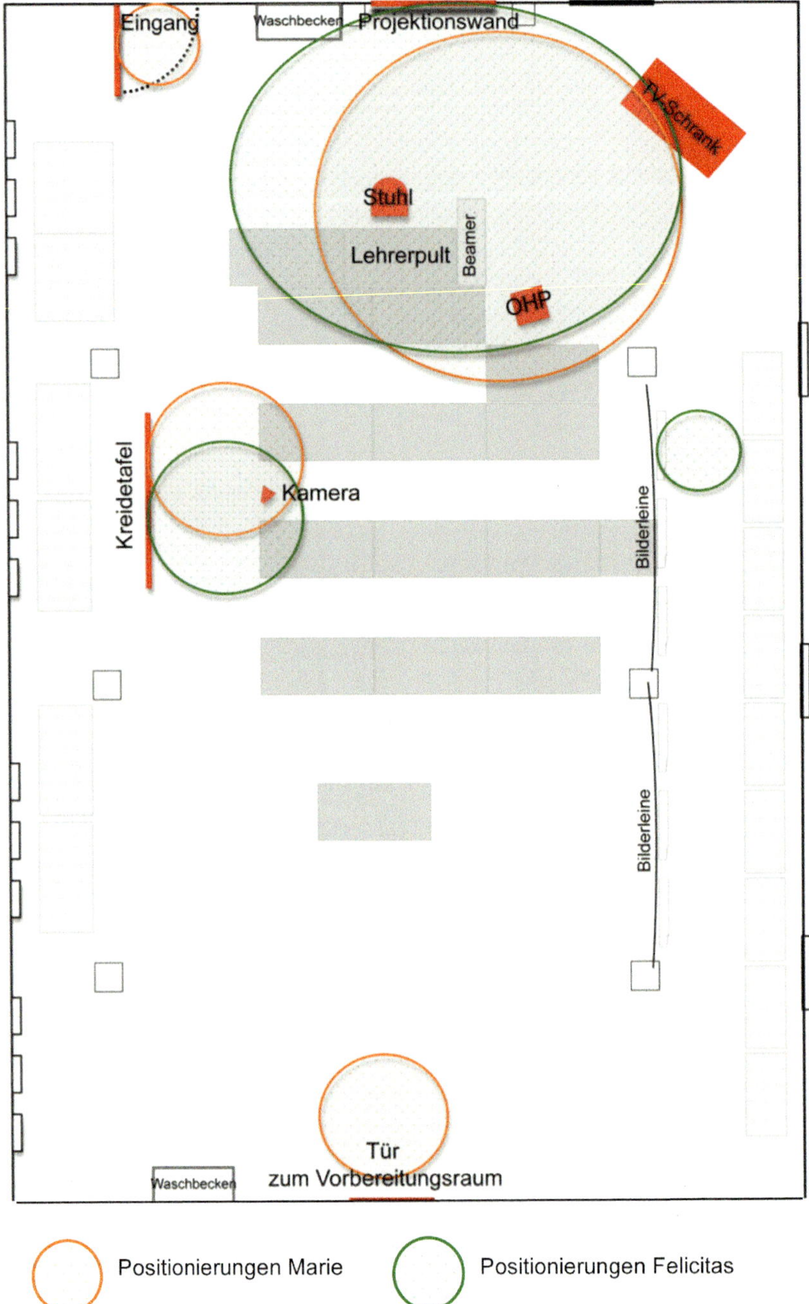

Abb. 16: Konfigurationsskizze

Überblick über den Gesamtverlauf

Als Ergebnis der Segmentierungsanalyse (siehe Abb. 14) nach dem von Dinkelaker/Herrle (2009, S. 54ff.) vorgeschlagenen und in Kap. 5.3.1 beschriebenen Verfahren ergibt sich die folgende Gliederung des Gesamtverlaufs des zu untersuchenden Interaktionsgeschehens zwischen den Schülerinnen Marie und Felicitas. Die fünf grau hinterlegten Segmente werden im Rahmen der Phänomenologischen Analyse weiter interpretiert (siehe Kap. 5.3.3).

Vorbereitung und Klärung der Beobachtungssituation[78]
1. Positionierung der Kamera
2. Inhaltliche Klärung der Beobachtungssituation
3. Justierung der Kamera/Abwarten

Austausch über Felicitas' Ideen zur »Image«-Aufgabe
4. Felicitas' Skizzen zur »Image«-Aufgabe
5. Neupositionierung der Kamera/lautes Nachdenken Felicitas' über eine Idee
6. Entfernen von Sichtbarrieren für die Videoaufnahme/gemeinsames Sprechen über Felicitas' Idee

Austausch über Maries Ideen zur »Image«-Aufgabe
7. Hinwendung zu Maries Skizzenbuch
8. Maries Konzept für die »Image-Aufgabe« und Ideen für einzelne Fotos
9. Festhalten eines Einfalls im Skizzenbuch
10. Weitere Ideen Maries zur »Image«-Aufgabe

Planung und Vorbereitung des weiteren Vorgehens
11. Absprache über das weitere Vorgehen und Vorbereitung der Projektion für Maries Fotos
12. Plaudern über Felicitas' Assoziationen zu Maries Ideenskizzen
13. Weitere Absprachen und Vorbereitungen für die nächsten praktischen Schritte
14. Lautes Nachdenken über eine Lösung für das Problem nicht aufgeladener Kameraakkus

Umgang mit dem Problem nicht geladener Kameraakkus (I)
15. Maries Gang zur Tür des Vorbereitungsraums auf der Suche nach der Lehrerin
16. Vergebliches Klopfen an der Tür des Vorbereitungsraums
17. Felicitas' Reaktion auf das Filmen und Maries Reaktion auf das Gefilmt-Werden
18. Felicitas' Reaktion darauf, dass Marie sie filmt

78 Während der Segmente 1-3 ist die Lehrerin sowie für einen kurzen Moment ein Mitschüler mit im Raum, ab Segment 4 befinden sich die Probandinnen alleine im Kunstraum.

Felicitas' Versuchsbild »Blume« (I)

19. Felicitas' Folienzeichnung in Maries Abwesenheit
20. Auflegen der Folienzeichnung auf den Projektor
21. Versuch eines Schattenbildes mit Blume
22. Maries Reaktion auf Felicitas' Versuchsbild

Umgang mit dem Problem nicht geladener Kameraakkus (II)

23. Erster Versuch, die Kamera mit Akkus zu laden
24. Zweiter Versuch, die Kamera mit anderen Akkus zu laden
25. Kamerawechsel

Felicitas' Versuchsbild »Blume« (II)

26. Fotografieren des Blumen-Bildes mit Felicitas' Schatten
27. Felicitas' Versuch der Bildkorrektur

Maries Buch-Bild

28. Festlegen des nächsten Bildthemas
29. Ansätze einer Folienzeichnung für das Buch-Foto
30. Zeichenversuche an der Tafel für das Buch-Foto
31. »Zeigen des Kunstwerks«
32. Felicitas' Spiel mit der Videokamera
33. Auflegen der Buch-Folie auf den Projektor
34. Einrichten der Projektion für das Buch-Foto
35. Erstes Fotografieren des Buch-Fotos mit Maries Schatten
36. Sichtung der Fotos
37. Erneutes Fotografieren unter modifizierten Bedingungen
38. Begutachtung der neuen Fotos

Planung und Vorbereitung des weiteren Vorgehens

39. Nachdenken über die weitere Vorgehensweise und Festlegen des nächsten Bildmotivs

5.3.3 Phänomenologische Analyse ausgewählter Ausschnitte

Interpretation und Bildung von Bedeutungseinheiten

Interaktion erfolgt zu großen Teilen in Form von nonverbaler und averbaler Kommunikation, über Gestik und Mimik und das Herstellen von körperlicher Nähe bzw. Distanz.

> Textstelle MF1[79]
> *»Kurz nachdem im Hintergrund Schlüsselgeräusche und das Zuschlagen einer Tür wahrnehmbar sind, macht Felicitas nachdenklich ›Mhm‹, stützt sich mit ihrer rechten Hand auf dem Tisch ab und beugt sich näher zu ihrem Skizzenbuch hinunter. Sie weist mit dem ausgestreckten Zeigefinger ihrer linken Hand[80] schwungvoll auf eine Stelle im Skizzenbuch und möchte von Marie wissen, ob ihre vorige Frage sich darauf beziehe: ›Wie, DA jetzt?‹ Als dies von Marie durch ein zustimmendes ›Mhm‹ bestätigt wird, richtet sich Felicitas wieder auf und führt ihre linke Hand bzw. ihren linken Zeigefinger nachdenklich an ihren Mund. Mit einem Blick in die Ferne beginnt sie langsam: ›Na ja. Also, mir sind letztens so ein paar Sachen eingefallen, @aber die habe ich wieder vergessen.@‹ Marie hat währenddessen ihre Hände auf die Stuhllehne vor ihr gelegt und schaut weiter nach unten auf das Skizzenbuch. Als Felicitas lachend ihre Äußerung beendet, schaut Marie seitlich zu ihr hoch, lacht ebenfalls kurz auf, schlägt ihrer Partnerin leicht mit der rechten Hand gegen den linken Ellenbogen und sagt lachend mit einer hohen Stimme: ›@ Deshalb schreibt man die in ein Skizzenbuch.@‹«* (Segment 7)

Anhand der vorliegenden Textstelle kann exemplarisch gezeigt werden, dass die Interaktion zwischen Marie und Felicitas wesentlich über nonverbale Kommunikation realisiert wird. So reagiert Felicitas auf einen Kommentar Maries zu ihrem Skizzenbuch im vorangegangenen Segment 6 fast ohne zu sprechen und vollzieht dennoch eine komplexe Interaktionsfolge: Sie zeigt Interesse für Maries Kommentar, indem sie sich dem Objekt, auf das sich der Kommentar bezogen hat, körperlich zuwendet, vergewissert sich mittels einer knappen Nachfrage, die erst durch die begleitende Zeige-Geste sinnhaft wird, ob sie dieses richtig identifiziert hat, und signalisiert erneut »*schwungvoll*« ihr lebhaftes Interesse an dem Kommentar der Partnerin. Ohne zu sprechen zeigt sie dieser daraufhin an, dass sie einen Moment benötigt, um darüber nachzudenken (»sich aufrichten«, »nachdenklich den Finger an den Mund führen«, »in die Ferne blicken«) und teilt daraufhin das Ergebnis ihrer Überlegungen verbal mit: »*Na ja. Also, mir sind letztens so ein paar Sachen eingefallen, @aber die habe ich wieder vergessen.@*«

---

79 Die Textstellen in diesem Kapitel sind Ausschnitte aus den Deskriptionen der Segmente 7, 11, 29, 35 und 36 (siehe Anhang).

80 Die Personenbeschreibung erfolgt von der Person und nicht vom Betrachter aus gesehen. Ortsangaben, die den Raum betreffen, sind dagegen vom Betrachter aus formuliert.

Marie ihrerseits sendet entscheidende Kommunikationssignale mittels ihrer Mimik, genauer gesagt über ihre Blickführung, sowie über ihre Gestik. Durch die Fixierung ihres Blicks auf Felicitas' Skizzenbuch zeigt sie an, dass ihr Interesse ganz auf dieses konzentriert ist. Erst als Felicitas zu Ende gesprochen hat, blickt sie zu ihr auf und kommentiert Felicitas' Eingeständnis, dass ihr zwar »*letztens so ein paar Sachen eingefallen*« seien, sie diese aber wieder vergessen habe: »*@Deshalb schreibt man die in ein Skizzenbuch.@*« Der leichte Schlag gegen den Ellbogen der Partnerin kann als eine Art spielerische körperliche Sanktionierung von Felicitas' Fehlverhalten interpretiert werden. Gleichzeitig zeugt die intime Geste und Felicitas' Reaktion darauf von einer Vertrautheit der Beteiligten, denn nur unter der Voraussetzung emotionaler Nähe zwischen den beiden kann Marias Berührung von Felicitas nicht als übergriffige Grenzüberschreitung aufgefasst, sondern als spielerischer Tadel akzeptiert werden.

Darüber hinaus zeigt sich an der Interaktion rund um Maries letzten Redezug, dass auch averbale Sprechanteile, wie etwa die Stimmhöhe, Gelächter und Murmeln, als Kommunikationsmittel von großer Bedeutung sind. Durch die hohe Stimmlage und das begleitende Lachen kennzeichnet Marie ihren Kommentar weniger als einen ernst gemeinten Tadel oder Vorwurf, sondern vielmehr als eine gespielte Belehrung der Partnerin, die eher humorvoll zu verstehen ist. Sie relativiert also mittels der averbalen Sprechanteile ihre durch die Formulierung mit »*man*« verbal als allgemeingültig markierte Aussage.

> Textstelle MF2
> *»Felicitas verharrt noch einige Sekunden nachdenkend in ihrer Haltung und legt schließlich ihren linken Arm kurz über ihre Körpermitte. Dann tritt auch sie einen Schritt weiter nach rechts, zuckt mit den Schultern und schlägt ihr Skizzenbuch schwungvoll, fast ruckartig zu mit dem Kommentar: ›Ich denke noch mal darüber nach, (auf jeden Fall?).‹ Marie hat sich ihr währenddessen wieder etwas mehr zugewandt und steht schräg zu ihr gedreht mit auf der Stuhllehne aufgestützten Händen neben ihr. Als Felicitas zu Ende gesprochen hat, senkt Marie ihren Kopf und ihren Blick nur minimal nach unten und beobachtet unauffällig – fast aus den Augenwinkeln – wie Felicitas ihr Skizzenbuch schließt. Daraufhin sagt Marie ›Okay‹ und wendet sich wieder körperlich deutlich ihrem eigenen Skizzenbuch zu.«* (Segment 7)

Die oben rekonstruierten Funktionen nonverbaler Kommunikation lassen sich im gesamten Interaktionsverlauf vielfach nachweisen, so auch an der hier als weiteres Beispiel angeführten Textstelle. Deutlich wird an dieser, dass der nonverbalen Kommunikation auch eine wichtige Bedeutung im Hinblick auf die Gliederung der Interaktion zukommt, da die thematischen Übergänge maßgeblich mittels Mimik, insbesondere der Blickführung, und Gestik, genauer dem Herstellen von Nähe oder Distanz, eingeleitet werden. So sendet Felicitas eine Reihe nonverbaler Signale dafür, dass der Austausch über ihre Ideen für die fotografische Selbstinszenierung nun abgeschlossen ist, bevor sie dies abschließend verbal noch einmal, allerdings weit weniger eindeutig, kommentiert (»*Ich denke noch mal darüber nach, (auf jeden Fall?).*«): Sie entfernt sich durch einen Schritt nach rechts von ihrem eigenen Skizzenbuch und nähert sich Marie und deren Skizzenbuch, signalisiert durch Schulterzucken ihre Gleichgültigkeit bezüglich ihrer nicht notierten, dadurch nicht erinnerbaren Ideen und zeigt durch das schwungvolle Zuschlagen ihres Skizzenbuchs deutlich an, dass die Beschäftigung damit nun definitiv beendet ist. Das Zuschlagen des Skizzenbuchs wird von Marie unauffällig, aber sehr genau beobachtet und stellt für sie wiederum das entscheidende Signal dar, dass sie nun ihre Konzentration wieder auf ihr eigenes Skizzenbuch verlagern und das Gespräch auf ihre eigene Arbeit lenken kann: »*Als Felicitas zu Ende gesprochen hat, senkt Marie ihren Kopf und ihren Blick nur minimal nach unten und beobachtet unauffällig – fast aus den Augenwinkeln – wie Felicitas ihr Skizzenbuch schließt. Daraufhin sagt Marie »Okay« und wendet sich wieder körperlich deutlich ihrem eigenen Skizzenbuch zu.*«

Die mündliche Kommunikation hat den Charakter alltäglicher Schülerkommunikation; sie ist rudimentär, fragmentarisch und andeutungsvoll und zeugt von einer impliziten gemeinsamen Wissensbasis.

> Textstelle MF3
> *»Nach einem kurzen Moment der Stille schaut Felicitas unvermittelt auf, überlegt kurz, tritt dann einen Schritt nach links und geht mit den Worten ›Ach so, genau‹ auf die linke Seite der Projektionsfläche zu. Sie stellt sich dicht links vor die Buch-Projektion, schaut kurz zu Marie und richtet den Blick dann wieder auf die Kamera, an der sie – einem elektronischen Piepgeräusch nach zu schließen – entweder erneut die Bilder betrachtet oder eine Einstellung verändert. Noch während Felicitas sich zur Projektionsfläche bewegt, sagt auch Marie ›Ach so‹. Sie hält ihre linke Hand so, wie sie zuvor den Buchschatten ›gehalten‹ hat, tritt mit erhobener Hand ebenfalls näher an die Projektion heran und sagt hastig: ›Ach so, willst du die untere Hand hier nicht noch mit haben? Ach so, dann muss ich ein Stück hoch machen, das Buch, nicht wahr? Ja.«* (Segment 36)

Während für die nonverbale und averbale Kommunikation zentrale Funktionen in der Interaktion rekonstruiert werden können, erweist sich die mündliche Kommunikation als weniger bedeutungstragend. In dem vorliegenden Beispiel bleibt sie auf das Nötigste beschränkt. Die verbalen Aussagen sind fragmentarisch, d. h., Sätze werden kaum ausformuliert. Die Äußerungen »*Ach so, genau*« (Felicitas) und »*Ach so*« (Marie) sind Ausdruck für das Verständnis für die Überlegungen und Handlungen der jeweils anderen, die diese jedoch nicht verbal kommuniziert, sondern allein durch Blicke und Bewegungen mitteilt: Felicitas äußert sich bei der Sichtung der ersten Fotoversuche nur elliptisch, murmelnd und zeigt mit einer vagen Geste an, was beim weiteren Fotografieren verändert werden muss. Marie ergänzt hastig, was die Andere nur ansatzweise ausspricht und folgert aus deren Andeutungen sofort, was sie tun muss, um das Bildergebnis zu verbessern. Ihr vergleichsweise langer Redezug (»*Ach so, willst du die untere Hand hier nicht noch mit haben? Ach so, dann muss ich ein Stück hoch machen, das Buch, nicht wahr? Ja.*«) fasst knapp zusammen, was sie aus Felicitas' Blicken und Bewegungen in Verbindung mit ihrer eigenen Kenntnis über die technischen Bedingungen, die sie aus vorangegangenen fotografischen Versuchen gewonnen hat, gefolgert hat.

An der Art, wie die beiden mündlich kommunizieren, zeigt sich somit deutlich, dass eine gemeinsame Grundlage für ein pragmatisches gemeinsames Handeln vorhanden ist. Es ist nicht notwendig, jeden Arbeitsschritt zu verbalisieren, da auf eine gemeinsame Wissensbasis über das notwendige Verfahren zurückgegriffen werden kann. Der fragmentarische Charakter der Verbalkommunikation zeugt darüber hinaus davon, dass die beiden im Umgang miteinander vertraut sind, denn es genügen nonverbale Signale oder wenige Worte und Andeutungen um zu verstehen, was die jeweils andere meint. Auch muss das gemeinsame Vorgehen nicht im Einzelnen ausdiskutiert werden, was darauf hindeutet, dass die Ziele des gemeinsamen Gestaltungsprozesses und die Rollen und Funktionen der Beteiligten für diese geklärt sind.

Die Interaktion in Form verbaler Kommunikation dient zwischenmenschlich der Herstellung bzw. Sicherung einer positiven Atmosphäre und bezogen auf den gemeinsamen Arbeitsprozess der Abstimmung der technisch-räumlichen Organisation; ein Austausch auf einer inhaltlich-bildnerischen Ebene, etwa über Gestaltungskonzepte, findet dagegen nicht statt.

> Textstelle MF4
> *»Marie blättert zwei Seiten in ihrem Skizzenbuch weiter und zeigt Felicitas eine weitere Idee für die ›Image‹-Aufgabe: ›Ach so, genau. Das war das mit den Anweisungen.‹ Felicitas beugt sich sofort interessiert zu dem Skizzenbuch hinunter und stützt sich dabei mit den Händen auf der Stuhllehne ab. Marie stupst sie leicht mit der rechten Hand an, weist auf eine bestimmte Anweisung hin und liest lachend vor: ›Guck mal. @(.)@ @Dein Döner schmeckt.@‹ Gleichzeitig schlägt sie die Skizzenbuchseite schwungvoll um. Beide sind von der Anweisung sehr amüsiert, sie reiben sich die Bäuche und äußern lachend Geräusche des Wohlschmeckens: ›Mmh‹. Felicitas schaut sehnsuchtsvoll in die Ferne und meint versonnen: ›Oh, Döner!‹«* (Segment 11)

Nachdem als Konsequenz aus der Feststellung des Fehlens von Inhalt in Felicitas' Skizzenbuch die Auseinandersetzung mit deren Ideen abrupt beendet worden ist, spricht Marie mit Hilfe der Notizen und Skizzen in ihrem Skizzenbuch über ihre eigenen Ideen. Die Art und Weise, in der Marie über ihre Ideen kommuniziert, deutet darauf hin, dass sie von Felicitas weder inhaltliche noch formale Beratung oder Kritik wünscht, denn sie »*zeigt*«, »*weist auf eine bestimmte Anweisung hin*« und »*liest lachend vor*«, ohne einen Kommentar der Anderen diesbezüglich einzufordern.

Obwohl Marie also keine sachlich-fachliche Reaktion der Partnerin auf ihre im Skizzenbuch visualisierten Ideen erwartet, ist es ihr dennoch ein Bedürfnis, die Andere mittels des Skizzenbuchs an ihren Ideen – auch solchen, die verworfen und für die folgende Ausführung irrelevant sind – teilhaben zu lassen. Felicitas reagiert darauf in einer die Partnerin bestärkenden und bestätigenden Art und Weise, denn sie zeigt Interesse und große Bereitschaft, sich auf Maries Ideen amüsiert einzulassen. Inhaltlich werden Maries Ideen nicht in Frage gestellt, sondern vielmehr zum Anlass genommen, gemeinsam in einer Art schauspielerischen Einlage humorvoll den Bezug zum gemeinsamen Alltag herzustellen und für einen kurzen Moment dem Schulkontext zu entfliehen: »*Beide sind von der Anweisung sehr amüsiert, sie reiben sich die Bäuche und äußern lachend Geräusche des Wohlschmeckens: »Mmh«. Felicitas schaut sehnsuchtsvoll in die Ferne und meint versonnen: »Oh, Döner!«*« Felicitas vermittelt Marie dadurch das Gefühl, dass ihre Ideen eine bestimmte Qualität aufweisen, nämlich einen gewissen Unterhaltungswert besitzen. Sie bestärkt sie durch ihr Verhalten in ihrer grundsätzlichen Herangehensweise und trägt dadurch maßgeblich zu einer positiven Atmosphäre, die von Zustimmung und Anerkennung geprägt ist, bei.

> Textstelle MF5
> *»Marie geht währenddessen zügig zum Projektor und berührt den Einschaltknopf. Sie hält kurz inne, zieht dann die Hand zurück und sagt laut in Richtung Felicitas: ›Ach so, ich habe überlegt, wir können ja, wenn wir den Tisch noch weiter nach hinten schieben, dann ist ja die, dann ist ja der Overheadprojektor weiter hinten und dann kann ich mich weiter vorne hinstellen und der Schatten ist trotzdem groß, nicht wahr? (..) Theoretisch.‹ Dabei bewegt sie sich zwischen den Projektor und die Projektionsfläche und unterstreicht ihre Erklärungen durch Zeigegesten. Felicitas bleibt weiter mit aufgestützten Händen am Pult sitzen und dreht nur ihren Kopf nach einem Moment zuhörend zu Marie. Diese bleibt kurz abwartend stehend, bis Felicitas – erneut eher gleichgültig als zustimmend – meint: ›Können wir mal probieren.‹ Daraufhin geht Marie schlurfend zum Projektor zurück und überlegt dabei: ›Das ist Mathematik (und das kann ich nicht?). Nein, @Physik ist das.@‹ Auch Felicitas lacht, schaut kurz auf und wendet sich dann wieder Kaugummi kauend Maries Skizzenbuch zu.«* (Segment 11)

In der hier vorliegenden Textstelle wird beschrieben, wie Marie den Overheadprojektor und den Raum für das eigentliche Fotografieren einrichtet, während Felicitas am Lehrerpult sitzt und sich die Wartezeit vertieft in Maries Skizzenbuch vertreibt. Obwohl die praktische Vorbereitung in dieser Phase gänzlich in den Händen Maries liegt, teilt sie der Anderen ihre Gedanken hierzu mit: »*Ach so, ich habe überlegt, wir können ja, wenn wir den Tisch noch weiter nach hinten schieben, dann ist ja die, dann ist ja der Overheadprojektor weiter hinten und dann kann ich mich weiter vorne hinstellen und der Schatten ist trotzdem groß, nicht wahr? (..) Theoretisch.*« Durch das nachgestellte »*Theoretisch*« verdeutlicht sie, dass sie diese Überlegungen vermutlich alleine und außerhalb des Unterrichts, wahrscheinlich als

Schlussfolgerung aus vorangegangenen fotografischen Versuchen, angestellt hat. Diese erneut durch Gestik und Bewegungen unterstützte Verbalisierung gegenüber der Partnerin dient der Absicherung, dass das von ihr alleine geplante Vorgehen von der Anderen ebenfalls als sinnvoll erachtet wird, denn Marie setzt ihre Arbeit erst fort, als Felicitas ihre Zustimmung ausgedrückt hat: »*Können wir mal probieren.*« Während die geäußerten Überlegungen für Marie von großer Bedeutung zu sein scheinen, sind sie für Felicitas weniger relevant: Sie steht nicht etwa auf, um Maries Vorschlag körperlich nachzuvollziehen, sondern wendet sich nur leicht von dem Skizzenbuch ab, das eigentlich gerade ihre ganze Aufmerksamkeit auf sich zieht. Auch äußert sie ihre grundsätzliche Bereitschaft, Maries Überlegungen in die Tat umzusetzen, »*eher gleichgültig*«. Die Abstimmung des technischen Vorgehens hat damit bei den beiden beteiligten Schülerinnen unterschiedlichen Stellenwert: Für Marie ist sie von großer Wichtigkeit, denn sie benötigt eine – wenn auch wenig engagiert vorgetragene – Bestärkung und Zustimmung durch ihre Partnerin, um die Einrichtung des Fotosettings vornehmen zu können. Felicitas erwirkt sich durch ihr grundsätzliches Einverständnis mit der von Marie geplanten Vorgehensweise gewissermaßen das Recht, ihre eigenen Interessen, hier die Beschäftigung mit dem Skizzenbuch der Partnerin, möglichst lange und ungestört weiterverfolgen zu können.

> Textstelle MF6
> *»Marie tritt von rechts nah an sie heran und schaut mit über der Körpermitte zusammengelegten Händen neugierig mit auf die Kamera, sodass ihr Kopf fast ganz hinter Felicitas Oberkörper verschwindet. Vermutlich betrachten die beiden die soeben fotografierten Bilder auf dem Kameradisplay, denn Felicitas kommentiert jeweils nach einem elektronischen Piepgeräusch: ›Ohne Blitz. (sehr leise) Mit Blitz.‹ Marie äußert ihre Meinung: ›(Nur Blitz ist mir irgendwie lieber?). Da ist der Kontrast stärker, ja.‹«* (Segment 36)

Anhand der vorliegenden Textstelle können die Art und die Funktion der mündlichen Kommunikation über die Fotografien als (Zwischen-)Ergebnisse des gemeinsamen bildnerischen Prozesses weiter konkretisiert werden. Die realisierte Verbalkommunikation erweist sich als äußerst pragmatisch, d. h. auf das Nötigste beschränkt; die Fotografin Felicitas gibt beim gemeinsamen Begutachten der entstandenen Fotografien lediglich knapp die Informationen, die für die Fotografierte nicht allein aus der Betrachtung der Bilder zu erschließen sind: »*Ohne Blitz. (sehr leise) Mit Blitz.*« Die Mitteilung wird von Marie in ihrer Kürze dennoch als Aufforderung an sie als die eigentliche Autorin der Fotografien verstanden, ihre Meinung dazu zu äußern, welche der beiden Varianten sie bevorzugt: »*(Nur Blitz ist mir irgendwie lieber?). Da ist der Kontrast stärker, ja.*«

In dem knappen Dialog wird damit klar, dass Felicitas die gestalterische Entscheidung für oder gegen eine bestimmte Bildwirkung ganz der Autorin Marie überlässt. Auf der bildnerisch-gestalterischen Ebene findet also kein inhaltlicher Austausch, keine Verhandlung statt. Felicitas vermittelt Marie nur jene Informationen, die diese für ihre individuelle

Entscheidung über das weitere Vorgehen bei den folgenden Fotografien benötigt. Marie stellt ihre implizit erbetene Meinung nicht zur Diskussion, sie teilt sie Felicitas lediglich mit. Durch die zusätzlich angefügte Begründung macht sie Felicitas gegenüber jedoch ihre individuelle gestalterische Entscheidung transparent und vermittelt dadurch den Eindruck, dass ihre Partnerin für sie eine kompetente Mitwirkende darstellt, mit der sie auf einer fachsprachlichen Ebene pragmatisch kommunizieren kann und der gegenüber sie selbst kompetent wirken möchte.

Das Skizzenbuch als Ort und Dokument der individuellen inhaltlich-bildnerischen Auseinandersetzung stellt ein zentrales Kommunikationsmedium im gemeinsamen Gestaltungsprozess dar.

> Textstelle MF2
> *»Felicitas verharrt noch einige Sekunden nachdenkend in ihrer Haltung und legt schließlich ihren linken Arm kurz über ihre Körpermitte. Dann tritt auch sie einen Schritt weiter nach rechts, zuckt mit den Schultern und schlägt ihr Skizzenbuch schwungvoll, fast ruckartig zu mit dem Kommentar: ›Ich denke noch mal darüber nach, (auf jeden Fall?).‹ Marie hat sich ihr währenddessen wieder etwas mehr zugewandt und steht schräg zu ihr gedreht mit auf der Stuhllehne aufgestützten Händen neben ihr. Als Felicitas zu Ende gesprochen hat, senkt Marie ihren Kopf und ihren Blick nur minimal nach unten und beobachtet unauffällig – fast aus den Augenwinkeln – wie Felicitas ihr Skizzenbuch schließt. Daraufhin sagt Marie ›Okay‹ und wendet sich wieder körperlich deutlich ihrem eigenen Skizzenbuch zu.«* (Segment 7)

Anhand der bereits weiter oben interpretierten Textstelle MF2 kann auch rekonstruiert werden, dass das Gelingen der Interaktion mittels nonverbaler Kommunikation sowie rudimentärer Verbalkommunikation maßgeblich durch die Bezugnahme auf die Skizzenbücher der Schülerinnen ermöglicht wird. Dem Medium Skizzenbuch kommt somit die Funktion eines zentralen Kommunikationsmittels im gemeinsamen Gestaltungsprozess zu. Der Umgang mit dem Skizzenbuch bzw. den Skizzenbüchern strukturiert und gliedert das kollaborative Handeln: Durch Zuklappen und Abwenden vom Felicitas' Skizzenbuch sowie der Hinwendung zu Maries Skizzenbuch wird der Übergang von der Auseinandersetzung mit Felicitas' Gestaltungsideen hin zu Maries Vorhaben initiiert.

Bezieht man die weiter oben bereits interpretierte Textstelle MF1 noch einmal ergänzend in die Betrachtungen mit ein, wird deutlich, dass das Vorhandensein von Inhalt im Skizzenbuch von beiden Beteiligten implizit als Grundlage für die Auseinandersetzung mit einer Gestaltungsabsicht vorausgesetzt wird: In dem Moment, in dem offenkundig wird, dass Felicitas keine schriftlich oder zeichnerisch fixierten Ideen im Skizzenbuch vorzuweisen hat, ist die Beschäftigung mit Felicitas' fotografischer Selbstinszenierung ohne weitere Absprachen oder Diskussionen beendet.

Textstelle MF4

»Marie blättert zwei Seiten in ihrem Skizzenbuch weiter und zeigt Felicitas eine weitere Idee für die ›Image‹-Aufgabe: ›Ach so, genau. Das war das mit den Anweisungen.‹ Felicitas beugt sich sofort interessiert zu dem Skizzenbuch hinunter und stützt sich dabei mit den Händen auf der Stuhllehne ab. Marie stupst sie leicht mit der rechten Hand an, weist auf eine bestimmte Anweisung hin und liest lachend vor: ›Guck mal. @(.)@ @Dein Döner schmeckt.@‹ Gleichzeitig schlägt sie die Skizzenbuchseite schwungvoll um. Beide sind von der Anweisung sehr amüsiert, sie reiben sich die Bäuche und äußern lachend Geräusche des Wohlschmeckens: ›Mmh‹. Felicitas schaut sehnsuchtsvoll in die Ferne und meint versonnen: ›Oh, Döner!‹« (Segment 11)

Wie weiter oben bereits am Beispiel dieser Textstelle herausgearbeitet wurde, erfolgt verbalsprachlich kaum eine Auseinandersetzung mit den jeweiligen Gestaltungskonzepten. Richtet man die Aufmerksamkeit nun ganz auf das Skizzenbuch, so finden sich für Marie in der vorliegenden Textstelle starke Anhaltspunkte, dass diese inhaltlich-bildnerische Auseinandersetzung bereits dem gemeinsamen Arbeitsprozess vorgelagert und individuell stattgefunden hat. Dadurch reduziert sich die Funktion der in dieser Untersuchung beobachteten gemeinsamen Phase des Gestaltungsprozesses auf die Ausführung eines allein von Marie entwickelten und verantworteten bildnerischen Konzepts. Das Skizzenbuch ist somit einerseits der Ort, an dem der individuelle Prozess der Konzeptentwicklung stattgefunden hat oder mindestens dokumentiert ist. In der Interaktion mit Felicitas wird das Skizzenbuch darüber hinaus zu dem Medium, mit Hilfe dessen sie ihre Überlegungen und Ideen der Anderen mitteilen kann, jedoch ohne dabei von Felicitas eine inhaltlich-bildnerische Beratung oder Kritik einzufordern. Auch von Felicitas werden keine Versuche unternommen, sich eigeninitiativ inhaltlich-bildnerisch zu dem Gezeigten und Mitgeteilten zu äußern. Dies spricht für eine unausgesprochene Übereinkunft der Beteiligten, dass durch die Fixierung von Ideen im Skizzenbuch diese für Kritik unangreifbar werden und in der nun anstehenden Phase der gemeinsamen Gestaltungsausführung nicht mehr zu hinterfragen oder zu verhandeln sind.

Textstelle MF7

»Sie [Felicitas] beginnt, selbst in Maries Skizzenbuch zu blättern, während diese nachhakt: ›Komplett jetze, oder?‹ Auch diese Frage wird von Felicitas – diesmal in einem fast gleichgültigen Tonfall – bejaht. Sie betrachtet eine grünliche Zeichnung im Skizzenbuch mit einem anerkennenden ›Mhm.‹ Gleichzeitig tupft sie mit ihrem linken Zeigefinger vorsichtig prüfend auf der Zeichnung herum. Marie hat sich fast ganz zu ihr gedreht. Sie steht mit über der Körpermitte zusammengelegten Händen eng neben ihr und beobachtet Felicitas kritisch. Nach einem kurzen Moment kommentiert sie gespielt entrüstet: ›Hey! Du machst das ab!‹, was aber von Felicitas mit einem leisen, beruhigenden ›Nein‹ abgewiegelt wird. Sie tupft noch einmal interessiert auf die Stelle und betrachtet ihre Fingerkuppe.« (Segment 11)

Über den gesamten videografierten Handlungsverlauf hinweg zeigt Felicitas immer wieder ein starkes Interesse am Skizzenbuch ihrer Partnerin. Während diese Möbel und Geräte für das Fotografieren verschiebt, hat etwas in Maries Skizzenbuch Felicitas' Aufmerksamkeit so sehr erregt, dass sie diese Stelle mit dem Finger berührt und dabei möglicherweise sogar etwas Farbe von der Zeichnung ablöst: »*Gleichzeitig tupft sie mit ihrem linken Zeigefinger vorsichtig prüfend auf der Zeichnung herum. [...] Sie tupft noch einmal interessiert auf die Stelle und betrachtet ihre Fingerkuppe.*« Von Marie wird diese ästhetisch-haptische Aneignung ihrer Skizze zunächst noch kritisch abwartend beobachtet, dann aber interveniert sie: »*Hey! Du machst das ab!*« Auch wenn sie dabei nur »*gespielt entrüstet*« spricht, wird an ihrer doch recht heftigen Reaktion klar, dass Felicitas durch das Berühren der Zeichnung im Skizzenbuch, die möglicherweise zu deren Zerstörung führen kann, auch eine Grenze im übertragenen Sinne antastet, denn die Inhalte im Skizzenbuch erweisen sich als etwas sehr Persönliches, zu der Besitzerin des Skizzenbuchs Gehöriges, auf das selbst eine gute Freundin und Arbeitspartnerin nur bis zu einem bestimmten Punkt zugreifen kann.

Schließlich kann auch an dieser Textstelle ein weiteres Mal rekonstruiert werden, welch große Bedeutung dem Skizzenbuch für die gesamte Interaktion zukommt, denn es zeigt sich, dass hier nicht nur ein Austausch zwischen Marie und Felicitas stattfindet, sondern insbesondere Felicitas intensiv mit Maries Skizzenbuch interagiert. Es wird damit zu einem bedeutsamen Medium im Wortsinne, das u. a. zwischen Maries Konzept und Felicitas' Interessen vermittelt.

Die kollaborative Arbeit an einem individuell zu verantwortenden bildnerischen Auftrag funktioniert im gegenseitigen Einverständnis über die Rollen und Aufgaben der beteiligten Personen: Der Autorin obliegt die Verantwortung für die gestalterische Konzeption und die Organisation des Arbeitsprozesses; die Partnerin vermittelt der Hauptverantwortlichen Sicherheit in ihrem individuellen Vorgehen und die grundsätzliche Bereitschaft zur Mitwirkung.

> Textstelle MF8
> *»Marie verschiebt nun geräuschvoll Tische. Dabei befindet sie sich größtenteils außerhalb des Kamerablickfelds, teilweise ist sie im Anschnitt am rechten Bildrand erkennbar. Ca. elf Sekunden spricht keine der beiden. Dann lacht Felicitas auf und liest lachend aus dem Skizzenbuch vor: ›Du hast den Cooper-Test[81] hinter dir.‹ Sie lehnt sich zurück, greift sich an den Hals und täuscht extreme Erschöpfung vor: ›@Oh nein!@ Tot.‹«* (Segment 11)

In der vorliegenden Textstelle verfolgen die beiden Schülerinnen gänzlich unterschiedliche Interessen, die in zwei weitgehend unabhängig voneinander ablaufende Parallelhandlungen münden: Felicitas hat sich durch ihre grundsätzliche Zustimmung zu Maries geplanter Vorgehensweise zur Einrichtung des Fotosettings (siehe Textstelle MF5) die Freiheit erworben, sich in Ruhe am Pult sitzend mit Maries Skizzenbuch zu beschäftigen, während die Andere alleine die schweren Unterrichtstische und den Overheadwagen so lange hin und her schiebt,

81 Kontextinformation: Der »Cooper-Test« ist ein Ausdauer-Test im Sportunterricht.

bis alles für das eigentliche Fotografieren bereit ist. Für beide Interaktionspartnerinnen sind die Rollen und Aufgaben in dem gemeinsamen bildnerischen Prozess somit geklärt, denn Felicitas wartet geduldig und ruhig, bis Marie alles für das Fotografieren vorbereitet hat. Diese ihrerseits fordert nicht, dass Felicitas sich am Tische-Rücken beteiligt, sondern nimmt in Kauf, dass die räumlich-technische Vorbereitung des Fotosettings für sie ohne die Hilfe der Anderen anstrengender ist und auch länger dauert – unter der Bedingung, dass sie sich Felicitas' grundsätzlichem Einverständnis sicher sein kann.

Marie, deren fotografische Selbstinszenierung erstellt werden soll, ist somit nicht nur für ihr individuell erarbeitetes Konzept verantwortlich, sondern übernimmt auch die alleinige Ausführung bestimmter Arbeitsschritte, hier die räumlich-technische Vorbereitung des eigentlichen Fotografierens. Felicitas' Funktion in dieser Phase des gemeinsamen Gestaltungsprozesses ist dagegen keinesfalls die einer Assistentin, die der Hauptverantwortlichen die ›niederen Arbeiten‹ abnimmt. Ihre Aufgabe besteht während der Vorbereitung des eigentlichen Fotografierens vielmehr darin, der Freundin Sicherheit in ihrem individuellen Vorgehen und die grundsätzliche Bereitschaft zur Mitwirkung zu vermitteln. Darüber hinaus sorgt sie weiterhin für eine positive Grundstimmung, indem sie die Notizen in Maries Skizzenbuch zum Anlass für eine erneute humorvolle schauspielerische Einlage nimmt: »*Dann lacht Felicitas auf und liest lachend aus dem Skizzenbuch vor: »Du hast den Cooper-Test hinter dir.« Sie lehnt sich zurück, greift sich an den Hals und täuscht extreme Erschöpfung vor: »@Oh nein!@ Tot.«*« Das Skizzenbuch erweist sich somit auch an dieser Textstelle als zentrale Gelenkstelle für das kollaborative Handeln und die Interaktion untereinander, da im Sprechen über das Skizzenbuch die Verbindung zwischen den beiden nahezu unabhängig voneinander agierenden Schülerinnen aufrecht erhalten bleibt.

> Textstelle MF9
> *»Die Schülerinnen stehen eng nebeneinander zwischen dem Pult und dem dunkel gepolsterten Stuhl hinter dem Pult, Marie steht links, Felicitas rechts von ihr. Felicitas greift, fast ohne hinzusehen, einen Stift, der vor ihr auf dem Pult liegt, und gibt ihn Marie mit den Worten: ›Also, das hier ist (.) non-permanent.‹ Es entsteht ein kurzer Moment der Unsicherheit – Marie sagt mit dem Stift in der Hand: ›Ich weiß nicht, wie man‹, Felicitas holt sich gleichzeitig einen anderen Stift aus der Stiftebox auf dem Pult, hält ihn begutachtend mit beiden Händen und murmelt nachdenklich: ›Ich frage mich gerade‹«* (Segment 29)

Nach einer langen Reihe vorbereitender Schritte, Besprechungen, Abstimmungen und der Lösung verschiedener Probleme (siehe Kap. 5.3.2) wird in Segment 29 die erste bildnerische Handlung eingeleitet, die direkt und konkret auf Maries fotografische Selbstinszenierung bezogen ist. In der vorliegenden Textstelle, ganz zu Beginn des Segments, wird zunächst nach einem Stift gesucht, mit dem wie zuvor vereinbart ein Buch auf eine Overheadfolie gezeichnet werden kann, das als Hintergrund für das im Folgenden zu fotografierende Bild für Maries Fotoserie dienen soll.

An der vorangegangenen Textstelle MF8 ist rekonstruiert worden, dass die Vorbereitung des Raums und der Technik von Marie alleine bewältigt wird, während Felicitas abwartet und in dieser Zeit parallel eigene Interessen verfolgt. In der hier beschriebenen Phase der ersten konkret auf Maries Fotoserie bezogenen bildnerischen Praxis dagegen handeln Marie und Felicitas nicht mehr getrennt voneinander. Felicitas ist vielmehr unmittelbar in das Geschehen involviert: Sie steht dicht neben Marie, ergreift sogar als erste die Initiative und reicht Marie mit einer erklärenden Bemerkung einen Folienstift. Felicitas denkt also mit, sie antizipiert, dass nun ein geeigneter Stift gefunden werden muss und gibt Marie unaufgefordert einen solchen. Auch daran anschließend verhält sie sich nicht passiv abwartend, sondern greift sich selbst einen Stift, mit dem sie, nach einer gemeinsamen Phase der Unsicherheit, im weiteren Verlauf selbst auf eine Folie zeichnen wird. Damit können die Funktionen von Felicitas, die ihre Mitschülerin und Freundin bei der Realisierung ihrer fotografischen Selbstinszenierung unterstützt, um einen weiteren Aspekt ergänzt werden: In der Phase der bildnerischen Praxis wirkt sie aktiv am Gestaltungsprozess mit und bringt damit ihre eigene Energie und ihre Kompetenzen, hier im Bereich des Zeichnens, produktiv mit ein.

Im Gestaltungsprozess gewähren sich die Beteiligten auf der Grundlage ihrer Freundschaftsbeziehung Freiräume für die Orientierung des individuellen Handelns an den jeweils eigenen Interessen und zeigen Toleranz und Geduld gegenüber spezifischen Verhaltensweisen.

Am weiteren Verlauf von Segment 29 kann rekonstruiert werden, dass Marie die aktive Beteiligung Felicitas' an der Erstellung der Folienzeichnungen einfordert. Sie vermittelt ihr deutlich und mehrfach, dass sie auf ihre Kompetenzen angewiesen ist, weil sie sich offenbar selbst nicht in der Lage sieht, die zur Realisierung ihres fotografischen Konzepts benötigte Zeichnung eines aufgeschlagenen Buches zu erstellen. Maries Bitten um das aktive Mitwirken der Partnerin werden im Verlauf des Segments immer hilfloser und fordern immer weitere Reaktionen der Partnerin heraus. Anhand der folgenden Textstellen 10a-d sind fünf Phasen der zunehmenden Hilflosigkeit Maries und Felicitas' Umgang damit erkennbar.

> Textstelle MF10a
> *»Marie steht währenddessen vornüber gebeugt auf ihrer Seite des Pults. Sie zieht eine Folie auf der von ihr frei geräumten Pultfläche zu sich heran. Noch bevor sie den Stiftdeckel öffnet, fragt sie zu Felicitas gewandt: ›Oder willst du machen?‹ Die Angesprochene schaut daraufhin sehr kurz zu ihr, verneint knapp und lacht kurz auf.«* (Segment 29)

Die erste Frage, ob Felicitas nicht die Zeichnung übernehmen könne, erfolgt, noch bevor Marie selbst den Versuch einer Zeichnung unternommen hat: »*Oder willst du machen?*« Felicitas scheint den Hintergrund der als spontanes, unverbindliches Angebot getarnten Bitte sofort zu durchschauen, denn sie reagiert mit einer emotionslosen, aber deutlichen Absage, wobei sie durch das nachgesetzte kurze Lachen den Eindruck vermittelt, dass Maries Vorschlag für sie nicht ernst zu nehmen sei: »*Die Angesprochene schaut daraufhin sehr kurz zu ihr, verneint knapp und lacht kurz auf.*«

> Textstelle MF10b
> *»Unterdessen steht Marie auf ihrer Seite des Pultes und verharrt mit dem geöffneten Stift, zum Zeichnen bereit, über der Folie. Sie schaut kurz suchend zu ihrem Skizzenbuch und sagt dann leise bettelnd, ohne aufzuschauen: ›Mal du mal!‹ Felicitas reagiert nicht, sondern sitzt weiter ganz auf den Stift in ihren Händen konzentriert da. Marie richtet sich nun abrupt auf und hält die Folie mit beiden Händen prüfend vor ihr Gesicht. Den Blick auf die Folie gerichtet sagt sie, nun wieder in einem lauteren Ton: ›Ach, ist das das, was wir letztens, der dreckige noch? Nein, ist eine saubere, nicht wahr?‹ Felicitas entgegnet zwar sofort ›Ja‹, bleibt aber weiter ganz fokussiert auf den Stift und die Folie vor ihr und beginnt noch einmal angestrengt mit dem Stift die Folie zu bearbeiten. Marie wiederholt noch einmal leise bettelnd: ›Mal du mal!‹ Dann wechselt sie abermals zu der für sie normalen Lautstärke und wendet sich Felicitas zu: ›Ach guck mal, ich glaube, du hast auf die falsche Seite gemalt.‹ Dabei dreht sie die Folie einmal um, sodass nun die Unterseite oben liegt.«* (Segment 29)

Trotz Felicitas' erster Absage insistiert Marie weiter auf die Hilfe der Partnerin, während sie selbst immer noch keinen eigenen zeichnerischen Versuch unternommen, sondern eine Weile lang Felicitas beim Ausprobieren eines Folienstiftes beobachtet und kommentiert hat. Dieses Mal formuliert sie bereits eine eindeutige Aufforderung im Imperativ, die sie allerdings nur »*leise*« und »*ohne Aufzuschauen*«, aber »*bettelnd*« vorträgt: »*Mal du mal!*« Nicht zuletzt, da Felicitas dies ja bereits einmal abgelehnt hat, stellt Maries Bitte die implizit geklärte Rollenteilung in Frage, nach der Felicitas bei der bildnerischen Praxis zwar aktiv mitwirkt, jedoch keine Verantwortung und Urheberschaft für die Gestaltung übernimmt. Felicitas' Reaktion, das Ignorieren des zweiten Hilfegesuchs, verdeutlicht vor diesem Hintergrund die Abwegigkeit des Ansinnens der Partnerin. Felicitas bleibt dennoch ruhig, lässt sich von ihrer eigenen Tätigkeit nicht abbringen und widmet sich weiter ganz der Frage, weshalb der Radiergummi ihres Folienstiftes nicht funktioniert. Marie wiederholt noch einmal im selben Wortlaut bettelnd ihre Aufforderung, dann aber versteht sie, dass Felicitas von der Suche nach einer Lösung für den nicht funktionierenden Radiergummi offenbar so stark beansprucht ist, dass sie von ihr keine Hilfe erwarten kann, solange dieses Problem nicht behoben ist. Sie erkennt schnell dessen Ursache und teilt sie Felicitas mit: »*›Ach guck mal, ich glaube, du hast auf die falsche Seite gemalt.‹ Dabei dreht sie die Folie einmal um, sodass nun die Unterseite oben liegt.*« Dadurch, dass sie nun nicht mehr leise, sondern in ihrer normalen Lautstärke und in einem sachlichen Tonfall spricht, wird erkennbar, dass sie sich in der Rolle der Belehrenden wohler fühlt als in der einer in ihrem Handeln blockierten Person, die ihre Partnerin um Hilfe bitten muss.

Textstelle MF10c

»Felicitas lehnt sich zurück und beobachtet, wie Marie, weiter vornüber gebeugt, mit der Außenkante ihrer linken Hand energisch über die Folie streicht und gespielt vorwurfsvoll sagt: ›Filli, jetzt hast du geschmiert!‹ Die Angesprochene lacht kurz auf, während sich Marie über der Folie auf ihre Unterarme stützt und, nun schon fast verzweifelt, erneut Felicitas um Hilfe bittet: ›Hilf mir doch mal!‹ Felicitas wirkt leicht perplex, lacht erneut kurz auf, zuckt mit den Schultern und greift nach einem dicken Buch, vermutlich einem Wörterbuch, das an der linken Pultkante liegt, und sagt lachend zu Marie: ›@Hier.@‹« (Segment 29)

Mit der Lösung von Felicitas' Problem des nicht funktionierenden Radiergummis verbindet Marie für sich das Recht, ein weiteres Mal, »*nun schon fast verzweifelt*« und ausdrücklich die Hilfe der Anderen einzufordern: »*Hilf mir doch mal!*« Nach einem kurzen Moment des Erstaunens über Maries Beharren reagiert Felicitas zum ersten Mal nicht mit Ablehnung oder Nichtbeachtung, sondern geht auf Maries Aufforderung ein: »*Felicitas wirkt leicht perplex, lacht erneut kurz auf, zuckt mit den Schultern und greift nach einem dicken Buch, vermutlich einem Wörterbuch, das an der linken Pultkante liegt, und sagt lachend zu Marie: ›@Hier.@‹*« Allerdings nutzt sie Maries Umformulierung von »*Mal du mal!*« (Textstelle 10b) in »*Hilf mir doch mal!*« dazu, Marie nicht die eigentlich gewünschte Hilfe anzubieten, sondern ihr stattdessen lachend ein Wörterbuch als Anschauungsobjekt und Vorlage für die Buchzeichnung zu reichen.

Textstelle MF10d

»Diese ignoriert Felicitas' Angebot jedoch, richtet sich auf und sagt schnell, leicht stotternd: ›Mal du mal, mal du mal an, an die Tafel und ich mach ( )‹. Dabei zeigt sie mit ihrer rechten Hand, in der sie immer noch einen Stift hält, auf die Tafel links außerhalb des Bildausschnitts und verlässt dann schnell in diese Richtung den Aufnahmebereich. Felicitas legt das Buch daraufhin geräuschvoll und mit einer großen Armbewegung vor die Folie auf Maries Pultseite, wirft ihren Folienstift hinterher und erhebt sich betont lässig und entspannt. Sie folgt Marie Kaugummi kauend, grinsend und die Arme schlenkernd.« (Segment 29)

Das nicht ihren Erwartungen entsprechende Hilfsangebot wird wiederum von Marie ignoriert. Allerdings löst Felicitas' erste zumindest im Ansatz entgegenkommende Reaktion aus, dass Marie nun ihre Strategie ändert. Zwar wiederholt sie noch einmal »*leicht stotternd*« die Aufforderung an Felicitas, modifiziert dabei jedoch die Bedingungen: Sie verlangt, dass Felicitas an der Tafel, also nicht auf der Folie, ein Buch zeichnet, während sie selbst – wie sich im weiteren Verlauf der Interaktion herausstellt – selbst das Buch auf Folie zeichnet. Auf diesen Vorschlag geht Felicitas schließlich, wenn auch amüsiert über das Insistieren ihrer Partnerin und wenig begeistert, ein. Damit ist nach einer langen Phase der Aushandlung die in Textstelle MF9 rekonstruierte Rollenverteilung für die Phase der bildnerischen Praxis wiederhergestellt: Felicitas wird zwar aktiv, übernimmt aber dabei keine Verantwortung im Sinne einer Autorschaft. Dennoch ermöglicht sie es Marie durch ihr Mitwirken indirekt, ihre eigene Blockade zu überwinden und die benötigte Buchzeichnung selbst zu erstellen.

Anhand der hier ausführlich interpretierten Aushandlungsphase kann darüber hinaus nachvollzogen werden, dass die gemeinsame Interaktion wesentlich von einem hohen Maß an gegenseitiger Geduld und Toleranz geprägt ist. Einander widerstrebende Interessen und Bedürfnisse tragen zwar ein Konfliktpotential in sich, werden jedoch untereinander erfolgreich vermittelt: Weder reagiert Felicitas empört oder offen enerviert auf Maries Versuch, Verantwortung an sie abzugeben, noch macht Marie der Anderen Vorwürfe angesichts der Intensität, mit der sie sich dem ›Problem‹ des nicht funktionierenden Radiergummis widmet.

Die Vermittlung zwischen den unterschiedlichen Interessen und Temperamenten der Interagierenden vollzieht sich im Modus des Spielerischen und Humorvollen.

> Textstelle MF1
> *»[...] Mit einem Blick in die Ferne beginnt sie [Felicitas] langsam: ›Na ja. Also, mir sind letztens so ein paar Sachen eingefallen, @aber die habe ich wieder vergessen.@‹ Marie hat währenddessen ihre Hände auf die Stuhllehne vor ihr gelegt und schaut weiter nach unten auf das Skizzenbuch. Als Felicitas lachend ihre Äußerung beendet, schaut Marie seitlich zu ihr hoch, lacht ebenfalls kurz auf, schlägt ihrer Partnerin leicht mit der rechten Hand gegen den linken Ellenbogen und sagt lachend mit einer hohen Stimme: ›@Deshalb schreibt man die in ein Skizzenbuch.@‹«* (Segment 7)

An der weiter oben bereits interpretierten Textstelle MF1 kann exemplarisch rekonstruiert werden, dass die Schülerinnen in ihrem Umgang miteinander ein unterschiedliches Rollenverhalten zeigen. Auf Felicitas' langsam vorgetragenes Eingeständnis, dass sie vergessen habe, welche Ideen für ihre fotografische Selbstinszenierung ihr bereits »*eingefallen*« sind, reagiert Marie mit einer doppelten Maßregelung auf nonverbaler und verbaler Ebene: Körperlich drückt sie ihre Missbilligung der nicht verfügbaren Ideen in Form eines leichten Schlags gegen Felicitas' Arm aus, verbalsprachlich belehrt sie die Freundin: »*@Deshalb schreibt man die in ein Skizzenbuch.@*« Diese Aussage wirkt wie die Reproduktion einer Unterrichtsregel, wodurch Marie implizit die Rolle einer Erzieherin oder Lehrerin übernimmt. Jedoch werden sowohl der Anlass als auch der darauf folgende körperliche und mündliche Tadel dadurch relativiert, dass beide Beteiligte sich größtenteils lachend äußern. Marie wechselt zudem für ihre Belehrung in eine für sie ungewöhnlich hohe Stimmlage und distanziert ihre Aussage dadurch in gewissem Maße von sich selbst. Durch das Verhalten beider wird das Konfliktpotential der Situation weitgehend entschärft: Weder wird Maries Belehrung von Felicitas als (körperlicher) Übergriff im Sinne einer Grenzüberschreitung aufgefasst, noch entwickelt sich aus Felicitas' fehlenden Skizzenbuchskizzen ein echtes Problem für die weitere Zusammenarbeit.

Bereits an dieser frühen Stelle in der gemeinsamen Interaktion entsteht somit insgesamt das Bild eines Lehrer-Schüler-Rollenspiels, welches über die gesamte Interaktion hinweg immer wieder aufgegriffen wird. Es basiert auf einem ›Als-ob-Humor‹ und eröffnet beiden Schülerinnen den Raum, ihre jeweiligen Temperamente und Interessen spielerisch auszuleben. Marie etwa bietet die Lehrerinnenrolle ein Ventil, um ihr Bedürfnis nach Kontrolle und rationalem Vorgehen Ausdruck zu verleihen. Felicitas dagegen verhält sich entsprechend ihrer Schülerinnenrolle, indem sie meist erst auf einen Impuls Maries hin aktiv wird und jede Form der Ablenkung als Gelegenheit für einen spielerischen Ausbruch aus der schulischen Unterrichtssituation aufgreift.

> Textstelle MF4
> *»[...] Marie stupst sie leicht mit der rechten Hand an, weist auf eine bestimmte Anweisung hin und liest lachend vor: ›Guck mal. @(.)@ @Dein Döner schmeckt.@‹ Gleichzeitig schlägt sie die Skizzenbuchseite schwungvoll um. Beide sind von der Anweisung sehr amüsiert, sie reiben sich die Bäuche und äußern lachend Geräusche des Wohlschmeckens: ›Mmh‹. Felicitas schaut sehnsuchtsvoll in die Ferne und meint versonnen: ›Oh, Döner!‹«* (Segment 11)

Als weiteren Beleg für den soeben interpretierten Aspekt kann abschließend noch einmal die weiter oben bereits mehrfach analysierte Textstelle MF4 hinzugezogen werden, in der sich ausgehend von einer Notiz in Maries Skizzenbuch eine gemeinsame spielerisch-genussvolle Einlage entwickelt. Deutlich wird darin aber auch, dass der Modus des Spielerischen nicht alleine von Felicitas gewählt wird. Vielmehr stellt er neben der freundschaftlichen Beziehung der beiden eine weitere wichtige Basis für die gemeinsame, auf den bildnerischen Prozess bezogene Interaktion dar, denn es ist Marie, die durch ihren Hinweis und das lachende Vorlesen einer »Anweisung« in ihrem Skizzenbuch den Impuls für das gemeinsame Spiel gibt. Die darauf folgenden Gesten, Geräusche und Worte sind Ausdruck eines gemeinsamen, ganzheitlichen Wohlbefindens: »*Beide sind von der Anweisung sehr amüsiert, sie reiben sich die Bäuche und äußern lachend Geräusche des Wohlschmeckens: ›Mmh‹. Felicitas schaut sehnsuchtsvoll in die Ferne und meint versonnen: ›Oh, Döner‹.*« Das von Marie vorangetriebene, effiziente Vorgehen wird also für einen Moment ausgesetzt und beide Schülerinnen vertiefen sich ganz in das amüsierte Nachempfinden des mit dem Verspeisen eines Döners assoziierten Genusses. Felicitas erhält in dieser Situation die Möglichkeit, ihrem Wunsch nach Ablenkung nachzugehen. Gleichzeitig wird Maries Bedürfnis nach Anerkennung und Bestätigung durch ihre Freundin erfüllt, da diese so intensiv auf eine ihrer Ideen reagiert. Erneut zeigt sich damit, dass Marie diese Art der Rückmeldung wichtiger ist als eine inhaltliche oder formale Hilfe, denn die Seite im Skizzenbuch wird unmittelbar im Anschluss umgeblättert, die Skizzen und Notizen als Grundlage für eine vertiefte inhaltliche oder formale Auseinandersetzung nicht weiter in Betracht gezogen.

5.3.4 Synthetisierte Gesamtaussage zu den Strukturmerkmalen eines kollaborativen Gestaltungsprozesses

Analog zum Vorgehen bei den Interviewanalysen werden nach der sequentiellen Analyse die interpretierten Bedeutungseinheiten weiter paraphrasiert, geschärft und neu geordnet. Auf diese Weise können sieben übergeordnete Strukturmerkmale des beobachteten kollaborativen

Gestaltungsprozesses der Schülerinnen Marie und Felicitas bestimmt werden, die im Folgenden erläutert werden. Die Beschreibung der Auswirkungen, die diese Strukturmerkmale auf den beobachteten kollaborativen Gestaltungsprozess haben, schließt Teilstudie 2 ab.

Strukturmerkmale eines kollaborativen Gestaltungsprozesses

Rückgriffe auf eine gemeinsame implizite Wissensbasis

Über den gesamten Verlauf der beobachteten Interaktion hinweg überwiegen deutlich nonverbale Kommunikationsformen. Der gemeinsame Gestaltungsprozess wird wesentlich über das Herstellen von Nähe und Distanz zwischen den Schülerinnen koordiniert, bspw. erfolgen Phasenüberleitungen über die körperliche Bezugnahme zur Interaktionspartnerin oder aber zu dem zentralen Kommunikationsmedium Skizzenbuch. Die mündliche Kommunikation erweist sich dagegen als rudimentär, fragmentarisch und im Vergleich weniger bedeutungstragend, denn nur in Einzelfällen dient sie der konkreten Abstimmung des gemeinsamen gestalterischen Handelns. Häufig werden stattdessen Assoziationen zur gemeinsamen schulischen und außerschulischen Lebenswelt der Schülerinnen, die durch die im Skizzenbuch festgehaltenen Ideen ausgelöst werden, andeutungsvoll, humorvoll oder gefühlsbetont thematisiert.

In der Dominanz nonverbaler und averbaler Kommunikation sowie dem fragmentarischen Charakter der Verbalkommunikation zeigt sich das Vorhandensein einer impliziten gemeinsamen Wissensbasis, auf die beide Partnerinnen zugreifen können. Sie umfasst die genaue Kenntnis sowohl der Erwartungen und Bedürfnisse der jeweils anderen an die interaktiv zu gestaltende Situation als auch der technischen und gestalterischen Anforderungen, die in Zusammenarbeit realisiert werden sollen.

Nutzung spezifisch bildnerischer Medien als zentrale Kommunikationsmittel (Skizzenbuch)

Das Skizzenbuch erweist sich als zentrale Gelenkstelle für die Interaktion und die Koordination der unterschiedlichen Handlungen untereinander. Wie soeben dargelegt, wird der gemeinsame Gestaltungsprozess insbesondere auch über die körperliche Bezugnahme zum Skizzenbuch (z. B. sich zum Skizzenbuch hinunter beugen, das Skizzenbuch zuschlagen) strukturiert. Darüber hinaus stellt das Skizzenbuch als konzeptuelle Grundlage die zentrale Orientierung für die inhaltliche Gliederung des bildnerischen Prozesses dar. Schließlich ist das Skizzenbuch der Ort, an dem – dem gemeinsamen Realisierungsprozess vorgelagert – die eigentliche bildnerische Auseinandersetzung mit der fotografischen Aufgabenstellung stattgefunden hat. In der beobachteten Phase der gemeinsamen Umsetzung dient es nun der Vermittlung der von Marie individuell entwickelten bildnerischen Konzepte der mitwirkenden Partnerin gegenüber. Dabei fällt auf, dass mit dem Festhalten der Ideen in Form von Zeichnungen und Notizen auch eine gewisse Fixierung dieser Ideen einhergeht: Sie stehen nicht mehr zur Diskussion, d. h., sie werden von der Partnerin, die mit diesen erstmals konfrontiert wird, in keiner Weise in Frage gestellt. Stattdessen bilden sie für Felicitas einen wichtigen Anknüpfungspunkt zum einen für eigene ästhetische Auseinandersetzungen und Überlegungen, zum anderen für ein Aufgreifen der dort dargebotenen Ideen, um die gemeinsame Situation immer wieder durch ein Abschweifen in spielerisch-assoziative, außerunterrichtliche Fiktionen in ihrem Sinne auszugestalten.

Kommunikation auf verschiedenen Ebenen, in vielschichtigen Formen mit unterschiedlichen Funktionen

Die Verbalkommunikation dient insbesondere der Herstellung bzw. Sicherung einer positiven Atmosphäre, wobei eine enge Wechselwirkung mit dem Strukturmerkmal der Interaktion im Modus von Humor und Spiel besteht (siehe weiter unten). Während das eigentliche Handeln vor allem durch Gestik und Mimik sowie das Skizzenbuch koordiniert wird, dienen verbalsprachliche Äußerungen nur selten der Abstimmung des konkreten gestalterischen Tuns. Vielmehr folgen auf Erklärungen Maries zu ihren Ideen und dem von ihr vorab geplanten Vorgehen keine inhaltlichen Nachfragen oder Anregungen, sondern nahezu ausschließlich sie in ihrem Tun bekräftigende Aussagen der Partnerin. Damit hat die Verbalkommunikation in erster Linie die Funktion, der Autorin Marie Sicherheit für ihre fotografische Selbstinszenierung und insgesamt Bestätigung und Anerkennung für ihre Vorgehensweise zu vermitteln. Im Modus des Spielerischen und Humorvollen trägt sie darüber hinaus zur Herstellung bzw. Sicherung einer positiven, locker-entspannten Arbeitsatmosphäre bei. Den Gestaltungsprozess koordinierende oder strukturierende Aufgaben übernimmt die verbalsprachliche Kommunikation nur in den Momenten, in denen die körpersprachliche Kommunikation nicht ausreicht, um sich bspw. über komplexe technische Sachverhalte auszutauschen.

Klare Rollen und Aufgabenteilung

Das jeweilige Verhalten, das die beiden Partnerinnen in der beobachteten Situation zeigen, unterscheidet sich deutlich voneinander: Marie agiert größtenteils hektisch und ist sehr viel in Bewegung. Sie hat einen weit größeren Sprecheranteil als Felicitas und ist nicht zuletzt durch ein zumeist deutlich lauteres Sprechen insgesamt präsenter als ihre Partnerin. Ihre Handlungsformen können kategorisiert werden in: Erklärungen und Demonstrationen der Partnerin gegenüber, Aussprechen von Verboten und Ermahnungen der Partnerin gegenüber, Tätigkeiten, die der räumlichen Einrichtung des Fotografierens dienen (z. B. Möbel und Geräte verschieben), sowie Beobachten und Kontrollieren der Partnerin.

Felicitas wirkt dagegen entspannt, verhält sich ruhig, spricht und bewegt sich eher langsam und ist im Vergleich zu Marie deutlich statischer. Auch hat sie weit weniger Redeanteile als diese, spricht häufig sehr leise und undeutlich murmelnd. Ihre Handlungen können wie folgt zusammengefasst werden: Anerkennung und Interesse an den Ideen der Anderen Zeigen (im Skizzenbuch blättern, vorlesen, Ideen gestisch nachmachen), Warten (herumsitzen, lesen, sich die Zeit vertreiben), Zuschauen sowie Anweisungen der Partnerin Ausführen (fotografieren, zeichnen).

Mit diesen sich deutlich unterscheidenden Handlungsweisen korrespondieren gänzlich verschiedene Rollen und damit verbundene Orientierungen: Marie übernimmt die Führungsrolle. Sie agiert größtenteils rational und deutlich zielorientiert. Ihre Handlungen dienen dem effizienten Verfolgen ihres zuvor festgelegten Konzept. Felicitas gegenüber übernimmt sie zudem eine Art Erzieherinnenrolle, etwa wenn sie Felicitas beim spielerischen Ausprobieren eines Folienstiftes maßregelt. Felicitas ihrerseits ordnet sich insgesamt deutlich dem Führungsanspruch Maries unter: Sie verhält sich abwartend-passiv und geht auf die Aufforderungen der Partnerin ein. Gleichzeitig nutzt sie dabei jedoch jegliche Freiräume, die sich ihr bieten, um die Zeit, die sie mit Maries Projekt verbringt, in ihrem Sinne auszugestalten. Felicitas' Verhalten ist im Unterschied zu Marie geprägt von einer Offenheit für ästhetische Erfahrungen, die sich mehrfach in einer spontanen, experimentellen, nicht zielorientierten bildnerischen Praxis zeigt. Während Marie in erster Linie mit Felicitas kommuniziert, interagiert diese vor allem mit dem Material (Skizzenbuch, Folie, Stift): Sie vertieft sich darin und lässt sich davon zu experimentellen, nicht zielgerichteten Erkundungen anregen, die in keine konkreten, zielorientierten Gestaltungsvorschläge münden.

Mit der beschriebenen Rollenverteilung geht auch eine klare Aufgabenteilung einher: Marie ist zuständig für die der beobachteten praktischen Umsetzung vorgelagerte Konzepterstellung, die inhaltliche und zeitliche Planung sowie die räumlich-technische Vorbereitung für das eigentliche Fotografieren. Felicitas greift nur beim Fotografieren als Fotografin aktiv und praktisch in den Gestaltungsprozess ein. Abgesehen davon besteht ihre Aufgabe in erster Linie darin, der Partnerin kontinuierlich eine grundsätzliche Bestätigung und Zustimmung zu ihrem Konzept und ihren Ideen zu vermitteln sowie die Bereitschaft, sich aktiv und praktisch in den Gestaltungsprozess einzubringen.

Das sich so deutlich unterscheidende Rollenverhalten der beiden Beteiligten wird gegenseitig kaum, höchstens spielerisch kritisiert. Die individuellen Bedürfnisse werden grundsätzlich nicht in Frage gestellt, sondern haben ihren Raum und ihre Berechtigung – selbst wenn sich der gemeinsame Arbeitsprozess dadurch in die Länge zieht.

Vorhandensein spezifischer Beziehungsqualitäten (Freundschaft)

Neben der impliziten gemeinsamen Wissensbasis wird der kollaborative Gestaltungsprozess entscheidend von der freundschaftlichen Beziehung zwischen Marie und Felicitas geprägt, denn auch sie trägt maßgeblich dazu bei, dass die Grundlagen des gemeinsamen Handelns für die beiden Beteiligten geklärt sind. Die Kenntnis über den individuellen Charakter der jeweils anderen, über ihre Erwartungen und Bedürfnisse, ist verbunden mit einem hohen Maß an Geduld und Toleranz gegenüber den spezifischen Verhaltensweisen. So reagiert etwa Felicitas zu keinem Moment empört oder ernsthaft ablehnend auf die Erziehungs- und Kontrollversuche Maries, obwohl diese als eine deutliche Grenzüberschreitung aufgefasst werden können. Marie ihrerseits beweist eine enorme Geduld gegenüber der im Vergleich zu ihr wesentlich entspannteren Arbeitshaltung Felicitas', welche ihrem persönlichen Anspruch, ergebnisorientiert, effizient und rational zu agieren, deutlich entgegensteht.

Interaktion im Modus von Humor und Spiel

Einen bemerkenswert hohen Anteil am Gelingen des gemeinsamen Gestaltungsprozesses tragen humorvolle und spielerische Momente. Humor und Spiel stellen damit die Modi dar, in denen immer wieder erfolgreich zwischen den unterschiedlichen Bedürfnissen und Motivationen der beiden Beteiligten vermittelt wird. So verlieren etwa die kontrollierenden und belehrenden Übergriffe Maries auf Felicitas dadurch ihre Schärfe, dass sie lachend und in einem gekünstelten, von der üblichen Sprechweise der Schülerin abweichenden Tonfall vorgetragen werden. Felicitas ihrerseits gibt Marie durch ihr wiederholtes spielerisches Reagieren auf im Skizzenbuch festgehaltene Ideen die Bestätigung, dass diese Unterhaltungswert besitzen und bei einem von Felicitas repräsentierten potentiellen Publikum auf positive Resonanz stoßen. In den die eigentliche gestalterische Interaktion nahezu durchgängig begleitenden humorvollen Kommentaren, z.T. auch schauspielerischen Einlagen, und dem von diesen ausgelösten häufigen Gelächter, zeigt sich erneut, dass Freiräume zur individuellen und gemeinsamen Ausgestaltung der Unterrichtssituation so genutzt werden, dass ein positives Erleben für beide Beteiligte möglich wird – parallel zu dem eigentlichen bildnerischen Prozess und diesen durch das Herstellen einer locker-entspannten Arbeitsatmosphäre unterstützend.

Auswirkungen auf den kollaborativen Gestaltungsprozess

Kennzeichnend für die rekonstruierten Strukturmerkmalen und diese verbindend ist, dass sie jeweils in zwei ganz unterschiedliche Richtung wirksam werden: Sie vermitteln einerseits Orientierung und Sicherheit innerhalb des kollaborativen Gestaltungsprozesses, fördern aber auch das Erleben von Freiheit und Offenheit innerhalb desselben. Denn sie tragen dazu bei, dass sich die Beteiligten in ihrem bildnerischen Handeln durch die jeweils andere sicher (bestärkt und bestätigt, anerkannt und unterstützt) fühlen können. Zugleich eröffnen sie innerhalb des gemeinsamen, untereinander abzustimmenden gestalterischen Prozesses individuelle Freiheiten, die ein positives Erleben für beide Beteiligte möglich machen. Im Folgenden werden die Auswirkungen der einzelnen Strukturmerkmale in diese beiden unterschiedlichen Richtungen beschrieben.

Die *Nutzung einer impliziten gemeinsamen Wissensbasis* bietet eine wichtige Orientierung für beide Beteiligten und ermöglicht dadurch einerseits ein kollaboratives, bildnerisches Handeln, ohne sich darüber intensiv austauschen und dieses erst verhandeln zu müssen. Auf dieser Grundlage ist das Gelingen des kollaborativen bildnerischen Handelns ohne viele Worte, Erklärungen und Abstimmungen möglich. Gleichzeitig kommt es durch das wiederholte Zurückgreifen auf die implizite gemeinsame Wissensbasis zu einem intensiven Erleben von Gemeinschaft im kollaborativen bildnerischen Handeln.

Das *Skizzenbuch als spezifisch bildnerisches Kommunikationsmittel* trägt zu einem individuellen Gefühl von Sicherheit bei, da es die Möglichkeit bietet, sich vor dem interaktiven bildnerischen Prozess individuell darauf vorzubereiten. Die alleine entwickelten

Ideen und Konzepte erhalten durch ihre Fixierung im Skizzenbuch sowohl für die Autorin als auch für die Mitwirkende eine Verbindlichkeit. Außerdem können sie unterstützt durch die Notizen oder Zeichnungen im Skizzenbuch der Partnerin gegenüber besonders anschaulich und konkret vermittelt werden. Damit bietet das Skizzenbuch für beide Beteiligte eine wichtige Orientierung während des kollaborativen Gestaltungsprozesses, da dieser durch die Bezugnahme auf das Skizzenbuch für alle nachvollziehbar gegliedert und strukturiert wird. Die Begegnung mit dem Skizzenbuch der Partnerin führt aber auch zu einer größeren Offenheit für die Ideen und gestalterischen Vorgehensweisen anderer sowie – sowohl in der produktiven Arbeit mit dem eigenen als auch in der rezeptiven Auseinandersetzung mit dem Skizzenbuch der Partnerin – zu einer Erweiterung der individuellen bildnerischen Ausdrucksmöglichkeiten.

Auch die *Kommunikation auf verschiedenen Ebenen und in vielschichtigen Formen* erfüllt Funktionen in beiderlei Richtung. Sie vermittelt Sicherheit und Orientierung, da individuell entwickelte Ansätze durch das Feedback der anderen Absicherung, Bestätigung und Anerkennung erfahren. Wenn bei konkreten bildnerischen oder organisatorischen Fragestellungen im kollaborativen Gestaltungsprozess nicht auf eine implizite gemeinsame Wissensbasis zurückgegriffen werden kann und das gemeinsame bildnerische Handeln daher explizit aufeinander abgestimmt werden muss, können Unklarheiten kommunikativ gelöst werden. In Richtung des Pols der Freiheit und Orientierung wirkt die vielschichtige Kommunikation insofern, als auch im Sprechen über die individuellen und gemeinsamen bildnerischen Vorhaben die individuellen bildnerischen Ausdrucksmöglichkeiten wichtige Impulse erfahren und individuelle Perspektiven durch den Austausch mit anderen erweitert werden können.

Klare Rollen und damit verbunden eine klare Aufgabenteilung im kollaborativen Gestaltungsprozess führen zu einem Gefühl von Sicherheit, weil damit die Erfahrung gegenseitiger Toleranz und Geduld gegenüber den spezifischen Verhaltensweisen der jeweils anderen verbunden ist: Die helfende Partnerin muss nicht im gleichen Maße und auf dieselbe Weise zum gemeinsamen Gestaltungsprozess beitragen wie diejenige, deren Konzept gerade realisiert wird. Individuelle Interessen und Bedürfnisse haben ihren Raum und ihre Berechtigung, was wiederum zu einem Gefühl von Freiheit und Offenheit führt.

Auch das *Vorhandensein spezifischer Beziehungsqualitäten*, die im untersuchten Fall auf die intensive Freundschaft der beiden Probandinnen zurückzuführen sind, trägt maßgeblich zu der Erfahrung gegenseitiger Toleranz und Geduld gegenüber spezifischen Verhaltensweisen bei. Darüber hinaus ist die freundschaftliche Beziehung auch die Basis eines grundsätzlichen, tiefen Vertrauens ineinander und einer sehr guten gegenseitigen Kenntnis. Mit der bestehenden Freundschaft ist außerdem die grundsätzliche Bereitschaft verbunden, an den Gestaltungsvorhaben der befreundeten Person mitzuwirken. Auch das Erleben einer solchen Verlässlichkeit trägt zu einem individuellen Gefühl von Sicherheit und Orientierung im kollaborativen Gestaltungsprozess bei. Auf dieser Grundlage eröffnen sich wiederum wichtige Freiräume für die Orientierung des individuellen Handelns an den jeweils eigenen Interessen, die ein positives Erleben des gemeinsamen Prozesses für beide Beteiligte, die verantwortliche Autorin und die mitwirkende Partnerin, möglich machen.

Schließlich trägt das *Interagieren im Modus von Humor und Spiel* entscheidend dazu bei, dass Konflikte gemeinsam vermieden werden können. Potentielle Bedrohungen für die individuelle Persönlichkeit, z. B. durch die Ablehnung von Ideen oder die Kritik an einer bestimmten Vorgehensweise, können abgewendet werden. Die Lernenden schaffen sich stattdessen selbst eine ihren Bedürfnissen entsprechende positive Arbeitsatmosphäre, in denen der gemeinsame bildnerische Prozess als von individueller und gemeinsamer Freiheit und Offenheit geprägt erfahren werden kann.

5.4 Teilstudie 3: Selbstdarstellung als Gruppe

5.4.1 Methode: Photovoice

Grundlagen

Unter Photovoice ist eine partizipative Forschungsmethode zu verstehen, bei der durch die Verbindung von Fotografien (als visuellen Dokumentationen von Lebenswelt) mit Erzählung und der gemeinsamen Auswertung in einem Gruppenprozess Veränderungsprozesse von den Mitgliedern einer Gruppe selbst initiiert werden (vgl. Bergold/von Unger 2013, S. 9). In der vorliegenden Untersuchung wird der Begriff Photovoice als Bezeichnung für eine triangulative Fallstudie, in der die fotografische Selbstinszenierung einer Gruppe mit einer Gruppendiskussion kombiniert wird, bewusst verwendet, um dadurch hervorzuheben, dass die Fotografie und die Gruppendiskussion nicht nur zu Forschungszwecken benutzt, die Schülerinnen und Schüler zu Forschungszwecken nicht instrumentalisiert werden. Vielmehr ermöglicht es der Einsatz von Fotografie den Schülerinnen und Schülern in besonderem Maße, als Gruppe selbstbestimmt Aussagen zu kommunizieren, die einen wesentlichen Zugang zum Forschungsgegenstand darstellen können. Die Methode Photovoice bietet für das Feld der kunstpädagogischen Forschung große Potentiale, da sich bspw. vielversprechende Verbindungen zum kunstpädagogischen Konzept der Ästhetischen Forschung (Kämpf-Jansen 2001) herstellen lassen. Auch für die Erforschung individueller ästhetischer Prozesse, einem Kerninteresse der Fachwissenschaft, sind produktive Verknüpfungen denkbar (siehe Kap. 7.2).

Im Folgenden werden zunächst die Grundlagen, Kennzeichen sowie Stärken und Schwächen des Photovoice-Verfahrens dargestellt. Daran anschließend folgen kurze Erklärungen zu den Erhebungsmethoden der fotografischen Selbstinszenierung sowie der Gruppendiskussion, mit welchen das Photovoice-Verfahren in der vorliegenden Untersuchung realisiert wird.

Entstehung

Das Photovoice-Verfahren, entwickelt als partizipativer Ansatz in der Gesundheitsforschung, nutzt die besonderen Potentiale von Fotografie für einen stärkeren Einbezug der Beforschten in den Untersuchungsprozess. So erhalten etwa Wang/Burris (1997) aufschlussreiche Einblicke in das Leben chinesischer Frauen in ländlichen, infrastrukturell kaum erschlossenen

Zonen, indem sie diese dazu auffordern, ihren Alltag und Probleme, auf die sie aufmerksam machen möchten, mit dafür zur Verfügung gestellten Einwegkameras festzuhalten. Da der Umgang mit einer Fotokamera für jeden, im Falle der Studien von Wang/Burris z. B. auch für die zu großen Teilen analphabetischen Probandinnen leicht erlernbar ist, können sich im Medium der Fotografie gerade die Angehörigen jener Gesellschaftsschichten äußern, die sonst kaum Möglichkeiten haben, ihre Bedürfnisse zu formulieren. Die Übergabe von Verantwortung wirkt, materiell manifestiert in Form der Kameras, in besonderem Maße motivierend und kann Stolz bei den an dem Projekt beteiligten Personen auslösen; gleichzeitig eröffnet sich die Möglichkeit, die entstandenen Fotografien vor anderen zu präsentieren oder an Mitmenschen aus der *community* weiterzugeben (vgl. ebd.).

Anwendungsbereiche

Vor dem Hintergrund der hier am Beispiel der Anwendung partizipativer Forschung in ländlichen Regionen Chinas besonders anschaulich nachvollziehbaren Vorteile der Methode wird Photovoice mittlerweile über den ursprünglichen Anwendungszusammenhang der Gesundheitsforschung hinaus auch in Projekten mit Kindern und Jugendlichen sowie in der erziehungswissenschaftlichen Forschung eingesetzt, um Schülerinnen und Schüler, Kinder und Jugendliche über das Fotografieren selbst ›zu Wort‹ kommen zu lassen (vgl. u. a. Bodner et al. 2011, Eichhorn/Nagel 2009). Für die Methode wesentlich ist dabei stets die Reflexion der Fotografien in und durch Erzählungen der Fotografinnen und Fotografen und/oder in gemeinsamen Gesprächen und Diskussionen, um Zusammenhänge zu verdeutlichen, Unterbewusstes und Unbewusstes bewusst werden zu lassen sowie überindividuelle gemeinsame Sichtweisen und Orientierungen in Bezug auf den Forschungsgegenstand den Menschen aus dem Feld sowie den Forschenden zugänglich zu machen.

Potentiale und Grenzen der Methode

Das Photovoice-Verfahren kennzeichnen als partizipativen Forschungsansatz methodische, praktische und wissenschaftsethische Stärken und Schwächen, die einige Parallelen zur Praxisforschung aufweisen (siehe Kap. 5.1.4). Eine nach Bergold/Thomas unumstrittene Stärke jedes partizipativ orientierten Forschungsansatzes besteht darin, dass »der Gegenstand durch die Fülle der Perspektiven aus Wissenschaft und Praxis vollständiger (re-)konstruiert wird und die kooperative Forschungsarbeit zu einer Selbstverständigung, Ermächtigung der beteiligten Personen und einer Verbesserung der Praxis selbst führt« (Bergold/Thomas 2010, Abs. 4).

Eine potentielle Schwäche bzw. ein möglicher Kritikpunkt, der auch für die vorliegende Untersuchung bedeutsam ist, liegt dagegen in der Beteiligungstiefe, die bei den Akteuren im Feld erreicht werden kann. Sie ist u. a. abhängig von persönlichen, finanziellen, zeitlichen und institutionellen Ressourcen (ebd.). In der vorliegenden Teilstudie 3 zeigt sich dies etwa darin, dass den beteiligten Schülerinnen und Schülern zwar in den Phasen der Erhebung, also beim Fotografieren und im Hinblick auf Verlauf und Inhalt der Gruppendiskussion, große

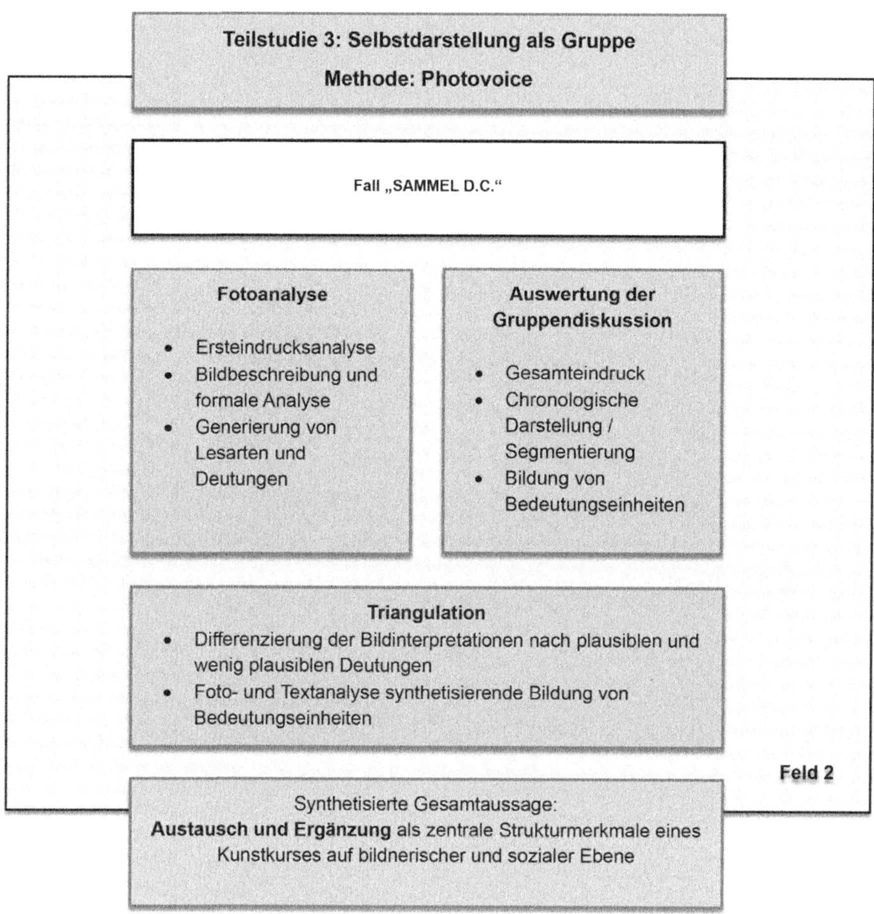

Abb. 17: Überblick über die Auswertungsschritte und die Methodik in Teilstudie 3

Gestaltungsfreiheiten eingeräumt werden. An der Auswertung, d. h. bei der Fotoanalyse und bei der Analyse der Gruppendiskussion, sind sie jedoch nicht beteiligt. Dies begründet sich zum einen darin, dass die hier angestrebte, wissenschaftlichen Maßstäben genügende Auswertung von diesen u. a. aufgrund ihres Alters und ihrer fehlenden Kenntnisse nicht geleistet werden kann. Denn anders als die spontanen Selbstaussagen in der Gruppendiskussion erforderte ein weitergehender Einbezug bei der Auswertung der Fotografie und der Gruppendiskussion ein hohes Maß an distanzierter und methodisch kontrollierter Selbstreflexion. Dies stellt bereits für erwachsene, wissenschaftlich Forschende eine große Herausforderung dar; für die Jugendlichen bestünde die große Gefahr einer Überforderung. Zum anderen erschweren oder verhindern jedoch auch die Bedingungen der Praxis einen stärkeren bzw. länger anhaltenden Einbezug der Schülerinnen und Schüler; so verfügen diese bspw. nicht über die notwendigen zeitlichen Kapazitäten, um sich in den weiteren Phasen des Forschungsprozesses einzubringen.

Funktion des Photovoice-Verfahrens im Rahmen der vorliegenden Untersuchung: triangulative Perspektiverweiterung auf den Forschungsgegenstand durch die Rekonstruktion kollektiver Orientierungen innerhalb einer Kunstkursgruppe

Durch die Hinzunahme eines weiteren Falls aus einem Feld, in dem die Forscherin nicht selbst als Lehrerin aktiv ist, soll zunächst der Geltungsbereich der durch die Untersuchung der Fälle aus dem ersten Untersuchungsfeld entwickelten Aussagen erweitert werden. Während durch die Einzelinterviews (Teilstudie 1; siehe Kap. 5.2) individuelle und subjektive Schülerperspektiven sowie durch die Videografie (Teilstudie 2; siehe Kap. 5.3) der Verlauf und die Strukturmerkmale eines kollaborativen Gestaltungsprozesses rekonstruiert wurden, soll durch die fotografische Gruppeninszenierung und die Gruppendiskussion im Rahmen des Photovoice-Verfahrens noch stärker der für die Untersuchung ebenfalls bedeutsame Aspekt der Gesamtgruppe eines Kunstkurses greifbar gemacht werden. Durch eine von allen Kursteilnehmenden gemeinsam konzipierte und realisierte Selbstinszenierung sollen die Beforschten insbesondere in die Lage versetzt werden, gemeinsam in einem dem Fach entsprechenden ästhetischen Kommunikationsmedium, der Fotografie, eigene Aussagen bezüglich ihrer Kursgruppe und dem Kunstunterricht zu formulieren, aus denen in der anschließenden Auswertung kollektive Orientierungen innerhalb der Kursgruppe auf den Forschungsgegenstand rekonstruiert werden können.

Teilstudie 3a: Fotografische Gruppeninszenierung zur Rekonstruktion kollektiver Orientierungen innerhalb einer Kunstkursgruppe

Die Herstellung einer fotografischen Selbstinszenierung als Gruppe im Rahmen der Methode Photovoice kann soziologisch als »dichte interaktive Situation« (Klika 2011, S. 252) beschrieben werden, die sich in der entstandenen Fotografie materialisiert. Damit wird diese Fotografie zu einem »Erkenntnismedium, in dem nicht nur bewusst eingenommene Haltungen, sondern zugleich unbewusste lebensgeschichtlich habitualisierte leiblich-körperliche Dimensionen des Selbstbildes zum Ausdruck gebracht und visualisiert werden« (a.a.O., S. 253). Das über eine fotografische Selbstinszenierung als Gruppe vermittelte Gruppenselbstbild ist das Ergebnis eines sozialen Diskurses. Die enthaltenen habitualisierten Strukturen verweisen auf kollektive Orientierungen innerhalb der Gruppe (vgl. Bohnsack 1997 und 2009).

Datenerhebung in Teilstudie 3a

Nachdem der Kontakt zum Feld hergestellt und das Einverständnis der Akteurinnen und Akteure im Feld (kursleitende Lehrerin, Schülerinnen und Schüler) sowie der Erziehungsberechtigten zur Durchführung der Untersuchung und der Datenverwendung eingeholt worden ist, erhält der Kurs von der Forscherin den Auftrag, ein fotografisches »Kunstkurs-Porträt« zu erstellen, auf dem der gesamte Kunstkurs in einem für diesen typischen Raum zu sehen ist.[82] Dieses »Kunstkurs-Porträt« kann aus einem Einzelbild oder auch aus einer Fotoserie bestehen. Weitere formale Vorgaben werden nicht gemacht; der Kurs kann also selbst entscheiden, wie er sich im Raum positioniert, wie er sich zur Kamera verhält und ob bestimmte Objekte (analog oder digital) in das Foto integriert werden. Auf die Nachfrage der Schülerinnen und Schüler, ob die Lehrerin in das Bild zu integrieren sei, wird diese Entscheidung der Kursgruppe freigestellt. Für die Erstellung der Digitalfotografie ist eine Unterrichtsstunde von 45 Minuten vorgesehen. Diese findet knapp zwei Wochen nach der Ankündigung der geplanten Untersuchung an einem Nachmittag gut einen Monat vor Schuljahresende statt. Die Forscherin ist während der Arbeit an der Fotografie nicht anwesend; der ›Fotoauftrag‹ wird dem Kurs noch einmal von der Kunstlehrerin des Kurses vorgelesen, danach entfernt auch sie sich von der Gruppe, sodass die Schülerinnen und Schüler völlig selbstständig an ihrer Fotografie arbeiten können.

Die Fotografie wird der Forscherin etwa eine Woche später zum Termin der Gruppendiskussion sowohl als Fotoabzug im Format 10×15 cm als auch digital zusammen mit weiteren Fotodateien, die im Rahmen des Auftrags entstanden sind, übergeben.

Datenauswertung in Teilstudie 3a

Die Vorgehensweise bei der Interpretation der Fotografie (Siehe Kap. 5.4.2) orientiert sich an dem von Niesyto vorgeschlagenen methodischen »›Grundgerüst‹ für eine lebensweltbezogene Bildhermeneutik von Foto-Eigenproduktionen« (Niesyto 2006, S. 280) und folgt formal den von Holzwarth dargestellten Arbeitsschritten einer kontextbezogenen Bildinterpretation, in denen auch Niesytos Interpretationsvorschlag erfasst ist (vgl. Holzwarth 2006, S. 180):

- Auswahl der zu interpretierenden Bilder (je nach Forschungsfrage)
- Ersteindrucksanalyse
- Formale und deskriptive Analyse
- Generierung von Lesarten und Deutungen (zunächst unter Ausklammerung, später auch unter Einbezug der Kontextinformationen)
- Differenzierung nach plausiblen und wenig plausiblen Deutungen anhand von Kontextinformationen

Diese Arbeitsschritte nach Holzwarth zeichnen sich ebenso wie die von Niesyto vorgeschlagene Methode (vgl. Niesyto 2006, S. 280-285) durch eine nachvollziehbare Vorgehensweise aus, die nicht zu stark in theoretischen Zusammenhängen verankert ist, welche über die

82 Dieser Auftrag wird dem Kurs bei der ersten Kontaktaufnahme mündlich mitgeteilt und darüber hinaus der Lehrerin des Kurses, Frau Bach, schriftlich ausgehändigt. Er lautet wörtlich: »Macht gemeinsam als gesamter Kurs ein fotografisches Porträt eures Kunstkurses in einem für euren Kurs typischen Raum. Das Porträt kann aus einem Einzelbild oder aus einer Fotoserie bestehen. Ihr könnt alles Weitere selbst entscheiden, viele verschiedene Fotos machen und wenn ihr möchtet, könnt ihr z. B. auch bestimmte Objekte in euer Porträt einbauen. Findet außerdem einen passenden Titel.« Der Impuls für diesen fotografischen Auftrag ist inspiriert von dem Projekt des Fotografen Julian Germain, der unter dem Titel »Classroom Portraits« in über 450 Fotografien Schulklassen bzw. Lerngruppen aus mehr als 20 verschiedenen Ländern in ihren Unterrichtsräumen porträtiert hat (vgl. Germain 2012).

Phänomenologische Analyse hinausführen oder in einem für die vorliegende Untersuchung nicht zweckmäßigen Maße auf kunsthistorische Interpretationsmethoden rekurrieren.[83] Vielmehr handelt es sich um einen Ansatz, in dem der Lebenswelt, d. h. dem sozialen Entstehungszusammenhang der Fotografie, durch das Hinzunehmen von Kontextinformationen für die Bildinterpretation eine besondere Bedeutung beigemessen wird.

Die Fotografie wird hierfür zunächst als eigenständiges Material untersucht, d. h., Informationen über den Entstehungskontext werden bewusst ausgeklammert, um den Eigenwert der Fotografie als Ausdrucksträger zu erfassen (Schritt 1-3). Im nächsten Analyseschritt, der Generierung von Lesarten und Deutungen, wird berücksichtigt, dass die Schülerinnen und Schüler die Fotografie in einer kommunikativen Absicht erstellt haben, nämlich um bezogen auf einen bestimmten Adressaten – hier: die Forscherin – Aussagen über ihre Kursgruppe zu formulieren. Dafür wird die inhaltliche Auseinandersetzung mit der Fotografie durch die Hinzunahme von Leitfragen auf der Grundlage des kommunikationspsychologischen Modells Schulz von Thuns (vgl. Holzbrecher/Tell 2006, Schulz von Thun 2008) strukturiert und weiter fokussiert. Die Leitfragen basieren ebenso wie die Arbeitsschritte bzw. das Grundgerüst von Holzwarth bzw. Niesyto auf einem bildhermeneutischen, theoretisch auf Panofsky und Bourdieu Bezug nehmenden Ansatz. Durch die Orientierung an dem kommunikationspsychologischen Modell Schulz von Thuns ermöglichen sie allerdings darüber hinaus eine differenzierte Wahrnehmung von Fotografie als Mittel der Kommunikation, mit dem die jugendlichen Fotografinnen und Fotografen Aussagen auf der Sach-, auf der Selbstoffenbarungs-, auf der Appell- sowie auf der Beziehungsebene treffen. Sie sind damit in dem vorliegenden Forschungszusammenhang besonders geeignet, um die fotografisch formulierten Mitteilungen auf den unterschiedlichen Kommunikationsebenen zu rekonstruieren. Dafür werden in verschiedenen Analysedurchgängen die folgenden Untersuchungsfragen an die Fotografie herangetragen[84]:

- *Sachebene*
  - Was ist das Thema, die Handlung, der situative Kontext? In welcher Zeit, an welchem Ort wurde die Szene fotografiert? Welcher Verwendungskontext (privat, öffentlich etc.) lässt sich erschließen?
  - Welcher Bildgattung ist das Foto zuzuordnen?
  - Welche fotografischen Gestaltungsmittel wurden verwendet?
- *Selbstoffenbarungsebene*
  - Was sagen die Fotograf/innen mit dem so gestalteten Foto (Thema, Motivwahl, Gestaltungsmittel etc.) über sich selbst aus?
  - Welches Lebensgefühl, welche Situationswahrnehmung, welches Bild von sich selbst, welche Welt-Sicht lassen sich daraus erschließen?

83 Ein Beispiel hierfür ist Bohnsacks Versuch, die kunstwissenschaftlichen Interpretationskategorien der Ikonographie und Ikonologie nach Panowsky auf erziehungswissenschaftliche Bildinterpretationen anzuwenden (vgl. Bohnsack 2006; kritisch dazu vgl. Grütjen 2013, S. 60f., und Sowa/Uhlig 2006, S. 81f.).

84 Die Fragen basieren auf einer an das zu untersuchende Bild und den Untersuchungskontext angepassten Auswahl und teilweisen Modifikation des von Holzbrecher/Tell zusammengestellten Fragenkatalogs (Holzbrecher/Tell 2006, S. 111).

  - Inwiefern ist diese »Wirklichkeit« subjektiv-biografisch zu verstehen bzw. inwiefern handelt es sich um alters-, geschlechts-, milieu-, kultur- bzw. entwicklungsspezifische Deutungsmuster?
- *Appellebene*
  - Zu welchen Haltungen und Handlungen fordert das Foto auf?
  - Wie explizit ist ein Adressatenbezug erkennbar?
- *Beziehungsebene*
  - Welche Beziehungsqualität der abgebildeten Personen (Gestus, Körperhaltung / Habitus etc.) zueinander (»Blickbeziehungen«) lässt sich beobachten?
  - Welche Beziehungsqualität zwischen der Fotografin bzw. dem Fotografen und den abgebildeten Personen ist erkennbar?
  - Welche Beziehung zwischen den abgebildeten Personen und der Betrachterin bzw. dem Betrachter wird durch das Bild hergestellt?

Erst im fünften und letzten Analyseschritt, der Differenzierung nach plausiblen und wenig plausiblen Deutungen, wird Kontextwissen zur Interpretation hinzugezogen. Dieses Kontextwissen entstammt in der vorliegenden Untersuchung zum Teil den Vorkenntnissen über die Situation des Kurses, über welche die Forscherin als an derselben Schule unterrichtenden Lehrerin verfügt, und wird durch Gespräche mit der Kursleiterin Frau Bach ergänzt. Darüber hinaus werden wesentliche Kontextinformationen in Form von Selbstaussagen der anschließenden Gruppendiskussion mit der Kursgruppe erhoben. Durch die Triangulation von Bild (Fotografie) und Text (Transkription der Gruppendiskussion) werden die in der Fotoanalyse entwickelten Lesarten in plausible und weniger plausible differenziert und insgesamt die Qualität und Tiefe der Interpretation gesteigert.

Teilstudie 3b: Gruppendiskussion zur Triangulation der Fotoanalyse mit den Selbstaussagen der Kursgruppe und weitere Rekonstruktion kollektiver Orientierungen; »Empowerment«

Die Gruppendiskussion als Gesprächsform, in der gemeinsam über die entstandene Fotografie gesprochen und vom Prozess des Fotografierens erzählt wird, ermöglicht die »Beschreibung von Prozessen der Herstellung sozialer Situationen« (Flick et al. [4]2005, S. 19). In der Gruppendiskussion erhalten die Gesprächsteilnehmenden Raum, um auf der Ebene des kommunikativ-generalisierenden Wissens ihre Intentionen und ihre Vorgehensweise bezüglich der Fotografie zu äußern (vgl. Bohnsack et al. [2]2010, S. 12). Durch die »Doppelstruktur alltäglicher Erfahrungs- und Begriffsbildung« (ebd.) kann durch die Analyse der Gruppendiskussion außerdem das habituelle oder konjunktive Wissen der Schülerinnen und Schüler rekonstruiert werden, welches mit Mannheim als atheoretisches, d. h. handlungsleitendes und teilweise inkorporiertes

Erfahrungswissen der Akteure das Handeln und die Erfahrungen der Gruppe auf einer tieferen Ebene im Sinne kollektiver Orientierungen wesentlich mitbestimmt (vgl. a a.O., S. 11f.).[85]

In der vorliegenden Untersuchung dient die Gruppendiskussion zum einen der Erhebung von Kontextwissen, durch das Lesarten der fotografischen Selbstinszenierung als Kursgruppe in plausible und wenig plausible Deutungen differenziert werden (vgl. Holzwarth 2006, S. 180). Durch die Triangulation der fotografischen Aussagen mit den verbalen Selbstaussagen über die Kursgruppe sowie über die erstellte Fotografie werden darüber hinaus der soziale Diskurs und die kollektiven Orientierungen, welche der Konzeption und Durchführung der Fotografie zugrunde liegen, rekonstruiert. Nicht zuletzt wird durch die Gruppendiskussion aber auch den Schülerinnen und Schülern ein Raum zur aktiven Beteiligung an der Forschung sowie für selbstbestimmte Aussagen über die Fotografie, die Kursgruppe und den Kunstunterricht eröffnet.

Datenerhebung in Teilstudie 3b

Struktur der Gruppendiskussion

Die Struktur der Gruppendiskussion orientiert sich an dem folgenden Gliederungsvorschlag in Krüger/Pfaff (vgl. Krüger/Pfaff 2010, S. 61) und soll grundsätzlich »dem Diskurs die Möglichkeit [...] geben, sich auf jene Erlebniszentren einzupendeln, welche jeweils die focussierte [sic] Erfahrungsbasis des Gruppenhandelns darstellen. Die Gruppe bestimmt somit ihre Themen selbst.« (Bohnsack 1997, S. 499)

- *Klärung des Verfahrens:* Die Gruppe wird über den groben Ablauf sowie die technischen und rechtlichen Rahmenbedingungen informiert und über die verschiedenen Rollen (Teilnehmende und Moderatorin) bei der Gruppendiskussion aufgeklärt.
- *Eingangsimpuls:* Die Gruppe bekommt durch einen offenen Impuls die Möglichkeit, ihre eigenen Erfahrungen in die Diskussion einzubringen und eigene Themen zu generieren.
- *Nachfragephase:* Die Moderatorin geht auf Themen der Gruppe vertiefend ein und stellt ggf. exmanente Nachfragen.
- *Konfrontationsphase:* Die Moderatorin konfrontiert die Gruppe mit Brüchen in der Argumentation, mit einem auffälligen Verlauf des Gesprächs, der Verwendung bestimmter Metaphern oder der (unterschiedlichen) Gesprächsbeteiligung der Teilnehmenden.

85 Die hier nur knapp umrissenen Merkmale sind von Bohnsack et al. im Zuge einer methodologisch-theoretischen Fundierung der Methode Gruppendiskussion als eigenständiges Verfahren qualitativer Forschung ausgearbeitet worden. Allerdings ist zu beachten, dass diese Ausführungen deutlich integriert sind in einen bestimmten qualitativen Ansatz, nämlich die von Bohnsack entwickelte dokumentarische Methode (vgl. Bohnsack et al. [2]2010). Bohnsack et al. bieten auch für die vorliegende Untersuchung wichtige Orientierung, der wesentliche methodologische Bezugsrahmen bleibt jedoch die Phänomenologische Analyse.

Durchführung der Gruppendiskussion

Die Gruppendiskussion findet eine Woche nach der fotografischen Gestaltung des ›Kunstkurs-Porträts‹ erneut zum Termin einer regulären, 45-minütigen Kunstunterrichtsstunde an einem Dienstagnachmittag im Kunstraum statt. Durch das Bilden eines informellen Sitzkreises und das Bereitstellen von Getränken und Keksen wird das Entstehen einer lockeren und entspannten Gesprächsatmosphäre unterstützt.

Unmittelbar vor der Gruppendiskussion wird der Forscherin von einem der Schüler ein USB-Stick mit der erstellten Fotografie übergeben, die während der Gruppendiskussion über PC und Beamer für alle Beteiligten sichtbar an die Stirnseite des Raumes projiziert wird. Auch alle weiteren im Zusammenhang mit der Fotografie entstandenen oder verwendeten digitalen Bilder werden auf den PC übertragen und können während der Gruppendiskussion per Projektion gezeigt werden.

Die Tatsache, dass einige Schülerinnen und Schüler die Forscherin als an der Schule unterrichtende Lehrerin aus verschiedenen Zusammenhängen (Ausstellungseröffnungen, Vertretungsstunden) kennen, könnte die Bereitschaft, sich am Gespräch zu beteiligen, möglicherweise beeinflussen. Daher wird die Moderation der Gruppendiskussion von einer externen Wissenschaftlerin übernommen, die allen Schülerinnen und Schülern bis zu diesem Termin nicht bekannt ist. Sie wird von der Forscherin kurz vorgestellt, daraufhin verlässt diese den Raum und überlässt der Moderatorin die weitere Durchführung der Gruppendiskussion gemäß den zuvor mit der Forscherin getroffenen Absprachen, u. a. hinsichtlich der oben dargestellten Strukturierung der Gruppendiskussion.

Datenauswertung in Teilstudie 3b

Aufbereitung

Wie bereits für die Videografie beim Fall »Marie und Felicitas« ausgeführt (siehe Kap. 5.3.1), muss vor der eigentlichen Auswertung das audiovisuelle Material durch die Transformation in Verbalsprache der qualitativen Analyse überhaupt erst zugänglich gemacht werden. Die per Video und Audioaufnahmegeräten aufgezeichnete sowie in einem Erinnerungsprotokoll der Moderatorin subjektiv reflektierte Gruppendiskussion wird für die weitere Verwendung zunächst in ein Verbaltranskript überführt. Die visuellen Videodaten und das Gedächtnisprotokoll der Moderatorin fließen in die Analyse nur mittelbar ein: Sie dienen vor allen Dingen während der Transkripterstellung einer besseren Nachvollziehbarkeit der Gesamtsituation und der erleichterten Zuordnung der einzelnen Redebeiträge zu den jeweiligen Sprecherinnen und Sprechern sowie zu den während der einzelnen Gesprächsphasen projizierten Fotografien.

Erster Materialdurchgang und chronologische Rekonstruktion der Diskussionsstruktur

Nach der Materialaufbereitung wird in einem ersten Materialdurchgang ein erster Eindruck der Daten gewonnen und markante Auffälligkeiten (z. B. Themen, Interaktionen) werden beschrieben. Erneut analog zum Vorgehen bei der Videoanalyse wird daraufhin anhand einer

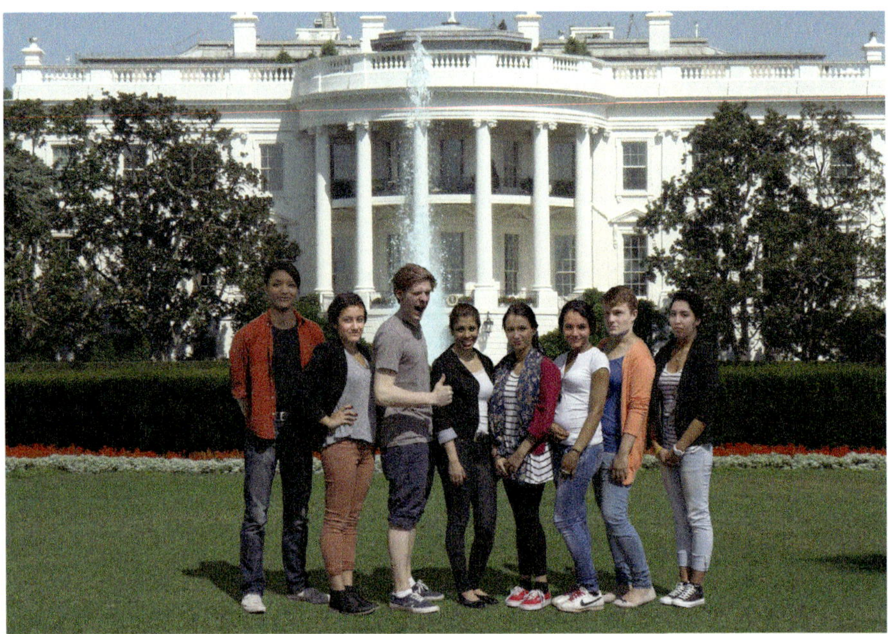

Abb. 18: «SAMMEL D.C.» (2013). Digitalfotografie

chronologischen Segmentierung der Gruppendiskussion ein Überblick über die Dynamik, die Interaktionen und die in den einzelnen Segmenten jeweils behandelten Themen hergestellt (siehe Kap. 5.4.3).

Phänomenologische Analyse

Für die eigentliche Phänomenologische Analyse werden in einem nächsten Schritt verschiedene Gesprächssegmente aus der gesamten Gruppendiskussion isoliert, die bedeutsame Aussagen zum Untersuchungsgegenstand enthalten. Daran anschließend werden die zentralen kollektiven Erlebniszentren der Gruppe, d. h. die Themen, die selbstläufig, intensiv oder wiederholt im Laufe der Diskussion behandelt worden sind, thematisch geordnet und zu Bedeutungseinheiten zusammengefasst dargestellt. Auf diese Weise werden die sich in der Gruppendiskussion äußernden kollektiven Orientierungen der Gruppe – unabhängig von der Fotoanalyse – rekonstruiert (siehe Kap. 5.4.3).

Triangulation von Fotoanalyse und Gruppendiskussion

Im Anschluss an die Phänomenologische Analyse wird die Gruppendiskussion in zweifacher Hinsicht mit der fotografischen Selbstinszenierung als Kursgruppe in Beziehung gesetzt: Zum einen werden die Bildinterpretationen der Fotoanalyse auf den vier Kommunikationsebenen (Sach-, Selbstoffenbarungs-, Apell- und Beziehungsebene) anhand der Kontextinformationen aus der Gruppendiskussion in plausible und wenig plausible differenziert und unwahrscheinliche Lesarten ausgeschlossen (siehe Kap. 5.4.4). Abschließend werden die interpretierten

Aussagen der Fotografie mit den aus der Analyse der Gruppendiskussion gebildeten Bedeutungseinheiten zu einer Gesamtaussage zu dem Fall »SAMMEL D.C.« synthetisiert (siehe Kap. 5.4.5 und 5.4.6).

5.4.2 Fotoanalyse

Ersteindrucksanalyse

Die Fotografie mit dem Titel »SAMMEL D.C.«, die eine Gruppe von acht jungen Menschen auf einer parkähnlichen Rasenfläche vor einem herrschaftlichen Gebäude zeigt, löst sowohl bei den in kunstpädagogischen Zusammenhängen tätigen als auch bei feldfremden Betrachterinnen und Betrachtern[86] unmittelbar Assoziationen zum US-amerikanischen Kulturkreis aus, da das Gebäude sofort als Weißes Haus identifiziert wird.[87] Die Gruppe von jungen Menschen im Zentrum des Bildes wird vor diesem Hintergrund als multikulturelle Austauschgruppe oder aber als gecastete Besetzung in einem professionellen Kontext, bspw. bei einem Teenager-Musicalfilm gedeutet. Als auffällig werden die Randfiguren rechts und links im Bild wahrgenommen: Die Person[88], die sich vom Betrachter aus gesehen ganz links in der Reihe befindet, wird als »ziemlich weiblich« wirkender Junge oder als eine Person unklaren Geschlechts mit polynesischer Abstammung beschrieben. Die junge Frau ganz rechts (Person 8) fällt dadurch auf, dass sie leicht abseits vom Rest der Gruppe steht. Insgesamt werden mehrere Personen als eher androgyn wahrgenommen, wobei die einzige als eindeutig männlich erkannte Person 3 sich durch einen angedeuteten »Schumi-Gruß« vom Rest der Gruppe als »etwas verrückt« oder »flippig« abhebt. Bezogen auf die Gesamtgruppe werden eine große körperliche Nähe und ähnliche Körperhaltungen festgestellt.

Inhaltlich wird das Bild zunächst als Fotografie im Rahmen eines Klassenausflugs gedeutet, wobei jedoch die Fragen offen bleiben, ob möglicherweise nur ein Teil der Klasse fotografiert werden durfte sowie von wem das Foto gemacht bzw. ob möglicherweise ein Stativ oder der Selbstauslöser verwendet wurde.

Anders als die feldfremden Betrachterinnen und Betrachter lenken die kunstpädagogisch und bildanalytisch vorgeprägten Bildrezipientinnen und Bildrezipienten ihre Konzentration darüber hinaus spontan auf den konstruierten Charakter des Bildes und stellen fest, dass es sich bei dem Bild um eine »offensichtliche Collage« handeln muss, da die Gesichter bzw. Köpfe »wie reingeschnitten« in das Bild wirken. Die Fotografie wird als Inszenierung interpretiert,

86 Um verschiedene und nicht durch den Forschungsfokus und eigene Erfahrungen eingeengte Ersteindrücke zu erheben, wurden nicht nur die Teilnehmenden verschiedener kunstpädagogischer Forschungsgruppen befragt, sondern auch eine Lektorin und ein Immobilienkaufmann um ihre spontanen Assoziationen bezüglich des Bildes gebeten. In beiden Fällen wurden zunächst keinerlei Kontextinformationen gegeben. Die in diesem Kapitel zitierten Äußerungen der Befragten zu der Fotografie wurden bei der ersten Begegnung mit dem Bild von der Forscherin handschriftlich protokolliert.

87 Diese Einschätzung wird durch eine Bildersuche im Internet (http://www.google.com/imghp?hl=de&tab=mi; Suchbegriff »Weißes Haus«) bestätigt, da zahlreiche Bilder des Weißen Hauses mit einer nahezu identischen Gebäude- und Gartenansicht sofort als Suchergebnis aufgeführt werden.

88 Im Folgenden werden die abgebildeten Personen als Personen 1-8 bezeichnet: Vom Betrachter aus gesehen ganz links steht Person 1, rechts daneben Person 2 usw.

in der Personen vor der »Kulisse« des Weißen Hauses »drapiert« wurden. Sowohl bezüglich dieser Personenkomposition als auch bei der Wahl des Kamerastandorts und der Perspektive wird ein Streben nach einem symmetrischen und durch Horizontalen und Vertikalen klar strukturierten Bildaufbau erkannt. Weitere Assoziationen drehen sich darum, Belege im Bild zu finden für die Vermutung, *dass* das Bild nachbearbeitet wurde, oder sind bereits Erklärungsversuche dafür, *wie* das Bild genau konstruiert wurde. Nachdem die »künstliche Beleuchtung«, die an sich gegenseitig widersprechenden Schatten innerhalb ein und derselben Person (Person 7) festgemacht wird, als Beleg für eine digitale Nachbearbeitung gewertet wurde, wird die Fotografie daraufhin als ein »Spaß-Foto« interpretiert, das durch eine digitale Montage vortäuschen soll, dass die Gruppe sich vor dem Weißen Haus befunden habe. Diese Vorgehensweise weckt Erinnerungen an Bilder, die mit Hilfe standardmäßig in verschiedene Computer integrierter oder kostenfrei zugänglicher Software oder Smartphone-Applikationen leicht zu realisieren und bei Jugendlichen aktuell beliebt sind.

Wie genau die Fotografie hergestellt wurde, bleibt vor den weiteren Analyseschritten offen; auch zwischen der Kulisse des Weißen Hauses und den davor positionierten Jugendlichen kann auf den ersten Blick noch kein schlüssiger Zusammenhang hergestellt werden.

Bildbeschreibung und formale Analyse (Auszüge)

Beschreibung des Vorder-, Mittel- und Hintergrundes

[...][89]

Analyse der fotografischen Mittel

Die Fotografie wurde aus der *Normalperspektive* aufgenommen. Die Kamera befand sich zum Aufnahmezeitpunkt einige Meter vor der Personengruppe in etwa auf Augenhöhe. Der Aufnahmestandort wurde so gewählt, dass das Gebäude mittig auf der Fotografie platziert ist; die leichte Verschiebung der Gruppe hin zur rechten Bildhälfte wurde dabei vermutlich nicht beachtet oder nicht bemerkt.

Die Fotografie umfasst in der *Totalen* eine weit ausgedehnte Fläche, wobei der Vordergrund durch die halbhohe Hecke und die vorgelagerte niedrige Bepflanzung deutlich vom Hintergrund mit Bäumen, Gebäude und Himmel abgegrenzt wird. Während bei der Wahl des Aufnahmestandorts der Schwerpunkt auf der zentrierten Darstellung des Gebäudes liegt, ist diese beim Bildausschnitt weniger berücksichtigt, denn das Gebäude ist auf der rechten Seite und oben vom Bildrand angeschnitten und kann dadurch in seiner Gesamtheit vom Betrachter nicht erfasst werden.

Mehrere horizontale Linien, die sich jeweils vollständig bzw. in Einzelfällen nahezu vollständig über die gesamte Bildbreite ziehen, gliedern den Bildraum. Sie verlaufen entlang der Übergänge

89 Die gekürzten Teile der Fotoanalyse können im Internet unter dem im Anhang angegebenen Link eingesehen werden.

zwischen Rasen und weiß blühender Bepflanzung, weiß blühender Bepflanzung und roten Blüten, roten Blüten und Hecke sowie Hecke und Hintergrund. Die Linien werden am Dach mehrfach aufgegriffen. Den Horizontalen gegenüber stehen die vertikalen, sich über zwei Stockwerke erstreckenden Säulen des Gebäudes, die mit den aufrecht stehenden Personen und den Streben des Dachterrassengeländers korrespondieren. Auch die hochformatig rechteckigen, insbesondere im ersten Stockwerk des Gebäudes lang gestreckten Fenster unterstreichen diese *Linienführung*. Durch die große Zahl streng horizontal und vertikal verlaufender Linien entsteht eine ruhige und harmonische Gesamtwirkung, die durch die belebte Personengruppe und den unregelmäßigen Baumbewuchs aufgelockert wird. Die Linienführung des gesamten Bildes findet sich auf prägnante Weise konzentriert in der Person des jungen Mannes an – von links gesehen – dritter Stelle in der Reihe wieder, der mit seinem rechten Ober- und Unterarm einen nahezu rechten Winkel bildet.

Insgesamt kann der *Bildaufbau* als bühnenartig bezeichnet werden: Auf einer freien Fläche, dem Rasen, steht nahezu im Bildzentrum die Personengruppe. Die dunklen Bäume bzw. Sträucher wirken wie Vorhänge, die diese rahmen und die symmetrische Gesamtordnung des Bildes betonen. Die Bäume geben den Blick auf das Gebäude frei, wodurch dieser stark auf die Bildmitte und die darin befindlichen Elemente, d. h. die Personengruppe und das Gebäudezentrum, konzentriert wird. Dabei ist der Vordergrund durch eine klare Zweiteilung zwischen der detailreichen Personengruppe und der nahezu homogenen Rasenfläche gekennzeichnet. Er wird klar von der Personengruppe dominiert, die sich bis etwa auf Brusthöhe deutlich von der Rasenfläche und der Hecke abhebt. Auch die Köpfe zeichnen sich vor dem zwar detailreicheren Hintergrund immer noch deutlich erkennbar ab. Im Hintergrund ist eine Zweiteilung in die helle Gebäudefläche zum einen und die dunklen Bäume bzw. Sträucher zum anderen erkennbar. Sie ist allerdings weniger deutlich als jene des Vordergrundes, denn beide Bildbereiche verfügen über zahlreiche Binnenstrukturen und gehen zudem an den Stellen ineinander über, an denen das helle Gebäude durch die Bäume bzw. Sträucher hindurchschimmert. Auch durch den Himmel und die Wasserfontäne wird die Zweiteilung des Hintergrundes relativiert, obwohl beide nur eine sehr geringe Fläche einnehmen.

Das Bild verfügt über eine große *Tiefenschärfe*, denn sowohl die Gruppe der Jugendlichen im Vordergrund als auch die weit dahinter liegenden Bäume und das Gebäude sind scharf dargestellt. Die Pflanzen im Mittelgrund wirken dagegen ebenso wie die Rasenfläche verschwommen. Die wesentlichen Elemente im Bild sind damit gleichermaßen scharf zu sehen, obwohl sie sich sehr weit voneinander entfernt befinden; die weniger bedeutsamen Inhalte des Mittelgrunds sind dagegen dazwischen unscharf zu sehen. Dies deutet darauf hin, dass von dem Bildproduzenten oder der Bildproduzentin besondere technische Maßnahmen ergriffen worden sind, um diese Wirkung zu erzielen. Darüber hinaus ist keine Bewegungsunschärfe zu erkennen, selbst das Wasser der Fontäne ist scharf, wie ›eingefroren‹, festgehalten. Dies weist auf eine sehr kurze Verschlusszeit hin.

Durch eine deutliche Staffelung der Bildebenen und die perspektivische Verkleinerung und Verkürzung der Bildelemente vom Vorder- über den Mittel- bis hin zum Hintergrund wird die *Raumtiefe* betont. Durch die freie Rasenfläche entsteht ein großer optischer Abstand der Personengruppe zum linken und rechten Bildrand sowie zu den Elementen im Mittelgrund.

Die Bildelemente im Hintergrund scheinen dagegen durch die perspektivische Verkürzung dichter hintereinander zu liegen. Ganz im Hintergrund wird der Blick in die Raumtiefe durch die massive Gebäudefront jedoch abrupt gestoppt, denn mit Ausnahme einzelner Bereiche des Daches sind keine perspektivischen Linien am Gebäude zu erkennen und die Flächigkeit der Fassade wird betont. Selbst der halbrunde, sich über alle Etagen erstreckende Vorbau wirkt nur wenig plastisch und fügt sich optisch dicht an die Hauptfassade.

Die Zweiteilung des Bildes in Vorder- und Mittelgrund setzt sich auch in der *Farbgebung* fort. Den Hintergrund dominieren das Dunkelgrün der Bäume, das Hellblau des Himmels und das Cremeweiß des Gebäudes, welches mit dem dunklen Blaugrau der Fensterscheiben einen Kontrast bildet. Im Vordergrund fällt zunächst die grüne Rasenfläche ins Auge, von der sich die Gruppe auch deshalb so deutlich abhebt, da keiner der Jugendlichen grün gekleidet ist. Das Grün wird von dem Streifen roter Blüten im Mittelgrund, der roten Kleidung oder Kleidungsdetails einiger Jugendlicher (Personen 1, 2-6) und den Blüten der Balkonbepflanzung im Hintergrund kontrastiert. In der Kleidung der Jugendlichen finden sich Weiß und Schwarz sowie Rot-, Blau- und Grautöne in unterschiedlichen Nuancierungen. Dabei wirkt die Farbverteilung sehr ausgewogen, denn alle Farben finden sich sowohl in größeren Flächen als auch in kleinen Details wieder. Bei den Haarfarben dominieren Dunkelbraun und Schwarz, lediglich Person 3 und 7 haben mittel- bis dunkelblondes Haar.

Bezüglich des Farbeinsatzes sind damit mehrere Entsprechungen festzustellen, die die einzelnen Bildelemente und Bildebenen miteinander verknüpfen: So finden sich etwa Rottöne sowohl im Vordergrund in der Kleidung der Jugendlichen (insbesondere Person 1) als auch im Mittelgrund in der Bepflanzung am Heckensaum und im Hintergrund am Balkongeländer. Das Himmelblau korrespondiert mit dem Jeansblau der Personen 6 und 7 und der T-Shirt-Farbe von Person 7. Verschiedene Grüntöne setzen sich über alle Bildebenen bis hin zu den Spitzen einiger buschartiger Pflanzen auf der Dachterrasse fort, nehmen jedoch quantitativ zum Hintergrund hin ab.

Da die Fotografie bei Tageslicht und Sonnenschein aufgenommen wurde, werfen die Personen und der Gebäudevorbau kräftige *Schlagschatten* nach schräg links hinten. Damit kann die Position der Sonne zum Aufnahmezeitpunkt rechts hinter der Kamera hoch am Himmel bestimmt werden. Die Schatten, die sich auf den Gesichtern abzeichnen, entsprechen irritierenderweise nicht durchgängig dem globalen Lichteinfall: So deuten etwa die Gesichtsschatten der Personen 4 und 6 auf einen Lichteinfall von frontal oben hin. Die Schatten, die die Köpfe der Personen 2, 3 und 4 jeweils auf die Brust der Personen werfen, sind dagegen Anzeichen für eine Lichtquelle etwas links hinter und oberhalb dieser Personen und widersprechen damit ebenfalls dem globalen Lichteinfall.

Die Fotografie wirkt wie eine *Trivialfotografie*, in der Privatpersonen einen für sie bedeutsamen Moment in einer Fotografie festhalten, die für keine größere Öffentlichkeit bestimmt ist. Denkbar ist z. B. das folgende Szenario: Eine Gruppe von Jugendlichen hat sich vor dem Weißen Haus positioniert, um die Erinnerung an den Besuch dieser Sehenswürdigkeit, vielleicht auch an den Ausflug oder den Tag insgesamt, im Bild festzuhalten. Der Bildaufbau und das Verhalten der Fotografierten entspricht den in dieser Bildgattung, bspw. bei Familien-, Klassen- oder Mannschaftsfotos häufig auffindbaren Kennzeichen: Der

Fotograf oder die Fotografin hat Wert darauf gelegt, dass durch den totalen Bildausschnitt alle Personen vollständig zu erkennen sind. Keine unerwünschten Bildelemente lenken von der Darstellung des Wesentlichen ab. Mit einer Ausnahme zeigen sich die jungen Menschen in einer vorteilhaften, repräsentativen Pose: Sie stehen mit dem Körper leicht ins Profil gewendet und schauen dabei freundlich, abwartend und konzentriert frontal in die Kamera. Nur Person 3 steht ganz ins Profil gedreht, verzieht das Gesicht zu einer Grimasse und macht eine »Daumen-hoch«-Geste. Doch selbst dieser minimale Ausbruch aus der Gruppenordnung entspricht einem Verhaltensmuster, das bei der Aufnahme einer solchen Trivialfotografie nicht ungewöhnlich ist.

Sowohl formal-technisch als auch inhaltlich sprechen verschiedene Anzeichen für eine *digitale Bearbeitung* der Fotografie. Bereits in der Ersteindrucksanalyse fiel der collageartige Charakter des Bildes durch die zusammengesetzt bzw. »reingeschnitten« wirkenden Personen ins Auge. Auch das Weiße Haus als Hintergrund für die Fotografie einer Gruppe deutscher Schülerinnen und Schüler weckt zumindest Zweifel an der ›Echtheit‹ der Fotografie. Bei der Analyse der fotografischen Mittel wurden bezüglich der Lichtführung darüber hinaus mehrere irritierende, da sich gegenseitig eigentlich ausschließende Schatten festgestellt. Dies stützt die Vermutung, dass es sich bei dem Bild um eine digitale Fotomontage handelt. Denkbar sind verschiedene Bildmanipulationen unterschiedlichen Ausmaßes: Die Gruppe könnte sich als Ganzes an einem neutralen Ort fotografiert und die durch eine digitale Bildbearbeitung freigestellte Personengruppe nachträglich vor dem Weißen Haus platziert haben. Die innerhalb einzelner Personen festgestellten widersprüchlichen Schatten lassen jedoch eher vermuten, dass lediglich Teile der Gruppe ausgetauscht wurden. Möglicherweise wurden die Köpfe aller Kursmitglieder auf die Körper einer fremden Gruppe montiert, von der tatsächlich ein Foto vor dem Weißen Haus existiert. Geht man weiter der Wahrnehmung auf den Grund, dass Person 1 und Person 7 durch ihren androgynen Charakter auffallen, wird ersichtlich, dass in beiden Fällen auffällige Unterschiede zwischen Kopf und Körper bestehen: Bei Person 1 wirkt der Kopf eher weiblich, der Körper dagegen eindeutig männlich; bei Person 7 ist es genau umgekehrt. Dies könnte als Indiz dafür interpretiert werden, dass vielleicht Körperteile innerhalb der Gruppe ausgetauscht wurden. So könnte etwa auf den Körper eines männlichen Schülers der Kopf einer Mitschülerin montiert worden sein. Eindeutig können diese Lesarten jedoch erst durch den Einbezug entsprechender Kontextinformationen bestätigt oder revidiert werden (siehe Kap. 5.4.4).

Hinzunahme erster Informationen über den Produktionskontext[90]

Bei der Digitalfotografie handelt es sich um die fotografische Selbstinszenierung eines Kunst-Vorleistungskurses einer Integrierten Gesamtschule in einer hessischen Großstadt. Der Kurs wurde zum zweiten Halbjahr des elften Schuljahres aus sechs Schülerinnen und zwei Schülern zusammengesetzt und wird von der Kunstlehrerin Frau Bach unterrichtet. Bis zu diesem Vorleistungskurs gab es an der Schule noch keinen Kunst-Leistungskurs. Zum Zeitpunkt der

90 Die Informationen über den Produktionskontext basieren auf dem Wissen der Forscherin zum Zeitpunkt der Fotografieerstellung, das durch ein Gespräch mit der Kursleiterin Frau Bach ergänzt wurde.

Untersuchung ist der Lehrerin sowie einigen persönlich betroffenen Kursteilnehmenden bereits bekannt, dass der Kurs in der bestehenden Personenkonstellation im nächsten Schuljahr nicht fortgesetzt werden wird, u. a., da fünf der acht Kursteilnehmenden insgesamt äußerst schwache schulische Leistungen zeigen: Für Fabian steht schon fest, dass er auf eine andere Schule wechseln muss; bei Tina, Hadya, Carina und Seren ist das Bestehen der elften Klasse stark gefährdet. Darüber hinaus haben sich zwei eher leistungsstarke Schülerinnen, Alev und Janine, dafür entschieden, in der Jahrgangsstufe 12 in einen anderen Leistungskurs zu wechseln.

Die Fotografie zeigt alle acht Kursteilnehmenden. Sie wurde mit der digitalen Spiegelreflexkamera des Kursteilnehmers Fabian aufgenommen und auf Nachfrage der Moderatorin im Verlauf der Gruppendiskussion von den Schülerinnen und Schülern mit »SAMMEL D.C.« betitelt (GD645-813[91]). Die Fotografie entstand nicht im Rahmen einer Aufgabe im Kunstunterricht, sondern ist das Ergebnis eines fotografischen Auftrags im Zuge der vorliegenden qualitativen Forschung. Sie hat somit forschungsmethodisch experimentellen Charakter. Der Kurs erhielt dafür von der Forscherin den Auftrag, ein fotografisches »Kunstkurs-Porträt« zu erstellen, auf dem der gesamte Kunstkurs in einem für diesen typischen Raum zu sehen ist. Der Auftrag lautete wörtlich: »Macht gemeinsam als gesamter Kurs ein fotografisches Porträt eures Kunstkurses in einem für euren Kurs typischen Raum. Das Porträt kann aus einem Einzelbild oder aus einer Fotoserie bestehen. Ihr könnt alles Weitere selbst entscheiden, viele verschiedene Fotos machen und wenn ihr möchtet, könnt ihr z. B. auch bestimmte Objekte in euer Porträt einbauen. Findet außerdem einen passenden Titel.« Das sogenannte »Kunstkurs-Porträt« konnte also aus einem Einzelbild oder aus einer Fotoserie bestehen. Es wurden keine weiteren formalen Vorgaben gemacht, d. h. der Kurs konnte selbst entscheiden, wie er sich im Raum positioniert, wie er sich zur Kamera verhält und ob bestimmte Objekte in das Foto integriert werden. Für die Erstellung der Fotografie war eine Unterrichtsstunde von 45 Minuten vorgesehen. Diese fand knapp zwei Wochen nach der Ankündigung der geplanten Untersuchung und dem Einholen der Einverständniserklärungen an einem Dienstagnachmittag gut einen Monat vor Schuljahresende statt. Die Forscherin war zu diesem Zeitpunkt nicht anwesend. Der »Fotoauftrag« wurde dem Kurs noch einmal von der Kunstlehrerin des Kurses vorgelesen, danach entfernte auch sie sich von der Gruppe, sodass diese völlig selbstständig an ihrer Fotografie arbeiten konnten.

Die Fotografie wurde der Forscherin eine Woche später zum Termin der Gruppendiskussion sowohl als Fotoabzug im Format 10x15 cm als auch digital – in einem Ordner mit weiteren Fotodateien, die im Rahmen des Auftrags entstanden waren – von dem Schüler Fabian übergeben.

Generierung von Lesarten und Deutungen

Sachebene

Das Bild ist die Reaktion auf die Aufforderung, im Rahmen einer qualitativen Forschung eine fotografische Selbstinszenierung als Kunstkurs in einem für diesen typischen Raum zu

91 Die Zeilenangaben in diesem Kapitel beziehen sich auf das Transkript Nr. 6 Gruppendiskussion VLK »SAMMEL D.C« (siehe Anhang).

entwickeln. Das Bild wirkt wie eine Trivialfotografie, in der die Schülerinnen und Schüler als Privatpersonen einen für sie bedeutsamen Moment in einer Fotografie festhalten, die für keine größere Öffentlichkeit bestimmt ist: Sie haben sich als Gruppe vor dem Weißen Haus positioniert, um die Erinnerung an den Besuch dieser Sehenswürdigkeit, vielleicht auch an den Ausflug oder den gemeinsam verbrachten Tag im Rahmen einer größeren Reise, im Bild festzuhalten. Mehrere Faktoren deuten jedoch stark darauf hin, dass dieser Eindruck täuscht und dass es sich vielmehr um eine digitale Montage handelt: Es ist äußerst unwahrscheinlich, dass sich die Kursgruppe nach Bekanntgabe des fotografischen Auftrags gemeinsam auf die Reise in die USA aufgemacht hat, um vor dem Weißen Haus ihre Fotografie zu erstellen. Doch auch unabhängig von dieser nur aus dem Kontext erschließbaren Tatsache legen mehrere bildimmanente Auffälligkeiten – sich gegenseitig widersprechende Schatten, technisch ohne Nachbearbeitung nur schwer realisierbare Schärferelationen sowie der bereits in der Erstanalyse wahrgenommene irritierend androgyne Charakter mehrerer Personen – nahe, dass es sich um eine digitale Collage handelt, bei der die Personengruppe vor den Hintergrund und/oder einzelne Körperteile in die Gruppe montiert wurden.

Als fotografische Gestaltungsmittel sind auf der Sachebene die Dominanz harmonischer Farb- und Formbeziehungen und die symmetrische Gesamtkomposition, die durch zahlreiche vertikale und horizontale Ordnungslinien getragen wird, hervorzuheben. Sie führen dazu, dass der Blick des Betrachters immer wieder auf die Gruppe der Jugendlichen in der Bildmitte gelenkt wird, während das Weiße Haus im Hintergrund wie eine Kulisse erscheint und die dem Gebäude vorgelagerte bzw. die Gruppe umgebende gestaltete Natur wie eine Bühne wirkt.

Selbstoffenbarungsebene

Die fotografische Selbstinszenierung als Gruppe erhält ihre eindrucksvolle Gesamtwirkung vor allen Dingen durch die digitalen Manipulationen (in Form einer Körpercollage oder Hintergrund-Gruppen-Collage) sowie die geordnete und harmonische Gesamtkomposition. Daraus kann gefolgert werden, dass die Gruppe den digitalen und analogen fotografischen Gestaltungsmitteln mehr Bedeutung beimisst als körperlich-performativen Gestaltungsmitteln wie bspw. Gestik, Mimik oder Kostümen.

Die Schülerinnen und Schüler, die zugleich Bildproduzenten und Abgebildete sind, stellen sich ins Zentrum ihrer Bildkonstruktion. Diese wird durch den subtilen Einsatz digitaler Gestaltungsmittel zu einem spielerischen Infragestellen der Kategorien männlich/weiblich und Wahrheit/Lüge, was für eine konstruktivistische oder sogar dekonstruktivistische Grundhaltung oder Wahrnehmung von Welt spricht: Alles wirkt bekannt, doch alles ist konstruiert. Nichts ist, wie es scheint, alles ist potentiell ein ›Fake‹.

Dabei offenbaren die Probandinnen und Probanden sowohl auf formaler als auch auf inhaltlicher Ebene ein deutliches Bemühen um Ordnung und Harmonie. Durch die Wahl des Weißen Hauses mit seiner sorgfältig gestalteten Gartenanlage als Hintergrundmotiv positionieren sie sich in einem traditionellen, geordneten und gepflegten Umfeld und stellen inhaltlich einen starken Zusammenhang zwischen ihnen und einem wichtigen Symbol und Machtzentrum der USA her. Sie demonstrieren damit ihre Nähe entweder zu den traditionellen Werten der USA oder aber zu dem in der Person des aktuellen Präsidenten repräsentierten innovativen Potential des Landes. Eine Distanz oder kritische Haltung gegenüber den vorherrschenden oder vergangenen politischen und gesellschaftlichen Handlungen und Entwicklungen in den USA ist nicht zu erkennen.[92] Daraus ergeben sich zwei sehr unterschiedliche, jedoch gleichermaßen denkbare Lesarten: Das Bild könnte einerseits der Ausdruck einer eher konservativen, die traditionellen Werte und das politische System der USA bejahenden Grundhaltung sein. Wenn das Weiße Haus jedoch als Hintergrund gewählt wurde, da dort zum Zeitpunkt der Fotoerstellung erstmals ein schwarzer US-amerikanischer Präsident residiert, könnten sich die Schülerinnen und Schüler durch die Fotografie ganz im Gegenteil als eine tolerante, die traditionellen hierarchischen Schranken aufbrechende Gruppierung positionieren. Nach dieser zweiten Lesart könnten die Schülerinnen und Schüler das im Bild des US-amerikanischen *Melting Pot* enthaltene Ideal einer multiethnischen Gesellschaft vertreten, in der grundsätzlich für jeden alles möglich ist.

Der Wunsch nach Ordnung und Harmonie zeigt sich darüber hinaus in dem deutlichen Gestaltungswillen, der an den harmonischen Farb- und Formbeziehungen und an der Verknüpfung der einzelnen Bildelemente und Bildebenen durch Farbentsprechungen, die Betonung der Horizontalen und Vertikalen sowie an dem symmetrischen Bildaufbau nachvollziehbar ist. Die Wahl eines solch klassischen Bildaufbaus spricht auf formaler Ebene dafür, dass sich die Jugendlichen eher in einem traditionellen Kontext verorten bzw. den Bruch mit der Tradition nur mit subtilen Mitteln, vor allen Dingen auf inhaltlicher Ebene suchen.

Die Fotografie weist formal deutliche Bezüge zu Klassenfotos, Firmenfotos u.ä. auf. Daraus kann geschlossen werden, dass die Bildproduzentinnen und -produzenten die Regeln inszenierter Gruppenfotos kennen und ihren Bildaufbau und ihre Personenordnung stark daran orientieren. Möglicherweise ist die Art der Fotogestaltung auch als ein unbewusster Reflex oder aber ein bewusstes Zurückgreifen auf Unterrichtserfahrungen oder Lerninhalte des Kunstunterrichts zu werten. Ihr Verhalten als Fotografierte entspricht ebenfalls den Konventionen solcher Gruppenfotos: Alle halten Blickkontakt zur Kamera und zeigen sich gewissermaßen von ihrer ›Schokoladenseite‹. Selbst das durch Körperhaltung, Gestik und Mimik von den übrigen Abgebildeten abweichende Verhalten von Person 3 bewegt sich noch innerhalb eines in einer solchen Situation sozial tolerierten Rahmens.

Neben der fiktiven Positionierung in einem schul- und kunstunterrichtsfernen Kontext stellt die Kleidung ein weiteres wesentliches Ausdrucksmittel der Selbstinszenierung dar, während Gestik und Mimik kaum Persönliches preisgeben. Über zahlreiche Ähnlichkeiten bezüglich des Kleidungsstils und sogar geschlechtsübergreifend nahezu identischer Kleidungsstücke offenbart sich die Zugehörigkeit zu einem gemeinsamen Milieu. Diese Wirkung könnte eventuell durch die – bei offiziellen Gruppenfotos nicht ungewöhnliche – vorherige Absprache eines ›Dresscodes‹ durch die Jugendlichen gezielt verstärkt worden sein.

92 Ergänzende Kontextinformation: Zum Zeitpunkt der Bildproduktion (2013) diente das Weiße Haus als Regierungssitz des demokratischen Präsidenten Barack Obama.

Aus der technischen Qualität der Fotografie und der digitalen Nachbearbeitung lässt sich schließen, dass die Gruppe wahrscheinlich relativ viel Zeit und Energie investiert hat, um die durch den Auftrag geforderte Selbstinszenierung als Gruppe ihren Wünschen entsprechend zu gestalten, obwohl dies weder durch den Forschungsauftrags gefordert noch im Rahmen des Kunstunterrichts honoriert wurde. Daran zeigt sich einerseits, dass der fotografische Auftrag von den Schülerinnen und Schülern insgesamt ernst genommen und möglicherweise sogar als wichtige Gelegenheit, sich bildnerisch als Gruppe darzustellen, aufgegriffen wurde. Erkennbar wird andererseits aber auch, dass die Schülerinnen und Schüler Wert darauf legen, individuell äußerlich attraktiv zu wirken, denn sie achten sehr darauf, sich nicht durch Grimassen, Masken oder Kostüme zu verstellen oder zu entstellen.

Schließlich zeugt die Art der Umsetzung des fotografischen Auftrags – bei aller formalen und inhaltlichen Orientierung an traditionellen Vorstellungen – von einem eher selbstbewussten, flexiblen Umgang der Gruppe mit Forderungen, die von außen – von einer Erwachsenen, Forschenden, im schulischen Kontext – an sie herangetragen werden: Zwar wird der eine Aspekt des Auftrags, die gesamte Gruppe zu inszenieren, gewissermaßen wortwörtlich umgesetzt, denn alle acht Kursteilnehmer sind vollständig abgebildet. Das weitere Kriterium des Auftrags, sich in einem für den Kunstkurs typischen Raum zu zeigen, wird dagegen mit der Wahl des Weißen Hauses als Bildhintergrund sehr offen und keinesfalls wortwörtlich interpretiert.

Appellebene

Die Schülerinnen und Schüler begeben sich als Reaktion auf den Auftrag, sich als Kunstkurs in einem für sie typischen Raum zu inszenieren, unerwarteter Weise virtuell in einen US-amerikanischen Kontext, der vermutlich weit entfernt vom Alltag der Schule und des Kunstunterrichts steht. Unterstellt man, dass dieser Bruch mit den Erwartungen der Forschenden als Auftraggeberin bewusst erfolgt, kann die Fotografie als Appell an die Forscherin – möglicherweise auch stellvertretend für andere Erwachsene oder pädagogisch tätige Personen – gelesen werden, die Vorstellungen bezüglich der abgebildeten Jugendlichen oder die stereotype Wahrnehmung von Schülerinnen und Schülern allgemein gemäß dem hier präsentierten Bild zu revidieren und zu aktualisieren.

Die jugendlichen Bildproduzenten wollen demnach nicht als Teilnehmende eines Kunstkurses, sondern vielmehr als junge Erwachsene wahrgenommen werden, die an die durch das Weiße Haus symbolisierten Werte der Demokratie anknüpfen. Sie verorten sich in einem internationalen, politischen Kontext, der nichts mit Schule und Unterricht zu tun hat, und formulieren damit gewissermaßen die Aufforderung, sie nicht ›nur‹ als Schülerinnen und Schüler, sondern als seriöse, weltoffene, demokratischen Werten zugewandte junge Menschen anzuerkennen.

In Bezug zum Kunstunterricht rufen die Schülerinnen und Schüler durch die Demonstration ihres technischen Könnens auf dem Feld der Fotografie und der digitalen Nachbearbeitung dazu auf, sie als kompetent im Umgang mit zeitgenössischen fotografischen Gestaltungsformen wahrzunehmen. Von Bedeutung dabei ist, dass sie ihr technisches Können nicht dazu nutzen, um besonders auffällige, auf den ersten Blick erkennbare Effekte herzustellen, sondern dieses vielmehr für ein eher subtiles, selbstironisches Spiel mit Geschlechteridentitäten, mit Schein und Wirklichkeit sowie mit dem Auftrag an sich einsetzen. Da die Gesamtaussage des Bildes nur bei genauer und längerer Betrachtung erschlossen werden kann, motiviert das Bild den Bildrezipienten bzw. die Forschende dazu, die Art der Bildbetrachtung dem Bildinhalt anzupassen und diesen sich prozessual selbst zu erschließen. Durch das spielerische Infragestellen der Kategorien männlich/weiblich und Wahrheit/Lüge fordern die Jugendlichen darüber hinaus dazu auf, ihre konstruktivistische oder sogar dekonstruktivistische Grundeinstellung oder Welt-Sicht anzuerkennen.

Beziehungsebene

Bezogen auf die *Beziehungen innerhalb der Gruppe* kann das Bild zunächst als eine inszenierte Demonstration von Gruppenzusammenhalt gelesen werden, der sich in einer gezielt hergestellten körperlichen Nähe ausdrückt. Dabei wird jedoch auf die Verwendung einer plakativen körperlichen Zugehörigkeitssymbolik (z. B. Umarmungen, Händehalten) verzichtet. Der Zusammenhalt äußert sich in einer dezenten gegenseitigen Zuwendung und Berührung, was dafür spricht, dass der Zusammenhalt auch auf einer tieferen Ebene besteht und nicht nur für die Fotografie inszeniert wurde.

Dieser Zusammenhalt ist jedoch innerhalb der Gruppe möglicherweise unterschiedlich ausgeprägt, wofür insbesondere die beiden jeweils am Rand stehenden Personen 1 und 8 Hinweise liefern: Sie stehen beide etwas abseits vom Rest der Gruppe, Person 1 passt ihre Körperhaltung zudem weniger als die übrigen den neben ihr stehenden an. Dies kann darauf hindeuten, dass die beiden Randpersonen sich nur widerwillig dem Gruppenkonzept für die Fotografie unterordnen und/oder in der Gruppe grundsätzlich eher eine – wie auch immer geartete – Randposition einnehmen.

Weitere wichtige Anhaltspunkte für eine starke Zugehörigkeit der Einzelnen zur Gesamtgruppe bieten auch die auffälligen und vielfältigen Parallelen bezüglich der Körperhaltungen (vier Personen im Kontrapost), Kleidungen (mehrere Blazer, Ringelshirts, wiederholter ›Krempel-Look‹), und Frisuren (lange dunkle Haare). Es zeigt sich somit deutlich die Zugehörigkeit zu einem gemeinsamen Milieu und eine deutliche Orientierung des individuellen Aussehens an gemeinschaftlichen, altersgemäßen Konventionen. Die Gruppe bildet damit eine stark alters- und milieuspezifisch geprägte Gemeinschaft, die miteinander in Einklang ist. Kleine individuelle Ausbrüche in Verhalten und Aussehen (Herumalbern und kurze Hosen bei Person 3) werden von den übrigen Gruppenmitgliedern toleriert.

Die genannten äußerlichen Ähnlichkeiten treten bei den weiblichen Personen in besonderem Maße auf, sind aber auch geschlechterübergreifend festzustellen (z. B. mehrfach ähnliche Freizeitschuhe). Gemeinsam mit einem – bisher nur stark vermuteten – Austauschen der Köpfe auch zwischen männlichen und weiblichen Personen deutet dies darauf hin, dass die Milieuzugehörigkeit bedeutender sein könnte als das eigene Geschlecht, da die Bildproduzenten die Geschlechtergrenzen auf dem Bild gezielt verschwimmen lassen. Dies kann jedoch auch lediglich der Ausdruck von Experimentierfreude oder Humor sein, denn geschlechterstereotype Verhaltensmuster werden insgesamt beibehalten, bspw. durch den männlichen Klassenclown (Person 3) und bei den angepasst wirkenden Mädchen (Person 4 bis 8).

Zusammengefasst kann die Fotografie dennoch als stringente, gemeinsame Bildlösung gewertet werden. Dies spricht sowohl für die Kooperationsfähigkeit der Gruppe untereinander als auch für ein kooperatives Verhältnis zwischen *Fotografin bzw. Fotograf und Fotografierten*, wobei die Fotografin oder der Fotograf allerdings unbekannt ist. Die Gruppe ist die eigentliche Bildproduzentin und kollektive Autorin des Bildes. Da die Fotografie alle acht Kursteilnehmenden zeigt, sind bezüglich der Frage, wer das Bild erstellt hat, verschiedene Möglichkeiten denkbar:

- Die Gruppe hat eine Person außerhalb der Gruppe damit beauftragt, ihr Konzept gemäß ihren Anweisungen technisch umzusetzen. Inwieweit diese Person über die Instruktionen der Gruppe hinaus inhaltlich und/oder formal in die Bildgestaltung eingegriffen hat, kann ohne weitere Kontextinformationen nicht geklärt werden.
- Die Gruppe hat für die Fotografie einen Selbstauslöser verwendet. In diesem Fall hat vermutlich eine oder haben mehrere Personen aus der Gruppe die Kamera entsprechend eingerichtet und die Selbstauslöser-Funktion aktiviert. Auch hier kann ohne weitere Kontextinformationen nicht rekonstruiert werden, ob diese Person(en) in besonderem Maße in die Bildgestaltung eingegriffen hat bzw. haben.

Unklar ist darüber hinaus, wer die digitale Nachbearbeitung realisiert hat. Es ist nicht davon auszugehen, dass diese von der gesamten Gruppe gemeinsam am Computer durchgeführt wurde. Es kann daher angenommen werden, dass eine oder mehrere Personen – externe oder Gruppenmitglieder – von der Gruppe autorisiert wurde bzw. wurden, die Nachbearbeitung zu realisieren und dass das Ergebnis von der Gruppe ›abgenommen‹ wurde.

Die Beziehung zwischen *Gruppe und Bildrezipienten* ist zum einen dadurch geprägt, dass die Gruppe ihr Verhalten, ihre Gestik und Mimik deutlich auf den Betrachter oder die Betrachter ausrichtet: Alle Blicke weisen aus dem Bild heraus und halten darüber Kontakt zur Betrachterin oder zum Betrachter, wobei diese Kommunikation bei Person 3 gestisch und mimisch unterstützt wird.

Die Jugendlichen begeben sich gewissermaßen ›auf den Präsentierteller‹: Sie zeigen sich in voller Größe und ohne sich hinter Masken oder Kostümen zu verstecken, allerdings möglicherweise – nicht auf den ersten Blick erkennbar – mit vertauschten Köpfen. Die Fotografierten sind sich ihrer exponierten Lage durchaus bewusst: Sie versuchen, sich in einer attraktiven Position darzustellen und wirken in ihrer Körperhaltung, Gestik und Mimik sehr beherrscht. Gruppe und Betrachterin bzw. Betrachter begegnen sich damit in einer sehr künstlichen, von der Gruppe bewusst inszenierten und gesteuerten Situation, in der die Darstellung von Persönlichem verweigert wird und die Betrachtenden eher auf Distanz gehalten werden.

5.4.3 Analyse der Gruppendiskussion

Erster Materialdurchgang: Gesamteindruck der Gruppendiskussion

Die im Folgenden analysierte 38minütige Gruppendiskussion zwischen den Mitgliedern des Kunst-Vorleistungskurses ist von zwei längeren informellen Phasen gerahmt: Vor der Gruppendiskussion dauert es gut 15 Minuten, bis alle Diskussionsteilnehmerinnen und -teilnehmer eingetroffen sind.[93] Während dieser Zeit unterhalten sich die Anwesenden über verschiedene, nicht den Kunstunterricht betreffende Themen, u. a. über ein zeitgleich im Schulhof stattfindendes Konzert der Schulband und das nahende Schuljahresende. Nach Beendigung der Diskussion durch die Moderatorin (GD1040[94]) bleiben alle Gesprächsteilnehmenden bis zur Rückkehr der Forscherin etwa zwanzig Minuten weiter im Raum, essen Kekse und erzählen der Moderatorin in gelöster Stimmung von ihrem Schulalltag, ohne dabei weiter auf den Kunstunterricht im Speziellen einzugehen.

Der Beginn der Diskussion wird dadurch markiert, dass die Forscherin den Raum verlässt und die Moderatorin sich zum ersten Mal an die gesamte Gruppe wendet. Schon in der Eingangsphase sind die Gruppendiskussion bestimmende Stimmungen und Rollenverteilungen innerhalb der Gruppe erkennbar. So herrscht in dieser Phase und während des gesamten Gesprächs eine offene, freundliche und humorvolle Atmosphäre, die sich u. a. in häufigem, zustimmendem Lachen und in zahlreichen von Lachen begleiteten Äußerungen niederschlägt. Zum anderen zeigt sich bereits in dieser ersten, der Orientierung und Organisation des Gesprächs dienenden Sequenz, dass die Teilnehmerin Alev sowie die Teilnehmer Fabian und Benjamin sich durchgängig aktiv, motiviert und eigeninitiativ am Gespräch beteiligen, dadurch dessen Verlauf, Inhalt und Stimmung entscheidend prägen und mehrfach untereinander aushandeln: Fabian unterbricht als erster die einleitenden Worte der Moderatorin, um eine Nachfrage zum Inhalt der Diskussion zu stellen (GD027-030). Die Schülerin Alev schaltet sich daraufhin sofort vermittelnd ein und fordert Fabian indirekt auf, ein bestimmtes Bild am Computer zu öffnen, um es per Beamer an die Wand zu projizieren. Auf Fabians erneute Nachfrage hin verständigen die beiden sich mittels eines sehr knappen Wortwechsels auf ein konkretes Bild (GD037-049; siehe Abb. 18). Und auch Benjamin ist mit zwei kurzen (allerdings teilweise unverständlichen) verbalen Äußerungen am Gespräch (GD032, GD051) in der Eröffnungssequenz beteiligt.

Die übrigen Teilnehmerinnen äußern sich in dieser Phase und in der gesamten Diskussion deutlich weniger (Janine, Carina, Hadya) oder sogar gar nicht (Tina). Sie tragen jedoch durch ihr häufiges, meist allerdings nicht einer bestimmten Person zuzuordnendes Lachen zu der eingangs beschriebenen gelösten Atmosphäre bei. In der Eröffnungssequenz ist dementsprechend mehrfach weibliches Gelächter zu vernehmen (GD010, GD018, GD052),

93 Mit Ausnahme der Schülerin Seren, die am Tag der Diskussion erkrankt war, sind alle Kursteilnehmerinnen und Kursteilnehmer, d. h. alle auf der Fotografie »SAMMEL D.C.« abgebildeten Personen, bei der Gruppendiskussion anwesend.

94 Die Zeilenangaben in diesem Kapitel beziehen sich auf das Transkript Nr. 6 Gruppendiskussion VLK »SAMMEL D.C« (siehe Anhang).

das zum Teil als Zustimmung zu den Erklärungen der Moderatorin gewertet werden kann (GD010, GD018).

Abgesehen von vereinzelten konkreten (Nach-)Fragen der Moderatorin ist die Gruppendiskussion über weite Strecken selbstläufig. Dabei kommt Alev eine exponierte, das Gespräch organisierende und moderierende Funktion zu: Sie bittet z. B. die Moderatorin um »*Input*« (GD134), als das Gespräch anfangs noch kurz ins Stocken gerät, ermutigt die stillen Teilnehmerinnen zur Beteiligung (GD177, GD235) oder fordert sie wie bspw. in der folgenden Äußerung auf, ihren eigenen Darstellungen zu widersprechen: »*A: Und, ja. Alles vertreten, oder? //Findet ihr nicht?//*« (GD228) Es wirkt, als sei die gesamte Gruppe mit dieser Art der Gesprächsführung vertraut und die beschriebene Rollenverteilung bei allen Beteiligten eingespielt, da sie im gesamten Verlauf der Diskussion weder explizit noch implizit thematisiert wird.

Nur wenige Beiträge der externen Moderatorin zielen darauf ab, das Gespräch zu strukturieren; auch fordert sie niemanden auf, sich am Gespräch zu beteiligen oder erteilt einzelnen Personen das Wort. Bei zahlreichen ihrer Äußerungen handelt es sich vielmehr um Nachfragen, die einer Einordnung oder Klärung des Gehörten bzw. Gesehenen dienen und die Gruppe motivieren, weiter oder genauer zu erzählen, um dadurch die von der Moderatorin bewusst demonstrierte Kluft zwischen ihrem Kenntnisstand und dem Wissen der Gruppe zum Gesprächsgegenstand zu überwinden. Ihre Fragen sind stets an die Gesamtgruppe und nie an Einzelpersonen gerichtet (z. B. GD136-137, GD180-181, GD317-318).

Chronologische Rekonstruktion der Gruppendiskussion

Überblick über den Gesamtverlauf

- Eröffnung der Gruppendiskussion, Klärung der Rahmenbedingungen und Bestimmung des Gesprächsinhalts durch einzelne Diskussionsteilnehmende (GD001-060)
- Erste Präsentation des fertigen Bildes gegenüber der Moderatorin mit Anleitung zur prozesshaften Entschlüsselung der Bildaussage (GD061-082)
- Erklärung und Begründung der Bildidee I: Anspruch ein originelles Bild zu gestalten, in dem sich die kollaborative Atmosphäre in der Gruppe widerspiegelt (GD083-135)
- Erklärung und Begründung der Bildidee II: spontane, durch technische Notwendigkeiten motivierte Positionierung der Gruppe vor dem Weißen Haus (GD136-179)
- Detailklärung der fotografischen Inszenierung: vertauschte Köpfe als Symbol für Besonderheit und Vielfalt des Kurses (GD180-236)
- Beschreibung der Arbeitsatmosphäre im Kurs: kommunikativ-kollaborativ, entspannt und dennoch produktiv (GD237-264)
- Schilderung einer wichtigen Unterrichtserfahrung: Kennenlernen eines collagierenden Verfahrens als kollaborative Gestaltungsmöglichkeit (GD265-313)

- Erklärung und Begründung der Bildidee III: Bewusstwerdung symbolischer Bildgehalte – Familie, Ergänzung, Austausch (GD314-345)
- Fabian zeigt »*sein Baby*« – Bestreben nach Klärung individueller und kollektiver Beiträge zum Gesamtergebnis (GD346-509)
- Erinnerungen an den Prozess der Ideenentwicklung und der Erarbeitung: die Gruppe als kollektive Autorin, Collage als zentrales Gestaltungsprinzip, Bevorzugung digitaler Gestaltungsmöglichkeiten vor analogen Ausdrucksformen (GD510-565)
- Beurteilung und Reflexion der fertigen Fotografie – implizite Klärung und Anerkennung von kollektiven und individuellen Verantwortlichkeiten (GD566-602)
- Erklärung und Begründung der Bildidee IV: Außergewöhnliche Positionierung vor dem Weißen Haus entspricht dem Charakter des Kurses (GD603-624)
- Zukunft des Kurses und einzelner Kursteilnehmender (GD625-647)
- Rückgriff auf das kollaborative, collagierende Verfahren für die spontane gemeinsame Suche nach einem Titel der Fotografie (GD648-841)
- Idealisierende Beschreibung des Kurses vor dem Hintergrund persönlicher Vorerfahrungen in anderen Kunstkursen (»*Wir sind eine große, glückliche Kunstfamilie.*«; GD842-957)
- Überlegungen zu Zusammenhängen zwischen gestalterischen Vorgaben und Freiheiten, Leistungsbereitschaft, sozialen Beziehungen und positiven Bewertungen (GD958-1021)
- Abschluss und Schlussworte – implizites und explizites Thematisieren dominanter Rollen in der Gruppendiskussion bzw. im Kurs (GD1022-1039)

Beschreibung der einzelnen Gesprächssegmente und der darin behandelten, für den Forschungsgegenstand bedeutsamen Themen (Auszüge)

Segment 3: Erklärung und Begründung der Bildidee I: Anspruch ein originelles Bild zu gestalten, in dem sich die kollaborative Atmosphäre in der Gruppe widerspiegelt (GD 083-135)

Alev, Fabian und Benjamin erläutern die Intentionen der Gruppe bei der gewählten Umsetzung der »*Aufgabe*« (GD084). Das Vertauschen der Köpfe zwischen den Kursmitgliedern auf der Fotografie wird einerseits mit dem gestalterischen Anspruch eine originelle Fotografie zu erstellen, andererseits inhaltlich begründet: »*Und wir wollten nicht irgendwie so ein ganz einfaches Foto machen, wo wir alle nebeneinander geklatscht sind*« (Alev, GD085-087), sondern »*//irgendwie zeigen, dass wir ALLE irgendwie ineinander etwas sehen// und einander ergänzen*« (Benjamin, GD098). Auslöser hierfür ist das positive Erleben einer freundschaftlichen, selbstständigen Zusammenarbeit ohne Druck (GD104-112), welche den Kunstkurs deutlich von anderen Kursen und von den sonstigen Erfahrungen im Kontext Schule (GD113-116) unterscheidet. Eine erste Erklärung für das Vertauschen der Köpfe auf

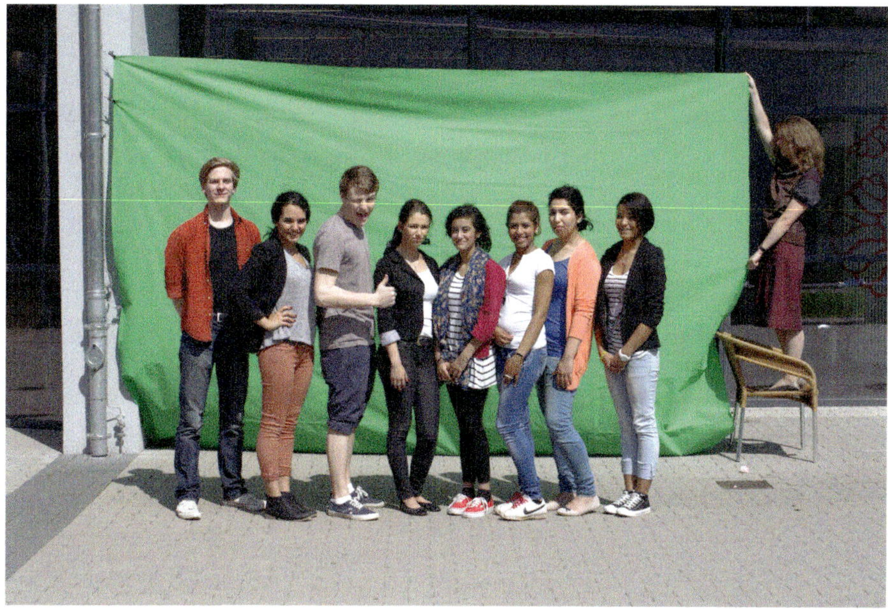

Abb. 19: Die Schülerinnen und Schüler erstellen als Zwischenschritt für die folgende digitale Fotomontage. ein Gruppenfoto vor einem Green Screen, der von der Kursleiterin Frau Bach gehalten wird

der Fotografie liegt demnach in dem Wunsch, eine bildliche Darstellung für die besondere kollaborative Arbeitsatmosphäre im Kurs zu finden: »*Ja, weil wir nur acht Schüler sind, arbeiten wir/ ALLES, was wir machen, wir tauschen uns mit JEDEM aus, wir sind/ Wir helfen uns GEGENseitig.*« (Alev, GD118-119). In diesem Zusammenhang wird auch die Rolle der Lehrerin Frau Bach geklärt: »*//Sie ist// eigentlich wie eine Schülerin, die uns eigentlich immer hilft*« (Benjamin, GD125) und »*@sie gehört @einfach mit zu unserer Gruppe*« (Alev, GD130). Dies bedeutet auch, dass Hilfen und Ratschläge der Mitschülerinnen und Mitschüler als gleich wertvoll wie die »*Tipps*« (GD122) der Lehrerin wahrgenommen werden (Alev, GD119-123).

Segment 4: Erklärung und Begründung der Bildidee II: spontane, durch technische Notwendigkeiten motivierte Positionierung der Gruppe vor dem Weißen Haus (GD136-179)

Erst auf Nachfrage der Moderatorin liefern Fabian, Benjamin und Alev je unterschiedliche Erklärungen für die Wahl des Weißen Hauses als Hintergrund der Fotomontage. Fabian erinnert lebhaft und mit einem auffälligen Wechsel von der Wir- in die Ich-Form, dass durch den technisch notwendigen Einsatz eines Green-Screens (siehe Abb. 19) irgendein beliebiger Hintergrund für die Fotomontage gefunden werden musste und dass er diese Entscheidung alleine und ohne Absprache mit den anderen getroffen hat:

> *»Und da mussten wir sie ja irgendwo dahinter setzen. Und, da habe ich halt gesagt: ›Ja, @theoretisch@ können wir uns überall davor setzen. Selbst vor das Weiße Haus.‹ Und (..) nach diesem Spruch kamen wir dann nicht mehr so/ Wir haben nicht mehr groß darüber geredet oder was geschrieben. Und ich MUSSTE ja irgendeinen Hintergrund nehmen, also habe ich dann das Weiße Haus als Hintergrund genommen. (.) //@(.)@//«* (Fabian, GD141-147)

Benjamin dagegen erklärt – wieder in der Wir-Form – ausgehend von dem fotografischen Auftrag den Raum, in dem sich die Gruppe darstellt, für eher unbedeutend. Er bestätigt damit Fabians Einschätzung, dass der von diesem alleine getroffenen Wahl des Hintergrunds keine besondere Relevanz in Bezug auf die Bildaussage zukommt: »*Sondern es geht ja eigentlich DARUM, dass wir als Gruppe uns selbst ausdru/drücken. Und das kann man ja eigentlich überall. Und deswegen war das eigentlich relativ EGAL, wo, sagen wir es mal so.*« (Benjamin, GD151-153) Alev führt als Motivation für die Wahl eines anderen Raumes dagegen an, dass der Kunstraum ein gewöhnlicher und wenig inspirierender Klassenraum sei und wird in dieser Einschätzung von Fabian und Benjamin schließlich unterstützt (GD155-165).

Segment 5: Detailklärung der fotografischen Inszenierung: vertauschte Köpfe als Symbol für Besonderheit und Vielfalt des Kurses (GD180-236)

[...] Carina bietet in ihrer ersten Wortmeldung eine von der Gesamtgruppe mit großer Zustimmung aufgenommene weitere Interpretationsmöglichkeit an, nach der die vertauschten Köpfe sowohl ein Zeichen für das Abweichen von der Norm als auch für den chaotischen Charakter der Gruppe sein könnten:

> *»Ich glaube, wir wollen auch zeigen, dass wir halt nicht (.) (formt mit den Fingern Anführungszeichen) NORMAL sind, sondern auch so ein biss/ so ein bisschen chaotisch. Und darum halt auch die Köpfe vertauscht.« (Carina, GD199-201)*

Das Chaotische erscheint als positiv besetzt, da daraus »*verrückte Ideen*« (Alev, GD207) erwachsen und, wie Alev und Benjamin unter großer Zustimmung der übrigen ausführen, sich die Einzelnen durch ihre vielfältigen gestalterischen Fähigkeiten und Eigenschaften als Gruppe sehr gut »*ergänzen*« (Janine, GD211).

Segment 7: Schilderung einer wichtigen Unterrichtserfahrung: Kennenlernen eines collagierenden Verfahrens als kollaborative Gestaltungsmöglichkeit (GD265-313)

Zur besseren Verständnis der Moderatorin gehen Alev, Fabian und Benjamin auf das erste praktische Unterrichtsprojekt des Kurses ein, das kurz zuvor von Benjamin am Rande erwähnt worden ist (GD 265-266). Es weist – allerdings im Medium der Malerei – sowohl inhaltlich als auch formal auffällige Parallelen zur Vorgehensweise bei der digitalen Fotomontage auf, da durch das collagierende Zusammenfügen von einzelnen Elementen, die jeweils einem Kursmitglied zugeordnet sind, ein kollaboratives Gesamtbild entsteht:

> *»(zur Moderatorin) Damit Sie jetzt auch verstehen, was wir reden, worüber wir reden. Unser erstes Kunstprojekt war, dass wir ein Gesicht zusammengestellt haben. Und jeder hatte ein Körperteil aus einer Zeitschrift sich ausgeschnitten. Also ein Gesichtsteil. Und dann haben wir das gemalt. Erst mit dem Bleistift, dann mit grüner Wasserfarbe, die Schattierungen und alles, und dann mit Acrylfarbe. Und dann haben wir das am Ende zusammengesetzt. Und dann kam so ein ganz krankes, verrücktes Aliengesicht dabei raus.«* (Alev, GD280-288)

Nach Benjamins Einschätzung wurde bei diesem Malerei-Projekt sowohl das gemeinsame Gesamtergebnis als auch der individuelle Lernzuwachs durch die Unterschiedlichkeit der individuellen Beiträge und die Interaktion mit den anderen positiv beeinflusst:

> *»Das war ganz cool, weil wir hatten halt alle unterschiedliche Arten und Weisen zu malen. [...] Und, aber, wir konnten uns trotzdem alle noch einmal etwas beibringen, weil wir alle in irgendetwas besser oder schlechter waren. Und, ja. Das war eigentlich ganz cool. Ich fand das voll chillig.«* (Benjamin, GD307-312)

Segment 8: Erklärung und Begründung der Bildidee III: Bewusstwerdung symbolischer Bildgehalte – Familie, Ergänzung, Austausch (GD314-345)

Nach dem Exkurs über das im Rahmen des Kunstunterrichts realisierte kollaborative Malerei-Projekt lenkt die Moderatorin die Aufmerksamkeit erneut auf die projizierte Fotografie und motiviert die Gruppe zu weiteren Erklärungen für die Art der fotografischen Inszenierung (GD314-318):

> *»C: Dass wir so (formt mit den Händen Anführungszeichen) familienmäßig dastehen. Also, dass wir auch zusammenhalten. Und halt die verdrehten Köpfe, dass wir verrückt sind. Also das ist so ein Familienhalt, aber jeder hat sein eigenes Individuum.*
> *B: Ja. //Und wir können//*
> *A: //Wir sind zwar// alle unterschiedlich und gehören doch alle zusammen.*
> *B: Ja.*
> *A: Weil wir uns alle ergänzen.«* (GD319-326)

Ausgehend von der Metapher der Familie, die Carina beim Betrachten und Besprechen des Bildes als neuen Interpretationsansatz eingebracht hat, stellen Benjamin und Alev weitere Bezüge zwischen den sozialen Interaktionen und Beziehungen in der Gruppe im Unterricht und zwischen der bildhaften Selbstdarstellung auf der Fotografie her:

»*B: Wir tauschen uns auf jeden Fall so viel aus, dass, bringen uns gegenseitig so viel bei. @Da passt das eigentlich voll krass zu den@, zu den verdrehten Köpfen.*
A: //Dieses Stichwort Austauschen//
B: //Ja, Austauschen!//
A: passt perfekt. Wir tauschen uns aus, und da tauschen wir die Köpfe aus.«
(GD327-331)

Die von Benjamin genannten doppeldeutigen Parallelen des Austauschens auf bildlicher und sozialer Ebene werden ihm und Alev erst im Moment der sprachlichen Bearbeitung und Äußerung bewusst. Auch Benjamin sieht nun in der virtuellen Positionierung vor dem Hintergrund des Weißen Hauses eine symbolische Bedeutung, obwohl er kurz zuvor den Raum noch als relativ unbedeutend bezeichnet hat (vgl. Segment 4 bzw. GD152-153). Da die Fotografie auf den ersten Blick wie ein Erinnerungsfoto einer Gruppe an einen gemeinsamen Ausflug zum Weißen Haus wirkt, assoziiert der Schüler nun die bereits als besonders positiv und ungewöhnlich im Kontext Schule geschilderte Atmosphäre im Kunstkurs mit der Stimmung auf einem Ausflug und grenzt die Erfahrungen im Kunstunterricht implizit damit noch einmal von anderen Schulerfahrungen ab: »*Und das ist wie/ Wenn wir hier herkommen, das ist zu vergleichen, so eine Stimmung wie beim Ausflug oder so. Wo man einfach herkommt und (..) arbeitet, aber gleichzeitig auch Spaß hat.*« (Benjamin, GD332-334)

Segment 10: Erinnerungen an den Prozess der Ideenentwicklung und der Erarbeitung: die Gruppe als kollektive Autorin, Collage als zentrales Gestaltungsprinzip, Bevorzugung digitaler Gestaltungsmöglichkeiten vor analogen Ausdrucksformen (GD510-565)

Anders als Fabian ist der Rest der Gruppe größtenteils auffällig darum bemüht, Entscheidungen und Handlungen als gesamtgemeinschaftlich getragen darzustellen. Selbst auf die konkrete Frage der Moderatorin, wer die Idee hatte, die Köpfe auf dem Bild untereinander zu vertauschen, antwortet Alev zunächst in der Wir-Form. Benjamin distanziert sich jedoch an dieser Stelle sofort deutlich von dieser Idee (GD514), was ein weiteres Indiz für einen unterschwelligen Konkurrenzkampf zwischen den (männlichen) Protagonisten sein könnte. Dies veranlasst Alev, eine der Realisierung noch vorangegangene Idee anzusprechen und dabei ausdrücklich Benjamin als Autor hervorzuheben. In den zwei folgenden Redezügen bemüht sich die Schülerin in Rücksprache mit den betroffenen Personen um eine korrekte Zuweisung weiterer Ideen zu Carina bzw. Fabian (GD 517-530). Unmittelbar danach kehrt sie jedoch zu der Darstellung in der Wir-Form zurück. Diese wird von den übrigen – auch Fabian – aufgegriffen, um gemeinsam eine weitere, von der Gruppe jedoch ebenfalls nur noch eher vage erinnerte Voridee zu rekonstruieren. Stellt man alle genannten Vorideen zusammen, wird ersichtlich, dass sämtliche Ideen – ebenso wie die schließlich realisierte – deutliche Entsprechungen zu dem collagierenden Verfahren aufweisen, das die Gruppe bei dem kollaborativen Malerei-Projekt im Kunstunterricht kennengelernt hat (vgl. Segment 7):

- Benjamins Idee: Fotografie der Hände aller Kursmitglieder, bei der die Individualität der Einzelnen durch symbolische Bemalungen der Hände ausgedrückt werden soll
- Carinas Idee: Collage eines Gesamtkörpers aus Körperteilen der einzelnen Kursmitglieder
- Fabians Idee: Bilderreihe, in der »*sich einer hinstellt und er sich nach und nach verwandelt und so*« (Alev, GD534)
- als »*zu aufwändig*« (Alev, GD540) verworfene Gemeinschaftsidee: Einen Smiley aus den gelb bemalten Gesichtern aller Gruppenmitglieder formen

Abschließend ist bezüglich dieses Segments bemerkenswert, dass die hauptsächlich auf analogen Gestaltungsmitteln aufbauende Smiley-Idee als besonders zeit- und arbeitsintensiv eingeschätzt wird. Der zeitliche Aufwand und die technischen Anforderungen, mit denen die digitale Fotomontage bei der schließlich realisierten Idee verbunden ist, fließen dagegen nicht in die Überlegungen mit ein, da dieser Teil der Bearbeitung vertrauensvoll an Fabian delegiert wird:

> »*B: Ja, und Fabian hat das zu Hause zusammengeschnitten.*
> *A: Ja.*
> *M: Also habt ihr da Vertrauen.*
> *B: JA!*« (GD559-562)

Segment 14: Rückgriff auf das kollaborative, collagierende Verfahren für die spontane gemeinsame Suche nach einem Titel der Fotografie (GD648-841)

Die Frage der Moderatorin nach dem Titel der Fotografie löst zunächst großes Amüsement der gesamten Gruppe aus, da bislang niemand darüber nachgedacht hat. Daraufhin beschließen Alev, Benjamin und Fabian in kürzester Zeit eine Grundidee, wobei sie sich in ihren Äußerungen äußerst effizient ergänzen:

> »*A: Mhm (überlegend). Das muss ein Name sein, der //uns//*
> *B: //Für// unsere Klasse steht.*
> *A: Für unsere Klasse steht, ja, der/ Das muss nicht zum Bild passen. Das muss zu uns passen.*
> *F: Kann man was von unseren Anfangsbuchstaben formen?*« (GD656-660)

In dem sich anschließenden Brainstorming, bei dem sich alle Schülerinnen und Schüler außer Tina aktiv und lebhaft beteiligen, verfolgt die Gruppe ausgehend von dieser Grundidee erneut ein kollaboratives collagierendes Verfahren, das deutliche Parallelen zu dem im Kunstunterricht realisierten Gemeinschafts-Malereiprojekt (vgl. Segment 7) aufweist: Jedes Gruppenmitglied trägt ein Teilelement, nämlich den Anfangsbuchstaben des Vornamens, bei, aus dem ein Initialwort als eine größere Sinneinheit gebildet wird. Der schließlich gefundene Titel »SAMMEL D.C.«[95] weist inhaltlich sowohl Bezüge zur Gruppe (Zusammenhalt, Sammlung vielfältiger Individuen usw.) als auch zum Hintergrund der Fotomontage (»*Washington D.C.*«; Benjamin, GD788) auf.

Erlebniszentren und kollektive Orientierungen in der Gruppendiskussion bezogen auf den Forschungsgegenstand

Gegenseitige Anerkennung individueller Rollen und Positionen im Kurs

Das Gespräch mit der allen unbekannten Moderatorin könnte Anlass sein, individuelle Rollen und Positionen im Kurs nun in der Gruppendiskussion zu behandeln, z. B. zu bekräftigen oder neu zu definieren. Doch es zeigt sich, dass in der untersuchten Gruppe bestimmte Rollen und Positionen existieren, die auch in der Gruppendiskussion ohne weitere Thematisierung stabil beibehalten werden, denn nur in Ausnahmefällen ist eine explizite Reflexion der Rollen und Positionen zu beobachten, teilweise durch die Sprecher selbst (Alev; Segment 17), teilweise in Form von Kommentaren der anderen (Fabian; u. a. Segment 9).

Dabei ist eine klare Rollenverteilung festzustellen: Auf der einen Seite stehen die aktiven Gesprächsteilnehmenden Alev, die die Diskussion und die Gruppe dominiert und strukturiert, Fabian, der über höhere technische Fähigkeiten als die anderen verfügt, einen größeren Anteil an der Fotografie trägt und dadurch auch umfangreichere Rechte sich zu äußern erhält, sowie Benjamin. Er sorgt durch die lebendige Schilderung gemeinsamer angenehmer Unterrichtserfahrungen und durch das Herstellen einer humorvollen Grundstimmung in der Diskussion kontinuierlich für die Bekräftigung eines positiven Gemeinschaftsgefühls. Die übrigen Teilnehmerinnen auf der anderen Seite sind weit weniger aktiv oder sogar völlig passiv. Sie tragen daher zwar weniger Inhaltliches zum Gespräch bei, zeigen jedoch (mit Ausnahme von Tina) durch regelmäßige bestätigende Äußerungen und Lachen, dass sie der gesamten Diskussion aufmerksam folgen. Zudem haben sie jederzeit die Möglichkeit, (wieder) in das Gespräch einzusteigen, werden dazu teilweise sogar von Alev ausdrücklich ermutigt (z. B. Segment 5, GD235). Es entsteht an keiner Stelle der Diskussion der Eindruck, dass Einzelne von den übrigen ausgegrenzt würden, u. a. auch da die passiven Schülerinnen (einschließlich Tina) von den Sprecherinnen und Sprechern immer wieder in ihren Erzählungen erwähnt oder direkt angesprochen werden.

Auf der Grundlage dieser Zweiteilung in aktivere und passivere Teilnehmende verläuft die Gruppendiskussion gewissermaßen reibungslos: An keiner Stelle muss ausgehandelt werden, wer zu welchem Aspekt befugt ist sich zu äußern. Die Sprecherinnen und Sprecher werden von den übrigen durch kurze zustimmende Äußerungen und zustimmendes Lachen fast kontinuierlich darin bestätigt, dass ihre Beschreibungen, Erzählungen und Meinungen in der Wir-Form von den Zuhörenden mitgetragen werden und dass sie weiter autorisiert sind,

95 Der Titel »SAMMEL D.C.« setzt sich zusammen aus den Initialen der nicht pseudonymisierten Namen der Kursteilnehmerinnen und Kursteilnehmer, sodass ein Nachvollzug der Wortgenese anhand des pseudonymisierten Datenmaterials nicht möglich ist.

im Namen der Gruppe zu sprechen. Weder müssen sich also die sehr aktiven Schülerinnen und Schüler in ihrem Mitteilungsdrang bremsen, noch werden die ruhigeren Schülerinnen genötigt, sich in einer für sie ungewohnten Situation mit einer fremden Moderatorin, bei laufender Kamera und Audio-Aufnahme zu äußern. Alle Beteiligten können somit ihrem individuellen Temperament, ihrer individuellen Rolle und Position in der Gruppe entsprechend an der Gruppendiskussion partizipieren.

Demonstration einer starken Identifikation mit dem Kunstkurs

Während der gesamten Gruppendiskussion offenbart sich das deutliche Bestreben der Gesamtgruppe, eine starke Identifikation der Kursmitglieder mit dem Kunstkurs zu befördern und zu kommunizieren. Mehrfach werden in der Gruppendiskussion von den Sprecherinnen und Sprechern Möglichkeiten der Identifikation mit der Kursgruppe angeboten, u. a. durch die lebhafte Schilderung alltäglicher Unterrichtssituationen und der für den Kurs typischen kollaborativen Arbeitsatmosphäre, die als entspannt, kommunikativ und gleichzeitig produktiv erfahren wird (z. B. Segment 6). Diese Atmosphäre wird als äußerst ungewöhnlich im Kontext Schule wahrgenommen und eher mit einem Ausflug assoziiert denn mit dem gewohnten Schulalltag (Segment 8). Weiter werden die besonders guten sozialen Beziehungen innerhalb der Kursgruppe hervorgehoben. Die Rolle der Lehrerin wird in diesem Zusammenhang als jene einer helfenden Mitschülerin beschrieben, die Gruppe insgesamt als »*große, glückliche Kunstfamilie*« (GD955) idealisiert (Segmente 3 und 15). Als besonders wirksam für die Identifikation mit dem Kurs erweisen sich verschiedene Abgrenzungen von anderen Erfahrungen und Gruppen im Kontext Schule: Die Gruppe betont, dass sie sich sowohl formal (durch die kleine Gruppengröße) als auch qualitativ durch die Konstellation der Personen (mit einem besonderen Interesse an Kunst, vielfältigen Interessen und Fähigkeiten der Einzelnen und einer daraus abgeleiteten ›Verrücktheit‹ der Gesamtgruppe) und die offene Unterrichtsgestaltung von anderen (Kunst-)Kursen abhebe (u. a. Segmente 3 und 15). Dem Raum kommt dagegen keine identitätsstiftende Wirkung zu, weder dem fiktiven Bildhintergrund des Weißen Hauses noch dem Kunstunterrichtsraum.

Die Sprecherinnen und Sprecher sind darüber hinaus kontinuierlich bemüht, ihre Beschreibungen, Erzählungen und Meinungen als von der Gemeinschaft der Kursgruppe vertreten darzustellen. Sprachlich wird der Eindruck eines starken Gemeinschaftsgefühls und einer kollektiven Kursidentität durch die überwiegende Formulierung von Aussagen in der Wir-Form vermittelt. Nur Fabian wählt häufig von sich aus die Ich-Form, um seinen besonderen Anteil am Gestaltungsprozess und der fertigen Fotografie hervorzuheben (z. B. Segment 9).

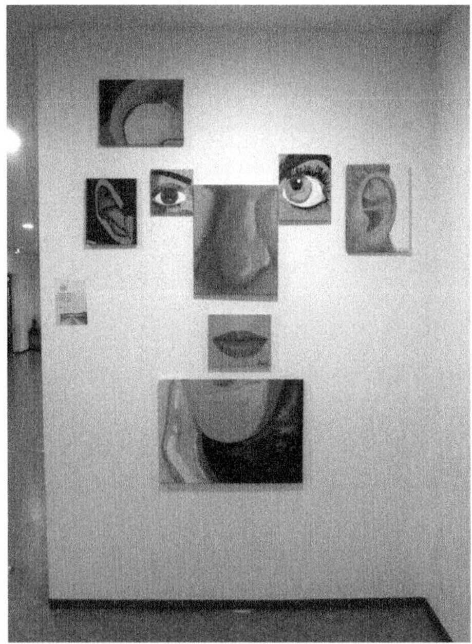

Abb. 20: Im Kunstunterricht des Kurses als Gemeinschaftswerk entstandene Malerei-Collage

Das Collage-Prinzip

Die erste praktische Aufgabenstellung im Kunstunterricht des Vorleistungskurses erweist sich als prägend für die sozialen und gestalterischen Interaktionen im Kurs. Das Motiv der gegenseitigen Ergänzung wird dort erstmals bildlich umgesetzt, denn von den Schülerinnen und Schülern jeweils in Einzelarbeit gemalte Details ergänzen sich erst in der Verbindung mit den Beiträgen der anderen zu einem Gesamtbild, erhalten erst dadurch Sinn (siehe Abb. 20 und Segment 7). Dieses damit zum ersten Mal im Kunstunterricht, dort zunächst im Medium der Malerei und vermutlich veranlasst durch die Aufgabenstellung der Lehrerin angewandte Collage-Prinzip findet sich in allen Ideen für die Fotografie wieder, sowohl in den verworfenen als auch in der letztlich realisierten: Aus einzelnen unterschiedlichen Elementen entsteht eine größere Einheit, wobei die Individualität der Einzelteile weiter sichtbar erhalten bleibt. Jedes Kursmitglied ist dabei stets durch jeweils ein Element gleichberechtigt an dem Gesamtbild beteiligt (Segmente 7 und 10).

Für eine tiefe Verinnerlichung dieses Prinzips spricht nicht nur seine mehrfache wörtliche Thematisierung in der Gruppendiskussion (z. B. Segment 8), sondern auch, dass für die Suche nach einem Fotografietitel das collagierende Verfahren mit der Bildung eines Initialwortes (»SAMMEL D.C.«) spontan aus dem visuellen Bereich ins Sprachliche übertragen wird (Segment 14).

Austausch und Ergänzung als besondere Merkmale der Kursgruppe und des Kunstunterrichts

Die Gruppe entwirft in der Gruppendiskussion ein Selbstbild, das wesentlich durch das Motiv des Austauschs und der Ergänzung in einer von vielfältigen Individuen geprägten Gruppe charakterisiert wird (Segment 5).

Austausch und Ergänzung sind sowohl zentrale gestalterische Strategien auf der Ebene des Bildinhaltes (Austausch der Köpfe bei der Fotografie, Ergänzung von Gesichtsdetails zu einem Gesamtbild bei der Unterrichtsaufgabe) als auch im erlebten Kunstunterricht etablierte und von den Kursteilnehmenden wertgeschätzte soziale Interaktionsformen (Segment 3). Dabei stehen weniger die in Interaktion mit den anderen entstandenen Gestaltungsprodukte im Vordergrund als die Wahrnehmung, dass allein durch den Austausch mit den anderen Kursmitgliedern individuelle Lernprozesse in Gang gesetzt werden (Segment 8). Dennoch kommt im Falle der fotografischen Selbstinszenierung als Gruppe dem Ergebnis des kollaborativen Gestaltungsprozesses in Form der fertigen Fotografie eine besondere Bedeutung zu. Denn erst im Miteinander-Betrachten und -Besprechen des Bildes bei der im Rahmen des Forschungsprozesses durchgeführten Gruppendiskussion machen sich die Kursmitglieder gemeinsam die Entsprechungen zwischen ihrer bildlichen Selbstdarstellung und der Selbstwahrnehmung der Interaktionen im Kunstunterricht anschaulich und sprachlich zugänglich.

»Wir« oder »ich«?

Ein weiteres Thema, das vorrangig implizit in der Gruppendiskussion behandelt wird, ist die Frage, inwiefern bei der fotografischen Selbstinszenierung als Kursgruppe eine kollektive Autorschaft der Gesamtgruppe vorliegt oder aber ob einzelnen Kursmitgliedern ein verstärkter Gestaltungseinfluss durch deren besondere Verantwortung und Kompetenz zukommt. Dabei fällt auf, dass die Art der kommunikativen Darstellung in der Gruppendiskussion nicht übereinstimmt mit der ›tatsächlichen‹ Aufgabenverteilung, d. h. den Zuständigkeiten und Verantwortlichkeiten im Gestaltungsprozess, wie sie interpretativ aus verschiedenen Äußerungen in der Gruppendiskussion rekonstruiert werden können. Denn bei genauer Betrachtung wird erkennbar, dass ein entscheidender Teil des gesamten Gestaltungsprozesses, nämlich die digitale Nachbearbeitung der Fotomontage, vollständig von Fabian alleine erledigt worden ist. Unter der durch die Selbstaussagen der Beteiligten gestützten Annahme, dass das in der Gruppendiskussion gezeigte Verhalten der Schülerinnen und Schüler (aktive Diskutierende: Alev, Fabian, Benjamin; passivere und passive Teilnehmerinnen: Janine, Carina, Hadya, Tina) kongruent ist zu den Rollen und Positionen im Kurs außerhalb der Gruppendiskussion oder zumindest starke Parallelen dazu aufweist, liegt es nahe, dass auch in der Phase der gemeinsamen Ideenentwicklung die Einzelnen in unterschiedlichem Maße zu der getroffenen Entscheidung beigetragen haben. Dennoch ist die Gesamtgruppe deutlich bemüht, das fertige Bild als kollektiv verantwortet darzustellen.

Auch auf der Fotografie sind alle Kursteilnehmenden gleichberechtigt vertreten – wobei die eingeräumten Freiheiten der individuellen Darstellung in unterschiedlichem Maße ausgeschöpft werden. Eine Entsprechung hinsichtlich dieses Aspekts findet sich bei der gemeinsamen Suche nach einem Titel für die Fotografie: Das Grundkonzept wird von Alev, Fabian und Benjamin ausgehandelt, an der folgenden Titelsuche – analog zu der praktischen Erstellung der Fotografie – sind alle Schülerinnen und Schüler beteiligt und der Titel, also das Ergebnis, wird von der Gesamtgruppe autorisiert (Segment 14).

Während Alev und Benjamin bewusst als Wir-Vertreter agieren und gewissermaßen als Sprecherin bzw. Sprecher der Gesamtgruppe ihre Aussagen treffen, wird bei Fabian mehrfach deutlich, dass er Wert darauf legt, seinen im Vergleich zu allen anderen weit größeren individuellen Beitrag zum Gesamtergebnis zu kommunizieren. Dies geschieht einerseits durch vermehrte Äußerungen in der Ich-Form, die klar machen, dass er Entscheidungen ohne Abstimmung mit den anderen getroffen sowie wesentliche digitale Gestaltungsschritte alleine verantwortlich zu Hause durchgeführt hat. Andererseits bekräftigt Fabian den Eindruck seiner höheren Kompetenz und seines größeren Anteils an der Fotografie auch, indem er in der Gruppendiskussion eigeninitiativ den PC bedient oder Fotoabzüge an alle Diskussionsteilnehmenden verteilt und dadurch nonverbal den Gesprächsinhalt bestimmt (Segment 9).

Fabian handelt jedoch nicht eigenmächtig. Vielmehr wurde ihm offensichtlich von der Gesamtgruppe das Mandat und hiermit die Verantwortung für die Durchführung der digitalen Bearbeitung (und damit zusammenhängend auch die ›Regie‹ bei der Erstellung der für die Fotomontage notwendigen Einzelfotos) übertragen (Segment 10). Ausgehend von seinen technischen Fähigkeiten werden ihm somit implizit auch gestalterisch-konzeptuelle Kompetenzen zugesprochen.

Fabians Einzelleistungen innerhalb des kollaborativen Gesamtprozesses werden von den übrigen im Laufe der Diskussion jedoch nur selten als solche gekennzeichnet und er wird nur an einer Stelle für seinen Einsatz ausdrücklich gelobt (Segment 11). Sein Abweichen von der Darstellung der Fotografie als kollektive Gemeinschaftsleistung wird aber auch nicht kritisiert oder sanktioniert (Segment 9). Vielmehr werden durch Fabians besonderen individuellen Beitrag am Gestaltungsprozess die von ihm angemeldeten Besitzansprüche (»*sein Baby*«; GD399 und GD562) nicht nur toleriert, sondern er erwirbt dadurch auch das Recht, in der Gruppendiskussion eine von der Gruppenmeinung unabhängigere Position einzunehmen als die übrigen Kursmitglieder. Insgesamt wird deutlich, dass sowohl das Delegieren entscheidender Verantwortlichkeiten an einen einzelnen Kursteilnehmer als auch die davon abweichende rückblickende Darstellung in der Gruppendiskussion, der zufolge die Gruppe als kollektive Autorin die Gesamtverantwortung trägt, von allen als passend und dem Gestaltungsauftrag angemessen empfunden werden.

Positive soziale Beziehungen als Grundlage eines erfolgreichen alternativen Unterrichtsmodells

Im Verlauf der Diskussion wird – größtenteils ausgehend von den Äußerungen des ›Wir-Vertreters‹ Benjamin – kommunikativ herausgearbeitet, dass aus Sicht der Schülerinnen und

Schüler die intensiven, als positiv wahrgenommenen sozialen Interaktionen und Beziehungen in der Gesamtgruppe sowie die entspannte, aber dennoch produktive, kollaborative Atmosphäre im Kurs (z. B. Segment 6) die entscheidenden Merkmale des von den bisherigen schulischen Erfahrungen deutlich abweichenden Kunstunterrichts im Vorleistungskurs sind.

Erst im gemeinsamen Diskurs erschließen sich den Kursteilnehmenden die komplexen Hintergründe: Die gute Stimmung in der kleinen Kursgruppe führt ihrer Meinung nach zu einer größeren Motivation der einzelnen Teilnehmenden, diese wiederum eröffnet der Lehrerin die Möglichkeit, offenere Aufgabenstellungen zu formulieren. Der Austausch untereinander wird von der Lehrerin nicht unterbunden, sondern erhält vielmehr als elementarer Bestandteil viel Raum im Kunstunterricht. Daraus resultieren eine Steigerung der Leistungsbereitschaft, eine Intensivierung der sozialen Beziehungen und Interaktionen, aber auch die Wahrnehmung, dass das Ausschöpfen der individuellen Freiheiten und das Erproben gestalterischer Möglichkeiten erwünscht sind. Die Folge sind selbstwirksame individuelle Erfolgserlebnisse, für deren Beleg die von den Lernenden als außergewöhnlich gut eingeschätzten Leistungsbewertungen durch die Lehrerin angeführt werden (Segment 16, GD990-995).

Dies bedeutet: Der zentrale Ausgangspunkt der beschriebenen, sich wechselseitig verstärkenden Zusammenhänge ist weder eine individuelle intrinsische Motivation noch sind es extrinsische Forderungen (z. B. Zeit- oder Leistungsdruck durch die Lehrerin), sondern es sind die sozialen Prozesse in der Gruppe an sich. Sie erweisen sich damit als die wesentliche Grundlage für die Verwirklichung eines in der Wahrnehmung der Schülerinnen und Schüler stark von ihren sonstigen Erfahrungen abweichenden Unterrichtsmodells, in dem die Gruppe die didaktischen und pädagogischen Aufgaben der Motivation, Förderung und Forderung selbst übernimmt und dadurch konstruktives und produktives Lernen und Arbeiten in einer entspannten Atmosphäre ohne Druck möglich macht.

5.4.4 Triangulative Differenzierung der Bildinterpretationen nach plausiblen und wenig plausiblen Deutungen anhand der Kontextinformationen aus der Gruppendiskussion

Sachebene

Die auf der Sachebene entwickelten Interpretationen der Fotografie (siehe Kap. 5.4.2) können durch die Analyse der Gruppendiskussion bestätigt werden. Es handelt sich tatsächlich nicht um eine Trivialfotografie im Rahmen eines Ausflugs, sondern um die fiktive Inszenierung eines Schnappschusses mittels digitaler Bildbearbeitung: Die Köpfe der abgebildeten Personen wurden untereinander vertauscht und die freigestellte Personengruppe wurde in eine Fotografie des Weißen Hauses aus dem Internet eingefügt. Auch der Eindruck, dass die Aufmerksamkeit des Betrachters gezielt auf die Personengruppe gelenkt werden soll, während das Weiße Haus und der Park im Hintergrund eher wie eine Kulisse wirken, wird durch die Selbstaussagen der Gruppe ausdrücklich bestätigt (GD071).

Selbstoffenbarungsebene

Anders als bei der kontextfreien Analyse der Fotografie kann durch die Hinzunahme der Informationen aus der Gruppendiskussion rekonstruiert werden, dass die Gruppe den Einsatz digitaler fotografischer Gestaltungsmittel nicht grundsätzlich bevorzugt, sondern diese in dem konkreten Fall aus pragmatischen Beweggründen gewählt hat: Die digitale Fotobearbeitung wurde von Fabian, dem Experten der Gruppe, alleine durchgeführt. Die Gruppe vertraute darauf, dass Fabian aufgrund seiner bekannten technischen Kompetenzen das Grundkonzept der Gruppe überzeugend umsetzen werde, und der Zeit- und Arbeitsaufwand der Gesamtgruppe hielt sich dadurch in Grenzen. Die Verwendung analoger fotografischer sowie körperlich-performativer Gestaltungsmittel wird nicht grundsätzlich ausgeschlossen, sondern unter der hypothetischen Voraussetzung einer längeren Bearbeitungszeit als Möglichkeit dargestellt, die Fotografie dadurch zu optimieren (Segment 10, GD540-552 und Segment 11, GD591-592).

Die Interpretation einer konstruktivistischen oder sogar dekonstruktivistischen Grundhaltung, die sich in der Fotografie im Austauschen der Köpfe andeutete, kann nach der Analyse der Gruppendiskussion nicht aufrecht erhalten werden. Bei der in der Fotoanalyse als Spiel mit (Geschlechter-)Identitäten ausgelegten digitalen Manipulation handelt es sich im Gegenteil um eine ausdrucksstarke bildliche Umsetzung der Selbstwahrnehmung der Beziehungen und Interaktionen innerhalb der Gruppe sowie der kollektiven Kurseigenschaften, die in der Gruppendiskussion durch die Begriffe Austausch und Ergänzung bzw. Verrücktheit charakterisiert werden.

Vieles spricht nach der Auswertung der Gruppendiskussion dafür, dass – wie bereits bei der Fotoanalyse vermutet – die Demonstration der Gruppenzugehörigkeit und des Gemeinschaftsgefühls wichtiger ist als eine Abgrenzung vom anderen Geschlecht oder die Darstellung der individuellen Persönlichkeit: Die Entscheidung, wessen Köpfe untereinander vertauscht werden, wurde beim Fotoshooting spontan und ohne lange Diskussionen getroffen und die Tatsache, dass auf dem Bild auch die Köpfe zwischen weiblichen und männlichen Personen ausgetauscht wurden, wird in der Gruppendiskussion weder explizit noch implizit behandelt.

Die Wahl des Weißen Hauses als Hintergrund der Fotomontage wurde von Fabian alleine getroffen. Entgegen der Lesarten, die anhand der Bildinterpretation entwickelt worden sind, ist für ihn in der Gruppendiskussion keine politische Motivation für seine Hintergrundwahl nachzuweisen. Nach seinen eigenen Aussagen handelt es sich vielmehr einerseits um einen spontanen Reflex auf seine Medienrezeption und andererseits um ein spielerisches Erproben des eigentlich Unmöglichen mit Hilfe digitaler Technik: »*Ja, @theoretisch@ können wir uns überall davor setzen. Selbst vor das Weiße Haus.*« (Fabian, GD142-143) Auch wenn er dies in der Gruppendiskussion nicht explizit thematisiert, bleibt durch sein verbales und nonverbales Verhalten über die gesamte Gruppendiskussion hinweg außerdem der Eindruck bestehen, dass Fabian als erwachsen, seriös und professionell wahrgenommen werden möchte. Diese Interpretation verbindet sich stimmig mit seiner Entscheidung für den Bildhintergrund und liefert damit eine weitere – Fabian selbst bewusste oder unbewusste – Begründung für die Wahl des Weißen Hauses als Hintergrundmotiv.

Die übrigen Kursteilnehmenden haben dagegen in keiner Weise zur Wahl des Bildhintergrundes beigetragen und streiten dementsprechend zu Beginn der Gruppendiskussion eine Relevanz des Weißen Haus für die Bildaussage ab. Im Verlauf der Gruppendiskussion jedoch weisen sie ihm nachträglich die Bedeutung zu, nach der das digital konstruierte Ausflugsbild die im Kontext Schule ungewöhnliche Stimmung im Kurs treffend widerspiegle. In der Gruppendiskussion wird somit die individuell von Fabian getroffene Entscheidung für den gewählten Bildhintergrund durch neue Sinnzuschreibungen von der Gruppe nachträglich autorisiert. Die Bildaussagen, die in der Fotoanalyse aus der fiktiven Positionierung vor dem Weißen Haus interpretiert worden sind, können daher nicht nur auf Fabian bezogen werden, sondern bewahren auch für die gesamte Kursgruppe ihre Gültigkeit.

In der Gruppendiskussion zeigt sich insgesamt, dass die Gruppe als Ganzes sich zwar stark mit der Fotografie identifiziert, Fabian jedoch am meisten Verantwortung daran trägt und durch seine eigenständige digitale Bildbearbeitung zur Umsetzung des von der Gruppe entwickelten Konzepts eine ganz besondere Beziehung zu der Fotografie und zu dem gesamten Projekt aufgebaut hat (»*sein Baby*«; GD401 und GD565). Daher muss bezüglich der Einsatzbereitschaft bei der Erstellung der Fotografie nach der Auswertung der Gruppendiskussion differenziert werden: Zwar haben alle über die von der Forscherin vorgegebene Bearbeitungszeit von einer Unterrichtsstunde hinaus daran mitgewirkt. Die aufwändige digitale Nachbearbeitung wurde jedoch von Fabian alleine geleistet.

Der in der Fotoanalyse bereits vermutete Einfluss des Kunstunterrichts auf die Art der fotografischen Selbstinszenierung als Kunstkurs erweist sich nach der Analyse der Gruppendiskussion als besonders bedeutsam. Zum einen, da das angewandte Collage-Prinzip eindeutig als Impuls aus dem Kunstunterricht rekonstruiert werden kann. Zum anderen, da die Freiheit, mit der die Gruppe ausgehend von der Aufgabenstellung eigene Schwerpunkte entsprechend ihrer individuellen oder kollektiven Fähigkeiten und Interessen setzt, im Kunstunterricht als Strategie im Umgang mit offenen Aufgabenstellungen vermittelt wurde. Dementsprechend interpretieren die Schülerinnen und Schüler den Teilaspekt der fotografischen Selbstinszenierung, sich als Gruppe in einem für sie typischen Raum darzustellen, sehr offen und setzen digitale Bildbearbeitung als zusätzliches, sogar zentrales Ausdrucksmittel ein, ohne dass diese Möglichkeit in dem fotografischen Auftrag genannt worden wäre.

Appellebene

Das Ziel der Gruppe war es, die digitalen Bildmanipulationen so gut wie möglich vor dem Auge des Betrachters verstecken, um dadurch eine weitgehend perfekte, nicht sofort durchschaubare Illusion zu erreichen. Die in der Fotoanalyse geäußerte Vermutung, dass die Gruppe den Betrachter dadurch bewusst dazu bewegen möchte, die Bildaussage durch eine genaue Betrachtung selbstständig zu erschließen, kann an der Art und Weise, wie die Schülerinnen und Schüler die Moderatorin mit dem Bild konfrontieren, belegt werden (Segment 2).

Da die Kursgruppe die Durchführung der digitalen Bildbearbeitung, die am meisten zu der Gesamtwirkung beiträgt, vollständig an Fabian delegiert hat, kann abweichend von der

Einschätzung nach der Fotoanalyse festgehalten werden, dass für die Mehrheit der Schülerinnen und Schüler die Demonstration einer gestalterisch-technischen Kompetenz nachrangig ist. Für Fabian hingegen spielt die Anerkennung seines technischen Könnens auf dem Feld der Fotografie und der digitalen Bildbearbeitung durch Außenstehende eine herausragende Rolle, was in der Gruppendiskussion immer wieder in Form seines sich von den anderen unterscheidenden Kommunikationsverhaltens zu Tage tritt. Seine Wahl einer offiziellen Fotografie des Weißen Hauses als Bildhintergrund fügt sich stimmig in seine gestalterischen Ansprüche ein, da der harmonische Bildaufbau der Gebäudeansicht die Konzentration auf die Personengruppe befördert und sich die seriöse Wirkung des Weißen Hauses sowie der Eindruck einer professionellen Fotografie auf das Gesamtbild übertragen.

Der durch die Positionierung vor dem Weißen Haus vermittelte Eindruck einer Gruppe junger Menschen, die sich ausdrücklich und bewusst vom Kontext Schule distanzieren, bestätigt sich in der Gruppendiskussion, obwohl dies im gemeinsam von der Gesamtgruppe entwickelten Ausgangskonzept nicht beabsichtigt war: Die Gruppe stellt immer wieder heraus, dass sowohl sie selbst als Gruppe als auch der Kunstunterricht sich deutlich von ihren bisherigen schulischen Erfahrungen unterscheiden und dass sie den schulischen Kunstunterrichtsräumen keine spezielle Bedeutung beimessen. Die von Fabian individuell vorgenommene Platzierung vor dem Weißen Haus erfährt dadurch nachträglich eine passende Sinnzuschreibung durch die gesamte Gruppe.

Beziehungsebene

Beziehungen innerhalb der Gruppe

In der Gruppendiskussion erhärtet sich der Eindruck, dass die Beziehungen und Interaktionen innerhalb der Kursgruppe das eindeutige Hauptthema der Fotografie und der Gruppe sind. Die Schülerinnen und Schüler thematisieren explizit, dass der Zusammenhalt und das kollaborative Miteinander im Kunstkurs von ihnen als sehr gut und **äußerst** ungewöhnlich im Kontext Schule erlebt werden. Nach außen, d. h. der Moderatorin gegenüber, wird von den Sprecherinnen und Sprechern eine enge, geschlechterübergreifende Verbindung zwischen allen Kursmitgliedern demonstriert.

Der in der Gruppendiskussion von der eher stillen Schülerin Carina eingeführte (Segment 8, GD319-322) und von der dominanten Sprecherin Alev mehrfach stark idealisierend aufgegriffene Vergleich mit einer Familie (u. a. Segment 15, GD955), erweist sich bei erneuter Betrachtung der Fotografie tatsächlich als passend, obwohl dieser Eindruck in der reinen Fotoanalyse ohne Hinzunahme weiterer Kontextinformationen nicht geweckt wurde: Wie bei einer Familie nimmt jedes Mitglied auf der Fotografie ebenso wie im gemeinsamen Unterrichtsalltag und in der Gruppendiskussion seinen Platz in der Gruppe ein und hat eine bestimmte Rolle inne.

Dabei ist bemerkenswert, dass die im Bild dokumentierte Körpersprache und die Aufstellung der Personen auf dem unbearbeiteten Ausgangsbild (siehe Kap. 5.4.3, Abb. 19) auffällige

Parallelen zu den Positionen und zum Verhalten der einzelnen in der Gruppendiskussion aufweisen. So findet sich die bei der Gruppendiskussion beobachtete Zweiteilung in aktivere und passivere Personen exakt auf der Fotografie wieder: Fabian, Alev und Benjamin haben sich vom Betrachter aus links im Bild versammelt, die ruhigeren Schülerinnen sind rechts von ihnen aufgereiht. Während letztere eine der Situation sehr angepasste, fast uniforme Körpersprache zeigen, können die individuelleren Haltungen der drei anderen mit ihrem Verhalten, ihren Rollen und Funktionen in der Gruppendiskussion in Beziehung gebracht werden: Fabians Körperhaltung erinnert an die eines Lehrers oder Trainers. Er gehört zur Gruppe, hält sich jedoch leicht abseits von den übrigen. Alev stemmt ihre Hände energisch in die Hüften und drückt die Beine durch, was mit ihrem bestimmten sowie strukturierend und organisierend eingreifenden Auftreten in der Gruppendiskussion korrespondiert. Benjamin schließlich sorgt durch eine Grimasse für gute Stimmung und wirkt mit seinem nach oben gereckten Daumen wie ein lebendes Stimmungsbarometer. Seine Funktionen in der Gruppendiskussion, das Herstellen und die Demonstration eines positiven Gemeinschaftsgefühls, finden damit in der Fotografie ihre überaus deutliche Entsprechung. Auch die Positionierung Tinas, die auf der Fotografie wie eingequetscht zwischen den neben ihr stehenden wirkt, kann nach der Auswertung der Gruppendiskussion so interpretiert werden, dass sie innerhalb der Gruppe keinen eigenen Standpunkt vertritt, sondern zu der Gruppe der ruhigeren Schülerinnen gehört und sich dort stark an den übrigen orientiert. Damit kann durch die genaue Betrachtung der Fotografie und entgegen der kommunikativen Absichten der Sprecherinnen die sprachliche Metapher des Kunstkurses als Familie präziser interpretiert werden: weg vom Klischee einer harmonischen, konfliktfreien Familie hin zum Bild einer sozialen Gruppe, die sich trotz klar erkennbarer, teilweise erheblicher interner Differenzen (z. B. bezüglich der Haltungen, Interessen, Bedürfnisse und Temperamente) nach außen hin, insbesondere in Abgrenzung zu anderen Gruppen, als stabile Einheit präsentieren möchte.

Beziehungen zwischen dem Fotografen und der übrigen Gruppe

Durch die Selbstaussagen in der Gruppendiskussion kann auch das Verhältnis zwischen Fotografen bzw. Bildproduzenten und der Gruppe näher bestimmt werden. Wer beim Fotografieren die Kamera bedient hat, erweist sich als für die Gruppe irrelevant, da diesbezüglich keinerlei Aussagen getroffen werden. Die Umstände der digitalen Nachbearbeitung werden hingegen vergleichsweise ausführlich thematisiert: Fabian wurde von der Gruppe beauftragt, das gemeinsam entwickelte Grundkonzept alleine zu Hause umzusetzen. Seine gestalterischen Freiheiten waren dabei jedoch relativ eingeschränkt, da bereits im Rahmen des Fotoshootings festgelegt wurde, wessen Köpfe untereinander vertauscht werden. Dennoch erwachsen gewisse Spielräume aus der technischen Kompetenz Fabians und aus seiner Bereitschaft, sich mehr als die anderen zu engagieren. So musste er die für die Bildwirkung bedeutsame Wahl des Hintergrundbildes nicht mehr mit der Gruppe abstimmen. In der Gruppendiskussion bekräftigt die Gruppe ihr Vertrauen in Fabians Fähigkeiten und legitimiert seine eigenständig getroffene Entscheidung für das Weiße Haus durch nachträgliche Sinnzuschreibungen.

Beziehungen zwischen der Gruppe und außenstehenden Bildrezipienten

Durch die Gruppendiskussion entsteht der Eindruck, dass potentielle außenstehende Betrachter eine etwas andere Bedeutung für die Gruppe haben, als bei der Fotoanalyse interpretiert wurde. Denn der zwar im Hinblick auf eine bestimmte Außenwirkung formulierte und von der Gruppe entsprechend bearbeitete Auftrag einer fotografischen Selbstinszenierung als Kursgruppe wird in der Gruppendiskussion insbesondere bedeutsam als Auslöser und Anlass eines gruppeninternen Diskurses, in dem sich die Schülerinnen und Schüler über die besondere Qualität ihrer sozialen Beziehungen und Interaktionen verständigen, ihre eigenen Einschätzungen mit den anderen teilen und sich einer gemeinsamen Meinung – zur Fotografie, zum Kunstkurs und zum Kunstunterricht – vergewissern. Die Mehrzahl der Beschreibungen und Erzählungen kreist daher entweder um den Gestaltungsprozess von der Idee zur fertigen Fotografie oder um den Ausgangspunkt der Fotografie, die intensiven Erfahrung einer stark verbundenen Kursgemeinschaft im Kunstunterricht. Dabei zeigen die Sprecherinnen und Sprecher ein starkes Bestreben, etwaige Differenzen kommunikativ zu nivellieren. Lediglich Fabian, dem eine exponierte Rolle im Gestaltungsprozess zukommt, weicht von dem insgesamt dominierenden Sprechen in der Wir-Form ab. Die übrigen sind deutlich bemüht, das Bild der ›großen, glücklichen Kunstfamilie‹ nach außen hin aufrecht zu erhalten und der Moderatorin als außenstehenden Bildrezipientin nur wenig Einblick in die Binnenstruktur der Kursgruppe zu gewähren. Die Abgrenzung nach außen, die aus der kontextfreien Bildinterpretation nicht als kennzeichnend für die Kursgruppe interpretiert werden konnte, erweist sich damit auch auf der Beziehungsebene als wesentliches Merkmal der Gruppe.

5.4.5 Foto- und Textanalyse synthetisierende Bildung von Bedeutungseinheiten

Die Identifikation mit der Kursgruppe wird durch ihre bildnerische und kommunikative Demonstration nach außen hin intensiviert und der Selbstwahrnehmung zugänglich gemacht.

Wie weiter oben herausgearbeitet wurde, stellt die Demonstration einer starken Identifikation mit der Kursgruppe ein wichtiges, immer wiederkehrendes Erlebniszentrum der Gruppendiskussion dar. Im Hinblick auf den Untersuchungsgegenstand ist nun zum einen von besonderem Interesse, wodurch diese Identifikation hervorgerufen wird, und zum anderen, auf welche Weise sie den Schülerinnen und Schülern bewusst wird.

Hierbei ist zunächst die identitätsstiftende Wirkung des fotografischen Auftrags zu beachten, denn angeregt durch diesen Impuls von außen schafft die Gruppe sich selbst ein Bild, in dem sie nicht nur abstrakt-gedanklich wahrnehmbar ist, sondern sehr konkret sichtbar wird. In der Fotografie manifestiert sich somit eine bisher nicht in demselben Maße greifbare Vorstellung über die Gruppe, in der sich die Gruppe als Ganzes, aber auch jeder Einzelne bildlich wiederfinden kann. In der medialen Selbstwahrnehmung in der gemeinsamen fotografischen Selbstdarstellung erkennen sich damit nicht nur die Einzelnen als Teil der Gruppe wieder, auch die Spezifik der Gruppe als Gesamtheit wird ihnen visuell zugänglich gemacht.

In der Gruppendiskussion bildet erneut ein externer Impuls, nämlich die Notwendigkeit, sich der unwissenden Moderatorin gegenüber darzustellen, den Ausgangspunkt dafür, immer wieder die Identifikation mit der Kursgruppe zu betonen. Dies geschieht auf verschiedenen Ebenen: Sprachlich positionieren sich die Sprechenden durch die nahezu durchgängige Verwendung der Wir-Form als Repräsentantinnen und Repräsentanten der Gesamtgruppe, die passiven Diskussionsteilnehmenden widersprechen dem nicht. Die individuellen Identitäten werden somit, zumindest für die Dauer der Gruppendiskussion, zugunsten einer (temporären) Gruppenidentität teilweise aufgegeben.

Inhaltlich entstehen Ansatzpunkte für eine individuelle Identifikation mit der Kursgruppe vor allem über die Abgrenzung von anderen schulischen Gruppierungen und Alltagserfahrungen. So werden für die Besonderheit der Gruppe vielfältige Argumente angeführt, wie etwa die ›Verrücktheit‹ der Kursmitglieder, deren besonderes Interesse für Kunst, die ungewöhnlich kleine Kursgröße oder die Tatsache, dass es sich bei der Gruppe um den ersten Kunst-Leistungskurs an der Schule handelt. Von schulischen Erfahrungen außerhalb des Kunstunterrichts grenzt sich die Gruppe ab, indem sie die zwischenmenschlichen Beziehungs- und atmosphärischen Qualitäten der Kursgruppe im Vergleich mit jenen in anderen schulischen Gruppierungen als ungewöhnlich und besser bewertet. Auch die starke Idealisierung der Gruppe, die gegen Ende der Gruppendiskussion in dem Bild einer großen, glücklichen Kunstfamilie mündet, trägt maßgeblich dazu bei, dass die Einzelnen sich mit der Gesamtgruppe identifizieren können.

Zusammenfassend lässt sich sagen, dass die bildliche Demonstration und die sprachliche Thematisierung identitätsstiftender Merkmale der Gruppe den einzelnen Gruppenmitgliedern auf verschiedenen Ebenen die Möglichkeit eröffnen, sich stärker als zuvor als Teil der Gruppe wahrzunehmen und sich mit dieser zu identifizieren.

Aus der Erfahrung kollaborativen bildnerischen Handelns erwächst eine spezifisch kollaborative, auf Gemeinschaft orientierte Grundhaltung.

Das zu einem frühen Zeitpunkt im Schulhalbjahr im und durch den Kunstunterricht kennengelernte kollaborative Collage-Prinzip wird eigeninitiativ auf nachfolgende soziale und gestalterische Interaktionen übertragen. Dies zeigt sich z. B. in den verschiedenen, in der Gruppendiskussion beschriebenen Ideen für die gemeinsame Fotografie und im Vorgehen bei der gemeinsamen Suche nach einem Titel für die fertige Fotografie in der Gruppendiskussion: Stets entsteht dabei aus einzelnen, unterschiedlichen Elementen eine größere Einheit, wobei die Einzelteile nicht in dem neuen Gesamten aufgehen, sondern weiter gleichberechtigt und sichtbar erhalten bleiben.

Die Häufigkeit und Ausschließlichkeit, mit denen auf dieses eine bestimmte Prinzip zurückgegriffen wird, deuten darauf hin, dass die Aufgabe einer kollaborativen Malerei-Collage im Kunstunterricht eine so eindrückliche bildnerische Erfahrung darstellt, dass das dabei Gelernte und Erlebte in das Handlungsrepertoire der Gruppe aufgenommen wird sowie die Einstellungen der Einzelnen und der Gruppe zur Kollaboration dadurch langfristig und tiefgreifend geprägt werden. Die Zusammenarbeit nach dem kennengelernten Prinzip stellt nicht eine Option unter vielen dar, sondern den präferierten Lösungsansatz bei unterschiedlichen gestalterischen Herausforderungen, bei der Umsetzung des gemeinsamen fotografischen Konzepts ebenso wie bei der Suche nach einem Titel für das entstandene Foto.

Die gemeinschaftliche fotografische Inszenierung in Verbindung mit deren Reflexion im Rahmen der Gruppendiskussion hat eine ähnliche, vielleicht sogar noch stärkere Wirkung: Die Selbst*darstellung* als Gruppe ermöglicht die Selbst*wahrnehmung* als Gruppe. Das gemeinsame Sprechen über das Darstellen und das Dargestellte führt zu einer kollektiven Verständigung darüber, dass das dargestellte Bild der Gruppe den wahrgenommenen Eigenschaften der Gruppe auch im Kunstunterricht entspricht. Durch die gegenseitige Versicherung, dass die individuellen Wahrnehmungen von den anderen geteilt und bestätigt werden, werden die Gruppengemeinschaft und die Orientierung des individuellen Verhaltens und Handelns auf die Gruppe hin gestärkt.

Aufbauend auf einer wertschätzenden Anerkennung der Diversität und Heterogenität in der Gruppe sind Austausch und Ergänzung sowohl die zentralen gestalterischen Strategien auf der Ebene des Bildinhaltes als auch den Kunstunterricht prägende soziale Interaktionsformen.

Die gegenseitige Anerkennung individueller Rollen und Positionen im Kurs ist die Voraussetzung dafür, dass die fotografische Selbstdarstellung als Gruppe überhaupt ›funktionieren‹ kann. Aktive, entscheidungstragende bis dominierende Personen und passiv mitwirkende, eher beobachtende Mitglieder ergänzen sich gegenseitig: Das fotografische Gruppenporträt gelingt auf der einen Seite nur, weil einzelne, insbesondere Fabian, mehr Verantwortung übernehmen. Auf der anderen Seite erfordert es jedoch auch das Einverständnis und die Beteiligung aller Kursmitglieder.

Erneut zeigt sich außerdem, dass dem Sprechen über die gemeinsame fotografische Selbstinszenierung und die Kursgruppe, beides initiiert durch den Anlass, sich im Rahmen der Gruppendiskussion vor einer Außenstehenden darzustellen, eine große Bedeutung zukommt. Denn gegenüber der Moderatorin thematisieren die Schülerinnen und Schüler Diversität und Heterogenität als besondere Merkmale des Kurses. Dabei machen sich die Beteiligten erst im Verlauf der Kommunikation interaktiv bewusst, welch zentrale Rollen Austausch und Ergänzung nicht nur für die Bildwirkung, sondern in der Kursgruppe und im Kunstunterricht insgesamt spielen.

Zugunsten der Vermittlung eines harmonischen Selbstbildes einer Gemeinschaft, die von gleichberechtigter Teilhabe aller Mitglieder bestimmt ist, werden heterogene Rollen innerhalb der Gruppe bildnerisch und kommunikativ nivelliert.

Wie in der vorangegangenen Bedeutungseinheit herausgearbeitet, stellen Diversität und Heterogenität zentrale Merkmale der Gruppe dar, die von den Schülerinnen und Schülern als Basis ihrer funktionierenden Interaktion und Kollaboration (an)erkannt werden. Jedoch zeigen sich in der fotografischen Selbstinszenierung als Gruppe und in der Gruppendiskussion diesbezüglich auch deutliche Grenzen. Im Bild etwa ist Individualität nur bis zu einem bestimmten Punkt gestattet: Das ganze Bild ist auf eine harmonische Gesamtkomposition hin ausgelegt, die insbesondere durch den ruhigen, geordneten Hintergrund und die Dominanz harmonischer Farb- und Formbeziehungen erreicht wird. Die Darstellung individueller Eigenschaften ist diesem Bestreben untergeordnet: Individuelle Auslegungen oder Ausflüchte aus der Gruppenordnung sind zwar erkennbar, bspw. in der ›Trainerhaltung‹ Fabians oder an Benjamins ›Stimmungsdaumen‹. Doch insgesamt stehen alle geordnet in einer Reihe und schauen in Richtung des Betrachters. Auch geschlechtliche Unterschiede werden durch das Vertauschen der Köpfe reduziert bzw. verunklart.

Damit korrespondiert in der Gruppendiskussion die allgemeine Tendenz, durch das nahezu ausschließliche Sprechen in der Wir-Form individuelle Beiträge zur Fotografie sowie individuelle Meinungen zu dieser, zur Gruppe oder zum Kunstkurs kollektiven Aussagen unterzuordnen und dadurch in gewissem Maße auch zu leugnen. Es zeigt sich jedoch auch, dass diese Demonstration einer starken Gruppenidentität und -harmonie für Fabian nicht hinnehmbar ist, denn er versucht seinen besonderen Anteil an dem Gesamtergebnis klar kenntlich zu machen. Sprachlich erreicht er dies durch die gehäufte Verwendung der Ich-Form, nonverbal durch bestimmte, nur von ihm vollzogene Handlungen, wie etwa das mehrfache Aufstehen, Verändern von Bildansichten am Rechner oder das Verteilen von Fotoabzügen an die übrigen Gesprächsteilnehmenden. Fabians von der Gruppennorm abweichendes Verhalten wird von der Gruppe jedoch nicht negativ sanktioniert. Vielmehr entsteht der Eindruck, er habe sich durch seinen besonderen Beitrag zur Fotografie bestimmte Rechte in der Gruppendiskussion erworben.

Zusammengefasst zeigt sich an dem Verhältnis zwischen der tatsächlichen Bedeutung von Heterogenität und Diversität für die Gruppe, wie sie in der vorangegangen Bedeutungseinheit interpretiert wurde, und deren visueller und kommunikativer Bearbeitung in der Fotoinszenierung bzw. in der Gruppendiskussion, dass die individuellen Eigenschaften und Beiträge nur in dem Maße thematisiert werden, wie das Bild einer harmonischen Gemeinschaft nach außen vermittelt und gleichzeitig die individuellen Bedürfnisse Einzelner noch befriedigt werden können.

Das Einräumen von Zeit und Raum für die Entwicklung zwischenmenschlicher Beziehungen und sozialer Prozesse trägt zu einer konstruktiv-kollaborativen Arbeitsatmosphäre bei und fördert die Motivation der einzelnen Beteiligten

Als ein besonderes, den Kurs von anderen schulischen Gruppierungen abgrenzendes Merkmal wird im Verlaufe der Gruppendiskussion mehrfach die ungewöhnlich produktive, kommunikativ-kollaborative Arbeitsatmosphäre in der Kursgruppe hervorgehoben. Sie wird nach Meinung der Schülerinnen und Schüler von verschiedenen Faktoren bedingt: Neben der geringen Kursgröße wird immer wieder das Fehlen von Stress und Leistungsdruck hervorgehoben, wobei der Einfluss der Lehrerin diesbezüglich intensiv reflektiert wird. Als entscheidend erweist sich hierbei, dass der kommunikative Austausch zwischen den Lernenden von ihr nicht unterbunden wird, sondern vielmehr als elementarer Bestandteil viel Zeit und Raum im Kunstunterricht erhält. Dadurch bekommt die Gruppe die Möglichkeit, ihre selbststeuernden und selbstregulierenden Potentiale zu entfalten: Die Schülerinnen und Schüler motivieren sich gegenseitig, sie unterstützen sich, indem sie von den unterschiedlichen Kompetenzen profitieren, voneinander lernen und durch den Austausch über die unterschiedlichen Interessen ihre jeweiligen Perspektiven erweitern. Darüber hinaus machen die Kursmitglieder die wichtige Erfahrung, dass ein individuell unterschiedlicher Umgang mit den offenen Aufgabenstellungen der Lehrerin, das Ausschöpfen der individuellen Freiheiten und das Erproben gestalterischer Möglichkeiten nicht nur gestattet, sondern auch erwünscht sind.

Für die sozialen Prozesse und die zwischenmenschlichen Beziehungen kann damit zusammenfassend ein bedeutender Einfluss auf das individuelle Erleben und Handeln im Kunstunterricht und in der Kursgruppe rekonstruiert werden, der größeren Einfluss hat als etwa die individuelle intrinsische Motivation oder extrinsische Forderungen (z. B. Zeit- oder Leistungsdruck durch die Lehrerin).

5.4.6 Synthetisierte Gesamtaussage zu den bildnerischen und sozialen Strukturmerkmalen eines Kunstkurses

Digitalität als selbstverständlich genutztes Gestaltungsmittel und Zeugnis aktueller jugendlicher Bildpraxen

Bei der Fotografie »SAMMEL D.C.« handelt es sich um ein Gruppenporträt, in dem sich Schülerinnen und Schüler eines Kunstkurses als eine enge Gemeinschaft außerhalb des schulischen Kontextes darstellen. Ausgehend von dem Auftrag, sich in einem für sie typischen Raum als Gruppe zu inszenieren, positionieren sie sich vor einem für eine Kunstkursgruppe zumindest auf den ersten Blick völlig unerwarteten Hintergrund und sprechen damit dem Raum, in dem der Kunstunterricht des Kurses stattfindet, seine Bedeutung für die Selbstwahrnehmung und -darstellung der Gruppe ab. Eine eindrucksvolle Gesamtwirkung entsteht dabei vor allem durch den gezielten, aber subtilen Einsatz digitaler Gestaltungsmittel, welcher als Zeugnis aktueller (jugendlicher) Bildpraxen aufgefasst werden kann. Die Bevorzugung digitaler Ausdrucksformen wirkt wie ein Reflex auf das alltägliche Verhalten in und den Umgang mit medialen Bildwelten, in denen das spielerische Erproben von scheinbar Unmöglichem und das fiktive Ausloten von Grenzen auf relativ einfachem Wege populär geworden sind.

Beziehungen innerhalb der Kursgruppe als zentrales bildnerisches Thema

Das auf den ersten Blick äußerst konventionell wirkende Bild kann nach längerer Betrachtung in Verbindung mit den Kontextinformationen aus der Gruppendiskussion als starke Aussage über die besonderen Beziehungsqualitäten innerhalb des Kunstkurses entschlüsselt werden. Sie sind das Hauptthema und die zentrale Aussage der Fotografie, denen gegenüber die

Demonstration eines technischen Könnens, eines künstlerisch-gestalterischen Anspruchs (z. B. in Form eines unkonventionellen, originellen Bildes) oder eines gesellschaftlichen Statements nicht oder nur wenig bedeutsam ist.

Gegenseitige Ergänzung und wechselseitiger Austausch: Wahrnehmung und Akzeptanz von Heterogenität und Diversität innerhalb der Gruppe als Bereicherung auf bildnerischer und sozialer Ebene

Kollaboration und Interaktion, die von den Probandinnen und Probanden als intensive Erfahrung gegenseitiger Ergänzung und wechselseitigen Austauschs beschrieben werden, sind besonders prägend für die Gruppe und werden von den Jugendlichen als sehr positiv dargestellt. Das starke Zusammengehörigkeitsgefühl gipfelt mehrfach im Vergleich der Kursgruppe mit einer großen, glücklichen Familie. Austausch und Ergänzung als zentrale Gruppenmerkmale erhalten in der Fotografie durch das Vertauschen der Köpfe untereinander ihren treffenden bildlichen Ausdruck. Die Schülerinnen und Schüler demonstrieren eine enge, geschlechterübergreifende Gemeinschaft auf einer tieferen Ebene. Sie zeigen sich stillschweigend miteinander in Einklang; Beziehungen und Rollen müssen weder in der Gruppendiskussion ausgehandelt noch auf der Fotografie durch eine übertriebene Symbolik dargestellt werden. Jede und jeder hat einen für sie oder ihn passenden Platz in der Gruppe gefunden. Die Heterogenität und Diversität der Gruppe, in der unterschiedliche Temperamente, Interessen und Fähigkeiten zusammentreffen, ist die Basis für die beobachtete klare Rollenverteilung, welche die Kommunikation und Kollaboration in der Gruppe erleichtert. Die Individualität der Einzelnen wird von der Gruppe akzeptiert bzw. sogar als wertvolles, die Gemeinschaft bereicherndes Gut anerkannt.

Selbstwahrnehmung durch Selbstdarstellung: Entwicklung eines kollektiven Selbstbildes durch die gemeinschaftliche bildnerische und kommunikative Bearbeitung

Der Moderatorin als Außenstehender gegenüber äußert sich das starke Bedürfnis, **aus den** insgesamt als positiv dargestellten Gruppenmerkmalen der Heterogenität und Diversität erwachsende Konfliktpotentiale kommunikativ zu nivellieren oder zu leugnen. Die Vermittlung des Bildes einer geschlossenen, harmonischen Gruppe nach außen hin erweist sich damit verbunden mit der Abgrenzung von anderen Gruppen und Erfahrungen als ein ganz zentrales Instrument zur Stärkung der Gruppenkohäsion und hinsichtlich der individuellen Identifikation mit der Gruppe.

Nicht zuletzt trägt der fotografische Auftrag selbst maßgeblich dazu bei, die Beziehungen in der Gruppe gemeinsam zu bearbeiten, sich darüber bewusst zu werden und dabei zu vertiefen. Die an die fotografische Selbstdarstellung anschließende Selbstbetrachtung anhand der Fotografie intensiviert diese Wirkung weiter: Die Gruppe erzählt und reflektiert nicht nur über sich selbst, ihre Fotografie und ihre Beziehungen untereinander, sondern bekräftigt und konstruiert ihr kollaboratives Selbstbild im gemeinsamen Diskurs.

Vermittlung und Aneignung kollaborativer bildnerischer Strategien durch die gestalterische Praxis im Kunstunterricht

Die Lehrerin legt durch ein erstes, kollaborativ angelegtes praktische Projekt, an dem alle Kursmitglieder gemeinsam arbeiten, die Grundlage dafür, dass der Austausch und die Zusammenarbeit zwischen allen Kursmitgliedern als notwendige und sinnvolle Strategie gestalterischen Arbeitens im Kunstunterricht etabliert werden. Die Schülerinnen und Schüler lernen durch sie Collage als ein bildnerisches Prinzip kennen, das sie auf weitere kollaborative Aufgaben, u. a. die fotografische Selbstinszenierung als Gruppe, übertragen können: Aus einzelnen unterschiedlichen Elementen entsteht eine größere Einheit, wobei die Individualität der Einzelteile weiter sichtbar erhalten bleibt. Jedes Kursmitglied ist dabei stets durch jeweils ein Element gleichberechtigt an der größeren Sinneinheit beteiligt.

Kollektive Autorschaft und Aufgabenteilung

Die Gruppe vertritt einen zeitgemäßen Begriff von Autorschaft, nach dem diese nicht an die eigenhändige Ausführung gebunden, sondern das kollaborativ entwickelte Konzept ausschlaggebend ist. Das Gesamtergebnis wird als eine gemeinsame, von allen verantwortete Bildlösung gewertet – obwohl wesentliche Teilbereiche von einem einzelnen, von der Gruppe damit beauftragten Schüler bearbeitet wurden. Bei diesem Konzept einer kollektiven Autorschaft ist Aufgabenteilung selbstverständlich; es eröffnet sich jedem einzelnen die Möglichkeit, entsprechend seiner personalen, sozialen und fachlichen Kompetenzen an gemeinsamen Projekten, so auch an der untersuchten fotografischen Inszenierung, mitzuwirken. Individuell größeres Engagement für die kollaborative Aufgabe wird dabei durch die Gruppe belohnt: Aus der Übernahme von Verantwortung erwächst für den Hauptakteur Fabian das Vertrauen der Gruppe und die Freiheit, in einem gewissen Rahmen eigenständige Gestaltungsentscheidungen zu treffen.

Mitbestimmtes Schülerhandeln in einer produktiven, kommunikativ-kollaborativen Arbeitsatmosphäre

Da die Schülerinnen und Schüler einerseits im kontinuierlichen Austausch stehen, sich dadurch motivieren und fordern, andererseits sich gegenseitig ergänzen, sich also fördern und unterstützen, kann die Lehrerin darüber hinaus darauf verzichten, weiteren, für die Schülerinnen und Schüler erkennbaren Druck auszuüben. So entsteht eine entspannte, aber dennoch produktive, kommunikativ-kollaborative Arbeitsatmosphäre, die in der Gruppendiskussion als besonders bedeutsam für den Kurs herausgestellt wird. Institutionelle Vorgaben oder extrinsische Motivationen wie Benotungen und Bewertungen durch die Lehrkraft verlieren angesichts dessen ihre das Schülerhandeln dominierende Wirkung.

6 Kollaboratives Handeln im Kunstunterricht: Ergebnisse und Konsequenzen

6.1 Überblick über die Schwerpunkte der drei Teilstudien

In den *Interviewanalysen* (Teilstudie 1; Kap. 5.2) wurden die Schülerperspektiven auf den Forschungsgegenstand, d. h. die subjektiven Erfahrungen, Wahrnehmungen und Einschätzungen einzelner Schülerinnen und Schüler, rekonstruiert. Dabei konnte ermittelt werden, dass die Probandinnen und Probanden in Bezug auf individuelle und gemeinschaftliche bildnerische Prozesse vielfältige Potentiale mit kollaborativem bildnerischen Handeln verbinden. Gleichzeitig wurde aber auch deutlich, dass das Erfüllen dieser Potentiale aus Sicht der Befragten eng an eine Reihe von Bedingungen geknüpft ist, ohne die kollaborative Gestaltungsprozesse nicht gelingen können.

Durch die *Videografie* (Teilstudie 2; Kap. 5.3) eröffnete sich eine andere Perspektive auf den Untersuchungsgegenstand: Nicht das, was die Schülerinnen und Schüler subjektiv mit Austausch und Zusammenarbeit im Kunstunterricht verbinden, davon erwarten oder davon befürchten, wurde untersucht. Vielmehr wurden Strukturmerkmale eines kollaborativen bildnerischen Prozesses anhand der Videobeobachtung des konkreten Handelns zweier Schülerinnen in einer praktischen Arbeitsphase in Partnerarbeit rekonstruiert. Hierbei traten zum einen die fachspezifischen bildnerischen Anteile an dem gemeinsamen Gestaltungsprozess deutlicher zu Tage als in den Interviewaussagen in Teilstudie 1. Zum anderen zeigte sich, dass die ermittelten Strukturmerkmale zwischen den Polen Sicherheit und Verbindlichkeit auf der einen sowie Freiheit und Offenheit auf der anderen Seite verortet werden können.

In der *Photovoice-Studie* (Teilstudie 3; Kap. 5.4) wurden die Ergebnisse der anderen Teiluntersuchungen, die sich ausschließlich auf einzelne Schülerinnen und Schüler eines von der Forscherin selbst unterrichteten Kurses beziehen, mit der Untersuchung eines gesamten, nicht von der Forscherin selbst geleiteten Kunstkurses trianguliert. Bei der Selbstdarstellung als Gruppe erwiesen sich Austausch und Ergänzung als zentrale Strukturmerkmale des untersuchten Kunstkurses sowohl auf der sozialen als auch auf der bildnerischen Ebene. Darüber hinaus zeigte sich, dass durch die Entwicklung und Vermittlung eines bestimmten Gruppenbilds in Form einer fotografischen Selbstinszenierung die Wahrnehmung der Gruppe entscheidend geschärft, ja zum Teil sogar erst durch den Prozess der gemeinsamen Bildgestaltung und Bildreflexion konstituiert und geprägt wurde.

6.2 Verbindungen und Rückbezüge zwischen Empirie und Theorie

Fachdidaktische Aussagen zu Interaktion, Kooperation und Kollaboration

Die auf dem Gebiet der Fachdidaktik theoretisch entwickelten Aussagen zur Bedeutung von Austausch und Zusammenarbeit zwischen Lernenden im Kunstunterricht (siehe Kap. 1.2) können durch die vorliegende Forschungsarbeit empirisch fundiert und z.T. deutlich konkretisiert bzw. erweitert werden. So bestätigt sich durch die vorliegende Untersuchung die u. a. von Kirchner/Peez (2009) formulierte These, dass durch die Interaktion mit anderen kreative Prozesse begünstigt werden. Auch sind, wie von Eucker (1980) vorgeschlagen, kunst- und kunstunterrichtsspezifische Handlungen nach Auswertung der empirischen Fallstudien klar als soziale Aktivitäten aufzufassen. Deutlich wurde jedoch auch, dass die von Wichelhaus et. al. (1996) postulierten kompensatorischen und sozialpädagogischen Wirkungen nicht automatisch eintreten, sobald im Kunstunterricht in Gruppen gearbeitet wird. Vielmehr ist die gestalterische Zusammenarbeit auf der Ebene der Unterrichtsplanung gezielt zu strukturieren und zu begleiten, um entsprechende Einflüsse zu begünstigen. Darüber hinaus hat sich die von Buschkühle (2007) und Peez ([4]2012) unabhängig voneinander beschriebene vielschichtige Bedeutung der Kommunikation über und durch Bilder bzw. Kunst im Kunstunterricht anhand der qualitativ-empirischen Studien deutlich bestätigt. Ihre Wirkungen können nun jedoch insofern um einen entscheidenden Aspekt ergänzt werden, als durch diese bildnerische Kommunikation nicht nur die Kommunikationskompetenz, sondern insbesondere auch die bildnerischen Kompetenzen maßgeblich weiterentwickelt werden können.

Aktuelle jugendkulturelle, mediale und gesellschaftliche Entwicklungen

Für die jugendkulturellen und medialen aktuellen Entwicklungen in Richtung einer Bedeutungszunahme von Interaktion und Kollaboration im außerschulischen, sowohl analogen als auch digitalen Alltag (siehe Kap. 2.1) konnte in der Photovoice-Studie ein Einfluss auf die Einstellungen und das bildnerische Handeln der Jugendlichen rekonstruiert werden.

In den anderen Teilstudien dagegen konnten keine Bedeutungseinheiten zu diesem Aspekt ermittelt werden. Obwohl dieser Aspekt in der qualitativ-empirischen Untersuchung damit zwar nicht als ein fallübergreifendes zentrales Strukturmerkmal von kollaborativen Handelns zwischen Lernenden im Kunstunterricht rekonstruiert wurde, wird er im folgenden Kapitel 6.3 dennoch gesondert aufgegriffen. Das Ziel dieser Thematisierung ist es, das damit verbundene Potential bzw. sogar den Bedarf aufzuzeigen, die genannten außerschulischen, gesellschaftlichen und jugendkulturellen Entwicklungen durch eine bewusste didaktische Steuerung für die allgemeinen und fachlichen Zielsetzungen des Kunstunterrichts überhaupt erst fruchtbar zu machen.

Kollaborative Tendenzen in der zeitgenössischen Bildenden Kunst

Die qualitativ-empirischen Fallstudien haben ergeben, dass eine Reihe von Merkmalen künstlerischer Kollaboration (siehe Kap. 2.2) auch für die gestalterische Zusammenarbeit zwischen Schülerinnen und Schülern kennzeichnend ist. So konnte vor allen Dingen die besondere Eignung der Sozialform Partnerarbeit für bildnerische Prozesse rekonstruiert werden, was mit der Häufigkeit und dem Erfolg, mit denen Kunstschaffende in Künstlerpaaren kollaborieren, korrespondiert.

Des Weiteren hat sich die ausgehend von der Pluralität der Intentionen, die künstlerische Kollaboration motivieren, geäußerte Vermutung bestätigt, dass auch im Kunstunterricht mit der Zusammenarbeit und dem Austausch mit anderen eine weit größere Bandbreite an Zielen und Funktionen verknüpft ist, als dies bislang im fachdidaktischen Diskurs thematisiert wird. Das starke Bedürfnis nach Sicherheit und Orientierung, das als eine wichtige Grundvoraussetzung erfolgreichen kollaborativen bildnerischen Handelns für Schülerinnen und Schüler rekonstruiert wurde, korrespondiert dabei durchaus mit den Intentionen, die auch bildende Künstlerinnen und Künstler mit einem Zusammenschluss in einer Künstlergruppe verfolgen.

Darüber hinaus ergaben sich in den qualitativ-empirischen Untersuchungen Analogien zu den Möglichkeiten einer individuellen Weiterentwicklung einzelner Künstlerinnen und Künstler in Gruppen oder durch die temporäre Zusammenarbeit mit anderen Kunstschaffenden: Es konnten vielfach Anhaltspunkte dafür ermittelt werden, dass sich auch die individuelle bildnerische Kompetenz von Schülerinnen und Schülern durch den Austausch mit Mitlernenden und die gruppeninterne Kommunikation deutlich weiterentwickeln kann.

Schließlich nimmt das konzeptuelle Denken im Rahmen der bildnerischen Prozesse in Schülergruppen oder Schülerpaaren wie auch bei Künstlergruppen viel Raum ein, was anhand der besonderen Bedeutung der Phase der Ideenentwicklung und Planung in mehreren Fällen rekonstruiert werden konnte. Jedoch besteht hier, ebenso wie bei der Nutzung unterschiedlicher Kompetenzen der einzelnen Beteiligten, noch ein deutlicher Bedarf, diesen Aspekt ästhetisch-bildnerischen Handelns durch eine entsprechende didaktische Strukturierung und fachliche Hilfestellung zu stärken, weshalb auch diesbezüglich im folgenden Kapitel 6.3 weitere didaktische Schlussfolgerungen gezogen werden.

Aussagen zu Interaktion und Gruppe in allgemeindidaktischen Konzeptionen

Für drei der didaktisch-pädagogischen Konzeptionen, die als allgemeinpädagogische Bezugsfelder der vorliegenden Forschungsarbeit vorgestellt wurden (siehe Kap. 2.3), kann nach den qualitativ-empirischen Untersuchungen von einer besonderen Relevanz für das kunstpädagogische Feld gesprochen werden:

Erstens findet das von E. Meyer bereits 1954 entworfene Bild von Gruppenunterricht als ein Wechselspiel zwischen Improvisation und Arrangement (Kap. 2.3.1) eine deutliche Entsprechung in zwei der rekonstruierten Strukturmerkmale kollaborativen Handelns im Kunstunterricht, wonach dieses von einem Grundbedürfnis nach Sicherheit und Orientierung einerseits sowie dem Streben nach Freiheit und Offenheit andererseits geprägt ist. Durch die Untersuchung konnte der Zusammenhang zwischen diesen beiden Strukturmerkmalen näher bestimmt werden, denn Sicherheit und Orientierung wurden rekonstruiert als die notwendige Grundvoraussetzung dafür, dass Lernende sich überhaupt auf freie und offene bildnerische Prozesse einlassen können.

Zweitens folgt aus dem bislang in der Fachdidaktik noch kaum berücksichtigten großen Einfluss dieses Grundbedürfnisses nach Sicherheit und Orientierung auf das bildnerische Verhalten der Lernenden die Schlussfolgerung, dass interaktive und kollaborative Prozesse im Kunstunterricht didaktisch stärker strukturiert werden müssen. Vor diesem Hintergrund gewinnen insbesondere Methoden, die im Rahmen des Kooperativen Lernens (Kap. 2.3.2) entwickelt bzw. angewendet werden, sowie z.T. auch Methoden aus dem Bereich der Konstruktivistischen Didaktik (Kap. 2.3.3) an Bedeutung. Denn sie können – ggf. angepasst an die spezifischen kunstpädagogischen Anforderungen – sinnvoll dazu beitragen, kollaborative Prozesse im Kunstunterricht zu strukturieren und dadurch Orientierung angesichts komplexer bildnerischer Herausforderungen zu bieten.

Drittens erweist sich die von Krautz und Künkler unabhängig voneinander vorgetragene Kritik an der vorherrschenden pädagogischen Subjektorientierung und die daraus abgeleitete Forderung nach einer Betonung der Relationalität in Lernprozessen (Kap. 2.3.5) als eine auch für den Bereich der Kunstpädagogik besonders geeignete Folie zur Betrachtung des ästhetisch-bildnerischen Lernens und Handelns. Denn durch die qualitativ-empirischen Untersuchungen konnte rekonstruiert werden, dass die Beziehungen zwischen den Lernenden, d. h. ihr Verhalten und ihr Verhältnis untereinander sowie das gegenseitige Aufeinander-Bezogensein, in allen Bereichen des Kunstunterrichts kontinuierlich mitwirken. Sie sind daher nicht nur in Einzelfällen zu berücksichtigen, z. B. wenn durch den Kunstunterricht besondere soziale Ziele erreicht werden sollen oder explizit in Gruppen gearbeitet wird, sondern – neben weiteren bedeutsamen kunstpädagogischen und allgemeinpädagogischen Intentionen und Inhalten – stets als konstitutiv für den Kunstunterricht aufzufassen.

Ergebnisse der pädagogischen Gruppen- und Interaktionsforschung

Nach Auswertung der qualitativ-empirischen Fallstudien kann auch zu den Ergebnissen der pädagogischen Gruppen- und Interaktionsforschung (siehe Kap. 3.1) aus kunstpädagogischer Perspektive Stellung genommen werden. Dabei ist zunächst rückblickend zu berücksichtigen, dass die pädagogische Gruppenforschung der 1950er bis 1970er Jahre sich aufgrund ihres Charakters einer allgemeinen Grundlagenforschung auf einer anderen, nämlich deutlich allgemeineren Betrachtungsebene bewegt als die vorliegende Untersuchung. Ein Vergleich dieser allgemeinen Aussagen mit den fachspezifischen Ergebnissen der vorliegenden Forschungsarbeit erweist sich daher als wenig ergiebig.

Jedoch können nach den qualitativen Fallstudien die Befunde zweier Untersuchungen aus dem Bereich der neueren pädagogischen Interaktionsforschung auch für das Feld der Kunstpädagogik bestätigt werden. Dabei handelt es sich zum einen um die von Lauterbach (1995) für kooperative Arbeitsformen im Offenen Unterricht festgestellte besondere

Bedeutsamkeit von Freundschaftsbeziehungen, denn sie gilt entsprechend auch für die Auseinandersetzung mit offenen Aufgabenstellungen im Kunstunterricht. Zum anderen treffen die von Breidenstein (2006) empirisch entwickelten Aussagen zum »Schülerjob«, nach dem dieser maßgeblich durch die Erfordernisse von Distinktion (Abgrenzung) und Konjunktion (Zusammenhalt) zwischen den Lernenden geprägt ist, auch auf das Verhalten und Handeln von Schülerinnen und Schülern im Kunstunterricht zu. Und auch das von ihm beschriebene »Kompetenzgefälle zwischen Hilfegeberin und Hilfenehmer« (a.a.O., S. 201), das die Interagierenden durch eine spielerische Übernahme von typischen Merkmalen einer Lehrer-Schüler-Beziehung bearbeiten können, hat sich anhand der Videobeobachtung des kollaborativen Gestaltungsprozesses zweier Schülerinnen (siehe Kap. 5.3) bestätigt.

Ergebnisse kunstpädagogischer empirischer Forschung

Die empirisch entwickelten kunstpädagogischen Aussagen zu Interaktion und Kooperation zwischen Lernenden (siehe Kap. 3.2) werden durch die vorliegende Untersuchung gestützt (Peez 2000, Stutz 2008) oder können weiter konkretisiert werden bzw. maßgeblich erweitert werden.

So ist Mollenhauers (1996) Bewertung von Interaktion als eine Grundfrage ästhetischer Bildung, die er ausgehend von Untersuchungen im Bereich der Musikpädagogik getroffen hat, auch auf das Gebiet der Kunstpädagogik übertragbar. Auch für Burkhardts (2007) These, dass kooperative künstlerische Strategien und Praktiken der Teilhabe und Gemeinschaftsbildung im Netz auch in Bezug auf die Gestaltung kunstpädagogischer kooperativer Settings Orientierung bieten können, finden sich Indizien in dem ästhetischen Verhalten der Vorleistungskursgruppe im Rahmen der Photovoice-Studie (siehe Kap. 5.4). Das zentrale Ergebnis Michls (2010), dass Gruppenbildungsprozesse parallel zum Fortschreiten von Gestaltungsprozessen verlaufen, korrespondiert mit dem in der vorliegenden Untersuchung rekonstruierten Strukturmerkmal, nach dem das gemeinschaftliche gestalterische Handeln als bildnerische Beziehungsarbeit wirksam werden kann (siehe Kap. 6.3.5). Da in der Photovoice-Studie eine gemischtgeschlechtliche Probandengruppe untersucht wurde, können Michls aus der Teilnehmenden Beobachtung einer ausschließlich mit männlichen Personen besetzten Gruppe entwickelte Aussagen nun auch auf geschlechtsheterogene Gruppen übertragen werden. Auch das von Michl ermittelte Strukturmerkmal, dass bei Einzelarbeit die Interaktion mit anderen im Sinne eines Leistungsvergleichs zur individuellen Motivation beiträgt, wird durch die vorliegende Untersuchung bestätigt, wobei dieses Strukturmerkmal wie bei Michl ausschließlich am Fall eines männlichen Probanden (Moritz, siehe Kap. 5.2.3) rekonstruiert wurde.

6.3 Zusammenführung der Teilergebnisse und didaktisch-pädagogische Schlussfolgerungen

Aus der differenzierten, triangulativen Untersuchung des Forschungsgegenstandes in den drei Teilstudien können die einzelnen Ergebnisse abschließend auf eine Reihe fallübergreifender Strukturmerkmale und Bedeutungseinheiten konzentriert werden, die das Wesen des untersuchten Phänomens, das kollaborative Handeln zwischen Schülerinnen und Schülern im Kunstunterricht, möglichst umfassend und genau beschreiben (siehe Abb. 21). Diese Kernaussagen der Gesamtuntersuchung werden nachfolgend in Verbindung mit den daraus zu ziehenden didaktisch-pädagogischen Schlussfolgerungen weiter erläutert.

6.3.1 Verbindlichkeit und Verlässlichkeit als sichernde und orientierende Basis kollaborativen bildnerischen Handelns gewährleisten

Kernaussage: Verbindlichkeit und Verlässlichkeit als sichernde Basis sind die Grundvoraussetzung kollaborativen bildnerischen Handelns.

Der Austausch und die Zusammenarbeit mit anderen sind im Kunstunterricht in mehrerlei Hinsicht von dem Bedürfnis der Beteiligten nach Verbindlichkeit und Verlässlichkeit geprägt. Die Erfüllung dieses Bedürfnisses ist gleichermaßen eine zentrale Voraussetzung, um sich auf Grundlage dieser sichernden Basis auf kollaborative bildnerische Prozesse einzulassen, wie ein entscheidendes Motiv, weshalb der Austausch und die Zusammenarbeit mit anderen gesucht und als sinnvoll erachtet werden.

So sollte vom Austausch oder der Zusammenarbeit mit anderen weder eine Bedrohung für die eigene Person ausgehen, z. B. in Form einer persönlichen Kränkung durch die Kommentare von Mitlernenden zu den eigenen Gestaltungsideen, noch darf dadurch die erfolgreiche Teilnahme am Unterricht gefährdet sein. Um eine Zusammenarbeit mit anderen einzugehen, bedürfen die Lernenden daher eines möglichst verlässlichen Wissens darüber, was von ihnen erwartet wird – von der Lehrerin, von der Partnerin bzw. dem Partner oder von den anderen Gruppenmitgliedern. Sie benötigen Sicherheit im Sinne von Verbindlichkeit und Verlässlichkeit in Bezug darauf, welche Leistungsanforderungen an sie gestellt werden und welcher individuelle Einsatz von ihnen erwartet wird, aber auch hinsichtlich der Frage, was die anderen Mitwirkenden bereit und fähig sind beizutragen. Die Zusammenarbeit mit bewährten oder auch nur ihnen näher bekannten Personen wird daher in der Regel bevorzugt. Die Kollaboration mit unbekannten oder neuen Partnerinnen und Partnern wird dagegen vermieden, weil damit das Risiko verbunden wird, zu scheitern und dadurch z. B. die eigene positive Leistungsbewertung zu gefährden. Wenn das Grundbedürfnis nach Verbindlichkeit und Verlässlichkeit gefährdet oder nicht erfüllt ist, zeigen die Jugendlichen nur wenig Bereitschaft, sich auf einen gemeinsamen bildnerischen Prozess einzulassen.

Kollaboratives Handeln im Kunstunterricht bietet darüber hinaus aber auch die wichtige Möglichkeit, Sicherheit und Orientierung gerade durch den Austausch mit anderen zu erhalten. So entsteht z. B. ein größeres Gefühl von Sicherheit und Orientierung angesichts offen formulierter bildnerischer Aufgaben dadurch, dass das eigene Verständnis der Aufgabenstellung mit anderen besprochen, verglichen und diskutiert werden kann. Die Schülerinnen und Schüler unterstützen sich gegenseitig, indem sie sich inhaltlich und organisatorisch untereinander beraten, Tipps oder z. B. technische Hilfe geben. Vor allem aber ermöglicht es der Austausch mit anderen, positives oder negatives Feedback, Bestätigung und

Qualitativ-empirisch entwickelte Kernaussagen zum kollaborativen Handeln im Kunstunterricht

- Verbindlichkeit und Verlässlichkeit als sichernde Basis sind die Grundvoraussetzung kollaborativen bildnerischen Handelns.
- Die Erfahrung individueller Freiheit und Offenheit bildet als Anspruch und Potential den aus kunstpädagogischer Sicht notwendigen Gegenpol zur Erfahrung von Sicherheit und Orientierung im gemeinsamen bildnerischen Tun.
- Individuelle Wahrnehmungen und Einstellungen zu Austausch und Zusammenarbeit im Kunstunterricht haben starken Einfluss auf deren Verlauf, Erleben und Gelingen.
- Die Kommunikation in kunstpädagogischen Situationen ist vielschichtig und erfüllt vielfältige Funktionen des Austauschs in bildnerischen Prozessen.
- Kollaboratives Handeln im Kunstunterricht ist bildnerische Beziehungsarbeit.

Abb. 21: Qualitativ-empirisch entwickelte Kernaussagen zum kollaborativen Handeln im Kunstunterricht

Anerkennung oder auch Kritik für das eigene bildnerische Handeln, die eigenen Ideen und Vorgehensweisen zu erhalten. Kollaboratives Handeln trägt somit auch dazu bei, dass das Bedürfnis nach Unterstützung, Anleitung und Orientierung durch die Lehrperson schrittweise reduziert wird. Es ermöglicht es, Schülerinnen und Schüler über den Austausch und die Zusammenarbeit mit ihren Mitlernenden an ein zunehmend selbstständiges bildnerisches Handeln heranzuführen.

Didaktisch-pädagogische Schlussfolerungen

Auf *allgemeindidaktischer Ebene* ist zur Berücksichtigung dieses Aspekts in der Unterrichtspraxis der Fokus zunächst konsequent auf die Herstellung einer weitgehend angstfreien Unterrichtsatmosphäre zu richten (siehe Abb. 22). Weder von den z. B. in Form von Aufgabenstellungen an die Lernenden herangetragenen Erwartungen der Lehrperson noch von den Mitlernenden dürfen Gefährdungspotentiale für die individuellen Persönlichkeiten der Schülerinnen und Schüler ausgehen. Hier kann die Kultivierung von Humor und Spiel als Modi des gemeinsamen Umgangs miteinander und mit den Inhalten des Unterrichts entscheidend entgegenwirken.

Darüber hinaus müssen den Jugendlichen vor allen Dingen positive Erfahrungen mit Austausch und Zusammenarbeit möglich gemacht werden, um potentielle negative Einstellungen, z. B. erworben durch frühere negative Erfahrungen aus anderen (schulischen) Zusammenhängen, zu verändern. Hierfür ist es erforderlich, die Schülerinnen und Schüler zum einen so an verschiedene Verfahren und Formulierungen für gegenseitige Rückmeldungen und Kommentare heranzuführen, dass auch davon keine ungewohnten und unkalkulierbaren Risiken für sie ausgehen. Darüber hinaus sollten für die Einführung und Einübung der Zusammenarbeit mit neuen Partnerinnen und Partnern bzw. Gruppenmitgliedern bewusst bewertungsfreie Phasen in den Unterricht eingebaut werden, um in dieser sozial und inhaltlich anspruchsvollen Situation zumindest die von den Lernenden damit assoziierte, für sie äußerst bedeutsame Gefahr einer negativen Leistungsbewertung auszuschließen.

<table>
<tr><th colspan="2">Verbindlichkeit und Verlässlichkeit als sichernde und orientierende Basis kollaborativen bildnerischen Handelns gewährleisten</th></tr>
<tr><td colspan="2">Didaktisch-pädagogische Schlussfolgerungen</td></tr>
<tr><td>Allgemein:
• die Unkalkulierbarkeit kollaborativer Situationen durch transparente Rahmenbedingungen (Ablauf, Bewertungskriterien usw.) reduzieren und dadurch eine weitgehend angstfreie Atmosphäre gewährleisten
• Humor und Spiel als Modi des gemeinsamen Umgangs kultivieren
• positive Erfahrungen mit Austausch und Zusammenarbeit ermöglichen
• bewertungsfreie Phasen für die Einführung oder Durchführung komplexer kollaborativer Prozesse einplanen</td><td>Fachspezifisch:
• situationsabhängig die Zusammenarbeit zwischen vertrauteren oder befreundeten Personen zulassen
• nach Möglichkeit die Gruppenbildung als Teil des gestalterischen Lernprozesses in den Unterrichtsverlauf integrieren
• zur Entlastung ästhetischer Prozesse Sozialform Partnerarbeit tendenziell bevorzugen bzw. bei größeren Gruppen die steigende Komplexität der Zusammenarbeit berücksichtigen
• spezifisch fachdidaktische Methoden oder modifizierte allgemeinpädagogische Methoden (z. B. „Place-Mat-Methode“, „World Café“) zur Anbindung von Austauschphasen an den Kunstunterricht nutzen</td></tr>
</table>

Abb. 22: Didaktisch-pädagogische Schlussfolgerungen aus der Kernaussage «Verbindlichkeit und Verlässlichkeit»

Aus *fachspezifischer Perspektive* sind drei Aspekte zu berücksichtigen: Zunächst dient kollaboratives Handeln aus kunstpädagogischer Sicht, anders als in bestimmten allgemeinpädagogischen Konzeptionen von Gruppenarbeit (siehe Kap. 2.3), nicht vorrangig dem Erwerb von Sozialkompetenz. Ein solcher Ansatz spräche tendenziell für die Bevorzugung heterogener, von der Lehrperson gebildeten Kleingruppen. Im Kunstunterricht jedoch sollen durch den Austausch und die Zusammenarbeit zwischen den Lernenden vor allen Dingen die bildnerischen Prozesse und ihre Ergebnisse unterstützend beeinflusst werden. Dies spricht dafür, die Gruppenbildung als Teil des gestalterischen Lernprozesses aufzufassen und dementsprechend nicht nur soziale, sondern auch inhaltlich-ästhetische Kriterien zu berücksichtigen, z. B. »Welche Ausdrucksformen passen gut zusammen? Welche Themen ergänzen sich? Welche Motive bilden spannende Kontraste« (Schmidt-Wetzel 2016c, S. 44, vgl. J. Weber 2016).

Die Konfrontation mit den Perspektiven und Herangehensweisen neuer Partnerinnen und Partner bzw. Gruppenmitglieder kann bereichernd sein. Bei bestimmten bildnerischen Themen, z. B. Selbstdarstellung, ist jedoch die Zusammenarbeit mit vertrauteren oder befreundeten Personen sinnvoller, um eine intensivere, intimere Auseinandersetzung mit dem Gestaltungsinhalt zu ermöglichen. Auch zur Förderung einer größtmöglichen bildnerischen Auseinandersetzung kann es legitim sein, funktionierende zwischenmenschliche Beziehungen, z. B. in Form von Freundschaften, bewusst zur Grundlage von Zusammenarbeit zu machen.

Die empirischen Untersuchungsergebnisse sprechen zweitens in Verbindung mit der Beobachtung, dass im Bereich der Bildenden Kunst besonders häufig in Form von Künstlerpaaren kollaboriert wird (siehe Kap. 2.2), dafür, Partnerarbeit verstärkt als kollaborative Sozialform auch im Kunstunterricht zu berücksichtigen. Denn in Partnerarbeit kann einerseits das Bedürfnis nach Sicherheit und Orientierung durch den Austausch und die Zusammenarbeit mit der Partnerin oder dem Partner angemessen befriedigt werden. Andererseits wird dabei die Komplexität des gemeinsamen bildnerischen Prozesses von den Mitwirkenden durch die geringere Anzahl beteiligter Personen als nicht so groß wahrgenommen wie in Gruppen mit drei oder mehr Personen, da weniger Meinungen zu koordinieren, Absprachen einfacher zu treffen sowie Rollen und Aufgaben besser aufzuteilen sind.

Drittens sollten Feedbackphasen nicht unabhängig vom übrigen Geschehen im Kunstunterricht durchgeführt werden, sondern inhaltlich und organisatorisch darauf abgestimmt sein. Daher können spezifisch fachdidaktische Austauschmethoden in besonderem Maße zur Sicherheit und Orientierung sowohl innerhalb individueller als auch gemeinsamer bildnerischer Prozesse beitragen. Das Methodenrepertoire, das im Zusammenhang mit dem Konzept des Kooperativen Lernens entwickelt wurde (siehe Kap. 2.3.2), und systemisch-konstruktive Unterrichtsmethoden[96] können hier als Ausgangspunkte dienen, um die dort gesammelten methodischen Vorschläge den konkreten kunstpädagogischen Bedürfnissen entsprechend anzupassen. Sinnvoll sind z. B. Rückmeldungen zu Ideen, Zwischenergebnissen oder fertigen Bildern in Form des »Place-Mat-Verfahrens«: Ein zu kommentierender Inhalt (z. B. eine Ideenskizze oder ein fertiges Bild) wird dafür in die Mitte eines größeren Blattes gelegt. Dieses ist in vier Felder geteilt, auf die in Vierergruppen im stummen Schreibgespräch zu jeweils einem Aspekt Kommentare notiert werden, die anschließend an denjenigen vermittelt werden (durch Rückgabe des Blattes oder in einem kurzen Gespräch), der den Inhalt in der Mitte der Place-Mat zur Verfügung gestellt hat. Auch die von dem Kunstpädagogen Schoppe vorgeschlagenen »Bildzugänge« (Schoppe 2011) können – ggf. entsprechend modifiziert für eine kollaborative Bearbeitung – vielfach für den Austausch zwischen Schülerinnen und Schülern in bildnerischen Prozessen genutzt werden. Eine kunstpädagogische Methodensammlung zu Gruppenbildung, Austausch und gemeinsamem Gestalten findet sich außerdem in Schmidt-Wetzel 2016c.

6.3.2 Die Erfahrung individueller Freiheit und Offenheit im gemeinsamen bildnerischen Handeln ermöglichen

Kernaussage: Die Erfahrung individueller Freiheit und Offenheit bildet als Anspruch und Potential den aus kunstpädagogischer Sicht notwendigen Gegenpol zur Erfahrung von Sicherheit und Orientierung im gemeinsamen bildnerischen Tun.

Der Einfluss von Austausch und Zusammenarbeit erschöpft sich jedoch keinesfalls in der Gewährleistung oder Herstellung eines Gefühls von Sicherheit und Orientierung bei den

96 Vgl. u. a. Wanzenried 2004 sowie den Methodenpool Reichs (www.methodenpool.uni-koeln.de); siehe auch Kap. 2.3.3.

Beteiligten. Vielmehr stellt dieses Strukturmerkmal lediglich die – wenn auch wesentliche – Grundlage und Voraussetzung für weitere, mit einem kollaborativen Handeln verbundene positive Wechselwirkungen zwischen sozialen und bildnerischen Prozessen im Kunstunterricht dar. Denn im gleichen Maße, in dem das Streben nach Sicherheit und Orientierung das kollaborative Handeln im Kunstunterricht prägt ist die Erfahrung individueller Freiheit ein zentrales Strukturmerkmal gelingender interaktiver und kollaborativer bildnerischer Situationen.

Um diesem Anspruch gerecht zu werden und das kunstpädagogische Potential kollaborativen bildnerischen Handelns auszuschöpfen, müssen zunächst die unterschiedlichen Bedürfnisse, Fähigkeiten und Charaktere der Beteiligten untereinander und durch die Lehrperson anerkannt werden. Die Zugehörigkeit zu und Anerkennung in einer Gruppe oder Partnerschaft müssen, sobald die Rahmenbedingungen geklärt sind, für die Beteiligten bedingungslos und verlässlich sein. Die Zusammenarbeit mit anderen darf nicht bedeuten, dass die individuellen Bedürfnisse und Interessen für die Anerkennung und Zugehörigkeit in der Gruppe oder in der Partnerarbeit zu verleugnen sind. Vielmehr erfordert die Bereitschaft, sich auf kollaborative Prozesse einzulassen, Gewissheit darüber, dass die jeweiligen individuellen Bedürfnisse und Interessen innerhalb der Gruppe oder Partnerschaft gewahrt bleiben und – innerhalb eines gemeinsam definierten Rahmens – frei ausgelebt werden können.

Kollaborative bildnerische Prozesse müssen des Weiteren Freiräume zur individuellen und gemeinsamen Ausgestaltung der Unterrichtssituation bieten. Dies bedeutet, dass im Rahmen von Austausch und Zusammenarbeit individuell unterschiedliche Beiträge, etwa entsprechend den jeweiligen Fähigkeiten und Interessen, möglich sein sollten. Unterschiedlich ausgeprägte Kompetenzen und Motivationen sind in dieser Hinsicht nicht als Hindernisse einer erfolgreichen Zusammenarbeit zu betrachten. Vielmehr können Heterogenität und Diversität immer dann nicht nur toleriert, sondern auch als wichtige Lernchancen für alle Beteiligten wertgeschätzt werden, wenn kollaborative bildnerische Situationen so gestaltet sind, dass durch klare Rollen, Aufgabenteilung und geteilte Verantwortung eine sinnvolle und fruchtbare Beteiligung aller Mitwirkenden realisiert werden kann.

Freiheit in interaktiven und kollaborativen bildnerischen Situationen bedeutet darüber hinaus, positive Erfahrungen mit anderen und gemeinsame Erfolgserlebnisse zu ermöglichen. Die dafür notwendige Herstellung bzw. Sicherung einer positiven, angstfreien Atmosphäre, in der sich die Beteiligten einander zugewandt und offen begegnen, kann auch durch die Kultivierung von Humor und Spiel als Modi des gemeinsamen Umgangs erreicht werden. Denn ein humorvoller und spielerischer Umgang miteinander und mit den Anforderungen des Kunstunterrichts erleichtert es, zwischen den individuell unterschiedlichen, oftmals zunächst unvereinbar erscheinenden Bedürfnissen zu vermitteln und bestehendes Konfliktpotential abzuschwächen.

Das Strukturmerkmal der Freiheit und Offenheit im kollaborativen bildnerischen Handeln umfasst schließlich auch die Erfahrung ergebnisoffener Gestaltungsprozesse. Unsicherheiten, Brüche und Inkonsistenzen im Verlauf eines bildnerischen Prozesses müssen nicht vermieden werden, sondern können in einer sicheren Lernatmosphäre gezielt thematisiert oder herbeigeführt werden, um durch die Konfrontation damit ästhetisch herausfordernde Situationen zu schaffen. Auch in dieser Hinsicht ist die Erfahrung individueller Freiheit in offenen kollaborativen Gestaltungssituationen nicht nur ein weiteres fallübergreifendes Strukturmerkmal kollaborativen Handelns im Kunstunterricht, sondern bildet den aus kunstpädagogischer Sicht dringend erforderlichen Gegenpol zu dem Grundbedürfnis der Lernenden nach Verbindlichkeit und Verlässlichkeit, um innerhalb gemeinsamer bildnerischer Prozesse bedeutsame ästhetische Erfahrungen und bildnerisches Lernen zu ermöglichen. Der in Abb. 23 dargestellte Fragenkatalog, der die Kernaussagen zu Verlässlichkeit/Verbindlichkeit bzw. Freiheit/Offenheit gegenüberstellt, verdeutlicht die zentrale Bedeutung dieser beiden Aspekte für das kollaborative bildnerische Handeln und kann als praxisorientierte Hilfestellung und didaktisch-methodische Orientierung bei der Konzeption kollaborativer Settings im Kunstunterricht dienen.

Didaktisch-pädagogische Schlussfolerungen

Die nicht nur auf *allgemeinpädagogischer Ebene*, sondern auch aus kunstpädagogischer Sicht wichtigste Schlussfolgerung aus den empirischen Ergebnissen über die Bedeutsamkeit von Freiheit und Offenheit in Bezug zu Austausch und Zusammenarbeit besteht darin, großzügige Phasen und Räume für interaktive und kollaborative bildnerische Prozesse einzuplanen (siehe Abb. 24). Dies ist notwendig, da durch die Mitwirkung mehrerer Personen bildnerische Prozesse keinesfalls zwingend effektiver und zielgerichteter verlaufen. Der Austausch und die Zusammenarbeit mit mehreren Beteiligten sind vielmehr langwierig, denn sie erfordern in der Regel intensive Aushandlungsprozesse, die sich nicht nur auf inhaltliche Aspekte, sondern zuallererst auf die Klärung der Beziehung(en) innerhalb der kollaborierenden Gruppe oder des Paars beziehen.

Um positive Erfahrungen in kollaborativen gestalterischen Situationen zu ermöglichen, benötigen die Beteiligten also einerseits genügend zeitliche und inhaltliche Freiräume, andererseits aber auch verbindliche Rahmenbedingungen sowie methodische und organisatorische Unterstützung, um den bildnerischen Prozess gemeinsam zu bewältigen. Hierbei kann u. a. der Rückgriff auf den kooperativen Dreischritt des »Think-Pair-Share«, angepasst an die jeweilige Unterrichtssituation, Hilfestellung bieten (siehe Kap. 2.3.2): Zunächst werden z. B. in Einzelarbeit erste Ideen für eine Fotoserie zu einem gegebenen Oberthema notiert (»Think«), daraufhin in Partnerarbeit die verschiedenen Ideen verglichen und eine engere Auswahl getroffen (»Pair«). In der Kleingruppe können dann die in Partnerarbeit ausgewählten Vorschläge vorgestellt, gemeinsam diskutiert, die Entscheidung für eine Variante gefällt und diese schließlich realisiert werden (»Share«).

Grundsätzlich muss den Lernenden darüber hinaus ein offener Austausch untereinander ohne Bewertungsdruck möglich sein. Auch hier kann der Einsatz verschiedener kooperativer Methoden zur Strukturierung dieser Austauschphasen sinnvoll beitragen, z. B. in Form von »Stiller Post« (schriftliche Rückmeldungen als Zwischenfeedback zu bestimmten Aspekten eines Gestaltungsvorhabens), eines »Kugellagers« (Sprechen über Ideen, Konzepte, Meinungen mit unterschiedlichen Partnerinnen und Partnern in einem doppelten Gesprächskreis) oder eines »World Cafés« (vgl. Schmidt-Wetzel 2016c, S. 44, und Weichsel 2016).

Bildnerische kollaborative Aufgabenstellungen sind nicht zuletzt so zu konzipieren, dass unterschiedliche Beiträge der Einzelnen nicht nur möglich sind, sondern das Einbringen unterschiedlicher Kompetenzen für eine erfolgreiche Bearbeitung zwingend erforderlich ist.

Fachspezifisch kann auf eine ganze Reihe von Austausch und Ergänzung fördernden und fordernden bildnerischen Techniken und Verfahren zurückgegriffen werden, welche den Lernenden die Erfahrung ermöglichen, gemeinsam mit anderen etwas schaffen zu können. Zu nennen sind hier etwa verschiedenste Varianten analoger und digitaler Collagetechniken oder auch kollaborative Zufallsverfahren wie z. B. Knickbilder, die sich am surrealistischen Prinzip des Cadavre Exquis orientieren (vgl. Schmidt-Wetzel 2016c, 2016g). Auch durch den unterrichtsbegleitenden Einsatz von »To do-Büchern«, in denen die Lernenden spielerisch ästhetische Handlungsanweisungen formulieren, untereinander austauschen und experimentell umsetzen, können interaktiv-kollaborative Strategien der Bildproduktion den Schülerinnen und Schülern bewusst und zugänglich gemacht werden (vgl. Sutter 2016).

Toleranz und Wertschätzung für Heterogenität und Diversität kann auch über die rezeptive Beschäftigung mit bildender Kunst gefördert werden, denn dabei können Brüche und Disharmonien nicht als störend, sondern als bereichernd erkannt werden. In nahezu allen Epochen der Kunstgeschichte bis hin zur zeitgenössischen Kunst finden sich zahlreiche Beispiele dafür, dass Kunstwerke und Bilder erst durch ihre Vielfalt, Widersprüchlichkeit und Mehrdeutigkeit ihre besondere Wirkkraft entfalten. Aus deren Rezeption heraus kann daher auch bei den Lernenden ein Verständnis dafür entwickelt werden, dass unterschiedliche Meinungen und Ansätze zwischen Kollaborierenden eine wichtige Chance und spannungsreiche bildnerische Themen darstellen können.

6.3.3 Den Einfluss individueller Wahrnehmungen und Einstellungen zu Austausch und Zusammenarbeit im Kunstunterricht berücksichtigen

Kernaussage: Individuelle Wahrnehmungen und Einstellungen zu Austausch und Zusammenarbeit im Kunstunterricht haben starken Einfluss auf deren Verlauf, Erleben und Gelingen.

Ein weiteres Strukturmerkmal, das die Wirkungen eines kollaborativen Handelns im Kunstunterricht entscheidend beeinflusst, betrifft die individuellen Wahrnehmungen und Einstellungen der Schülerinnen und Schüler zu Austausch und Zusammenarbeit, die sie aus vorangegangenen, vorwiegend im (Kunst-)Unterricht gesammelten Erfahrungen mitbringen oder im Laufe bildnerischer Prozesse entwickeln.

Die Bandbreite dieser individuellen Einstellungen und Wahrnehmungen erstreckt sich zwischen zwei Extremen: Die Zusammenarbeit mit anderen kann einerseits als eine starke Belastung und Zumutung, andererseits aber auch als eine große Erleichterung und Bereicherung für den Gestaltungsprozess und die daraus resultierenden bildnerischen Ergebnisse empfunden werden. Je nachdem, wo sich die einzelnen Schülerinnen und Schüler mit

<table>
<tr><th colspan="2">Fragenkatalog als Hilfestellung und didaktisch-methodische Orientierung bei der Konzeption kollaborativer Settings im Kunstunterricht</th></tr>
<tr><td>Voraussetzung:
Verbindlichkeit und Verlässlichkeit als sichernde Basis kollaborativen bildnerischen Handelns</td><td>Anspruch und Potential:
Erfahrung individueller Freiheit und Offenheit im gemeinsamen bildnerischen Handeln</td></tr>
<tr><td>• Wird den Schülerinnen und Schülern transparent gemacht, was von ihnen erwartet wird?
• Sind die Rahmenbedingungen klar (z. B. Art der Gruppenbildung, Dauer und Umfang der Zusammenarbeit, konkrete Arbeitsschritte, Benotung ja/nein, individuell/als Gruppe)?
• Besteht ausreichend Zeit und Raum, um sich als Gruppe zu finden, sich über individuelle und gemeinsame Ziele und Erwartungen auszutauschen?
• Ist gegenseitige Unterstützung und Beratung möglich? Werden diese Möglichkeiten den Lernenden gegenüber deutlich kommuniziert?
• Macht es wirklich Sinn, mit anderen zusammenzuarbeiten, weil dadurch das bildnerische Handeln einfacher und/oder verständlicher wird?
• Kann die Belastung, die z. B. entstehen kann durch die Zusammenarbeit mit Personen, die nicht zum eigenen Freundeskreis gehören, leistungsstärker oder -schwächer sind, durch den Verzicht auf Benotung reduziert werden?</td><td>• Gibt es innerhalb der Rahmenbedingungen genügend Spielraum für eigene Interpretationen?
• Ist die Aufgabe offen genug formuliert, um unerwartete individuelle und gemeinsame Einfälle und Weiterentwicklungen im bildnerischen Prozess zuzulassen?
• Besteht ausreichend Zeit und Raum, um individuelle Ideen und Meinungen zu äußern?
• Kann jede und jeder eigene Ideen und Fähigkeiten einbringen? Werden diese Freiräume den Lernenden gegenüber deutlich kommuniziert?
• Macht es wirklich Sinn, mit anderen zusammenzuarbeiten, weil dadurch das bildnerische Handeln interessanter und/oder intensiver wird?
• Kann durch die Zusammenarbeit mit anderen eine individuelle Bereicherung für die Beteiligten erreicht werden, z. B. in Form eines Kennenlernens unterschiedlicher gedanklicher Ansätze oder gegenseitiger Vermittlung technischer Kompetenzen?</td></tr>
<tr><td colspan="2">• Ist über den gesamten Gestaltungsprozess hinweg die Möglichkeit des verbalen und nonverbalen Austauschs gegeben?
• Sind im Rahmen der Zusammenarbeit individuelle und gemeinsame positive Erfahrungen und Erfolgserlebnisse möglich?
• Kann das potentielle Scheitern einer Zusammenarbeit als wichtige Lernchance begriffen oder aber humorvoll-spielerisch relativiert werden?</td></tr>
</table>

Abb. 23: Fragenkatalog für die Konzeption kollaborativer kunstpädagogischer Settings

ihren individuellen Haltungen und Meinungen innerhalb dieses Rahmens verorten, zeigen sie ein unterschiedliches Verhalten in kollaborativen Situationen. Im Folgenden werden die in den Untersuchungen rekonstruierten verschiedenen Wechselwirkungen zwischen unterschiedlichen Einstellungen und Wahrnehmungen, dem individuellen Verhalten bei

Die Erfahrung individueller Freiheit und Offenheit im gemeinsamen bildnerischen Handeln ermöglichen	
Didaktisch-pädagogische Schlussfolgerungen	
Allgemein: • ausreichend Raum und Zeit für interaktive und kollaborative bildnerische Prozesse zur Verfügung stellen • offenen Austausch ohne Bewertungsdruck unterstützen • Austauschphasen methodisch und organisatorisch strukturieren (z. B. durch den kooperativen Dreischritt „Think – Pair – Share“) • Aufgabenstellungen so formulieren, dass zur Bewältigung das Einbringen unterschiedlicher Kompetenzen der Beteiligten notwendig ist	**Fachspezifisch:** • ästhetisch-bildnerische Techniken und Verfahren anwenden, die Austausch und Ergänzung fördern und fordern (z. B. analoge und digitale Collagetechniken, Zufallsverfahren, „To do-Bücher“) • Orientierung an der Bildenden Kunst: Brüche und Disharmonien als Bereicherung, Lernchance und bildnerische Themen erfahrbar machen

Abb. 24: Didaktisch-pädagogische Schlussfolgerungen aus der Kernaussage «Freiheit und Offenheit»

der Zusammenarbeit und im Austausch mit anderen sowie weiteren Einflussfaktoren zusammenfassend dargestellt.

Die individuellen Einstellungen zum kollaborativen Handeln werden zum einen beeinflusst von der individuellen Einstellung zu Schule, genauer: von der Frage, wie und wodurch das schulische Handeln der Schülerinnen und Schüler im Allgemeinen motiviert ist. Eine extrinsische schulische Motivation, erkennbar an einer starken Fokussierung auf institutionelle Vorgaben und Rahmenbedingungen sowie externe Erwartungen (z. B. die Leistungsbewertung und durch die Lehrperson vertretene Regeln), führt zu einer eher kritischen Einstellung zu Austausch und Zusammenarbeit. Denn diese stellen für extrinsisch motivierte Lernende ein zu großes Risiko für das eigene Sicherheitsbedürfnis dar, u. a. weil der individuelle Einfluss auf eine erfolgreiche Teilnahme am Unterricht, die diese Lernenden in erster Linie an einer guten Benotung festmachen, durch die Mitwirkung anderer weniger kalkulierbar wird. Die Kollaboration mit anderen wird daher – auch innerhalb einer Partner- oder Gruppenarbeit – vermieden oder aber es wird stets mit derselben Partnerin zusammengearbeitet. Solch kritische Einstellungen und Verhaltensweisen berühren jedoch nicht nur die individuelle Erfahrung und Wahrnehmung interaktiver und kollaborativer bildnerischer Situationen, sondern stellen eine massive Belastung des gemeinsamen Gestaltungsprozesses für alle Beteiligten dar, die zu dessen Stagnation oder sogar zum Scheitern führen kann.

Schülerinnen und Schüler, die ihre individuelle schulische Motivation dagegen eher intrinsisch entwickeln und daher institutionellen Vorgaben und den an sie gestellten Leistungserwartungen entspannter begegnen, zeigen im Unterschied dazu auch eine positivere Einstellung zu kollaborativen Strategien. D. h., sie sind dem Austausch und der Zusammenarbeit mit anderen gegenüber grundsätzlich aufgeschlossen und bereit, innerhalb einer Gruppe individuell Verantwortung für den gemeinsamen Gestaltungsprozess und das daraus resultierende Ergebnis zu übernehmen. Anders als extrinsisch motivierte Schülerinnen und Schüler sind sie in der Lage, die entlastenden und bereichernden Potentiale kollaborativen Handelns zu erkennen und für sich zu nutzen, wie etwa die Intensivierung und Optimierung individueller und gemeinschaftlicher Gestaltungsprozesse und Gestaltungsprodukte, die durch Aufgabenteilung, Perspektiverweiterung und gegenseitige Ergänzung individueller Fähigkeiten bewirkt werden können.

Ein weiterer entscheidender Faktor, von dem die Wahrnehmung von Austausch und Zusammenarbeit entweder als Belastung oder als Bereicherung abhängt und der sowohl die Einstellung extrinsisch als auch intrinsisch motivierter Schülerinnen und Schüler beeinflusst, betrifft die Sozialform und die Anzahl der Personen, mit denen zusammengearbeitet werden soll. Denn in den Untersuchungen konnte mehrfach rekonstruiert werden, dass die Bereitschaft zu einer intensiven Kollaboration bei Partnerarbeiten deutlich ausgeprägter war als in Kleingruppen. Bereits in einer Dreiergruppe war eher die Tendenz zu verzeichnen, passive Rollenmuster beizubehalten sowie eine Verantwortungsübernahme und aktive Einflussnahme, bspw. bei gemeinschaftlichen Entscheidungsprozessen, zu vermeiden.

Abschließend ist noch einmal zu betonen, dass, wie bereits weiter oben angemerkt wurde, die jeweilige individuelle Einstellung den gesamten Gestaltungsprozess aller Beteiligten beeinflusst. Die positiven Wirkungen von Austausch und Zusammenarbeit, die in den verschiedenen Fallstudien mehrfach rekonstruiert werden konnten, können nur erreicht werden, wenn alle Beteiligten sich auf den gemeinsamen Gestaltungsprozess einlassen. Eine wesentliche Bedingung hierfür wiederum ist es, dass die Einzelnen die unterschiedlichen Charaktere, Fähigkeiten und Interessen der Beteiligten nicht als Zumutung oder Problem auffassen, sondern darin ein Potential für einen bereichernden Austausch und eine gegenseitige Ergänzung erkennen können. Die Verbindung der individuellen Fähigkeiten zu einem die Potenziale des Einzelnen übersteigenden Gesamtergebnis ist somit nur dann möglich, wenn alle Beteiligten bereit sind, sich auf dieser Grundlage im Sinne eines wirklichen Miteinander-Arbeitens auf einen ergebnisoffenen, Gestaltungsprozess einzulassen, zu dem jede und jeder in unterschiedlicher Art und Weise beitragen kann. Andernfalls kommt es zu einem Nebeneinander-Arbeiten, bei dem die individuellen Kompetenzen unverbunden bleiben und keine Bereitschaft zu einem gemeinsamen, auch experimentellen Vorgehen vorhanden ist. Ideen einzelner oder der gesamten Gruppe werden stattdessen unreflektiert beibehalten und die Weiterentwicklung im Laufe des bildnerischen Prozesses stagniert oder scheitert.

Didaktisch-pädagogische Schlussfolgerungen

Um die individuellen Einstellungen und Wahrnehmungen der Schülerinnen und Schülern gegenüber eines kollaborativen bildnerischen Handelns positiv zu beeinflussen, kann auf *allgemeinpädagogischer Ebene* auf eine Reihe an didaktischen Maßnahmen zurückgegriffen werden, die im Rahmen verschiedener pädagogischer Konzeptionen entwickelt bzw. vorgestellt wurden (siehe Abb. 25 und Kap. 2.3). So hat u. a. die Entscheidung für eine der jeweiligen Aufgabenstellung angemessene Gruppengröße wesentlichen Einfluss darauf, ob die Zusammenarbeit mit anderen von den Schülerinnen und Schülern als Bereicherung oder als

Belastung wahrgenommen wird. Tendenziell gilt es dabei, zu große Gruppen zu vermeiden und, soweit im Hinblick auf die konkrete Aufgabenstellung sinnvoll, Partnerarbeiten vor Kleingruppenarbeiten zu bevorzugen.

Partner- oder Gruppenarbeit sollte dabei grundsätzlich nicht um ihrer selbst willen durchgeführt werden: Anstatt einen bildnerischen Prozess, der eigentlich auch in Einzelarbeit zu bewältigen wäre, dadurch unnötig zu belasten und zu erschweren, sollten kollaborative Sozialformen nur dann eingesetzt werden, wenn dies in Bezug auf die Aufgabe tatsächlich sinnvoll und bereichernd erscheint.

Insbesondere für die Zusammenarbeit in größeren Gruppen, die durch ihre Komplexität hohe Anforderungen an die sozialen und organisatorischen Kompetenzen der Beteiligten stellt, sind den Schülerinnen und Schülern geeignete Werkzeuge zur Selbststeuerung in der Gruppe bereitzustellen, die einem nicht intendierten Entstehen von Einzelarbeit im Rahmen kollaborativ angelegter Aufgabenstellungen entgegenwirken, z. B. in Form von Reflexionsbögen, Prozesstagebüchern, Vorschlägen zur Aufgabenteilung und der Vorgabe verbindlicher Fristen. Auch der Einsatz von Lernplattformen und/oder in Social-Media-Gruppen kann das kollaborative Handeln sinnvoll unterstützen, wobei hier, wie bei allen anderen Selbstversteuerungswerkzeugen, Aufwand und Nutzen pragmatisch gegeneinander abzuwägen sind.

Eine weitere Hilfe bei der Zusammenarbeit kann darüber hinaus in einer stärkeren Strukturierung des Unterrichtsablaufs bestehen, selbst wenn dies aus kunstpädagogischer Perspektive im Hinblick auf die Ermöglichung individueller ästhetischer Erfahrungen in bildnerischen Prozessen oftmals eher kritisch gesehen wird. Denkbar sind hier z. B. ritualisierte Austauschphasen zu Beginn oder am Ende jeder Unterrichtsstunde, in denen gruppenintern oder gruppenübergreifend bestimmte Aspekte besprochen oder vorgestellt werden. Vorschläge hierfür finden sich bspw. in Wirth 2009 und in Schmidt-Wetzel 2016b-d. Auch die neue, kompetenzorientierte Lehrwerksreihe »Werkstatt Kunst« integriert immer wieder entsprechende Methoden in ihre Unterrichtsmodule (vgl. Peez/Michaelis/Goritz. 2012, 2015).

Die Bereitschaft zur Zusammenarbeit kann gerade bei Lernenden, die stark auf die institutionellen Vorgaben fokussiert sind, durch eine größere Transparenz in Bezug auf die Rahmenbedingungen der kollaborativen Aufgabenstellung positiv beeinflusst werden. Wenn für die individuelle Leistungsbewertung wichtige Aspekte wie z. B. die Vorgehensweise bei der Gruppenbildung, das Bewertungsverfahren und die Bewertungskriterien frühzeitig geklärt werden, können die Schülerinnen und Schüler besser einschätzen, welche Erwartungen an sie gestellt werden und dementsprechend im gemeinsamen bildnerischen Prozess selbstsicher(er) agieren.

Insbesondere bei der Bildung leistungsheterogener Paare oder Gruppen muss durch die Lehrperson sehr sensibel vorgegangen werden. D. h., wenn eine gezielt heterogene Kollaborationsform aus fachlichen oder pädagogischen Gründen bei einer bestimmten Aufgabenstellung als sinnvoll erachtet wird, so müssen die jeweilige Vorgehensweise, die damit verbundenen Chancen und mögliche Schwierigkeiten den Lernenden gegenüber möglichst transparent kommuniziert werden, um bei ihnen das Gefühl zu vermeiden, einem unkalkulierbaren Risiko ausgesetzt zu werden. Darüber hinaus sind Aufgabenstellungen für heterogene Paare und Gruppen so zu konzipieren, dass individuelle Beiträge auf dem jeweiligen Niveau der einzelnen

Den Einfluss individueller Wahrnehmungen und Einstellungen zu Austausch und Zusammenarbeit im Kunstunterricht berücksichtigen	
Didaktisch-pädagogische Schlussfolgerungen	
Allgemein: • zur Entlastung ästhetischer Prozesse Sozialform Partnerarbeit tendenziell bevorzugen bzw. bei größeren Gruppen die steigende Komplexität der Zusammenarbeit berücksichtigen • Partner- und Gruppenarbeit nicht um ihrer selbst willen durchführen, sondern nur als sinnvolle Bereicherung für das konkrete Gestaltungsvorhaben • geeignete Werkzeuge zur Selbststeuerung in der Gruppe bereitstellen, z. B. Reflexionsbögen, Prozesstagebücher, Vorschläge zur Aufgabenteilung, verbindliche Fristen, Kommunikation und Vernetzung in sozialen Medien • die Vor- und Nachteile einer stärkeren Strukturierung des Unterrichtsverlaufs vs. einer kunstpädagogisch intendierten Offenheit situativ abwägen • Transparenz in Bezug auf die Rahmenbedingungen der Aufgabenstellung herstellen, insbesondere bei leistungsheterogener Gruppenbildung • bewertungsfreie Phasen für die Einführung oder Durchführung komplexer kollaborativer Prozesse einplanen • ggf. bewertungsfreie Phasen für die Durchführung komplexer kollaborativer Prozesse einplanen	**Fachspezifische Anforderungen an die Konzeption kollaborativer Aufgabenstellungen:** • hoher Grad an Offenheit innerhalb klar benannter Rahmenbedingungen • Austausch für eine erfolgreiche Bearbeitung zwingend erforderlich • Abschauen und Zusammenarbeit im Sinne eines Teilens von Wissen und Können erwünscht • ausreichend Raum für individuelle Auseinandersetzung mit dem bildnerischen Thema als Grundlage für die Verbindung individuell entwickelter Anteile zu einem gemeinsamen Ganzen • Förderung eines experimentellen gemeinsamen Vorgehens durch schöpferische Zufallsstrategien und einen humor- und fantasievollen Umgang mit dem bildnerischen Thema

Abb. 25: Didaktisch-pädagogische Schlussfolgerungen aus der Kernaussage «Individuelle Einstellungen und Wahrnehmungen»

Beteiligten möglich sind. Wenn die Entwicklung von Kollaborationsfähigkeit zwischen Mitschülerinnen und Mitschülern auf einem unterschiedlichen Leistungsniveau im Vordergrund steht, sollte außerdem nach Möglichkeit durch Benotungsfreiheit die ungünstige Verknüpfung von Leistungsdruck und ›sozialen Experimenten‹ vermieden werden, ohne dabei grundsätzlich auf ästhetische Wertungen und eine inhaltlich-fachliche Auseinandersetzung zu verzichten.

Fachspezifisch ergibt sich aus der großen Bedeutung der individuellen Einstellungen und Wahrnehmungen hinsichtlich kollaborativen bildnerischen Handelns eine Reihe von Anforderungen an die Aufgabenkonzeption, um diese positiv zu beeinflussen (siehe Abb. 25):

So sollten kollaborative Arbeitsaufträge einen hohen Grad an Offenheit aufweisen, dabei jedoch die Rahmenbedingungen klar und verbindlich benennen. Eine kollaborative Aufgabe muss des Weiteren so konzipiert sein, dass ein Austausch untereinander für die erfolgreiche Bearbeitung zwingend erforderlich ist. D. h. auch, dass untereinander Abschauen erlaubt und Zusammenarbeit im Sinne eines Teilens von Wissen und Können ausdrücklich erwünscht ist. Zusätzlich ist darauf zu achten, dass neben der Zusammenarbeit ausreichend Raum für die individuelle Auseinandersetzung mit dem bildnerischen Thema bleibt, sodass sich überhaupt erst individuell entwickelte Anteile zu einem gemeinsamen Ganzen verbinden können. Um die Bereitschaft zu einem gemeinschaftlichen, experimentellen bildnerischen Handeln zu fördern, sollte außerdem die Strategie, den Zufall als schöpferisches Moment zu nutzen, bewusst in der Aufgabenstellung angelegt sein und ein humor- und fantasievoller Umgang mit dem bildnerischen Thema begünstigt werden. Ein Unterrichtsbeispiel, das zeigt, wie diese fachspezifischen Anforderungen an kollaborative Aufgabenstellungen realisiert werden können, findet sich in Schmidt-Wetzel 2016e.

6.3.4 Kommunikation in kunstpädagogischen Situationen fördern

Kernaussage: Die Kommunikation in kunstpädagogischen Situationen ist vielschichtig und erfüllt vielfältige Funktionen des Austauschs in bildnerischen Prozessen.

Wenn Schülerinnen und Schüler im Kunstunterricht interagieren und kollaborieren, so wird dies realisiert über bestimmte Kommunikationsformen, die auf verschiedenen Ebenen jeweils unterschiedliche Funktionen erfüllen.

Das Kommunizieren im und über den gemeinsamen Gestaltungsprozess ist zunächst zwingend erforderlich für die individuelle Identifikation mit dem bildnerischen Handeln, mit dessen Ergebnissen und mit der Gruppe. Dabei dienen sowohl die nonverbale als auch die verbale Kommunikation der auf der sozialen bzw. emotionalen Ebene notwendigen gegenseitigen Klärung und Vermittlung der individuellen Positionen und Bedürfnisse in Bezug auf die gemeinsame Auseinandersetzung mit dem bildnerischen Auftrag.

Auffällig ist dabei die große Bedeutung, die der nonverbalen Kommunikation innerhalb eines gemeinsamen bildnerischen Prozesses sowohl in Form von Mimik und Gestik, aber auch durch das Herstellen einer körperlich-räumlichen Nähe oder Distanz zukommt. Sie erfüllt die wichtigen Funktionen, die Beziehung zwischen den Beteiligten zu klären und Gemeinschaft zwischen den Beteiligten herzustellen bzw. aufrechtzuerhalten.

Die Verbalkommunikation innerhalb einer Kleingruppe oder eines Paars gilt dagegen einerseits der pragmatischen Organisation des gemeinsamen Gestaltungsprozesses, bspw. wenn Informationen ausgetauscht und Handlungen untereinander koordiniert werden, Wissen vermittelt oder Arbeit aufgeteilt wird. Andererseits dient auch sie, ebenso wie die nonverbale Kommunikation, der Herstellung von Gemeinschaft, z. B. durch die Verständigung über die individuellen Erwartungen und Ziele, die Vergewisserung über ähnliche Interessen und das Mitteilen eigener Bedürfnisse.

Die mündliche Kommunikation erweist sich häufig als umgangssprachlich, rudimentär und alltagsorientiert. Die Voraussetzung für eine gelingende Zusammenarbeit trotz eines weitgehenden Verzichts auf eine explizite, konkret auf die Organisation des kollaborativen Gestaltungsprozesses bezogene Verbalkommunikation besteht – neben den oben dargestellten nonverbalen Kommunikationsanteilen – in der Möglichkeit, auf eine gemeinsame implizite Wissensbasis zurückgreifen zu können, durch welche die wesentlichen Rahmenbedingungen der Zusammenarbeit oder allgemeiner des Umgangs miteinander bereits geklärt sind, wie etwa die (gegenseitigen) Erwartungen und Bedürfnisse sowie die individuellen und geteilten Einstellungen zu Schule, Kunstunterricht und der jeweiligen bildnerischen Aufgabenstellung.

Dem gemeinsamen Sprechen im bildnerischen Prozess und über die entstehenden und entstandenen Bilder kommt aber auch im Hinblick auf die Entwicklung bildnerischer Kompetenzen eine zentrale Bedeutung zu. Denn der Austausch mit anderen, unmittelbar und mittelbar Involvierten oder auch Unbeteiligten verlangt es von den Kommunizierenden, sich des eigenen Standpunkts zu vergewissern, um ihn dem Gegenüber vermitteln zu können. Gleichzeitig ermöglicht die Konfrontation mit anderen Wahrnehmungen, Meinungen und Erfahrungen eine Öffnung und Flexibilisierung der eigenen Sichtweise, indem der eigene bildnerische Prozess, die Ideen, Vorgehensweisen und Wirkungen, stellvertretend mit den Augen anderer gesehen und um deren Perspektive erweitert wahrgenommen werden können. Durch die auf diese Weise sowohl fokussiertere als auch distanziertere Reflexion entsteht ein vertieftes Bewusstsein, z. B. für möglicherweise intuitiv getroffene bildnerische Entscheidungen, und ein vertiefteres Verständnis für die eigenen bildnerischen Handlungen.

Daher benötigen die Schülerinnen und Schüler nicht nur bei Projekten, an denen mehrere Personen mitwirken, sondern auch bei individuellen Gestaltungsvorhaben stets die Gelegenheit, über ihren Gestaltungsprozess zu kommunizieren. Für zwei spezifisch kunstpädagogische Kommunikationsformen konnte dabei im Rahmen der qualitativ-empirischen Untersuchungen eine besonders gute Eignung und große Bedeutung für den Kunstunterricht rekonstruiert werden:

Zum einen handelt es sich hierbei um die intensive Nutzung spezifisch bildnerischer Medien als Kommunikationsmittel, wie sie im Rahmen der Beobachtung eines kollaborativen Gestaltungsprozesses am Beispiel des Skizzenbuchs erkannt wurde (Teilstudie 2; Kap. 5.3). Dieses Skizzenbuch erweist sich als zentrale Gelenkstelle für die Interaktion und die Koordination der unterschiedlichen Handlungen untereinander, indem die Beteiligen kontinuierlich, sowohl nonverbal-körperlich als auch verbalsprachlich darauf Bezug nehmen. Das Skizzenbuch bietet dadurch in mehrerlei Hinsicht wichtige Orientierung für die inhaltliche und organisatorische Gliederung des bildnerischen Prozesses. So ist es zum einen der Ort der individuellen bildnerischen Auseinandersetzung mit der Aufgabenstellung und wird durch das Festhalten von Ideen in Form von Zeichnungen und Notizen zur konzeptuellen Grundlage des bildnerischen Prozesses. Gleichzeitig dient es als Medium, über das die individuell entwickelten bildnerischen Konzepte den anderen Beteiligten gegenüber vermittelt werden können. Zum anderen bietet es Anknüpfungspunkte für eigene ästhetische Auseinandersetzungen und Überlegungen der Mitschülerinnen und Mitschüler, wenn sich diese mit dem Skizzenbuch anderer Kursmitglieder rezeptiv auseinandersetzen.

Zweitens trägt eine freiwillige Zwischenbesprechung mit der gesamten Kursgruppe im Verlauf eines kollaborativen bildnerischen Prozesses entscheidend zu einer Intensivierung dieses Gestaltungsprozesses und zur Optimierung der daraus resultierenden Gestaltungen bei. Wie am Fall Lena (Teilstudie 1, Kap. 5.2.2) rekonstruiert werden konnte, bietet eine solche Zwischenbesprechung entscheidende Impulse für eine gleichermaßen vertiefte wie distanzierte Selbstwahrnehmung des eigenen gestalterischen Handelns, die über den Austausch innerhalb der Arbeitsgruppe bzw. des Arbeitspaars hinausgeht und somit in besonderem Maße zur Fokussierung, Weiterentwicklung und Intensivierung der bildnerischen Aussage beiträgt.

Mit freiwilligen Zwischenbesprechungen in der gesamten Kursgruppe, z. B. nach dem Vorbild von Ateliergesprächen in künstlerischen Klassen an Kunsthochschulen, sind mehrere Potentiale verbunden, die eine gezielte Integration dieser Kommunikationsstruktur als Angebot im Kunstunterricht nahelegen: Zum einen können vielfältige soziale und personale Kompetenzen, wie etwa aktive und passive Kritikfähigkeit und Selbstwirksamkeit, entwickelt und gefördert werden. Zum anderen können sie mit zu einer Fokusverschiebung der Lernenden bei der Wahrnehmung und Beurteilung eigener bildnerischer Prozesse und Gestaltungen beitragen: weg von der Meinung und dem Rat der Lehrperson, über die Bereitschaft, Impulse von Mitschülerinnen und Mitschülern zu berücksichtigen, bis hin zum Vertrauen in die eigene ästhetische Urteilskraft.

Didaktisch-pädagogische Schlussfolgerungen

Aus *allgemeinpädagogischer Perspektive* ergibt sich die zentrale didaktische Konsequenz, die Kommunikation zwischen den Lernenden nicht zu unterbinden, sondern bei der Unterrichtsplanung dafür ausreichend Zeit einzuräumen (siehe Abb. 26). Von außen als Längen und scheinbar verschwendete Zeit wahrgenommene Phasen sollten nach Möglichkeit bewusst zugelassen werden, weil selbst dann, wenn die Schülerinnen und Schüler sich nicht direkt mit den konkreten bildnerischen Unterrichtsinhalten beschäftigen, meist gruppenbildende Kommunikation stattfindet.

Fachspezifisch ist bei der Konzeption kollaborativer bildnerischer Aufgabenstellungen darauf zu achten, insbesondere für die Phase der Ideenentwicklung viel Zeit und Raum einzuplanen anstatt diese zeitsparend zu überspringen oder aus dem eigentlichen Unterrichtsgeschehen auszulagern. Das Führen eines Skizzenbuchs kann dazu beitragen, diese Phase durch die Dokumentation der Ideen in Form von Skizzen, Entwürfen und Notizen zu strukturieren und ihre Relevanz auch den Lernenden gegenüber deutlich zu machen.

Unterschiedliche Austauschphasen von freiwilligem oder verbindlichem Charakter sollten des Weiteren im Kunstunterricht verankert werden, um immer wieder neue, verschiedene Impulse für eine kommunikative Auseinandersetzung zu setzen. Sie sollten jeweils angepasst an den konkreten Bedarf die Möglichkeit zur Reflexion, Rückmeldung oder Beratung in allen Sozialformen (Einzel-, Partner- und Gruppenarbeiten) bieten sowie den Lernenden die bereichernden Potentiale eines Austauschs untereinander in Bezug auf die Weiterentwicklung eines individuellen oder kollaborativen Gestaltungsvorhabens bewusst machen. Insbesondere Kommunikationsanlässe über die Arbeitsgruppe hinaus, bspw. in Form einer Zwischenbesprechung mit der gesamten Kursgruppe, sind dabei gezielt zu initiieren, um die

Kommunikation in kunstpädagogischen Situationen fördern	
Didaktisch-pädagogische Schlussfolgerungen	
Allgemein: • ausreichend Zeit und Raum für den kommunikativen Austausch in den Arbeitsgruppen, zwischen Gruppen und in der Gesamtgruppe einräumen • Längen und scheinbare Zeitverschwendung als Phasen gruppenbildender Kommunikation zulassen	**Fachspezifisch:** • die Phase der Ideenentwicklung strukturieren, dokumentieren und dadurch stärken, u. a. durch großzügige Zeitvorgaben und intensive Nutzung spezifisch bildnerischer Medien (z. B. Skizzenbuch) • unterschiedliche, freiwillige und verbindliche Austauschphasen zur Reflexion, Rückmeldung oder Beratung in allen Sozialformen im Unterrichtsprozess verankern (z. B. nach dem Vorbild von Ateliergesprächen in künstlerischen Klassen) • Kommunikationsanlässe und -möglichkeiten über die eigene Arbeitsgruppe hinaus schaffen, z.B in Form einer Zwischenbesprechung mit der gesamten Kursgruppe • die Möglichkeiten des Austauschs bei Einzelarbeiten in der Aufgabenstellung deutlich benennen

Abb. 26: Didaktisch-pädagogische Schlussfolgerungen aus der Kernaussage «Kommunikation»

reflexive Auseinandersetzung mit dem eigenen Gestaltungsprozess und seinen Ergebnissen zu intensivieren. Methodische Anregungen hierzu finden sich z. B. in Schmidt-Wetzel 2016c.

Da die Schülerinnen und Schüler teilweise ausgehend von ihren sonstigen schulischen Erfahrungen annehmen, dass ein kommunikativer Austausch untereinander im Rahmen von Einzelarbeit auch im Kunstunterricht grundsätzlich unerwünscht sei, sind den Lernenden darüber hinaus die jeweiligen Möglichkeiten der Interaktion oder Kollaboration im Rahmen von Einzelarbeiten durch die Aufgabenformulierung deutlich zu benennen.

6.3.5 Bildnerische Beziehungsarbeit initiieren

Kernaussage: Kollaboratives Handeln im Kunstunterricht ist bildnerische Beziehungsarbeit.

Im Rahmen der Photovoice-Studie (Teilstudie 3; Kap. 5.4) wurde rekonstruiert, dass das Kommunizieren über die Kursgruppe und die Beziehungen der Mitglieder in Form und auf Grundlage einer inszenierten Fotografie die Gruppe und deren Beziehungen stark beeinflusst. Daraus kann die Schlussfolgerung abgeleitet werden, dass auch im Kunstunterricht soziale

Beziehungen in spezifisch künstlerischen Medien aktiv bearbeitet werden können. Denn der Auftrag, sich praktisch-bildnerisch mit einer Gruppe (der Kursgruppe oder Kleingruppe) und ihren Beziehungen auseinanderzusetzen, fördert den Zusammenhalt und die Identifikation mit der jeweiligen Gruppe, trägt zu gegenseitiger Empathie bei und wirkt sogar gruppenbildend: Die Selbst*darstellung* als Gruppe fördert die Selbst*wahrnehmung* als Gruppe. Beziehungen in der Gruppe werden gemeinsam bearbeitet, bewusst gemacht und gestärkt.

In der Arbeit an einem fotografisches Gruppenporträt erhalten die Beteiligten die Möglichkeit, sich ihrer eigenen, individuellen Position und Bedeutung innerhalb der Gruppe durch ihren jeweiligen Beitrag zu der kollaborativen Gestaltung zu versichern und diesen den anderen Gruppenmitgliedern gegenüber deutlich zu machen. Jedoch nur bis zu einem gewissen Maße, denn die an die Jugendlichen herangetragene Aufforderung, ihre Gruppenidentität kommunikativ und bildlich darzustellen, verstärkt das gemeinsame Bedürfnis nach Abgrenzung gegenüber anderen Gruppen oder gegenüber einem (fiktiven oder reellen) Publikum: Zugunsten der Vermittlung eines harmonischen Selbstbildes einer Gemeinschaft, die von gleichberechtigter Teilhabe aller Mitglieder bestimmt ist, werden heterogene Rollen innerhalb der Gruppe kommunikativ und bildnerisch nivelliert.

Das Sprechen über die bildnerische Darstellung als Gruppe und die zugrundeliegenden gestalterischen und sozialen Prozesse vor, während und nach der Bearbeitung intensiviert die gruppenbildende, identitäts- und kohäsionsstiftende Wirkung des gestalterischen Auftrags: Durch die Verbindung von Betrachten und Besprechen eines selbstkonstruierten Gruppenbildes werden die spezifischen Gruppen- und Beziehungsqualitäten der individuellen und gemeinsamen Selbstwahrnehmung in besonderem Maße zugänglich. Die Gruppe erzählt und reflektiert dabei nicht nur über sich selbst, ihr Gruppenbild und ihre Beziehungen untereinander, sondern konstruiert und bekräftigt das kollektive und individuelle Selbstbild im gemeinsamen Diskurs.

Zusätzlich zu der Bearbeitung eines konkreten bildnerischen Gemeinschaftsauftrags trägt das grundsätzliche Einräumen von Zeit und Raum für die Entwicklung zwischenmenschlicher Beziehungen und sozialer Prozesse zu einer konstruktiv-kollaborativen Atmosphäre im Kunstunterricht bei und fördert dadurch die Motivation der einzelnen Beteiligten in Bezug auf die fachlichen Inhalte des Kunstunterrichts. Aus der Erfahrung kollaborativen bildnerischen Handelns (im Rahmen von Partner- und Kleingruppenarbeiten oder in der gesamten Kursgruppe) kann schließlich eine spezifisch kollaborative, auf Gemeinschaft hin orientierte Haltung bei den Beteiligten erwachsen, welche die Grundlage dafür bildet, dass der Austausch und die Zusammenarbeit zwischen allen Kursmitgliedern als notwendige und sinnvolle Strategien gestalterischen Arbeitens im Kunstunterricht etabliert werden können.

Didaktisch-pädagogische Schlussfolgerungen

Auf *allgemeinpädagogischer Ebene* folgt aus dieser Kernaussage der Untersuchung die Konsequenz, dass das Vorhandensein von Gemeinschaft in einer Kursgruppe oder Kleingruppe nicht vorausgesetzt werden kann, sondern eine didaktisierte Hinführung zu kollaborativen bildnerischen Prozessen erfolgen muss (siehe Abb. 27). Hierzu können allgemeinpädagogische teambildende Maßnahmen, z. B. gemeinsame Exkursionen zu Beginn eines neuen Schuljahres oder bei der Zusammensetzung eines neuen Kurses, beitragen.

Auch hinsichtlich dieses Aspekts ist es erneut sinnvoll, ausreichend Zeit für gruppeninterne Kommunikation, möglichst im Rahmen bewusst bewertungsfreier Phasen, einzuräumen. Diese Zeit ist notwendig für die Entwicklung einer Gruppenidentität, Gruppenkohäsion und einer individuellen Identifikation mit der Gruppe und dient außerdem der interaktiv-kommunikativen Erarbeitung einer (Arbeits-)Beziehung sowie der Klärung der Rollen und Aufgaben zwischen den Gruppenmitgliedern.

Auch aus *fachspezifischer Perspektive* sollten die soziale Interaktion und die Beziehungen der Gruppenmitglieder (innerhalb und außerhalb der Gruppe) im Kunstunterricht grundsätzlich nicht ignoriert werden, sondern immer auch als ein für die Jugendlichen in besonderem Maße motivierendes bildnerisches Thema in Betracht gezogen werden, weil damit ein hohes Potential zur Förderung verschiedener sowohl sozialer als auch ästhetischer Kompetenzen verbunden ist.

Neben der im Rahmen von Teilstudie 3 (Kap. 5.4) angewandten Methode einer fotografischen Selbstinszenierung als Kursgruppe können weitere, spezifisch ästhetisch-bildnerische Strategien mit dem Ziel des Teambuildings eingesetzt werden. So ermöglicht etwa das Nachstellen von Gruppendarstellungen als »living sculpture«, z. B. der »Bürger von Calais« von Auguste Rodin, den körperlich-emotionalen Nachvollzug der in einem Kunstwerk dargestellten Beziehungsstrukturen und kann daraufhin bspw. als Ausgangspunkt für die performative Darstellung des Beziehungsgeflechts in der Kursgruppe oder in Kleingruppen dienen.

Gruppenbildend sind des Weiteren verschiedene spielerische, kollaborative Gestaltungsübungen wie z. B. ein »Turmbau« mit einer reduzierten Material- und Werkzeugauswahl (Papier, Schere, 3 Meter Klebeband o.ä.) als kollaborative Aufgabe in Dreiergruppen. Auch durch die gegenseitige Abgrenzung und den spielerischen Wettbewerb mit den anderen Kleingruppen kann auf diese Weise zum Entstehen einer Gruppenidentität und -kohäsion innerhalb der einzelnen Arbeitsgruppen als Grundlage für eine weitergehende Auseinandersetzung mit einer offeneren, komplexeren Aufgabenstellung beigetragen werden (vgl. Schmidt-Wetzel 2016c, S. 44).

6.3.6 Die Orientierung an aktuellen jugendkulturellen, medialen, gesellschaftlichen und künstlerischen Strategien des Austauschs und der Zusammenarbeit verstärken

Für die jugendkulturellen und künstlerischen Strategien des Austauschs und der Zusammenarbeit, die in der theoretischen Hinführung zu den Fallstudien als relevanter gesellschaftlicher Hintergrund bzw. bedeutsames außerschulisches Bezugsfeld des Forschungsgegenstandes dargestellt wurden, hat sich durch die qualitativ-empirische Auswertung gezeigt, dass sie in dem beobachteten Kunstunterricht bzw. in der Wahrnehmung und im bildnerischen Verhalten der beforschten Schülerinnen und Schüler (noch) eine eher untergeordnete Rolle spielen. Dabei besteht eine Reihe von Möglichkeiten, diese auf den Kunstunterricht zu übertragen und dadurch die Qualität und Intensität des Austauschs und der Zusammenarbeit zwischen den

Bildnerische Beziehungsarbeit initiieren	
Didaktisch-pädagogische Schlussfolgerungen	
Allgemein: • die Hinführung zu kollaborativen Arbeitsformen didaktisch gestalten • teambildende Maßnahmen zu Beginn eines Schuljahres/Kurses/längerer kollaborativer Prozesse einsetzen • ausreichend Zeit und Raum für gruppeninterne Kommunikation gewährleisten	**Fachspezifisch:** • ästhetisch-bildnerische Strategien zur Teambildung einsetzen (z. B. Nachstellen von Kunstwerken als „living sculptures" in Gruppen) • durch spielerisch-bildnerische teambildende Strategien und Übungen (z. B. „Turmbau" in Dreiergruppen) Grundlagen für komplexere, offenere kollaborative bildnerische Prozesse schaffen • soziale Interaktion und Beziehungen der Jugendlichen als motivierendes und herausforderndes bildnerisches Thema nutzen

Abb. 27: Didaktisch-pädagogische Schlussfolgerungen aus der Kernaussage «Bildnerische Beziehungsarbeit»

Lernenden in bildnerischen Prozessen zu fördern. Im Folgenden sollen daher die Merkmale dieser außerschulischen Interaktions- und Kollaborationsformen noch einmal in Erinnerung gerufen und ihre Anwendbarkeit im Kunstunterricht aufgezeigt werden.

Die Interaktionsstrategien, die in Kap. 2.1 unter den Schlagworten *Sharing, Participating, Commenting, Co-Producing* und *Collaborating* beschrieben wurden, bieten Ansatzpunkte für eine Umsetzung und Thematisierung auf *allgemeinpädagogischer Ebene.* So können die bestehenden und außerhalb des Unterrichts intensiv genutzten sozialen Netzwerke genutzt werden, z. B. für einen kontinuierlichen Ideen- und Informationsaustausch im Rahmen eines längeren bildnerischen Prozesses oder im Sinne einer »*Crowd Intelligence« für die kollektive Recherche und Sammlung von Material, Informationen und Bildern zu einem gemeinsamen Oberthema* (vgl. Camuka/Peez 2016, S. 37f., 41).

Interaktive Bild-Plattformen wie Instagram können als kollaborative Werkzeuge und Bildsammlungen den Kunstunterricht bereichern, sollten aber auf *fachdidaktischer Ebene* durch spezifisch kunstpädagogische Strategien kritisch hinterfragt werden, z. B. in einem Spiel mit Wahrheit und Schein durch das Anlegen fiktiver Profile, die von Einzelnen oder in Kleingruppen mit entsprechenden Fotos bestückt werden. Auf diese Weise können u. a. auch die Kommunikationsformen und Beziehungen, die in den sozialen Netzwerken praktiziert werden, im Unterricht reflektiert werden, etwa dahingehend, inwiefern die Vorstellungen der Jugendlichen von Freundschaft und Privatsphäre durch diese geprägt sind oder ob diese dadurch eine Veränderung erfahren.

Digitale und soziale Medien bieten vielfältige Anlässe und Möglichkeiten interaktiver und kollaborativer Bildproduktionen, die auch im Kunstunterricht eingesetzt werden können. Konkrete Beispiele der »Kollaboration mittels Apps für Smartphones und Tablets«

<table>
<tr><th colspan="2">Die Orientierung an aktuellen jugendkulturellen, medialen, gesellschaftlichen und künstlerischen Strategien des Austauschs und der Zusammenarbeit verstärken</th></tr>
<tr><td colspan="2">Didaktisch-pädagogische Schlussfolgerungen</td></tr>
<tr><td>Allgemein:
• Möglichkeiten der soziale Medien, Bildplattformen und digitalen Enzyklopädien für kollaborative Recherchen und Sammlungen nutzen (wichtig: rechtliche Aspekte und Fragen zur Privatsphäre berücksichtigen)
• Funktionsweise sozialer Medien und „Nebenwirkungen“ (u. a. Datenschutz, Persönlichkeitsrechte) der Verwendung bestimmter Applikationen transparent machen</td><td>Fachspezifisch:
• Lebensweltbezug und Schülerorientierung: außerschulischen Umgang mit Bildern und Medien im Unterricht zum Unterrichtsthema machen
• Förderung der Medienkompetenz im Sinne einer emanzipierten, aufgeklärten und reflektierten Mediennutzung: die Lernenden für die eigenen Bild- und Medienpraxen sensibilisieren
• Orientierung an der Bildenden Kunst:
• temporäre, projektbezogener Gruppen bilden
• interdisziplinäre, auch fachübergreifende Kooperationen und Kollaborationen suchen
• Partner- und Gruppenarbeiten als Erprobungsräume für ein zunehmend selbstständiges individuelles bildnerisches Tun begreifen
• zeitgenössische künstlerische Strategien berücksichtigen, z. B. konzeptuelle, prozessorientierte, performative Ansätze</td></tr>
</table>

Abb. 28: Didaktisch-pädagogische Schlussfolgerungen aus der Orientierung an kollaborativen Strategien in Jugendkultur, Medien, Gesellschaft und Kunst

werden in Camuka/Peez 2016 vorgestellt. Die pädagogische Begleitung ist hierbei von entscheidender Bedeutung: Den Lernenden sollte u. a. bewusst gemacht werden, welchen Einfluss die technische Vorgabe bzw. Einschränkung von Gestaltungsmöglichkeiten durch die Verwendung einer bestimmten App z. B. auf ihre Art zu fotografieren hat. Auch Aspekte der Verwendung persönlicher Daten und Bilder, die auf Bildplattformen oder digitale Clouds hochgeladen werden, sollten thematisiert werden.

Aus dem Bereich der Bildenden Kunst (Kap. 2.2) lassen sich weitere fachspezifische didaktisch-methodische Vorschläge bleiten. So kann in Anlehnung an die zeitgenössischen Tendenzen künstlerischer Kollaboration (vgl. Krebber 2016) verstärkt die Bildung temporärer, projektbezogener Gruppen vorangetrieben werden. Hierfür sollten die Schülerinnen und Schüler angeleitet werden, Gruppen gezielt entsprechend ihrer individuellen Neigungen und Fähigkeiten so zu bilden, dass sich unterschiedliche Interessen und Kompetenzen sinnvoll verbinden und ergänzen können. Auch die fachübergreifende Kooperation und Kollaboration,

z. B. mit anderen Kursgruppen, kann im Sinne eines interdisziplinären Austausches zu einer Intensivierung bildnerischer Prozesse beitragen.

Vielversprechend erscheint des Weiteren die Betrachtung von Gruppen als Erprobungsraum für die individuelle ästhetisch-bildnerische Entwicklung: Während im Bereich der Bildenden Kunst der Anschluss an eine Künstlergruppe häufig eine frühe Phase und wichtige Etappe der nach einer gewissen Zeit individuell fortgesetzten künstlerischen Laufbahn darstellt, kann auch im Kunstunterricht die Zusammenarbeit in Paaren oder Gruppen als eine sinnvolle Vorstufe für ein zunehmend selbstständiges ästhetisch-bildnerisches Arbeiten aufgefasst werden.

Schließlich lässt sich durch die rezeptive Auseinandersetzung mit Beispielen künstlerischer Partnerschaften und Kollaborationen deren Vorbildcharakter dahingehend nutzen, um den Blick der Lernenden für die Vielfalt möglicher künstlerischer Arbeitsweisen zu öffnen. Da aktuelle künstlerische Kollaborationen häufig von einem stark konzeptuellen, prozessorientierten, auch performativen Arbeiten gekennzeichnet sind, kann den Lernenden auf diesem Wege auch das Konzept einer kollektiven Autorschaft, die nicht länger an die eigenständige Durchführung aller Bearbeitungsschritte gebunden ist, näher gebracht werden (vgl. z. B. Dudek 2016). Ein weiteres Praxisbeispiel, das zeigt, wie künstlerische Kollaborationsstrategien in den Kunstunterricht integriert werden können, findet sich in Schmidt-Wetzel 2016e: Nach dem surrealistischen Zufallsverfahren »Cadavre Exquis« und in Anlehnung an ein kollaboratives Filmprojekt des Künstlerduos M+M, bei dem weitere Künstler und Künstlerkollektive involviert sind, erarbeitet eine gesamte Kursgruppe eine »Fairy Foto Tale«, eine gemeinsame Fotoserie zum Thema Märchen.

7 Schluss

7.1 Reflexion des praxisforschenden Vorgehens

7.1.1 Reflexion des kunstpädagogischen Unterrichtshandelns

Aufgrund des Forschungsdesigns einer kunstpädagogischen Praxisforschung war ich nicht nur als Forscherin, sondern in erster Linie als Lehrerin aktiv in das Untersuchungsfeld 1 involviert und habe dieses durch mein kunstpädagogisches Unterrichtshandeln wesentlich geprägt. Wenn gleich auch die Lehrer-Schüler-Interaktion bewusst nicht Gegenstand der Untersuchung war[97], soll dieses kunstpädagogische Unterrichtshandeln im Folgenden rückblickend beurteilt werden; zum einen, um daraus resultierende Einflüsse auf die Forschung offenzulegen, zum anderen, weil damit auch die Möglichkeit eines Erkenntnisgewinns und daran anschließend einer Weiterentwicklung meiner eigenen Unterrichtspraxis als Kunstlehrerin einhergeht. Denn im Laufe der Untersuchung entwickelte ich ein vertieftes Bewusstsein für meine persönlichen kunstpädagogischen Einstellungen, Überzeugungen und daraus folgenden Handlungen, die zuvor vielfach unreflektiert vertreten bzw. praktiziert wurden.

So spiegelt sich etwa meine eigene künstlerische Sozialisation und Biografie, insbesondere die Erfahrungen während des Kunststudiums, in verschiedenen kunstpädagogischen Entscheidungen und Vorgehensweisen deutlich wider. Bspw. können die Merkmale der Zwischenbesprechung im Kursplenum, für die am Fall Lena (siehe Kap. 5.2.2) eine große Bedeutsamkeit innerhalb des kollaborativen bildnerischen Prozesses rekonstruiert wurde, auf meine eigenen Erfahrungen im Rahmen des künstlerischen Atelierstudiums zurückgeführt werden. Auch die Betonung des konzeptuellen, ergebnisoffenen, nicht an ein spezifisches Material oder eine bestimmte bildnerische Technik gebundenen Denkens, welches durch die Art der Aufgabenstellungen nachvollzogen werden kann, ist als Rückgriff auf künstlerische Strategien, die bei meiner eigenen künstlerischen Arbeit erfolgreich waren, zu werten.

Rückblickend können darüber hinaus wichtige Aussagen über meine subjektiven Einstellungen zu Gruppenarbeit und meinen Gruppenbegriff als Lehrerin-Forscherin getroffen werden, vor deren Hintergrund die kollaborativen Aufgabenstellungen für den beforschten Kunstunterricht konzipiert wurden. Sie erweisen sich als gekennzeichnet von einem – durchaus auch konstruktivistisch untermauerten – großen Vertrauen in die Selbststeuerungskräfte von Gruppen. D. h., bei der Konzeption der in der Untersuchung thematisierten Aufgabenstellungen bin ich davon ausgegangen, dass die Schülerinnen und Schüler alleine durch die Zusammenarbeit zu besseren Gestaltungsergebnissen gelangen können als in Einzelarbeit.

97 Für die Begründung dieser Entscheidung siehe den Absatz »Umgang mit den spezifischen Herausforderungen kunstpädagogischer Praxisforschung in der vorliegenden Untersuchung« in Kap. 5.1.4.

Daraus folgte die didaktische Entscheidung, nach Erteilung der Aufgabenstellung als Lehrperson möglichst wenig in die bildnerischen Prozesse einzugreifen, sondern den Lernenden sehr viel Raum für selbstorganisierte gemeinsame Erfahrungen zu ermöglichen. Die Paare oder Gruppen wurden dabei jeweils als geschlossene Einheiten wahrgenommen, die individuellen bildnerischen Prozesse sowie die sozialen Intragruppenprozesse fanden bei der Unterrichtsplanung kaum Berücksichtigung.

Der Terminologie Schattenhofers folgend (siehe Kap. 1.4.2) beruhte meine der Untersuchung zugrundeliegende Unterrichtskonzeption damit auf einem Gruppenmodell, das allein die integrierenden Kräfte von Gruppen im Blick hat, Gruppen damit tendenziell als harmonische, automatisch funktionierende Einheiten idealisiert und die ebenso notwendigen differierenden Vorgängen in Gruppen (noch) nicht in einem angemessenen Maße berücksichtigt.

U. a. am Fall von Moritz (siehe Kap. 5.2.3) zeigte sich jedoch zum einen, dass alleine durch die Zusammenarbeit mit anderen nicht zwingend eine bildnerische oder soziale Weiterentwicklung stattfinden muss, und zum anderen, dass individuelle kritische Einstellungen zu Kunstunterricht allgemein sowie kollaborativen Prozessen im Besonderen nicht zugunsten eines insgesamt ›funktionierenden‹ Kunstunterrichts ignoriert werden dürfen. Dabei ist Moritz keinesfalls als Ausnahme oder Sonderfall zu vernachlässigen. Vielmehr muss davon ausgegangen werden, dass Moritz' Einstellungen und Verhalten ebenso exemplarisch sind wie z. B. jene des »Gruppenarbeitsfans« Lena (siehe Kap. 5.2.2). Die daraus abgeleiteten didaktischen Konsequenzen (u. a. stärkere Strukturierung des gemeinsamen bildnerischen Prozesses, größere Transparenz in Bezug auf die Leistungserwartungen, Vorschläge und Hilfestellung für eine Aufgabenteilung innerhalb von Gruppen) wurden bereits in Kap. 6.3 dargestellt. Sie sind als Schlussfolgerung aus der Reflexion meines eigenen kunstpädagogischen Unterrichtshandelns künftig bei der Planung und Durchführung eines kollaborativ angelegten Kunstunterrichts zu berücksichtigen (vgl. Schmidt-Wetzel 2016d, 2016e).

7.1.2 Forschungsmethodische Reflexion

Rückbezug auf die Forschungsfragen und Aufzeigen von Fokusverschiebungen im Verlauf des Forschungsprozesses

Der Ausgangspunkt der vorliegenden Untersuchung war, wie im vorangegangen Kapitel noch einmal reflektiert wurde, mein subjektives Interesse an kollaborativen bildnerischen Arbeitsformen und die aus der eigenen Unterrichtspraxis gewonnene Überzeugung, dass diese besonders positive Wirkungen auf die Gestaltungsprozesse im Kunstunterricht haben können. Darauf aufbauend wurden die den Untersuchungsgegenstand konkretisierende Forschungsfragen formuliert (siehe Kap. 5.1.1). Diese haben sich im Laufe der Untersuchung aufgrund ihrer klaren Fokussierung auf einen bestimmten Problembereich einerseits und ihre Ergebnisoffenheit andererseits als sinnvolle Leitlinien der Forschung erwiesen. Ohne die Fragestellungen verändern zu müssen, kam es im Verlauf des Forschungsprozesses (Erhebung – Auswertung – erneute Erhebung – Auswertung) zu Fokusverschiebungen, die eine Bereicherung für die Forschung und den beforschten Unterricht darstellen. U. a. ergab sich aus dem empirischen Material eine Verschiebung des Forschungsinteresses dahingehend, dass zunehmend nicht nur die Zusammenarbeit in Gruppen und Paaren, sondern der Austausch und die Zusammenarbeit in allen Sozialformen, einschließlich von Einzelarbeit, betrachtet wurden.

Im Verlauf der Untersuchung veränderte sich durch die theoretische und empirische Auseinandersetzung mit dem Forschungsgegenstand auch mein eigenes Gruppenkonzept – sowohl als Forscherin als auch als Lehrerin: An die Stelle der vereinheitlichten Wahrnehmung von Gruppen als homogene Einheiten trat verstärkt die Wahrnehmung der individuellen Bedürfnisse, Einstellungen und Handlungsweisen der einzelnen Beteiligten innerhalb von Gruppen. An die Stelle einer idealisierten Vorstellung der Potentiale von Gruppen trat die differenzierte Betrachtung und Beschreibung von Bedingungen, die für ein erfolgreiches kollaboratives Handeln im Kunstunterricht erforderlich sind.

Rückblickende Zusammenfassung zentraler Merkmale der Untersuchung

Mit Hilfe des komplexen, dreigliedrigen Untersuchungsplans konnten – trotz der oben transparent gemachten subjektiven Vorannahmen und begünstigt durch die genannten Fokusverschiebungen im Verlaufe des Forschungsprozesses – äußerst differenzierte Aussagen zum Forschungsgegenstand gewonnen werden. Sie tragen entscheidend zur Klärung des Phänomens des kollaborativen Handelns zwischen Schülerinnen und Schülern im Kunstunterricht bei und leisten damit einen wichtigen Beitrag für eine erweiterte kunstpädagogische Wahrnehmung der Zusammenhänge zwischen sozialen und bildnerischen Prozessen.

Eine besondere Qualität der Untersuchung und der daraus resultierenden Ergebnisse beruht auf der konsequenten Fokussierung auf die Perspektiven der Schülerinnen und Schüler, die bislang im Rahmen kunstpädagogischer Forschung in dieser Intensität noch nicht erhoben wurden. Durch die Triangulation mit der Videobeobachtung eines kollaborativen Gestaltungsprozesses konnten diese subjektiven Perspektiven der Befragten überprüft und um weitere Aspekte ergänzt werden. Doch vor allen Dingen die nachträgliche Hinzunahme eines weiteren Falls aus einem anderen Untersuchungsfeld (siehe Kap. 5.4) erweist sich nach Abschluss der Forschung als äußerst wichtige Entscheidung im Hinblick auf die Gültigkeit der Untersuchungsergebnisse: Denn zum einen eröffnete sich dadurch die Möglichkeit, zusätzlich zu den individuellen Perspektiven einzelner Schülerinnen und Schüler kollektive Aussagen einer Schülergruppe in einem spezifisch bildnerischen Medium zu erheben. Zum anderen ermöglichte es die Auseinandersetzung mit einem Untersuchungsfeld, in das ich als Forscherin nicht selbst involviert war, die wissenschaftliche Arbeit ganz auf den konkreten Forschungsgegenstand zu fokussieren und sich stärker von den eigenen subjektiven Vorprägungen und Einflussnahmen zu distanzieren, als dies in Untersuchungsfeld 1 (siehe Kap. 5.2 und 5.3) der Fall war.

Damit ist bereits eine wesentliche forschungsmethodische Herausforderung der durchgeführten kunstpädagogischen Praxisforschung angesprochen: Die Beforschung des eigenen

Unterrichts als ein »*Go Between*« (Moser 1995, S. 91) zwischen Wissenschaft und Praxis erwies sich im Verlauf des Forschungsprozesses als ein äußerst komplexes Vorhaben, da, wie bereits erwähnt, neben dem eigentlichen Forschungsgegenstand immer wieder andere Faktoren meine Aufmerksamkeit als Lehrerin-Forscherin erregten und eine Fokussierung auf das eigentliche Untersuchungsinteresse erschwerten. Gleichzeitig bringt das Forschungsdesign der Praxisforschung jedoch auch die nicht zu unterschätzende erkenntniserweiternde »Nebenwirkung« mit sich, das eigene Unterrichtshandeln – gespiegelt in den Aussagen der Schülerinnen und Schüler einerseits sowie in den Kommentaren und Rückmeldungen mitforschender Kunstpädagoginnen und Kunstpädagogen andererseits – reflektieren zu können.

In dieser Hinsicht war die den qualitativen Fallstudien vorausgegangene theoretische Auseinandersetzung mit dem Konzept der Praxisforschung nicht nur für mich als Forscherin eine dringend erforderliche Vorbereitung und Vorentlastung der qualitativen Erhebungen und Auswertungen im eigenen Kunstunterricht. Vielmehr kann die vorliegende kunstpädagogische Praxisforschung dadurch und in Verbindung mit der ausführlich dargestellten methodischen Vorgehensweise auch als nachvollziehbares Modell für die Forschungen anderer Kunstpädagoginnen und Kunstpädagogen dienen, die ja bereits vielfach Praxisforschungen durchführen, in der Regel jedoch ohne die damit verbundenen Implikationen transparent zu machen (siehe Kap. 5.1.4).

Überprüfung der Untersuchung hinsichtlich der Erfüllung der Gütekriterien qualitativer Praxisforschung

Für eine weitere Reflexion des Forschungsprozesses sollen über die bereits als besonders relevant angesprochenen Aspekte hinaus noch einmal die Gütekriterien qualitativer Praxisforschung (siehe Kap. 5.1.4 und vgl. Moser 1995, S. 118ff. sowie Mayring [5]2002, S. 144ff.) hinzugezogen werden.

Dem Kriterium der *Transparenz* wird entsprochen, indem u. a. das Forschungsdesign einschließlich der zugrundeliegenden methodologischen Verortungen (siehe Kap. 5.1) sowie das eigentliche Auswertungsverfahren (siehe Kap. 5.2-5.4) ausführlich dargestellt werden. Alle verwendeten Daten sind im dokumentiert und einsehbar (siehe Anhang), sodass die getroffenen Interpretationen anhand des Ausgangsmaterials nachvollzogen werden können. Auch subjektive Vorannahmen sowie forschungsorganisatorische und technische Schwächen werden an verschiedenen Stellen offengelegt.

Entsprechend dem Gütekriterium der *Stimmigkeit* wurde eine umfangreiche Untersuchung in mehreren Teilstudien durchgeführt, wobei die angewandten Methoden jeweils genau an die spezifischen Erfordernisse angepasst wurden, anstatt für alle Teiluntersuchungen auf eine einheitliche Methode zurückzugreifen. Dabei wurde jedoch strikt darauf geachtet, dass alle Methoden sinnvoll mit dem Paradigma qualitativ-empirischer, phänomenologischer Praxisforschung in Einklang zu bringen sind und keine sich untereinander widersprechenden Verfahren verfolgt werden.

Die *Adäquatheit* der Forschungsergebnisse konnte nur in einem Fall im Rahmen eines »*member checks*« mit der Lehrerin Frau Bach, die den Vorleistungskurs im Untersuchungsfeld 2 leitete, überprüft werden (siehe Kap. 5.4.4). Die Konfrontation der an der Untersuchung beteiligten Schülerinnen und Schüler war dagegen aus verschiedenen, hauptsächlich organisatorischen Gründen nicht möglich (siehe ebd.). Da jedoch in dem spezifischen Fall der vorliegenden Untersuchung die Forscherin selbst Teil des Praxissystems war, besteht eine weitere wichtige Möglichkeit zur Überprüfung der Adäquatheit der Forschungsergebnisse in der Übertragung auf die eigene kunstpädagogische Unterrichtspraxis (vgl. Schmidt-Wetzel 2016d, 2016e).

Dem Kriterium der *Intersubjektivität* wird auf mehreren Ebenen entsprochen: Zum einen wird die spezifische Perspektive der Forscherin in Bezug auf den Untersuchungsgegenstand dargestellt, Vorwissen, Vorannahmen und Erwartungen werden offengelegt sowie die eigene Rolle und die damit verbundenen Wirkungen im Feld reflektiert. Darüber hinaus wurde für die Interpretationen im Rahmen der qualitativen Auswertung immer wieder eine Investigator-Triangulation (vgl. Flick 2011, S. 23f.) durchgeführt, d. h., in kooperativen Interpretationsprozessen wurden gemeinsam mit anderen Forscherinnen und Forschern Interpretationsansätze für die unterschiedlichen Daten (weiter)entwickelt sowie die individuell erarbeiteten (Zwischen-)Ergebnisse der Forscherin kontinuierlich in verschiedenen Forschungswerkstätten überprüft.

Für das Kriterium der *Anschlussfähigkeit* gilt ähnlich wie für das Kriterium der Adäquatheit, dass dieses erst durch die Rückführung der erarbeiteten Forschungsergebnisse in den Fachdiskurs und in die Unterrichtspraxis abschließend beurteilt werden kann. Erste Versuche hierzu wurden bereits erfolgreich unternommen und dokumentiert (vgl. Schmidt-Wetzel 2016d, 2016e); die Anschlussfähigkeit an die Kunstpädagogik als Wissenschaftsbereich wurde bereits in Kap. 6.2 aufgezeigt.

Kollaboration im Forschungsprozess

Zum Abschluss der forschungsmethodischen Reflexion ist die besondere Bedeutung der Zusammenarbeit mit anderen kunstpädagogischen Forscherinnen und Forschern für diese Untersuchung hervorzuheben. Dabei fällt auf, dass die Strukturmerkmale kollaborativen Handelns, die als die bildnerischen Prozesse im Kunstunterricht begünstigend rekonstruiert werden konnten, vielfach auch bei der Zusammenarbeit im Rahmen der »Forschungswerkstatt« wirksam wurden, in der die vorliegende Untersuchung von meinem Betreuer Prof. Dr. Georg Peez und weiteren Doktorandinnen und Doktoranden begleitet wurde: In einer Atmosphäre, die von Humor und gegenseitiger Wertschätzung sowie dem Ausblenden von Leistungsdruck und Konkurrenzdenken geprägt war, konnte sachliche Kritik konstruktiv geäußert werden, ohne dass davon Angriffe auf die Persönlichkeit oder Forschungstätigkeit zu befürchten gewesen wären. Aus der intensiven gemeinsamen wissenschaftlichen Arbeit entwickelten sich verlässliche, teilweise freundschaftliche Beziehungen, die die Grundlage für gegenseitige Unterstützung und Hilfe sowie anschließende weitere Kollaborationen bilden. Im kollegialen Austausch trafen z.T. sehr unterschiedliche fachliche Auffassungen und Expertisen aufeinander, die halfen, die subjektive Perspektive auf den eigenen Forschungsgegenstand zu erweitern. Wie im Rahmen kollaborativer bildnerischer Prozesse von Schülerinnen und Schülern ermöglichte die Konfrontation mit anderen Interpretationen und Erfahrungen also die Öffnung und Flexibilisierung der eigenen Sichtweise, indem der eigene wissenschaftliche Prozess sowie die diesem häufig noch unbewusst zugrundeliegenden Überzeugungen stellvertretend mit den Augen der Mitforschenden gesehen und um deren Perspektive erweitert wahrgenommen werden konnten. Wie beim kollaborativen Handeln im Rahmen von Gestaltungsprozessen entstand durch die auf diese Weise gleichermaßen fokussiertere als auch distanziertere Haltung zum Forschungsgegenstand ein vertieftes Bewusstsein, z. B. für möglicherweise zunächst intuitiv getroffene methodische Entscheidungen, und ein vertiefteres Verständnis für das eigene interpretatorische Vorgehen, was sich überaus konstruktiv auf den Forschungsprozess und seine Ergebnisse auswirkte.

7.2 Ausblick

Als explorative Untersuchung liefert diese Forschungsarbeit wichtige grundlegende Aussagen bezüglich der Wechselbeziehungen zwischen sozialen und bildnerischen Prozessen im Kunstunterricht. Im Verlauf des Forschungsprozesses haben sich darüber hinaus neue Forschungsfragen sowie Anknüpfungspunkte an bereits vorhandene Untersuchungsergebnisse ergeben, aus denen der weiterführende Forschungsbedarf abgeleitet wird.

So können die neuen bildungspolitischen Herausforderungen, die im Zusammenhang mit den zunehmenden Inklusionsforderungen und einer verstärkten Heterogenität in der Schule bestehen, zum Anlass genommen werden, um Wichelhaus' Thesen über eine besondere Eignung kooperativen bzw. kollaborativen kunstpädagogischen Arbeitens im Hinblick auf kompensatorische und sozialpädagogische Erfordernisse (siehe Kap. 1.2) qualitativ-empirisch nachzugehen.

Anknüpfend an Mollenhauers Befunde zum Zusammenhang zwischen Interaktion und ästhetischer Erfahrung im Bereich der Musik (siehe Kap. 3.2.1) ist des Weiteren eine dezidiert kunstpädagogische Untersuchung anzustreben, die den Fokus enger setzt, die also Interaktion bei bildnerischen Prozessen in einem zeitlich, räumlich und thematisch überschaubareren Rahmen als die vorliegende Forschungsarbeit untersucht. Mittels einer (ggf. audiovisuell gestützten) Teilnehmenden Beobachtung eines gesamten Gestaltungsprozesses, z. B. beim Malen oder Zeichnen eines Gemeinschaftsbildes in Partner- oder Gruppenarbeit, könnte etwa in Kombination mit der Analyse des gemeinsam erstellten Bildes untersucht werden, welche konkreten Interaktionsformen im bildnerischen Bereich auf der Mikroebene realisiert werden und ob möglicherweise Entsprechungen zu den von Mollenhauer bestimmten musikalischen Interaktionsformen zu finden sind.

Durch die beforschten Untersuchungsfelder, die jeweils in der gymnasialen Oberstufe verortet sind, besteht darüber hinaus der Bedarf, das bildnerische kollaborative Handeln auch in Gruppen in Grundschule und Sekundarstufe I näher zu untersuchen, weil die anhand von Untersuchungen in Oberstufenkursen gewonnenen Aussagen nicht ohne Weiteres auf den Kunstunterricht mit jüngeren Schülerinnen und Schülern übertragen werden können. Da in der vorliegenden Studie der Fokus bewusst außerdem ganz auf die Interaktion der Lernenden untereinander gerichtet war, könnte eine an diese Untersuchung anschließende Forschungsarbeit des Weiteren gezielt den Einfluss und die Rolle der Kunstlehrenden bei kollaborativen bildnerischen Prozessen in den Blick nehmen.

Forschungsmethodisch ergibt sich aus den im vorangegangenen Kapitel reflektierten Potentialen der Methode Photovoice im Hinblick auf die kunstpädagogische Forschung die Forderung, an diese in weiteren Untersuchungen anzuknüpfen und sie ggf. weiterzuentwickeln. Dabei können über das Thema der fotografischen Selbstinszenierung als Gruppe hinaus weitere kunstpädagogische Inhalte und Strategien als Forschungsimpulse aufgegriffen werden. Denkbar und vielversprechend erscheint es bspw., Kinder oder Jugendliche als Probandinnen und Probanden einer kunstpädagogischen Untersuchung damit zu beauftragen, eine »Ästhetische Forschung« (Kämpf-Jansen 2001) zu ihrem Lebensumfeld oder ihrer Schule durchzuführen, deren bildnerische Ergebnisse dann als Material für eine Auswertung nach der Photovoice-Methode dienen können. Hier eröffnen sich gleichzeitig auch Möglichkeiten, Schülerinnen und Schüler noch stärker partizipativ in die kunstpädagogische Forschung und damit in die Weiterentwicklung der Kunstpädagogik einzubinden.

Die abschließende, wesentliche Forderung für den Umgang mit den in dieser Untersuchung gewonnenen Erkenntnissen ergibt sich jedoch aus deren Anspruch als Praxisforschung. Denn erst durch die unterrichtspraktische Erprobung der allgemeinen und fachspezifischen methodischen Vorschläge, die aus der qualitativ-empirischen Auswertung abgeleitet wurden, können die Gütekriterien der Anschlussfähigkeit und der Adäquat der Untersuchung in Bezug auf die kunstpädagogischen Praxisbedürfnisse tatsächlich überprüft sowie die Forschungsergebnisse für die Praxis nutzbar gemacht werden. Der nächste, sich aus der vorliegenden Forschungsarbeit ergebende, bereits in Angriff genommene Schritt besteht aus diesem Grunde darin, aufbauend auf den Untersuchungsergebnissen konkrete Ansätze für einen kollaborativ angelegten Kunstunterricht zu entwickeln, diese praktisch zu erproben, einer erneuten Evaluation zuzuführen und schließlich über die eigene Unterrichtspraxis hinaus der kunstpädagogischen Community zugänglich zu machen (vgl. Schmidt-Wetzel 2016c-g).

Würdigung

Miriam Schmidt-Wetzel thematisiert mit der hier vorgelegten kunstpädagogischen Praxisforschung einen bisher empirisch nicht untersuchten und auch in didaktischen Konzepten kaum beachteten Bereich des Kunstunterrichts, nämlich die Einflüsse sozialer Interaktion, des Miteinander-Tätigseins zwischen Schülerinnen und Schülern auf deren bildnerische Prozesse und Ergebnisse.

Unter welchen Bedingungen kann ein solches kollaboratives Handeln im Kunstunterricht gelingen und wie können diese Erkenntnisse gewinnbringend für die bildnerischen Prozesse und den Ablauf des Kunstunterrichts insgesamt eingesetzt werden?

Wie für eine wissenschaftliche Untersuchung grundlegend, führt die Autorin die zentralen Begriffe, wie sie in der Studie verwendet werden, einer tragfähigen, tiefgründigen und zielführenden Klärung zu. Im Zentrum steht hierbei die Kollaboration. Es wird Wert darauf gelegt, dass vor allem die wissenschaftlichen Kontexte – etwa der Soziologie, Sozialpsychologie, Pädagogik, Kunst- und Medientheorie – genau beachtet werden. Von der Gründlichkeit der Vorgehensweise Miriam Schmidt-Wetzels zeugen ferner die u. a. historischen Recherchen zu Formen der Kollaboration in der Bildenden Kunst, die durchaus den Anspruch gesellschaftlicher Innovation und Veränderung haben.

Die Forscherin verortet ihr Vorgehen sprachlich präzise und differenziert im Kontext einer kunstpädagogischen Praxis- und Aktionsforschung, für welche sie Herausforderungen statuiert, etwa hinsichtlich der Doppelrolle der forschenden Lehrerin bzw. lehrenden Forscherin. Die vorbildlichen forschungsmethodischen Darlegungen sind zukunftsweisend, insbesondere für die innovative, gegenstandsangemessene sowie eindrucksvoll erläuterte und angewandte Methode »Photovoice« sowie für die erziehungswissenschaftliche Videografie bzw. Videoanalyse.

Den empirischen sowie umfangreichen Kern der Gesamtuntersuchung bilden ausführlich vorgelegte Interpretationen zu fallspezifisch untersuchten Kunstunterrichtseinheiten. Eindrucksvoll wird deutlich, dass nur ein so präzises, methodisch regelgeleitetes Vorgehen dazu führt, tiefere Sinnebenen im sozialen und bildnerischen Handeln der Akteure zu erschließen. Zu betonen ist, was für Forschungen grundsätzlich gilt, dass die Ergebnisse letztlich nur so gut und überzeugend sein können wie die Forschungsmethoden, mit denen diese Ergebnisse ermittelt wurden. Die Gewissenhaftigkeit und Reflexivität, mit der die Autorin in dieser Hinsicht vorgeht, lassen keinen Zweifel daran, dass dieses wissenschaftliche Qualitätskriterium voll und ganz erfüllt ist.

Die Ergebnisse und Erkenntnisse über Kollaboration im Kunstunterricht sind bedeutend und innovativ;

- so etwa über die vielfältigen Formen und Funktionen des Austauschs in bildnerischen Prozessen im Kunstunterricht, insbesondere die Rolle der nonverbalen Kommunikation.
- Wichtige Aspekte des kollaborativen Handelns liegen in der Phase der gemeinsamen Ideenentwicklung sowie eines freien, experimentellen Herangehens an die bewusst offene Aufgabenstellung.
- Ästhetische Urteile werden immer auch sehr stark durch Vergleiche und Beziehungen zu Werken anderer in der dialogischen Auseinandersetzung gefällt und weiterentwickelt.
- Als besonders effektiv für das kollaborative Handeln im Kunstunterricht erweist sich die Partnerarbeit von zwei Schülerinnen bzw. Schülern, wohingegen eine Gruppe von ca. fünf Schülerinnen und Schülern oder mehr tendenziell Passivität fördert. Die Forscherin benennt hierfür einige Ursachen, etwa die Schwierigkeiten bei der Aushandlung der gemeinschaftlichen Verantwortungsübernahme, mangelnde Kommunikation, soziale Präferenzen oder auch eingefahrenes Rollenverhalten. Für Partnerarbeiten und Kleingruppenarbeiten als funktionierende Sozialformen im Kunstunterricht gelten demnach jeweils völlig unterschiedliche Regeln und Anforderungen.
- Als Strukturmerkmale im kollaborativen Prozess ergeben sich etwa die gleichermaßen bedeutsamen Pole von Freiheit und Offenheit auf der einen Seite sowie Sicherheit und Orientierung auf der anderen Seite.

Sehr überzeugend, weil nicht nur aus der Distanz einer Forscherin geschrieben, sondern auch geprägt durch die Erfahrung einer Kunstlehrerin in der Regelschule, sind die allgemeinen und fachspezifischen didaktisch-pädagogischen Schlussfolgerungen, die Miriam Schmidt-Wetzel abschließend benennt. Diese bestens gegliederte Darstellung wird dem Anspruch voll und ganz gerecht, dass insbesondere qualitativ empirische Forschung in der Kunstpädagogik kein Selbstzweck ist, aber auch nicht zu eindimensionalen Leitsätzen führen sollte, wie Kunstunterricht zukünftig zu erfolgen habe. Sondern es geht vielmehr darum, aufgrund der ermittelten Erkenntnisse ein reflexives Bewusstsein, innovative Sichtweisen sowie Sensibilität bei Kunstlehrenden zu erreichen, also um eine erweiterte kunstpädagogische Wahrnehmung der Zusammenhänge zwischen sozialen und bildnerischen Prozessen. Mit ihrer Erfahrung als Forscherin und Lehrerin gibt Miriam Schmidt-Wetzel hervorragende alltagstaugliche und praxisrelevante Hinweise, wie sich das bildnerische kollaborative Handeln im Kunstunterricht auch methodisch sinnvoll nutzen lässt, um sowohl fachliche, bild- und kunstbezogene Kompetenzen der Schülerinnen und Schüler als auch überfachliche Kompetenzen, wie etwa Toleranz und Wertschätzung für Heterogenität und Diversität zu stärken.

Prof. Dr. Georg Peez

Anhang

Verwendete Transkriptionszeichen

VIEL	betont
@(.)@	kurzes Auflachen
@(viel)@	lachend gesprochen
(singt)	Anmerkungen zu parasprachlichen oder nicht-verbalen Ereignissen
/	Satzabbruch
//wie//	Überlappungen zwischen unterschiedlichen Sprechern
(.) (..) (...) (4)	Dauer einer Pause in Sekunden
(viel?)	Unsicherheit bei der Transkription
( ) ( ) ( )	unverständliche Passagen; die Länge der Klammer entspricht der Länge der unverständlichen Äußerung
w:/ww:/m:/mm:	Äußerungen oder Ereignisse, die keiner bestimmten Person, jedoch einer/mehreren weiblichen/männlichen Personen zugeordnet werden können

Das Untersuchungsmaterial (Fotografien, Filmstills und Schülerarbeiten), Deskriptionen, Transkriptionen und die für die Buchpublikation gekürzten Interpretationsteile können im Internet unter dem nachfolgenden Link eingesehen werden:
http://publikationen.ub.uni-frankfurt.de/frontdoor/index/index/docId/39068

Soweit nicht anders vermerkt, wurden alle im Text und im Literaturverzeichnis genannten Internetquellen am 2. Mai 2017 letztmalig aufgerufen.

Abbildungsverzeichnis

Literaturverzeichnis

Aden, M./Peters, M. (2012): Chancen und Grenzen der Kompetenzorientierung in der Kunstpädagogik. In: BDK Fachverband für Kunstpädagogik Landesverband Hessen (Hrsg.): Kompetenzorientierung. BDK Info 01/12, S. 4-8.

Aebli, H. ([11]2001): Zwölf Grundformen des Lehrens: Eine Allgemeine Didaktik auf psychologischer Grundlage. Medien und Inhalte didaktischer Kommunikation, der Lernzyklus. Stuttgart.

Altrichter, H. (1990): Ist das noch Wissenschaft? Darstellung und wissenschaftstheoretische Diskussion einer von Lehrern betriebenen Aktionsforschung. München.

Altrichter, H./Posch, P. ([4]2007): Lehrerinnen und Lehrer erforschen ihren Unterricht. Bad Heilbrunn.

Antons, K. (2009): Die dunkle Seite von Gruppen. In: Edding, C./Schattenhofer, K. (Hrsg.): Handbuch Alles über Gruppen: Theorie, Anwendung, Praxis. Weinheim, Basel, S. 324-357.

Ardelt-Gattinger, E./Lechner, H./Schlögl, W. (Hrsg.) (1998): Gruppendynamik: Wirklichkeit und Anspruch der Arbeit in Gruppen. Göttingen.

Arnold, U. (1977): Gruppendynamik. In: Meyer, E. (Hrsg.): Handbuch Gruppenpädagogik – Gruppendynamik. Heidelberg, S. 29-31.

Aufschnaiter, S. v./Welzel, M. (Hrsg.) (2001): Nutzung von Videodaten zur Untersuchung von Lehr-Lern-Prozessen. Aktuelle Methoden empirischer pädagogischer Forschung. Münster.

Baloche, L. A. (1998): The Cooperative Classroom: Empowering Learning. Upper Sadle River u. a.

Battegay, R. (1991): Autonomie in der Gruppe und durch die Gruppe. In: Meyer, E./Winkel, R. (Hrsg.): Unser Konzept: Lernen in Gruppen: Begründungen, Forschungen, Praxishilfen. Baltmannsweiler, S. 17-30.

BDK Fachverband für Kunstpädagogik (2008): Bildungsstandards im Fach Kunst für den Mittleren Schulabschluss. In: BDK-Mitteilungen 03/2008, S. 2-4.

BDK Fachverband für Kunstpädagogik Landesverband Hessen (Hrsg.) (2012): Kompetenzorientierung. BDK Info 01/12.

Bennewitz, H. (2004): Helenas und Fabiennes Welt. Eine Freundschaftsbeziehung im Unterricht. In: Zeitschrift für Soziologie der Erziehung und Sozialisation (24), Heft 4, S. 393-407.

Bergold, J./Thomas, S. (2010): Partizipative Forschung. In: Mey, G./Mruck, K. (Hrsg.): Handbuch Qualitativer Forschung in der Psychologie. Wiesbaden, S. 333-344.

Bergold, J./Unger, H. v. (2013): Partizipative Forschung. Präsentation im Rahmen eines Workshops des Berliner Methodentreffens Qualitative Forschung, 12.-13.07.2013.

Bering, C./Bering, K. (Hrsg.) (1999): Konzeptionen der Kunstdidaktik: Dokumente eines komplexen Gefüges. Oberhausen.

Bering, C./Bering, K. (Hrsg.) ([3]2011): Konzeptionen der Kunstdidaktik: Dokumente eines komplexen Gefüges. Oberhausen.

Bering, K. (1993): Kunst und Kunstvermittlung als dynamisches System. Hamburg.

Bering, K. et al. ([2]2006): Kunstdidaktik. Oberhausen.

Bering, K./Höxter, C./Niehoff, R. (Hrsg.) (2010): Orientierung: Kunstpädagogik: Bundeskongress der Kunstpädagogik, 22.-25. Oktober 2009. Oberhausen.

Bering, K./Niehoff, R. (Hrsg.) (2009): Bildkompetenz(en): Beiträge des Kunstunterrichts zur Bildung. Oberhausen.

Bering, K./Niehoff, R. (2014): Bildkompetenz: Eine kunstdidaktische Perspektive. Oberhausen.

Bianchi, P. (Hrsg.) (1990a): Künstler-Paare I. Kunstforum International Bd. 106 (http://www.kunstforum.de/uebersicht_baende_abb.asp?session=1010276697; Zugriff: 29.07.2014).

Bianchi, P. (Hrsg.) (1990b): Künstler-Paare II. Kunstforum International Bd. 107 (http://www.kunstforum.de/uebersicht_baende_abb.asp?session=1010276697; Zugriff: 29.07.2014).

Bianchi, P. (Hrsg.) (2000) Kunst ohne Werk: Ästhetik ohne Absicht. Kunstforum International Bd. 152 (http://www.kunstforum.de/uebersicht_baende_abb.asp?session=1010276697; Zugriff: 29.07.2014).

Billing, J./Lind, M. (2007): Taking the Matter into Common Hands: On Contemporary Art and Collaborative Practices. London.

Bloss, W. (2008): »Kreaturen«. Tiermodelle zwischen Zoologie und Kunst. In: K+U Heft 327/328/2008, S. 33-35.

Bodner et al. (2011): BEO's – Bewegung und Ernährung an Oberfrankens Schulen. Abschlussbericht zur Initiative. Universität Bayreuth (http://www.beos.uni-bayreuth.de/de/downloads/Bericht/index.html).

Böhm, W. ([16]2005): Wörterbuch der Pädagogik. Stuttgart.

Bohnsack, R. (1997): Gruppendiskussionen und Milieuforschung. In: Friebertshäuser, B./Prengel, A. (Hrsg.): Handbuch Qualitative Forschungsmethoden der Erziehungswissenschaft. Weinheim, München, S. 492-501.

Bohnsack, R. (2006): Die dokumentarische Methode der Bildinterpretation in der Forschungspraxis. In: Marotzky, W./Niesyto, H. (Hrsg.): Bildinterpretation und Bildverstehen. Methodische Ansätze aus sozialwissenschaftlicher, kunst- und medienpädagogischer Perspektive. Wiesbaden, S. 45-75.

Bohnsack, R. ([7]2008): Rekonstruktive Sozialforschung. Einführung in qualitative Methoden. Opladen, Farmington Hills.

Bohnsack, R. (2009): Qualitative Bild- und Videointerpretation: Die dokumentarische Methode. Opladen, Farmington Hills.

Bohnsack, R./Nentwig-Gesemann, I./Nohl, A.-M. (Hrsg.) ([2]2007): Die dokumentarische Methode und ihre Forschungspraxis. Grundlagen qualitativer Sozialforschung. Wiesbaden.

Bohnsack, R./Przyborski, A./Schäffer, B. (Hrsg.) (²2010): Das Gruppendiskussionsverfahren in der Forschungspraxis. Opladen, Farmington Hills.

Borsch, F. (2010): Kooperatives Lehren und Lernen im schulischen Unterricht. Stuttgart.

Bortz, J./Döring, N. (²1995): Forschungsmethoden und Evaluation. Berlin, Heidelberg, New York.

Bourriaud, N. et al. (2002): Relational aesthetics. Paris.

Breidenstein, G. (2006): Teilnahme am Unterricht. Ethnographische Studien zum Schülerjob. Wiesbaden.

Brumlik, M. (⁶2001): Interaktionismus, Symbolischer. In: Lenzen, D. (Hrsg.): Pädagogische Grundbegriffe. Bd. 1: Aggression bis Interdisziplinarität. Reinbek bei Hamburg, S. 764-781.

Brüning, L./Saum, T. (2008a): Regisseure im Klassenzimmer. Über individuelle und gemeinsame Formen der Aneignung. In: Friedrich-Jahresheft: Individuell lernen – kooperativ arbeiten. Heft XXVI/2008, S. 38-41.

Brüning, L./Saum, T. (2008b): Kooperatives Lernen – Methoden für den Unterricht. In: Friedrich-Jahresheft: Individuell lernen – kooperativ arbeiten. Heft XXVI/2008 (Beilage).

Brüning, L./Saum, T. (⁵2009): Erfolgreich unterrichten durch Kooperatives Lernen – Strategien zur Schüleraktivierung. Essen.

Burkhardt, S. (2007): Netz Kunst Unterricht: Künstlerische Strategien im Netz und kunstpädagogisches Handeln. München.

Burkhardt, S. (2009): Praktiken der Teilnahme und Gemeinschaftsbildung im Netz. In: K+U Heft 331/332/2009, S. 58-60.

Burow, O.-A. (1999): Die Individualisierungsfalle. Kreativität gibt es nur im Plural. Stuttgart.

Burow, O.-A. (2000): Ich bin gut – wir sind besser. Erfolgsmodelle kreativer Gruppen. Stuttgart.

Buschkühle, C.-P. (Hrsg.) (2003): Perspektiven künstlerischer Bildung. Köln.

Buschkühle, C.-P. (2007): Die Welt als Spiel. Bd. 2: Kunstpädagogik: Theorie und Praxis künstlerischer Bildung. Oberhausen.

Buschkühle, C.-P. (2008): Künstlerische Bildung im künstlerischen Projekt. In: BDK Info Hessen 01/2008, S. 18-20.

Buschkühle, C.-P. (2010): Kunst und Bildung. In: Bering, C./Bering, K. (Hrsg.) (³2011): Konzeptionen der Kunstdidaktik: Dokumente eines komplexen Gefüges. Oberhausen, S. 223-228.

Buschkühle, C.-P. (Hrsg.) (2012): Künstlerische Kunstpädagogik. Ein Diskurs zur künstlerischen Bildung. Oberhausen.

Busse, K.-P. (Hrsg.) (2003): Kunstdidaktisches Handeln. Dortmund.

Busse, K.-P. (2011): Mapping – ein Bildungsprojekt, Browsing. Sharing. Collecting. Producing. In: Bering, C./Bering, K. (Hrsg.) (³2011): Konzeptionen der Kunstdidaktik: Dokumente eines komplexen Gefüges. Oberhausen, S. 237-241.

Camuka, A./Peez, G. (2016): Kollaboration mittels Apps für Smartphones und Tablets. Material-Teil mit Kommentar. In: K+U-Heft 407/408/2016, S. 37-43.

Criegern, A. v. (1999): Konzepte künstlerischer Auseinandersetzung. In: K+U Heft 233/1999, S. 40-43.

Dann, H.-D./Diegritz, T./Rosenbusch, H. S. (Hrsg.) (1999): Gruppenunterricht im Schulalltag: Realität und Chancen. Erlangen.

Dann, H.-D./Diegritz, T./Rosenbusch, H. S. (2002): Gruppenunterricht im Schulalltag. Ergebnisse eines Forschungsprojekts und praktische Konsequenzen. In: Gudjons, H. (Hrsg.) (²2003a): Handbuch Gruppenunterricht. Weinheim, S. 90-96.

Daub, K. (2008): »Und... Action!« Filmen ohne Film – Die Erstellung eines computeranimierten Storyboards. In: K+U Heft 319/2008, S. 18-19.

Daucher, H./Sprinkart, K.-P. (Hrsg.) (1979): Ästhetische Erziehung als Wissenschaft. Probleme. Positionen. Perspektiven. Köln.

Denzin, N. K. (⁴2005): Symbolischer Interaktionismus. In: Flick, U./Kardorff, E. v./Steinke, I. (Hrsg.): Qualitative Forschung: Ein Handbuch. Reinbek bei Hamburg, S. 136-150.

Dewey, J. (2005): Art as Experience. New York.

Dewey, J. (1988): Kunst als Erfahrung. Frankfurt am Main.

Diegritz, T./Rosenbusch, H. S./Dann, H. D. (1999): Intragruppenprozesse und Gruppenstrukturen in Schülerarbeitsgruppen. In: Dann, H.-D./Diegritz, T./Rosenbusch, H. S. (Hrsg.): Gruppenunterricht im Schulalltag: Realität und Chancen. Erlangen, S. 57-106.

Dinkelaker, J./Herrle, M. (2009): Erziehungswissenschaftliche Videographie: Eine Einführung. Wiesbaden.

Dreyer, A. (2005): Kunstpädagogische Professionalität und Kunstdidaktik. Eine qualitativ-empirische Studie im kunstpädagogischen Kontext. München.

Dudek, A. (2016): Verknotet mit dem Nachbarn. Gemeinsam handeln im Kunst-Kollektiv. In: K+U-Heft 407/408/2016, S. 32-35.

Eberle, T. S. (2014): Phenomenology as a Research Method. In: Flick, U. (Hrsg.): The Sage Handbook of Qualitative Data Analysis. Los Angeles, London, New Dehli, Singapore, Washington DC, S. 184-202.

Eberwein, H./Mand, J. (Hrsg.) (1995): Forschen für die Schulpraxis. Was Lehrer über Erkenntnisse qualitativer Sozialforschung wissen sollten. Weinheim.

Ecarius, J./Miethe, I. (Hrsg.) (2011): Methodentriangulation in der qualitativen Bildungsforschung. Opladen, Berlin, Farmington Hills.

Edding, C. (2009): Kleingruppenforschung – Geschichte, aktueller Stand, Bedeutung für die Praxis. In: Edding, C./Schattenhofer, K. (Hrsg.): Handbuch Alles über Gruppen: Theorie, Anwendung, Praxis. Weinheim, Basel, S. 47-85.

Edding, C./Schattenhofer, K. (Hrsg.) (2009): Handbuch Alles über Gruppen: Theorie, Anwendung, Praxis. Weinheim, Basel.

Edelstein, W./Habermas, J. (Hrsg.) (1984): Soziale Interaktion und soziales Verstehen. Frankfurt / Main.

Eggers, Dave (2014): The Circle. Köln.

Ehrenspeck, Y./Schäffer, B. (Hrsg.) (2003): Film- und Fotoanalyse in der Erziehungswissenschaft. Ein Handbuch. Opladen.

Eichhorn, C./Nagel, E. (2009). Fotodokumentationen. Partizipatives Analyse- und Evaluationsinstrument für Gesundheitsforderung im Setting. In: Prävention und Gesundheitsforderung, 3 (4), S. 207-216.

Endruweit, G./Trommsdorff, G. (Hrsg.) ([2]2002): Wörterbuch der Soziologie. Stuttgart.

Eucker, J. (1980): Ästhetische Praxis und Bildbetrachtung als pädagogische Prozesse. In: Eucker, J./Kämpf-Jansen, H.: Ästhetische Erziehung 5-10. München, Wien, S. 18-26. Zitiert nach: Bering, C./Bering, K. (Hrsg.) (1999): Konzeptionen der Kunstdidaktik: Dokumente eines komplexen Gefüges. Oberhausen, S. 101.

Fatke, R.: Fallstudien in der Erziehungswissenschaft. In: Friebertshäuser, B./Prengel, A. (Hrsg.): Handbuch Qualitative Forschungsmethoden in der Erziehungswissenschaft. Weinheim, München, S. 56-68.

Fischer, P./Müller, H. J. (Hrsg.) (2010): Ingeborg Lüscher: Zaubererfotos/Magician Photos. Zürich.

Fischer, F./Neber, H. (2011): Kooperatives und kollaboratives Lernen. In: Kiel, E./Zierer, K. (Hrsg.): Basiswissen Unterrichtsgestaltung. Bd. 2: Unterrichtsgestaltung als Gegenstand der Wissenschaft. Baltmannsweiler, S. 103-112.

Flick, U. ([4]2005): Design und Prozess qualitativer Forschung. In: Flick, U./Kardorff, E. v./Steinke, I. (Hrsg.): Qualitative Forschung: Ein Handbuch. Reinbek bei Hamburg, S. 252-265.

Flick, U. ([2]2008): Triangulation. Eine Einführung. Wiesbaden.

Flick, U. (2011): Zum Stand der Diskussion – Aktualität, Ansätze und Umsetzungen der Triangulation. In: Ecarius, J./Miethe, I. (Hrsg.): Methodentriangulation in der qualitativen Bildungsforschung. Opladen, Berlin, Farmington Hills, S. 19-39.

Flick, U./Kardorff, E. v./Steinke, I. ([4]2005): Was ist qualitative Forschung? Einleitung und Überblick. In: Dies. (Hrsg.): Qualitative Forschung: Ein Handbuch. Reinbek bei Hamburg, S. 13-29.

Flick, U./Kardorff, E. v./Steinke, I. (Hrsg.) ([4]2005): Qualitative Forschung: Ein Handbuch. Reinbek bei Hamburg.

Forgas, J. P. ([3]1995): Soziale Interaktion und Kommunikation: eine Einführung in die Sozialpsychologie. Weinheim.

Franke, A. (2007): Aktuelle Konzeptionen der Ästhetischen Erziehung. München.

Freitag, C./von Bargen, I. (2012): Praxisforschung in der Lehrerbildung, Berlin/Münster.

Frey, D./Bierhoff, H.-W. (2011): Sozialpsychologie – Interaktion und Gruppe. Göttingen u. a.

Friebertshäuser, B./Felden, H. v./Schäffer, B. (Hrsg.) (2007): Bild und Text. Methoden und Methodologien visueller Sozialforschung in der Erziehungswissenschaft. Opladen, Farmington Hills.

Friebertshäuser, B./Prengel, A. (Hrsg.) (1997): Handbuch Qualitative Forschungsmethoden in der Erziehungswissenschaft. Weinheim, München.

Friedrich-Jahresheft: Individuell lernen – kooperativ arbeiten. Heft XXVI/2008, Seelze.

Fuhr, R. (1992): Gruppenarbeit: Ein Trojanisches Pferd für die Schule. In: Gudjons, H. (Hrsg.) ([2]2003a): Handbuch Gruppenunterricht. Weinheim, S. 54-60.

Ganser, B. (2005): Kooperative Sozialformen im Unterricht. Ein unverzichtbarer Beitrag zur inneren Schulentwicklung. Dissertation an der Friedrich-Alexander-Universität Erlangen-Nürnberg.

Germain, J. (2012): Classroom Portraits. München, London, New York.

Geulen, D. (1994): Sozialisation. In: Lenzen, D. (Hrsg.): Enzyklopädie Erziehungswissenschaft. Handbuch und Lexikon der Erziehung in elf Bänden und einem Registerband Bd. 2. Stuttgart, S. 99-132.

Giesecke, H. ([2]1999): Die pädagogische Beziehung: Pädagogische Professionalität und die Emanzipation des Kindes. Weinheim, München.

Glas, A. (2006): Fliegen wollen – Fliegen lernen. Flugobjekte – eine Gemeinschaftsarbeit. In: K+U Heft 299/2006, S. 37-38.

Grauer, M. (2006): Neue Medien – Pädagogische Reflexe und kunsthistorische Korrekturen. In: Kirschenmann, J./Schulz, F./Sowa, H. (Hrsg.): Kunstpädagogik im Projekt der allgemeinen Bildung. München, S. 561-575.

Green, C. (2001): The third hand: collaboration in art from conceptualism to postmodernism. Minneapolis.

Grütjen, J. (2013): Kunstkommunikation mit der »Bronzefrau Nr. 6«. Qualitativ empirische Unterrichtsforschung zum Sprechen über zeitgenössische Kunst am Beispiel einer Plastik von Thomas Schütte. München.

Gudjons, H. (1992a): Spielbuch Interaktionserziehung. Bad Heilbrunn.

Gudjons, H. (1992b): Berufsbezogene Selbsterfahrung durch Fallbesprechung in Gruppen. In: Ders.: Spielbuch Interaktionserziehung, Bad Heilbrunn.

Gudjons, H. ([6]2001): Handlungsorientiert lehren und lernen. Schüleraktivität, Selbsttätigkeit, Projektarbeit. Bad Heilbrunn.

Gudjons, H. ([2]2003a): Handbuch Gruppenunterricht. Weinheim.

Gudjons, H. ([2]2003b): Gruppenunterricht. Eine Einführung in Grundfragen. In: Ders.: Handbuch Gruppenunterricht. Weinheim, S. 10-40.

Hattie, J. ([2]2013): Lernen sichtbar machen: Überarbeitete deutschsprachige Ausgabe von »Visible Learning«. Baltmannsweiler.

Heinze, T. ([2]1978): Unterricht als soziale Situation: Zur Interaktion von Schülern und Lehrern. München.

Hemme, J./Rausch, E. (1991): Didaktische Kommunikation und Kooperation – Basiskategorien des Unterrichts. In: Meyer, E./Winkel, R. (Hrsg.): Unser Konzept: Lernen in Gruppen: Begründungen, Forschungen, Praxishilfen. Baltmannsweiler, S. 50-58.

Hentig, H. v. (1982): Erkennen durch Handeln. Versuche über das Verhältnis von Pädagogik und Erziehungswissenschaft. Stuttgart.

Hesse, H./Fischer, A./Hoppe, R. (Hrsg.) (1992): Kommunikation und Kooperation im Unterricht: Erfahrungen aus Ost und West; Positionen – Praxisberichte – Aufgabenfelder. Baltmannsweiler.

Hesse, H. (1992): Lernen in Gruppen und Kollektiven – Auseinandersetzung mit Auffassungen zum Kollektiv. In: Hesse, H./Fischer, A./Hoppe, R. (Hrsg.): Kommunikation und

Kooperation im Unterricht: Erfahrungen aus Ost und West; Positionen – Praxisberichte – Aufgabenfelder. Baltmannsweiler, S. 30-43.

Hessisches Kultusministerium (Hrsg.) (2013): Oberstufen- und Abiturverordnung (OAVO) in der Fassung vom 04. April 2013. Wiesbaden.

Hill, S./Hill, T. (1996): The Collaborative Classroom – A Guide to Co-operative Learning. Armadale.

Hillmann, K.-H. ([5]2007): Wörterbuch der Soziologie. Stuttgart.

Hoffmann-Axthelm, D. (1991): Kunst und Kooperation. In: Kunstforum International Bd. 116, 1991 (http://www.kunstforum.de/inhaltsverzeichnis.asp?band=116&artikel=116008&session=1010276697; Zugriff 29.07.2014).

Hofmann, F. (2015): Kunst-Pädagogik, Kunst-Aneignung, Kunst-Vermittlung. Fallspezifische empirische Untersuchungen zu zwei Schulklassen und einer Kita-Gruppe in Kunstausstellungen.

Holzbrecher, A./Tell, S. (2006): Jugendfotos verstehen. Bildhermeneutik in der medienpädagogischen Arbeit. In: Marotzky, W./Niesyto, H. (Hrsg.): Bildinterpretation und Bildverstehen. Methodische Ansätze aus sozialwissenschaftlicher, kunst- und medienpädagogischer Perspektive. Wiesbaden, S. 107-119.

Holzwarth, P. (2006): Fotografie als visueller Zugang zu Lebenswelten von Kindern und Jugendlichen mit Migrationshintergrund. In: Marotzky, W./Niesyto, H. (Hrsg.): Bildinterpretation und Bildverstehen. Methodische Ansätze aus sozialwissenschaftlicher, kunst- und medienpädagogischer Perspektive. Wiesbaden, S. 175-205.

Hoppe, R. (1991): Sprache und Sozialverhalten im Unterricht. In: Meyer, E./Winkel, R. (Hrsg.): Unser Konzept: Lernen in Gruppen: Begründungen, Forschungen, Praxishilfen. Baltmannsweiler, S. 105-117.

Hoppenrath, G. (1998): Ein Videofilm als Stimulans. Produktion von Gemeinschaftsbildern. In: K+U Heft 226/1998, S. 40-43.

Hörmann, G. (1979): Gruppenkonzepte – Überblick über Hauptströmungen und Entwicklungslinien. In: Gudjons, H. (Hrsg.) ([2]2003a): Handbuch Gruppenunterricht. Weinheim, S. 62-80.

Hörner, H. (1991): Verstehensprozesse in Gruppen. In: Meyer, E./Winkel, R. (Hrsg.): Unser Konzept: Lernen in Gruppen: Begründungen, Forschungen, Praxishilfen. Baltmannsweiler, S. 84-104.

Huber, A. A./Müller, G. F. (1998): Die Gruppe als Vermittlerin individueller Lernprozesse. In: Ardelt-Gattinger, E./Lechner, H./Schlögl, W. (Hrsg.): Gruppendynamik: Wirklichkeit und Anspruch der Arbeit in Gruppen. Göttingen, S. 218-233.

Huber, A. A. (Hrsg.) (2004): Kooperatives Lernen – kein Problem. Effektive Methoden der Partner- und Gruppenarbeit. Leipzig u. a.

Huber, A. A. (2008): Kooperatives und kollaboratives Lernen in der Schule. In: Zumbach, J./Mandl, H. (Hrsg.): Pädagogische Psychologie in Theorie und Praxis: Ein fallbasiertes Lehrbuch. Göttingen u. a., S. 311-319.

Huber, T. H. (2013): Ästhetik der Begegnung: Kunst als Erfahrungsraum der Anderen. Bielefeld.

Hug, T. (Hrsg.) (2001): Wie kommt Wissenschaft zu Wissen? Bd. 4: Einführung in die Wissenschaftstheorie und Wissenschaftsforschung. Baltmannsweiler.

Inthoff, C. (2013): Welches spezifische Reflexionspotenzial liegt im Handlungsraum des künstlerisch-experimentellen Prozessportfolios? In: Materialsammlung (Gruppe I) für das 10. Kunstpädagogische Kolloquium in Loccum (unveröffentlichtes Arbeitspapier, o.Hrsg.).

Janecke, C. (1991): Viele Köche verderben den Brei: Antwort auf die Frage, warum Kunstwerke einen und nicht mehrere Schöpfer haben. In: Kunstforum International Bd. 116, 1991 (http://www.kunstforum.de/inhaltsverzeichnis.asp?band=116&artikel=116009 &session=1010276697; Zugriff: 29.07.1991).

Jazo, J./Richard, B. (2015): Hamster Hipster Handy. Gedanken zum Mobiltelefon. In: Richard, B. et al. (Hrsg.): Hamster Hipster Handy. Bilder-Geschichten zum Mobiltelefon. Ausstellungskatalog, Museum für Angewandte Kunst Frankfurt am Main. Bielefeld, S. 9-17.

Johnson, D. W./Johnson, R. T. (1989): Cooperation and competition: Theory and research. Edina.

Johnson, D. W./Johnson, R. T./Holubec, E. (2002): Kooperatives Lernen – kooperative Schule. Mühlheim an der Ruhr.

Johnson, D. W./Johnson, R. T. (2008): Wie kooperatives Lernen funktioniert. Über die Elemente einer pädagogischen Erfolgsgeschichte. In: Friedrich-Jahresheft: Individuell lernen – kooperativ arbeiten. Heft XXVI/2008, S. 16-20.

Jung, K. (1998): Subjekte in Netzen. Innere Struktur und die äußere Wirkung einer Kunsthochschule (Erfahrungen mit Kunstakademien in Norwegen). In: Kettel, J.: Kunst lehren? Künstlerische Kompetenz und kunstpädagogische Prozesse – Neue subjektorientierte Ansätze in der Kunst und Kunstpädagogik in Deutschland und Europa. Stuttgart, S. 109-121.

Kämpf-Jansen, H. (2001): Ästhetische Forschung: Wege durch Alltag, Kunst und Wissenschaft. Zu einem innovativen Konzept ästhetischer Bildung. Köln.

Karsten, A. (1977): Geschichte der Gruppenpädagogik und Gruppendynamik. In: Meyer, E. (Hrsg.): Handbuch Gruppenpädagogik – Gruppendynamik. Heidelberg, S. 84-93.

Kester, G. H. (2011): The One and the Many: Contemporary Collaborative Art in a Global Context. Durham.

Kettel, J. (1998): Kunst lehren? Künstlerische Kompetenz und kunstpädagogische Prozesse – Neue subjektorientierte Ansätze in der Kunst und Kunstpädagogik in Deutschland und Europa. Stuttgart.

Kettel, J. (Hrsg.) (2004): Künstlerische Bildung nach Pisa. Neue Wege zwischen Kunst und Bildung. Mapping Blind Spaces. Tagungsband des internationalen Symposiums. Oberhausen.

Kirchner, C./Otto, G. (1998): Praxis und Konzept des Kunstunterrichtes. In: K+U, Heft 223/224/1998, S. 4-11.

Kirchner, C./Peez, G. (Hrsg.) ([2]2005): Werkstatt: Kunst: Anregungen zu ästhetischen Erfahrungs- und Lernprozessen im Werkstattunterricht. Norderstedt.

Kirchner, C./Peez, G. (2009): Kreativität in der Schule. In: K+U Heft 331/332/2009, S. 10-18.

Kirschenmann, J./Lutz-Sterzenbach, B. (Hrsg.) (2011): Kunst. Schule. Kunst. Modelle, Erfahrungen, Debatten. München.

Kirschenmann, J./Marcuse, Y. (2009): Innovation und Kreativität in der Wirtschaft. In: K+U Heft 331/332/2009, S. 58-60.

Kirschenmann, J./Peez, G. (Hrsg.) (2004): Computer im Kunstunterricht: Werkzeuge und Medien. Sekundarstufe. Donauwörth.

Kirschenmann. J./Wenrich, R./Zacharias, W. (Hrsg.) (2004): Kunstpädagogisches Generationengespräch: Zukunft braucht Herkunft. München.

Klafki, W. (1992): Lernen in Gruppen. Ein Prinzip demokratischer und humaner Bildung in allen Schulen. In: Gudjons, H. (Hrsg.) ([2]2003a): Handbuch Gruppenunterricht. Weinheim, S. 41-53.

Klika, D. (2011): In den Leib geschrieben – das Selbstportrait als zum Leib geronnene Biographie. In: Ecarius, J./Miethe, I. (Hrsg.): Methodentriangulation in der qualitativen Bildungsforschung. Opladen, Berlin, Farmington Hills, S. 249-266.

Knapp, A. (1977): Gruppe. In: Meyer, E. (Hrsg.): Handbuch Gruppenpädagogik – Gruppendynamik. Heidelberg, S. 24-25.

Knoblauch, H. (2005): Video-Interaktions-Analyse. In: Wulf, C./Zirfas, J. (Hrsg.): Ikonologie des Performativen. München, S. 263-275.

Koenig, C. (2011): Bildung im Netz. Analyse und bildungstheoretische Interpretation der neuen kollaborativen Praktiken in offenen Online-Communities.

Koller, H.-C. ([6]2012): Grundbegriffe, Theorien und Methoden der Erziehungswissenschaft. Eine Einführung. Stuttgart.

König, O./Schattenhofer, K. ([6]2012): Einführung in die Gruppendynamik. Heidelberg.

Konrad, K. (2008): Erfolgreich selbstgesteuert lernen: theoretische Grundlagen, Forschungsergebnisse, Impulse für die Praxis.

Konrad, K./Traub, S. (2010): Kooperatives Lernen. Theorie und Praxis in Schule, Hochschule und Erwachsenenbildung. Baltmannsweiler.

Konrad, K. (2014): Lernen lernen – allein und mit anderen. Konzepte, Lösungen, Beispiele. Wiesbaden.

Krappmann, L. (1988): Soziologische Dimension der Identität – Strukturelle Bedingungen für die Teilnahme an Interaktionsprozessen. Stuttgart.

Krautz, J. (2013): Relationalität gestalten: Persönlichkeit und Beziehung in der Kunstdidaktik. In: Krautz, J./Schieren, J. (Hrsg.): Persönlichkeit und Beziehung als Grundlage der Pädagogik. Weinheim, Basel, S. 143-169.

Krautz, J./Schieren, J. (Hrsg.) (2013): Persönlichkeit und Beziehung als Grundlage der Pädagogik. Weinheim, Basel.

Krebber, G. (2016): »Kommt zusammen, das kann keiner allein...«Strategien der Kollaboration in der Bildenden Kunst. In: K+U-Heft 407/408/2016, S. 47-49.

Krebber, G./Meyer, T. (2012): inges idee – Aktuelle Strategien künstlerischer Kollaboration. Interview mit Thomas A. Schmidt. In: zkmb – onlineZeitschrift Kunst Medien Bildung, Text im Diskurs (http://zkmb.de/306; Zugriff: 02.05.2017).

Kremers, T. (2014): Wie lernwirksam ist das Kooperative Lernen? Lernen in kooperativen Strukturen auf dem Prüfstand der Hattie-Studie. In: Terhart, E. (Hrsg.): Die Hattie-Studie in der Diskussion. Probleme sichtbar machen. Seelze, S. 78-88.

Krüger, H.-H./Pfaff, N. (2010): Zum Umgang mit rechten und ethnozentrischen Orientierungen an Schulen in Sachsen-Anhalt. Triangulation von Gruppendiskussionsverfahren und einem quantitativen Jugendsurvey. In: Bohnsack, R./Przyborski, A./Schäffer, B. (Hrsg.): Das Gruppendiskussionsverfahren in der Forschungspraxis. Opladen, Farmington Hills, S. 59-73.

Krüssel, H. (1993): Konstruktivistische Unterrichtsforschung: Der Beitrag des wissenschaftlichen Konstruktivismus und der Theorie der persönlichen Konstrukte für die Lehr-Lern-Forschung. Frankfurt am Main u. a.

Kuni, V. (1999): Das Netz, die Kunst, der kleine Punkt und seine Liebhaber. In: netz.kunst, Jahrbuch des Institutes für Moderne Kunst Nürnberg 1998/1999, Nürnberg, S. 6-17.

Kunsthalle Fridericianum (Block, R.)/Siemens Art Program (Nollert, A.) (Hrsg.) (2005): Kollektive Kreativität/Collective Creativity. Frankfurt am Main.

Kunst 5-10 Themenheft Wir. Heft 2015/38 mit Materialpaket. Seelze.

Kunst+Unterricht Themenheft: Gemeinsam Bilder herstellen. Heft 226/1998. Seelze.

Kunst+Unterricht Themenheft: Ästhetische Urteile bilden. Heft 373/2013. Seelze.

Kunst+Unterricht Themenheft: Kreativität. Heft Heft 331/332/2009. Seelze.

Kunst+Unterricht Themenheft: Miteinander. Heft 407/408//2016. Seelze.

Kunz, M. (1990): Paare. Acht Betrachtungen z. B. zur Alchimie der Paarbeziehung. In: Bianchi, P. (Hrsg.): Künstler-Paare II. Kunstforum International Bd. 107 (http://www.kunstforum.de/inhaltsverzeichnis.asp?band=107&artikel=107003&session=982834766; Zugriff: 04.08.2014).

Künkler, T. (2011): Lernen in Beziehung. Zum Verhältnis von Subjektivität und Relationalität in Lernprozessen. Bielefeld.

Küstner, K. (2009): Im Museum des 21. Jahrhunderts. Ko-konstruktivistisches Lernen in der Galerie für Zeitgenössische Kunst. In: Meyer, T./Sabisch, A. (Hrsg.): Kunst Pädagogik Forschung. Aktuelle Zugänge und Perspektiven. Bielefeld, S. 181-190.

Lamnek, S. (1988a): Qualitative Sozialforschung. Bd. 1: Methodologie. München, Weinheim.

Lamnek, S. (1988b): Qualitative Sozialforschung. Bd. 2: Methoden und Techniken. München, Weinheim.

Lauterbach, H.-J. (1995): Kinder und offener Unterricht: Interaktion, Lernen und Selbstbild. In: Eberwein, H./Mand, J. (Hrsg.): Forschen für die Schulpraxis. Was Lehrer über Erkenntnisse qualitativer Sozialforschung wissen sollten. Weinheim, S. 137-154.

Legler, W. (2002): Gunter Otto – Begründung und Ende einer Kunstdidaktik. Vorlesung in der Reihe »Kunstpädagogische Positionen« am 15.4.2002 (home.arcor.de/nneuss/legler.pdf; Zugriff: 12.04.2015).

Legler, W. (2009): Kunstpädagogische Zusammenhänge. Schriften zur Fachdidaktik und zur Ästhetischen Bildung. Oberhausen.

Lenk, S./Wetzel, T. (2014): Kunstpädagogische Kompetenz braucht eine Haltung. In: zkmb – onlineZeitschrift Kunst Medien Bildung, Text im Diskurs (http://zkmb.de/247; Zugriff: 16.10.2016).

Lenz, K. ([2]2002): Symbolischer Interaktionismus. In: Endruweit, G./Trommsdorff, G. (Hrsg.): Wörterbuch der Soziologie. Stuttgart, S. 251-255.

Lenzen, D. (Hrsg.) (1990): Kunst und Pädagogik. Erziehungswissenschaft auf dem Weg zur Ästhetik? Darmstadt.

Lenzen, D. (Hrsg.) (1994): Enzyklopädie Erziehungswissenschaft. Handbuch und Lexikon der Erziehung in elf Bänden und einem Registerband Bd. 2. Stuttgart.

Lenzen, D. (Hrsg.) (2008): Erziehungswissenschaft. Ein Grundkurs. Reinbek bei Hamburg.

Lenzen, D. (Hrsg.) ([6]2001a): Pädagogische Grundbegriffe. Bd. 1: Aggression bis Interdisziplinarität. Reinbek bei Hamburg.

Lenzen, D. (Hrsg.) ([6]2001b): Pädagogische Grundbegriffe. Bd. 2: Jugend bis Zeugnis. Reinbek bei Hamburg.

Lenzen, L. (1989): Erziehungswissenschaftliche Pädagogik. Geschichte – Konzepte – Fachrichtungen. In: Ders. (1994): Enzyklopädie Erziehungswissenschaft. Handbuch und Lexikon der Erziehung in elf Bänden und einem Registerband Bd. 2. Stuttgart, S. 11-41.

Limper, B. (2008): Schwarzlichttheater. Entwicklung von Sozialkompetenz. In: K+U Heft 307/2008, S. 27-28.

Limper, B. (2013): Interdisziplinarität und Ästhetische Bildung in der Grundschule. Theorie, Praxis und Evaluation im Kontext von Kunstdidaktik. München.

Lippitz, W. (1993): Phänomenologische Studien in der Pädagogik. Weinheim.

Lippitz, W./Meyer-Drawe, K. (Hrsg.) ([2]1987): Kind und Welt: phänomenologische Studien zur Pädagogik. Frankfurt a. M.

Loch, W. ([6]2001): Pädagogik, phänomenologische. In: Lenzen, D. (Hrsg.) ([6]2001b): Pädagogische Grundbegriffe. Bd. 2: Jugend bis Zeugnis. Reinbek bei Hamburg, S. 1196-1219.

Luft, J. ([6]1986): Einführung in die Gruppendynamik. Stuttgart.

Luhmann, N. (1984), Soziale Systeme – Grundriß einer allgemeinen Theorie. Frankfurt a. M.

Marotzki, W./Niesyto, H. (Hrsg.) (2006): Bildinterpretation und Bildverstehen. Methodische Ansätze aus sozialwissenschaftlicher, kunst- und medienpädagogischer Perspektive. Wiesbaden.

Maschke, S.: Lehramtsstudierende und ihre beruflichen »Entscheidungs-Strategien«. Eine empirische Analyse und Triangulation von Interview und Fotoinszenierung. In: Ecarius, J./Miethe, I. (Hrsg.): Methodentriangulation in der qualitativen Bildungsforschung. Opladen, Berlin, Farmington Hills, S. 267-286.

Maset, P. (2001): Praxis, Kunst, Pädagogik: ästhetische Operationen in der Kunstvermittlung. Lüneburg.

Mayring, P. ([5]2002): Einführung in die qualitative Sozialforschung. Weinheim, Basel.

Merkens, H. ([4]2005): Auswahlverfahren, Sampling, Fallkonstruktion. In: Flick, U./Kardorff, E. v./Steinke, I. (Hrsg.): Qualitative Forschung: Ein Handbuch. Reinbek bei Hamburg, S. 286-299.

Meyer, E. ([7]1975): Gruppenunterricht – Grundlegung und Beispiel. Studienausgabe. Oberursel / Taunus.

Meyer, E. (Hrsg.) (1977a): Handbuch Gruppenpädagogik – Gruppendynamik. Heidelberg.

Meyer, E. (1977b): Gruppenunterricht. In: Meyer, E. (Hrsg.): Handbuch Gruppenpädagogik – Gruppendynamik. Heidelberg, S. 41-43.

Meyer, E. (1977c): Forschungsergebnisse im Bereich der Gruppenpädagogik und Gruppendynamik. In: Meyer, E. (Hrsg.): Handbuch Gruppenpädagogik – Gruppendynamik. Heidelberg, S. 94-109.

Meyer, E. (1991): Lernen in Gruppen – Lernen in Freiheit. In: Meyer, E./Winkel, R. (Hrsg.): Unser Konzept: Lernen in Gruppen: Begründungen, Forschungen, Praxishilfen. Baltmannsweiler, S. 31-49.

Meyer, E./Winkel, R. (Hrsg.) (1991): Unser Konzept: Lernen in Gruppen: Begründungen, Forschungen, Praxishilfen. Baltmannsweiler.

Meyer, E. (1992): Lernen in Gruppen – Lernen im Kollektiv? In: Hesse, H./Fischer, A./ Hoppe, R. (Hrsg.): Kommunikation und Kooperation im Unterricht: Erfahrungen aus Ost und West; Positionen – Praxisberichte – Aufgabenfelder. Baltmannsweiler, S. 44-51.

Meyer, H. (1987): Unterrichtsmethoden II: Praxisband. Berlin.

Meyer, H. ([8]2011): Was ist guter Unterricht? Berlin.

Meyer, H. (1987): Gruppenunterricht – Ratschläge zur Unterrichtsgestaltung. In: Gudjons, H. (Hrsg.) ([2]2003): Handbuch Gruppenunterricht. Weinheim, S. 146-162.

Meyer, T./Sabisch, A. (Hrsg.) (2009): Kunst Pädagogik Forschung. Aktuelle Zugänge und Perspektiven. Bielefeld.

Meyer-Drawe, K. ([3]2001): Leiblichkeit und Sozialität: phänomenologische Beiträge zu einer pädagogischen Theorie der Inter-Subjektivität. München.

Michl, T. (2010): Das Experiment im Kunstunterricht. Qualitativ-empirische Untersuchung der Merkmale und Wechselbeziehungen von Experiment und ästhetischer Erfahrung. München.

Milevska, S. (2006): Partizipatorische Kunst. Überlegungen zum Paradigmenwechsel vom Objekt zum Subjekt. In: Springerin – Hefte für Gegenwartskunst, Heft 6/2006 (http://www.springerin.at/dyn/heft.php?id=47&pos=1&textid=1761&lang=de).

Miller, R. ([3]1999): Beziehungsdidaktik. Weinheim, Basel.

Miller, R. ([5]2011): Beziehungsdidaktik. Weinheim, Basel.

Minsel, B. (1978): Begriffsklärung – Soziale Interaktion. In: Minsel, B./Roth, W. K. (Hrsg.): Soziale Interaktion in der Schule. München, Wien, Baltimore, S. 15-30.

Minsel, B./Roth, W. K. (Hrsg.) (1978): Soziale Interaktion in der Schule. München, Wien, Baltimore.

Mollenhauer, K. (1996): Grundfragen ästhetischer Bildung: Theoretische und empirische Befunde zur ästhetischen Erfahrung von Kindern. Weinheim, München.

Moser, H. (1975): Aktionsforschung als kritische Theorie der Sozialwissenschaften. München.

Moser, H. (1977a): Methoden der Aktionsforschung. München.

Moser, H. (1977b): Praxis der Aktionsforschung. München.

Moser, H. (1995): Grundlagen der Praxisforschung. Freiburg im Breisgau.

Müller, K. (Hrsg.) (1996): Konstruktivismus. Lehren – Lernen – Ästhetische Prozesse. Neuwied u. a.

Muth, J. (1991): Zur theoretischen Grundlegung der Gruppenarbeit. In: Meyer, E./Winkel, R. (Hrsg.): Unser Konzept: Lernen in Gruppen: Begründungen, Forschungen, Praxishilfen. Baltmannsweiler, S. 7-16.

Neubert, S. (1998): Erkenntnis, Verhalten und Kommunikation. John Deweys Philosophie des »Experience« in interaktionistisch-konstruktivistischer Interpretation. Münster.

Niehoff, R. (2012): Vermittlung von Bildkompetenz als die leitende Aufgabe von Kunstunterricht. In: BDK Fachverband für Kunstpädagogik Landesverband Hessen (Hrsg.): Kompetenzorientierung. BDK Info Heft 01/12, S. 25-30.

Niesyto, H. (2006): Bildverstehen als mehrdimensionaler Prozess. Vergleichende Auswertung von Bildinterpretationen und methodische Reflexion. In: Marotzky, W./Niesyto, H. (Hrsg.): Bildinterpretation und Bildverstehen. Methodische Ansätze aus sozialwissenschaftlicher, kunst- und medienpädagogischer Perspektive. Wiesbaden, S. 253-286.

Nolda, S. (2000): Interaktion in pädagogischen Institutionen. Opladen.

Nollert, A. (2005): Kunst ist Leben und Leben ist Kunst. In: Kunsthalle Fridericianum (Block, R.)/Siemens Art Program (Nollert, A.) (2005): Kollektive Kreativität/Collective Creativity. Frankfurt am Main, S. 19-24.

Nuhn, H.-P. (1995): Partnerarbeit als Sozialform des Unterrichts. Weinheim, Basel.

Oelkers, J./Tenorth, H.-E. (Hrsg.) (1987): Pädagogik, Erziehungswissenschaft und Systemtheorie. Weinheim, Basel.

Oswald, H. (^{6}2001): Interaktion. Lenzen, D. (Hrsg.): Pädagogische Grundbegriffe. Bd. 1: Aggression bis Interdisziplinarität. Reinbek bei Hamburg, S. 756-763.

Otto, G. (1964): Kunst als Prozess im Unterricht. Braunschweig, S. 13f., 23, 131. Zitiert nach: Bering, C./Bering, K. (Hrsg.) (1999): Konzeptionen der Kunstdidaktik: Dokumente eines komplexen Gefüges. Oberhausen.

Otto, G. (1994): Projekte in der Fächerschule? Plädoyer für eine vernachlässigte Lernweise. In: K+U Heft 181/1994, S. 35–37.

Otto, G. (1996): Zur Innenansicht von Unterricht. In: K+U Heft 200/1996, S. 12-14.

Otto, G. (1998): Lernen und Lehren zwischen Didaktik und Ästhetik. Bd. 3: Didaktik und Ästhetik. Seelze.

Otto, G./Otto, M. (1987): Ästhetische Erziehung als Praxis des Auslegens in Bildern und des Auslegens von Bildern. Seelze.

Pallasch, W. (1992): Gruppendynamische Hilfen bei der Kleingruppenarbeit. In: Gudjons, H. (Hrsg.) (^{2}2003a): Handbuch Gruppenunterricht. Weinheim, S. 81-89.

Pasuchin, I. (2005): Künstlerische Medienbildung. Ansätze zu einer Didaktik der Künste und ihrer Medien. Frankfurt a. M.

Peez, G. (1999): Kunst an der Grenze zur Pädagogik. In: BDK-Mitteilungen, Heft 3/1999, S. 12-16.

Peez, G. (2000): Qualitative empirische Forschung in der Kunstpädagogik. Methodologische Analysen und praxisbezogene Konzepte zu Fallstudien über ästhetische Prozesse, biografische Aspekte und soziale Interaktion in unterschiedlichen Bereichen der Kunstpädagogik. Hannover.

Peez, G. (2003): Praxisforschung in der Kunstpädagogik. In: Busse, K.-P. (Hrsg.): Kunstdidaktisches Handeln. Dortmund, S. 142-156.

Peez, G. (2005): Evaluation ästhetischer Erfahrungs- und Bildungsprozesse. Beispiele zu ihrer empirischen Erforschung. München.

Peez, G. (2006): Fotoanalyse nach Verfahrensregeln der Objektiven Hermeneutik. In: Marotzki, W./Niesyto, H. (Hrsg.): Bildinterpretation und Bildverstehen. Methodische Ansätze aus sozialwissenschaftlicher, kunst- und medienpädagogischer Perspektive. Wiesbaden, S. 121-141.

Peez, G. (2007a): Erheben – Aufbereiten – Auswerten. Kunstpädagogik im Zeichen empirischer (Unterrichts-)Forschung. In: Bering, K./ Niehoff, R. (Hrsg.): Impulse Kunstdidaktik 1. Oberhausen, S. 22-32 (http://www.georgpeez.de/texte/impulse.htm).

Peez, G. (2007b): Handbuch Fallforschung in der Ästhetischen Bildung/Kunstpädagogik: Qualitative Empirie für Studium, Praktikum, Referendariat und Unterricht. Baltmannsweiler.

Peez, G. ([2]2009): Beurteilen und Bewerten im Kunstunterricht. Modelle und Unterrichtsbeispiele zur Leistungsmessung und Selbstbewertung. Seelze.

Peez, G. ([4]2012): Einführung in die Kunstpädagogik. Stuttgart.

Peez, G. (2012): Kompetenz: Ästhetische Urteilsbildung. In: BDK Fachverband für Kunstpädagogik Landesverband Hessen (Hrsg.): Kompetenzorientierung. BDK Info Heft 01/12, S. 10-13.

Peez, G./Michaelis, M./Goritz, C. (Hrsg.) (2012): Werkstatt Kunst Bd. 1. Braunschweig.

Peez, G./Michaelis, M./Goritz, C. (Hrsg.) (2015): Werkstatt Kunst Bd. 2. Braunschweig.

Petersen, S. (2001): Rituale für kooperatives Lernen in der Sekundarstufe I. Berlin.

Pilarczyk, U. (2007): Fotografie als Quelle erziehungswissenschaftlicher Forschung. In: Friebertshäuser, B./von Felden, H./Schäffer, B. (Hrsg.): Bild und Text. Methoden und Methodologien visueller Sozialforschung in der Erziehungswissenschaft. Opladen, Farmington Hills, S. 217-237.

Preglau, M. (2001): Phänomenologische Ansätze. In Hug, T. (Hrsg.): Wie kommt Wissenschaft zu Wissen? Bd. 4: Einführung in die Wissenschaftstheorie und Wissenschaftsforschung. Baltmannsweiler, S. 395-409.

Preiser S./Buchholz, N. ([2]2004): Kreativität. Heidelberg.

Prieß, E. (2004): Lichtblicke. Ein Kunstprojekt zwischen Licht und Raum. In: K+U Heft 282/2004, S. 17–18.

Prior, H. ([6]2001): Gruppendynamik – Gruppenpädagogik. In: Lenzen, D. (Hrsg.) Pädagogische Grundbegriffe. Bd. 1: Aggression bis Interdisziplinarität. Reinbek bei Hamburg, S. 691-697.

Ragin, C. C./Becker, H. S. (Hrsg.) (1992): What is a case? Exploring the foundations of social inquiry. Cambridge.

Ranft, W. (2014): »Heute denken morgen fertig« Die Künstlertheorie von Martin Kippenberger zur Vermittlung von Kunst. München.

Rausch, E. (1992): Didaktische Kommunikations- und Kooperationsforschung an der Pädagogischen Hochschule Leipzig – Welches waren die Intentionen, was wird von ihnen bleiben? In: Hesse, H./Fischer, A./Hoppe, R. (Hrsg.): Kommunikation und Kooperation im Unterricht: Erfahrungen aus Ost und West; Positionen – Praxisberichte – Aufgabenfelder. Baltmannsweiler, S. 44-51.

Regel, G. (1989): Zur aktuellen Situation der Kunstpädagogik in der Deutschen Demokratischen Republik. In: BDK-Mitteilungen Heft 4/1989, S. 28-31.

Reich, K. ([2]1997): Systemisch-konstruktivistische Didaktik. Eine allgemeine Zielbestimmung. In: Voß, R. (Hrsg.): Die Schule neu erfinden. Systemisch-konstruktivistische Annäherungen an Schule und Pädagogik. Neuwied, Kriftel, Berlin, S. 70-91.

Reich, K. (1998a): Die Ordnung der Blicke. Perspektiven des interaktionistischen Konstruktivismus. Bd. 1: Beobachtung und die Unschärfen der Erkenntnis. Neuwied.

Reich, K. (1998b): Die Ordnung der Blicke. Perspektiven des interaktionistischen Konstruktivismus. Bd. 2: Beziehungen und Lebenswelt. Neuwied.

Reich, K. (2002): Konstruktivistische Didaktik. Lehren und Lernen aus interaktionistischer Sicht. Neuwied.

Reich, K. ([5]2005): Systemisch-konstruktivistische Pädagogik. Einführung in die Grundlagen einer interaktionistisch-konstruktivistischen Pädagogik. Neuwied.

Reich, K. ([4]2008): Konstruktivistische Didaktik: Lehr- und Studienbuch mit Methodenpool. Weinheim, Basel.

Reich, K. ([6]2010): Systemisch-konstruktivistische Pädagogik. Einführung in die Grundlagen einer interaktionistisch-konstruktivistischen Pädagogik. Neuwied.

Reith, A. (2010): Frühe ästhetische Praxis in der Gruppe. Soziale Interaktion als Teil ästhetischer Praxis in Kleinkinder-Gruppen? In: BDK-Mitteilungen Heft 2/2010, S. 15-18.

Reuter, O. M. (2012): Videografie in der ästhetischen Bildungsforschung. München.

Richard, B. (2010): Flickernde Jugend – rauschende Bilder. In: Bering, C./Bering, K. (Hrsg.) ([3]2011): Konzeptionen der Kunstdidaktik: Dokumente eines komplexen Gefüges. Oberhausen, S. 241-246.

Richard, B. et al. (Hrsg.) (2015): Hamster Hipster Handy. Bilder-Geschichten zum Mobiltelefon. Ausstellungskatalog, Museum für Angewandte Kunst Frankfurt am Main. Bielefeld.

Riedl, R. ([6]1990), Die Folgen des Ursachendenkens. In: Watzlawick, P. (Hrsg.): Die erfundene Wirklichkeit: Wie wissen wir, was wir zu wissen glauben. Beiträge zum Konstruktivismus. München.

Ronge, H. (1966): Gestaltung als autonomer Prozeß. In: Ders.: Kunst und Erziehung. Köln, S. 112-120. Zitiert nach: Bering, C./Bering, K. Bering, C./Bering, K. (Hrsg.) (1999): Konzeptionen der Kunstdidaktik: Dokumente eines komplexen Gefüges. Oberhausen.

Rosen, H. (1996): Das Schülerverständnis im kunstorientierten Unterricht der DDR: eine Untersuchung zur Kunstpädagogik der DDR in den achtziger Jahren, schwerpunktmäßig anhand der Zeitschrift Kunsterziehung. Frankfurt am Main.

Rosenbusch, H. S./Dann, H.-D./Diegritz, T. (1991): Neuere Untersuchungen zum Gruppenunterricht: Subjektive Theorien von Lehrern zum Gruppenunterricht und die beobachtbare Unterrichtsrealität. In: Meyer, E./Winkel, R. (Hrsg.): Unser Konzept: Lernen in Gruppen: Begründungen, Forschungen, Praxishilfen. Baltmannsweiler, S. 118-132.

Rother, U. (2001): Kunsterziehung in der DDR. Weimar.

Rötzer, F. (1991): Einführung. In: Kunstforum International Bd. 116, 1991 (http://www.kunstforum.de/inhaltsverzeichnis.asp?band=116&artikel=116002&session=409123684; Zugriff: 18.02.2014).

Rötzer, F./Rogenhofer, S. (Hrsg.) (1991): Künstlergruppen: Von der Utopie einer Kollektiven Kunst. Kunstforum International Bd. 116. (http://www.kunstforum.de/uebersicht_baende_abb.asp?session=1010276697; Zugriff: 29.07.2014).

Rumpf, H. (1991): Die Fruchtbarkeit der phänomenologischen Aufmerksamkeit für Erziehungsforschung und Erziehungspraxis. In Herzog, M./Graumann, C. F. (Hrsg.): Sinn und Erfahrung. Heidelberg, S. 313-335.

Rupp, S. (1995): Die kunsterzieherische Gemeinschaftsarbeit als Integrierbarkeitstest. In: Schiementz, W./Beilharz, R. (Hrsg.): Ins Bild gesetzt: Facetten der Kunstpädagogik; Max Kläger zum 70. Geburtstag. Weinheim, S. 129-150.

Sader, M. ([7]2000): Psychologie der Gruppe. Weinheim, München.

Schattenhofer, K. (2009a): Was ist eine Gruppe? Verschiedene Sichtweisen und Unterscheidungen. In: Edding, C./Schattenhofer, K. (Hrsg.): Handbuch Alles über Gruppen: Theorie, Anwendung, Praxis. Weinheim, Basel, S. 16-46.

Schattenhofer, K. (2009b): Selbststeuerung von Gruppen. In: Edding, C./Schattenhofer, K. (Hrsg.): Handbuch Alles über Gruppen: Theorie, Anwendung, Praxis. Weinheim, Basel, S. 437-466.

Schiementz, W./Beilharz, R. (Hrsg.) (1995): Ins Bild gesetzt: Facetten der Kunstpädagogik; Max Kläger zum 70. Geburtstag. Weinheim.

Schmidt, M. (1998): Soziale Kunst. Gruppenarbeit in Kunstgeschichte und Unterricht. In: K+U Heft 226/1998, S. 17-19.

Schmidt, S. J. (1992): Der Kopf, die Welt, die Kunst: Konstruktivismus als Theorie und Praxis. Wien u. a.

Schmidt, S. J.: (1998): Die Zähmung des Blicks: Konstruktivismus – Empirie – Wissenschaft. Frankfurt am Main.

Schmidt-Wetzel, M. (2013): Wählt die NKG! Ein fachüberschreitendes Projekt zu Wahlkampf und Plakatgestaltung. In: BDK-Mitteilungen Heft 2/2013, S. 10-14.

Schmidt-Wetzel, Miriam (2015): Interaktion und Kollaboration im Kunstunterricht. Qualitativ-empirische Praxisforschung zu den Wechselbeziehungen zwischen bildnerischen und sozialen Prozessen in Gruppen der Sekundarstufe II. Frankfurt a. M. (http://publikationen.ub.uni-frankfurt.de/frontdoor/index/index/docId/39068)

Schmidt-Wetzel, M. (2016a): Kollaboratives Handeln im Kunstunterricht. Eine kunstdidaktische Positionierung angesichts einer Kultur des Teilens«. In: K+U Heft 405/406/2016, S. 96-97.

Schmidt-Wetzel, M. (2016b): Miteinander im Kunstunterricht. Schüler-Schüler-Interaktion und kollaboratives Handeln in der kunstpädagogischen Praxis. In: K+U Heft 407/408/2016, S. 4-10.

Schmidt-Wetzel, M. (2016c): Methodensammlung zur Kollaboration. Gruppenbildung, Austausch, gemeinsames Gestalten. In: K+U Heft 407/408/2016, S. 44-45.

Schmidt-Wetzel, M. (2016d): Fantasietiere im Zoo. Ein Unterrichtsprojekt zur Einführung interaktiv-kollaborativer Methoden. In: K+U Heft 407/408/2016, S. 12-18.

Schmidt-Wetzel, M. (2016e): Fairy Foto Tale. Arbeitsteilung und Zusammenarbeit bei einer fotografischen Bildergeschichte. In: K+U Heft 407/408/2016, S. 24-26.

Schmidt-Wetzel, M. (2016f): Experimentelles kreatives Teamwork bei Koki Tanaka. In: K+U Heft 407/408/2016, S. 11.

Schmidt-Wetzel, M. (2016g): Filmisches Cadavres Exquis bei dem Künstlerduo M+M. In: K+U Heft 407/408/2016, S. 27-28.

Schneider, J. (1978): Methoden der Interaktionserfassung. In: Minsel, B./Roth, W. K. (Hrsg.): Soziale Interaktion in der Schule. München, Wien, Baltimore, S. 31-55.

Schrapper, C. (2009): Die Gruppe als Mittel zur Erziehung – Gruppenpädagogik. In: Edding, C./Schattenhofer, K. (Hrsg.): Handbuch Alles über Gruppen: Theorie, Anwendung, Praxis. Weinheim, Basel, S. 186-208.

Schulz, F. (2009): Umgangsweisen mit Kreativität. In: K+U Heft 331/332/2009, S. 4-9.

Schulz von Thun, F. (2008): Miteinander reden. Bd. 1: Störungen und Klärungen. Allgemeine Psychologie der Kommunikation. Reinbek.

Schweer, M. K. W. (Hrsg.) ([2]2008): Lehrer-Schüler-Interaktion. Inhaltsfelder, Forschungsperspektiven und methodische Zugänge. Wiesbaden.

Seijdel, J. (2011): Unsocial Media. Einige Anmerkungen zum sozialen Design und zu sozialen Netzwerken. In: Banz, C. (Hrsg.): Social Design. Kunstforum International Bd. 207, 2011 (http://www.kunstforum.de/inhaltsverzeichnis3.asp?band=207&artikel=207113&session=1001534161; Zugriff: 04.08.2014).

Selle, G. (1998): Kunstpädagogik und ihr Subjekt. Entwurf einer Praxistheorie. Oldenburg.

Senatsverwaltung für Bildung, Jugend und Sport Berlin (Hrsg.) (2006): Rahmenlehrplan für die gymnasiale Oberstufe – Bildende Kunst, Berlin. (SenBildWiss Berlin 2006).

Senatsverwaltung für Bildung, Wissenschaft und Forschung Berlin (Hrsg.) (2007): Verordnung über die gymnasiale Oberstufe (VO-GO) Vom 18. April 2007 (http://gesetze.berlin.de/jportal/?quelle=jlink&query=GymOstV+BE&psml=bsbeprod.psml&max=true; Zugriff: 02.01.2015) (SenBildWiss Berlin 2007)

Siebert, H. (2002): Lehren als Lernbegleitung. In: Voß, R. (Hrsg.): Unterricht aus konstruktivistischer Sicht: die Welten in den Köpfen der Kinder. Neuwied, Kriftel, S. 223-232.

Slaby, J. (2014): Gemeinsam handeln, nicht einfühlen: Warum Empathie überschätzt ist. In: Philanthropie und Stiftung Bd. 1, 2014, S. 8-9.

Soeffner, H.-G. (2013): Interpretative Sozialforschung. Mittagsvorlesung im Rahmen des Berliner Methodentreffens Qualitative Forschung 2013, 12.07.2013. Berlin (Vortrag).

Söller, C. (2002): »nix bleibt?« Fünf Beispiele des experimentellen Druckens. In: K+U Heft 339/340/2002, S. 22-25.

Sowa, H./Uhlig, B. (2006): Bildhandlungen und ihr Sinn. Methodenfragen einer kunstpädagogischen Bildhermeneutik. In: Marotzki, W./Niesyto, H. (Hrsg.): Bildinterpretation und Bildverstehen. Methodische Ansätze aus sozialwissenschaftlicher, kunst- und medienpädagogischer Perspektive. Wiesbaden, S. 77-106.

Strunk, M. (2000): Vom Subjekt zum Projekt. Kollaborative Environments. Bianchi, P. (Hrsg.): Kunst ohne Werk: Ästhetik ohne Absicht. Kunstforum International Bd. 152, 2000 (http://www.kunstforum.de/inhaltsverzeichnis.asp?band=152&artikel=152009 &session=1010276697; Zugriff: 29.07.2014).

Stutz, U. (2008): Kommunikationsskulpturen: Entwurf einer sozialräumlichen kunstpädagogischen Praxis. Ästhetik – Theorie – Qualitative Empirie. München.

Sutter, S. (2016): To-do-Buch: Handlungsanweisungen für schülerzentrierte Interaktion und Kollaboration im Kunstunterricht. In: K+U-Heft 407/408/2016, S. 46.

Svajcer, V. (1977): Gruppenbildung im Unterricht. In: Meyer, E. (Hrsg.): Handbuch Gruppenpädagogik – Gruppendynamik. Heidelberg, S. 28-29.

Terhart, E. (1994): Unterricht. In: Lenzen, D. (Hrsg.): Enzyklopädie Erziehungswissenschaft. Handbuch und Lexikon der Erziehung in elf Bänden und einem Registerband Bd. 2. Stuttgart, S. 133-158.

Terhart, H. (2011): Zur Triangulation biographischer Interviews und Selbstkörperfotografien – eine Untersuchung zu Körperinszenierungen junger Frauen mit Migrationshintergrund. In: Ecarius, J./Miethe, I. (Hrsg.): Methodentriangulation in der qualitativen Bildungsforschung. Opladen, Berlin, Farmington Hills, S. 287-303.

Terhart, E. (Hrsg.) (2014): Die Hattie-Studie in der Diskussion. Probleme sichtbar machen. Seelze.

Thurn, H.-P. (1991): Die Sozialität des Solitären. Gruppen und Netzwerke in der Bildenden Kunst. In: Kunstforum International Bd. 116, 1991 (http://www.kunstforum.de/inhaltsverzeichnis.asp?band=116&artikel=116005&session=1010276697; Zugriff: 29.07.2014).

Trautmann, M./Wischer, B. (2011): Heterogenität in der Schule. Eine kritische Einführung. Wiesbaden.

Unger, H. v./Block, M./Wright, M. T. (2007): Aktionsforschung im deutschsprachigen Raum. Zur Geschichte und Aktualität eines kontroversen Ansatzes aus Public Health Sicht. Berlin.

Unger, H. v. (2013): Partizipative Forschung: Einführung in die Forschungspraxis (Qualitative Sozialforschung). Heidelberg.

Veith, H. (2003): Kompetenzen und Lernkulturen: Zur historischen Rekonstruktion moderner Bildungsleitsemantiken. Münster.

Voß, R. (Hrsg.) (2002): Unterricht aus konstruktivistischer Sicht: die Welten in den Köpfen der Kinder. Neuwied, Kriftel.

Voß, R. (Hrsg.) ([2]1997): Die Schule neu erfinden. Systemisch-konstruktivistische Annäherungen an Schule und Pädagogik. Neuwied, Kriftel, Berlin.

Wagner, E. (2012): Kompetenzorientierung im Fach Kunst – in Hessen, in Deutschland, in Europa. In: BDK Fachverband für Kunstpädagogik Landesverband Hessen (Hrsg.): Kompetenzorientierung. BDK Info 01/12, S. 15-17.

Wagner-Willi, M. ([2]2007): Videoanalysen des Schulalltags. Die dokumentarische Interpretation schulischer Übergangsrituale. In: Bohnsack, R./Nentwig-Gesemann, I./Nohl, A.-M.(Hrsg.): Die dokumentarische Methode und ihre Forschungspraxis. Grundlagen qualitativer Sozialforschung. Wiesbaden, S. 121-140.

Wang, C./Burris, M. A. (1997): Photovoice: Concept, Methodology, and Use für Participatory Needs Assessment. In: Society for Public Health Education: Health Education & Behavior, S. 369-387 (http://heb.sagepub.com/content/24/3/369.abstract).

Wanzenried, P. (2004): Unterrichten als Kunst. Bausteine einer ästhetisch-konstruktivistischen Didaktik. Zürich.

Weber, C. (1980): Interaktion und Kommunikation. In: Asanger, R./Wenninger, G. (Hrsg.): Handwörterbuch der Psychologie. Weinheim, Basel, S. 224-230.

Weber, J. (2016): Gemeinsam neue Bildwelten erfinden. Gruppenzeichnungen mit Edding, Filzstift und Co. In: K+U-Heft 407/408/2016, S. 21-23.

Weichsel, K. (2016): Sitz aufrecht! Mit einem Gemeinschaftswerk auf zeitgenössische Kunst reagieren. In: K+U-Heft 407/408/2016, S. 29-31.

Weinert, F. E. (Hrsg.) (1996): Psychologie des Lernens und der Instruktion. Göttingen.

Weinert, F. E. (Hrsg.) ([2]2002): Leistungsmessungen in Schulen. Weinheim, Basel.

Weinert, F. E. (Hrsg.) ([2]2002): Vergleichende Leistungsmessung in Schulen – eine umstrittene Selbstverständlichkeit. In: Ders.: Leistungsmessungen in Schulen. Weinheim, Basel, S. 17-31.

Weinrich, H. ([2]2003): Textgrammatik der deutschen Sprache. Hildesheim.

Wernet, A. (2006): Hermeneutik – Kasuistik – Fallverstehen. Eine Einführung. Stuttgart.

Wetzel, T./Lenk, S. (Hrsg.) (2013): Mit Ecken und Kanten. Kunstunterricht als eine Frage der Haltung. München.

What, How & for Whom (2005): Die Umrisse des Möglichen. In: Kunsthalle Fridericianum (Block, R.)/Siemens Art Program (Nollert, A.) (2005): Kollektive Kreativität/Collective Creativity. Frankfurt am Main, S. 10-13.

Wichelhaus, B. (1998a): Gemeinsam Bilder herstellen. In: K+U Heft 226/1998, S. 4-8.

Wichelhaus, B. (1998b): Kunst im Kollektiv – gemeinsam hergestellte Werke. Material zu K+U Themenheft 226/1998. Seelze.

Wilkens, M. (2009): »Geschichte(n) auf der Spur«. Ein ästhetisches Forschungsprojekt und künstlerische Spurensicherung als Ausgangspunkt für die Annäherung an den konzeptuellen Kunstbegriff. In: BDK-Mitteilungen Heft 1/2009, S. 9-13.

Willems, H. ([4]2005): Erving Goffmans Forschungstil. In: Flick, U./Kardorff, E. v./Steinke, I. (Hrsg.) Qualitative Forschung: Ein Handbuch. Reinbek bei Hamburg, S. 42.

Winderlich, K. (2009): Ästhetische Bildung als Forschungsfeld. In: Meyer, T./Sabisch, A. (Hrsg.): Kunst Pädagogik Forschung. Aktuelle Zugänge und Perspektiven. Bielefeld, S. 241-247.

Winkel, R. (1977a): Kleingruppe und Großgruppe. In: Meyer, E. (Hrsg.): Handbuch Gruppenpädagogik – Gruppendynamik. Heidelberg, S. 49-51.

Winkel, R. (1977b): Kollektiv und Gruppe. In: Meyer, E. (Hrsg.): Handbuch Gruppenpädagogik – Gruppendynamik. Heidelberg, S. 51-52.

Wirth, I. (Hrsg.) (2009): Kunst-Methodik. Handbuch für die Sekundarstufe I und II. Berlin.

Witte, E. H. ([2]2002): Gruppe. In: Endruweit, G./Trommsdorff, G. (Hrsg.): Wörterbuch der Soziologie. Stuttgart, S. 203-209.

Wulf, C. (Hrsg.) (1997): Vom Menschen. Handbuch Historische Anthropologie. Weinheim, Basel.

Zumbach, J./Mandl, H. (Hrsg.) (2008): Pädagogische Psychologie in Theorie und Praxis: Ein fallbasiertes Lehrbuch. Göttingen u. a.